이만하면 됐지, 뭘 더

이만하면 됐지, 뭘 더

초판 1쇄 발행   2025. 6. 28.

지은이   김태진
펴낸이   김병호
펴낸곳   주식회사 바른북스

편집진행   박경원
디자인   김민지

등록   2019년 4월 3일 제2019-000040호
주소   서울시 성동구 연무장5길 9-16, 301호 (성수동2가, 블루스톤타워)
대표전화   070-7857-9719 | **경영지원**   02-3409-9719 | **팩스**   070-7610-9820

• 바른북스는 여러분의 다양한 아이디어와 원고 투고를 설레는 마음으로 기다리고 있습니다.
이메일   barunbooks21@naver.com | **원고투고**   barunbooks21@naver.com
홈페이지   www.barunbooks.com | **공식 블로그**   blog.naver.com/barunbooks7
공식 포스트   post.naver.com/barunbooks7 | **페이스북**   facebook.com/barunbooks7

ⓒ 김태진, 2025
ISBN 979-11-7263-454-4 03810

• 파본이나 잘못된 책은 구입하신 곳에서 교환해드립니다.
• 이 책은 저작권법에 따라 보호를 받는 저작물이므로 무단전재 및 복제를 금지하며,
  이 책 내용의 전부 및 일부를 이용하려면 반드시 저작권자와 도서출판 바른북스의 서면동의를 받아야 합니다.

이만하면 됐지, 뭘 더

김태진 지음

진정 행복한 생활은 정직을 기초로 하여
차근차근 쌓아 올리는 하나의 건실한 건축물에
비유해도 좋을 것으로 생각한다.

바른북스

머리글

책은 남기는 게 맞다

　어제와 내일의 중심에 오늘이 있다. 여전히 도심에는 인파 사이로 제 갈 길을 재촉하는 사람들로 분주하다. 인구가 감소하면서 소멸하는 마을들이 늘고 있다는데도 유독 도심의 거리는 활기를 띠고 있다. 언제까지 이러한 정경들이 이어질지는 두고 볼 일이다.

　직장에 몸담아 생활할 때는 음악 감상도 제대로 하지 않았고, 각종 작품전시회에 참관은 했으나 심적 여유를 갖고 진지하게 임하지를 못했던 것 같다. 그러다가 은퇴 후에는 시간적 여유가 생기니 적적함을 달래는 데에는 음악 감상이 좋고, 미술작품을 감상할 때면 메말라 가는 정서가 되살아나는 것 같은 느낌이 든다. 느긋하게 마음의 문을 열어두니까 들리고 보이는 것이 훨씬 많아지면서 또 다른 세상에 사는 것 같은 착각에 빠지기도 한다.

　이제 밥은 먹고 지낼만한 형편이 되었다면서 안일한 생활로 이어진다면 안 될 것 같다. 해야 할 일 중에는 책 한 권 내는 것을 반드시 포함해야겠다고 생각했다. 그래서 이것저것 고려할 것 없이 차근차근 준비해 왔다. 그것들이 읽을만한 내용이면 좋겠다는 희망을 가져본다.

지난날을 회상하며 글을 쓸 때면 무엇보다도 먼저 떠오르는 것이 부모님 생전에 자식으로서 도리를 제대로 못 했다는 후회이다. 진정한 효심으로 성심성의껏 모셨더라면 얼마나 좋았을까 하는 마음과 함께 한 번 더 기회가 주어진다면 더 잘해드릴 수도 있을 텐데 하는 엉뚱한 생각이 마음 한구석에 자리하고 있다.

오래전에 별세하신 부모님을 다시 뵐 수는 없는 일이다. 그리고 세월은 쉼 없이 흘러서 어느덧 당신의 다섯 자녀도 환갑 나이부터 여든까지 이르렀으니 도저히 믿기지가 않는다. 그 옛날, 어르신들이 안부 인사 주고받으시며 "세월 참 빠르다."라고 하시던 말씀들이 새삼 피부로 느껴진다.

일흔이 넘은 지 여러 해, 벌써 여든을 바라보는 나이인데, 지난날을 되돌아보니 인생길이 결코 힘들었던 것만은 아니었으며 그런대로 지낼만했다는 생각이 든다. 40년간의 공직생활은 마침표를 찍었고, 세월은 흘러서 또다시 십수 년의 세월이 지나가고 있다. 그런데 가끔은 내가 무슨 연극에 출연해서 서투른 노인 역할을 하는 것 같은 느낌이 들기도 한다.

오랫동안 몸담았던 직장을 떠날 때, 가는 사람은 미련을 버리고 보내는 사람들은 그저 멀어져 가는 배처럼 바라보면서 헤어지는 것이 관행처럼 되었다. 그동안 하나의 틀 속에서 지냈던 세월을 뒤로하고 자유롭게 살아갈 수 있는 세상으로 나오게 되었으니 나름대로 잘 살아야겠다는 다짐도 했었다.

교직생활 중에는 국내외 10여 곳의 근무지를 옮겨가며 성실히 임하려고 노력은 했었고, 그래도 다행이라고 생각하는 것은 별 탈 없이 지내왔다는 것이다.

사회생활을 하다 보면 선의의 경쟁은 불가피한 일이지만 그 와중에 책무를 제대로 수행한다는 건 결코 만만한 일이 아니다. 그리고 또 한편으로 생각하면 너무 직장생활에 치중하여 가정에 소홀한 면도 있었다는 생각이 든다.

  그래도 좋았던 시절은 1남 2녀 키울 때였던 것 같다. 유치원 들어가고 초등학교 입학하면서 집 안 여기저기서 지지배배 깔깔대며 뛰어다니던 모습을 바라볼 때가 희망과 활기로 충만하지 않았나 싶다. 그 시절을 회상하면 내가 우리 아이들한테 좀 더 성실하게 역할 수행을 했더라면 하는 아쉬움이 있다.

  어려운 여건에서도 처(妻)는 연년생인 1남 2녀를 키우느라 정말 수고가 많았다. 타국 타이완(臺灣) 타이베이(臺北)에서의 3년 동안에 연년생 셋을 뒷바라지하느라 정신없이 바쁘게 보냈다. 귀국 후에는 양주군 회천면에서 서울 번동으로, 또 의정부 가능동으로, 그리고 수원 매탄동에 와서도 두 번이나 이사를 전전하였으니 그 과정에서 힘들었을 것은 말할 필요가 없다. 그러한 중에도 나는 부모님을 모셔야 할 상황이라는 판단을 하였고 처는 순순히 받아들였다. 특히 어머님이 별세하시기 전 1년간은 직접 뒤처리까지 감당했으니 그 고생이 참으로 많았다. 그 후 근 10년간 아버님을 모시고 살았는데 넉넉지 못한 살림에 심신이 피곤했을 텐데도 천성이 선량하여 매사를 지혜롭게 대처해 주었다.

  우리 아이들은 자라면서 부모 속을 썩인 적은 거의 없었던 것 같은데 돌이켜 생각해 보니 그게 참으로 고마운 일이었다. 학교에서도 무난했고 장성하여 사회에서도 잘 적응하면서 생활하는 것 같다. 그리고 직장생활도 원만하고 거기다가 좋은 짝을 만나

예쁘고 건강한 자녀도 두었으니 그만하면 된 것이지 다른 욕심 부릴 게 뭐가 있겠는가 싶다.

 피고 지기를 반복하는 무궁화처럼 역사는 면면히 이어지고, 그 속에서 주인공들은 끊임없이 교체되는 것이 인생 불변의 진리이다. 그러면서 전통이 생기고 대(代)를 이어가는 역사가 생성되는 것이다.

 내 가족이 자자손손 흥성(興盛)하고 사회의 빛이 되어주기를 기원한다.

2025년 6월
지은이 김태진

목차

머리글
책은 남기는 게 맞다

1부 천상

성장 배경과 인생 멘토 _14
기억 속에 남아 있는
삶의 흔적 _17
연습 없는 인생 _24
백년해로(百年偕老) _29
오디션(audition) _32
있는 그대로
받아들인다는 것 _36
느긋하기에는
늦은 감이 있다 _39
이만하면 되었다 _42
성공하는 사람은 다르다 _45
희망이 있는 삶 _49
긍정적 효과 _53
자기 확신 _57
인과법칙 _61

표정이 밝은 사람들 _65
선천적인 성격 _69
다양성의 인정 _72
오십보백보(五十步百步) _77
세대 간의 지속적인 발전 _81
긍정적 시각 _85
강한 주장의 오류 _88
타인에 대한 비판 _91
상호 이해의 어려움 _94
결심과 판단 _97
돕는다는 것 _101
급변하는 상황의 극복 _105
바람직한 교육방법 _108
멋있는 차림 _111
기적 같은 일 _114

2부 천하

천편일률적 _120
제도권 밖의 교육 _124
난개발(亂開發)의 문제점 _128
잔인한 도축(屠畜) _132
전통시장을 둘러보고 _136
제품과 가격 _139
정보통신의 폐해 _145
느슨하면 성취가 없다 _149
오만(傲慢)의 위험성 _154
패망의 과정 _157
나의 생각을 정리하면서 _161
그래도 책 한 권은 남겨야지 _164
40여 년의 중국어 공부 _167
독서의 중요성 _170
독서의 영향 _176

일기장 _179
글로 표현하는 생각들 _183
서예에 대하여 _188
사자성어(四字成語) _191
일류가 된다는 것 _194
명판관(名判官) 포청천(包青天) _198
약속은 지키라고 있는 것이다 _203
작은 하나 때문에 _207
정직(正直) _210
불신을 조장하는 사람들 _214
법과 질서 _217
진실되고 따뜻한 말 _220
양심의 소리에 귀 기울이며 _225
얼렁뚱땅 넘겨서는 안 된다 _229

3부 유아

여유로움 _234
등산(登山)보다
더 어려운 하산(下山) _239
인생의 마디 _243
운명적 만남 _246
인생의 멘토 _250
생명과 적응력 _256
한 걸음 한 걸음씩 걷기 _259
무서운 게 습관 _262
상대방을 이해한다는 말 _266
경청하기 _272
발음을 분명하게 하는 사람 _275
정신을 딴 데 두면 안 된다 _278
빈곤만은 안 된다 _281
돈보다 소중한 것 _286
눈앞의 이익 _289

적당함과 지나침 _293
욕심의 컨트롤 _296
인생의 바닥을 치고 나면 _299
과속하지 않기 _303
분수에 맞는 생활 _307
적정시기(適正時期) _310
자유와 무한 _314
배려하는 마음 _318
진정 소중한 것 _321
물이 주는 교훈 _324
지혜로운 삶 _327
지혜의 샘 _332
현명한 대처 _336

4부 독존

바른 삶 _342
나다운 삶이어야지 _347
판단의 어려움 _352
진정한 가치 _357
술을 끊은 이유 _361
집도 건강도 관리가 중요하다 _364
신체 바이오리듬(bio-rhythm) _367
화목한 가정 _370
결국은 가정이다 _374
자녀들의 다양성 인정(認定) _378
되는 집안 _382
가족관계와 족보 _385
부모의 언행은
가정교육의 근원 _389
좋은 가정 _392
그건 자식의 도리가 아니야 _397

김매기와 어머니 _400
어려운 효도의 실행 _403
노후의 선물 _406
노후의 주거환경 _410
노인의 풍모(風貌) _413
백발과 염색 _419
나이를 인정하는 삶 _423
장수 시대의 노인 역할 _426
황혼과 값지로운 삶 _429
곱게 늙는 얼굴 _432
매장과 화장 _435
퇴직 후의 또 다른 인생 _438

1부

천상

성장 배경과 인생 멘토

　이 세상에 태어나서 한 해 두 해 쌓이다 보니 벌써 팔십을 바라보고 있다. 그동안에 내가 이룬 것이 무엇인가를 생각해 보니 딱히 내세울 만한 것이 없다. 결실 없는 삶이 되어서는 안 되겠다는 생각을 놓친 적은 없지만 희미하게 떠오르는 지난날의 자취 속에서 바로 이것이라며 꼭 집어 내세울 만한 것이 없으니 아쉬움이 밀려온다. 그러나 항상 열심히 노력하면서 부지런히 생활했다는 사실은 인정해도 되지 않을까 싶다.

　어떤 사람들은 별로 힘들이지 않고 사회적 역할과 업적을 성취하면서 사는 것처럼 보이는데 그것이 참으로 신기하다는 생각이 들기도 한다. 그럴 때면 나 자신은 인생의 방향을 제대로 잡은 것인가 하는 자문을 하게 된다. 무언가 덜 후회할 수 있는 인생이 되기 위해서는 멘토의 도움이 필요하겠다는 걸 느끼고 있다.

　내가 자라온 고향 시골은 농사짓고 가축 몇 마리 키우면서 근근이 생계를 유지하는 산촌이라고 하는 게 맞을 것 같다. 특별히 견문을 넓힌다든지 독서를 하면서 생활할 수 있는 여유 있는 환경은 아니었다. 나의 경우, 고등학교 졸업 때까지도 기껏해야 교과서 몇 권이 대부분이었으니, 안목을 넓히고 직간접 경험을 다양하게 한다는 건 어려운 실정이었다.

뒤늦게 지난날을 아쉬워도 해보지만 이미 세월은 나를 인생의 황혼에 이르게 했다. 그래서 더더욱 지나온 과정에서 인생의 방향을 안내해 줄 그 무엇이 절대적으로 부족했음을 아쉬워하고 있다. 결국은 성장 환경의 중요성에 대해 많은 생각을 하게 된다.

일반적으로 출생에서 유치원, 그리고 한창 자라나는 청소년 시절의 여건이 인생의 방향에 큰 영향을 미친다는 점을 교육현장에서도 느낄 때가 많았다. 성장기의 환경은 한 인간의 삶에 거의 절대적 영향을 미칠 수가 있으며 그중에 도농 간 여건, 빈부격차, 부모의 교육관 등이 미치는 영향은 적지 않다는 판단을 하곤 했다.

개천에서도 용이 날 수는 있다. 그런데 어쩌다 나타난 그 용은 터전이 바다이어야 하는데 잘못되어 정상적인 여건이 아닌 곳에서 태어났다. 그러니 당연히 모든 능력이 여느 용들과 어깨를 겨룬다는 게 쉽지가 않을 것이다. 성장 과정에서의 결손 부분은 표면적으로는 드러나지 않을 수도 있겠지만 세월이 지나면서 은연중에 그 차이는 있을 수밖에 없을 것이라는 생각도 해본다.

청소년기의 환경과 여건이 인생에 미칠 영향에 대해서는 이미 그 답이 나와 있다는 생각을 할 때도 있다. 나의 경우를 보아도 40년에 걸친 직장생활을 해오면서 나름대로 성실히 임했다는 데에는 스스로 인정을 한다. 그런데 은퇴 후에 생각해 보면 나의 역할 중에는 너무나 많은 부분에 결손과 모순이 있었다는 사실을 인정하고 있다. 사람을 대하고 세상을 보는 안목이 과연 어느 수준이었던가 하는 점에서 더욱 그러하다. 허점 많은 개인의 능력으로 과연 제대로 된 대처를 했을지에 대해서는 의문이 생기는 것이다.

가장 큰 결손 부분은 한창 성장하는 시기에 농사일 등, 가사에 너무 많은 시간을 할애함으로써 다양한 경험을 할 수 있는 기회를 놓쳤다는 사실이다. 심지어 정상적인 학교생활에까지 영향을 미치면서 예습과 복습을 할 시간은 거의 없었다고 보면 된다. 한창 성장할 시기에 단순한 일상으로 일관했으니 다양한 경험은 근원적으로 불가능하였다는 사실이다.

성장 배경이 중요하다는 전제하에서 볼 때, 내가 부모가 되어서 자녀에게 어떠한 환경을 제공해 왔던가를 되돌아보면 나 역시 많은 아쉬움이 남아 있다. 세상만사가 원인 없는 결과가 없다는 점에서 적은 노력으로 많은 결실을 기대해서는 안 된다고 생각한다. 뿌린 만큼 거둔다는 말은 영원한 진리라고 확신한다.

기억 속에 남아 있는 삶의 흔적

나는 육이오사변이 일어나기 2년 전에 태어났다. 3년 위로 형님이 계시고, 내가 둘째인데 전쟁 중에는 가족이 모두 피난을 했지만 기억에 남아 있는 것은 거의 없다. 잊히지 않는 것이 있다면 다시 집에 돌아왔을 때 우리 집 본채 초가지붕에 수류탄(불발탄)이 박혀 있었는데 그걸 순경이 처치하던 장면이다.

당시에는 누구나 그러했듯이 먹고산다는 생존문제가 해결되지 않아서 소나무 껍질을 벗겨서 송진떡을 만든다든지, 쑥버무리, 무밥 등, 소위 초근목피로 연명하는 나날이 많았다. 그리고 기억 속의 하나는 어느 날 할아버지께서 야구공 크기의 고무공을 하나 사주셨는데 갖고 놀다가 하수구 쪽으로 굴러가서 결국은 찾지 못했던 것이 참으로 안타까운 일로서 잊히지 않는다. 또 한 가지는 어느날 아침이었는데 내가 마루에 앉아 있을 때, 우리 집 소가 집을 뛰쳐나가는 것을 보았고 부모님은 한나절을 헤매다시피 하면서 겨우 찾아왔던 일도 있었다. 어린 시절에 추운 겨울에는 구슬치기 놀이를 많이 했는데, 구슬은 아랫마을 냇가 언덕에 시커먼 진흙을 파와서 양지쪽에 앉아서 만든 흙구슬이었다.

나는 어려서부터 유난히 허약했고 백일해까지 겹쳐서 오랫동안 고생을 했다고 한다. 그 당시 저녁이면 우리 집에 놀러 오시던 이웃집 할머니가 계셨는데 어느 날은 나를 쳐다보시고는 "저 애는 오늘 밤을 못 넘길 것 같다."라고 했다는데, 다음 날 여전히 살아 있는 걸 보고는 신기한 듯이 바라보았다는 말도 들었다. 기억으로도 몇 번 경기(驚氣)를 일으켜서 어머니께 업혀 이웃의 어떤 아주머니한테 가서 손가락을 따고 소금을 바르고 하던 순간들이 생각난다.

지금 생각해 봐도 초등학교 입학 전후는 기억이 선명하지 못한 부분이 많은데도 어떤 것은 또렷하게 기억에 남아 있기도 한다.

예닐곱 살 무렵에 큰댁에 결혼식이 있었던 날이었던 걸로 기억하고 있다. 당시에 서울에 살고 계시던 고모님이 나를 보고 귀여워서 놀려주려고 "저놈 못생겼다."라는 말씀을 하셨다는데, 어린 나이에 그 말이 너무 듣기 싫어서 마당에 뒹굴다시피 하면서 "고모 너 애는 잘생겼냐?"라는 항의성(?) 말과 함께 한동안 울음을 그치지 않았다고 한다. 어머니께서 달래느라 애를 먹었다는 말을 여러 번 들었다.

초등학교 삼사 학년 무렵인가 태풍이 불던 날, 하굣길에 우리 동네 여학생이 수십 미터 정도 날아가다시피 하면서 교문 앞 도랑에 떨어지던 장면이 기억난다. 정말로 무서운 바람이었고 순간적으로 생사를 오갈 수 있는 상황이었던 것 같았다. 그리고 자랑스러운 기억이라면 초등 3학년 때인데 국어의 낱말 뜻 외워 쓰기 시험을 볼 때는 거의 만점이었고, 산수 시간의 암산은 독무대가 되다시피 답을 맞혔다. 이런저런 이유로 담임선생님은 나에게 만물박사라는 별명까지 붙여주셨다. 당시에는 집에 전기가 들어오지 않아서 호롱불을 사용했는데 밤늦게까지 공부하느라 다음 날

아침에는 콧구멍에 검정 그을음이 묻기도 했다.

큰댁에는 삼촌이 살고 계셨는데 초등 6학년 때쯤 해서 얼마 동안 오후에 산에 가서 소 꼴 먹이는 일을 했던 적이 있었다. 그래서 저녁을 삼촌 댁에서 먹기도 했는데 국수가 나오는 날이면 먹지를 못해서 집에 와서 으물물로 허기를 채우기도 했다.

잊히지 않는 일 중에 심부름하다가 너무나 많이 놀란 일도 있었다. 저녁에 땅거미가 내릴 즈음에 걸어서 근 한 시간 거리의 읍내 방앗간에 가는 심부름이었는데, 중간에 저수지가 있는 고갯길을 지나쳐야만 했다. 그런데 그곳에는 인적이 드물고 오르막 꼭대기 옆에는 재실(齋室) 같은 기와로 된 집이 있었는데 가끔 귀신이 나온다는 말을 듣곤 했다. 그날은 고개를 거의 다 넘어갈 무렵에 10여 미터가량 떨어진 곳에 늑대처럼 보이는 무언가가 한 마리가 나타나 길을 가로질러 가는데 순간적으로 얼마나 놀랐던지 머리카락이 쭈뼛할 정도였다. 그 이후로 여러 날 동안 후유증이 있었는데 아마도 보통 개를 잘못 보고 지레 겁을 먹었던 것 같았다.

상황에 따라서는 부모님이 시키는 일도 힘에 부치거나 어려울 것 같으면 못 하겠다고 하는 것이 정상일 텐데, 시키는 일이면 무조건 순종해야만 하는 줄로 알았다. 지나고 보니 정말 바보스러웠고 멍청했다는 생각까지 들곤 한다. 누가 봐도 결코 칭찬받을 일은 아니었기 때문에 그러하다. 더욱 미련스러운 일은 열서너 살 무렵의 어느 여름밤이었는데 그날 밤중에 갑자기 폭우가 쏟아졌다. 그래서 벼를 심어놓은 논에 둑이 터질까 염려되어 물꼬를 낮추어야 하는 상황에서 아버지와 내가 두 곳으로 나누어서 가게 되었다. 칠흑 같은 밤에 손전등 하나 없이 빗줄기를 헤치며 개울을 건너갔다 왔다는 게 생각만 해도 너무나 위험천만한 상황이었던 것 같았다.

초등학교 때는 계속 학교성적이 좋았다. 6학년 때도 우등상을 받았는데 그때는 상대평가로 학급당 학생 수의 10% 이내에 들면 우등상을 주었다. 한 학급이 50명 정도였으니까 5등 이내에 들면 가능한 일이었다. 너나없이 어렵게 살던 때라 초등학교 입학 전에 한글을 읽고 쓰는 것을 배울 여유가 없었다. 나는 머리가 좋은 편이었던 것 같았으며 특히 계산이나 전반적인 기억력은 좋았다고 생각한다.

기본적으로 정직하면서도 끈기 있는 생활로 일관했다고 보면 되겠다. 초등학교 때는 6년 개근상을 놓쳤다. 왜냐하면 4학년 때쯤이었던 것 같은데 그날 아침을 먹고 난 후에 배가 너무 아파서 뒹굴다시피 하여 부모님이 학교에 못 가게 하셨다. 그런데 얼마 후에 진정이 되어 부모님 몰래 등교를 했다가 학교에서 거의 의식을 잃을 정도가 되어 친구한테 업혀서 집에 왔다고 하였다. 그 상황은 전혀 기억이 안 났는데, 그로 인해서 그해 개근상은 물론 6년 개근상도 못 받았다. 그리고 중고등학교 6년간은 개근상을 받았는데, 어떻게 보면 전혀 융통성이 없는 단선형 사고방식이 바탕에 깔렸다고 보는 것이 맞을 것도 같다는 생각이 든다.

이건 정말 어처구니없는 해프닝이었는데, 초등 5학년 때, 교실에서 시력검사를 하는데 나의 차례가 되어서 선생님이 '오른쪽 눈을 가리고 보라'는 것이었다. 그래서 나는 일단 '가린 눈으로 보라'는 뜻으로 알아듣고는 가려진 눈으로 보려고 하는데 도대체 보이는 게 없었다. 물론 안 가린 쪽으로 보는 데는 전혀 지장이 없었는데 말이다. 그러나 가린 눈으로 보라고 했으니 큰 글자부터 짚어 내려가는 중에 그 어떠한 것도 보인다고 할 수가 없었다. 그러면 다른 쪽 눈을 가려서 해보자고 하셨고 결과는 역시 마찬가지였다. 급기야는 당황한 담임선생님이 교구실에 가서서 교감선생님을 모시고 왔으며 확인하는 과정에서 안 보인다고 했던 원인이 밝혀지면서 마무리가 되었다. 요즈음의 TV 프로 '〈순간포착 세상에 이런 일이〉'에 나올법한 상황이었다고 할 수가 있겠다.

6학년 때는 전교어린이회 서기를 했다. 어떤 과정으로 선발되었는지는 모르겠으나 어쨌든 글씨를 잘 쓴다는 인정을 받았던 것 같았는데, 하는 일은 전교학생회 때에 회의 내용을 칠판에 분필로 적는 것이었다. 천부적으로 글씨에 재능이 있어서 그랬던지 교사 시절에는 서예 부문에서 시군대회를 거쳐서 도교원경진대회에서 서예한글 부문 최우수상을 받기도 했다.

요즈음은 상상도 할 수 없는 이야기로 들리겠지만 어릴 적 내가 살던 시골에서는 흔히 볼 수 있는 나무(땔감)를 했는데 그때가 열서너 살 무렵인 초등학교 졸업을 전후한 시기였다. 엄청 추웠던 한겨울에 같은 또래 서너 명과 함께 먼 산에 나무를 하러 갔었다. 새벽 5시경에 밥을 먹은 후에 지게를 지고 어둠을 가르며 산으로 향했다. 2시간 정도를 걸어서 적당한 곳을 찾으면 땔감을 해서 돌아오는 건데 도중에 도시락을 먹었다. 추운 날씨로 인해서 밥이 얼었는데 그것을 먹을 때는 살얼음 씹는 소리가 날 정도였다. 밥을 먹는 중에는 추위를 느끼다가 다시 짐을 지고 가다 보면 땀이 나면서 몸이 따뜻해지곤 했다. 나는 어릴 때부터 우리 집이 잘살았으면 하는 희망이 유별나게 강했던 것 같았다.

6학년을 졸업하면 당연히 중학교 진학을 해야 하는데 그때는 형님이 대구에서 고등학교 재학 중이어서 가정 형편상 1년을 쉬게 되었다. 그렇다고 집에서 놀 수는 없는 일이어서 다시 6학년 과정을 1년 더 하고 중학교 진학을 하였다. 당시에는 중학교도 입시가 있었는데 2:1의 경쟁률이었던 것으로 알고 있다.

그런데 영원히 잊지 못할 어머니와 관련한 충격적인 대사건이 중학교에 진학하지 못했던 그해 여름에 나의 눈앞에서 발생하였다.

그때는 무더운 여름날이었고 아버지와 일꾼 서너 명이 벼 논에 잡초를 뽑는 소위 논매기를 하는 날이었다. 점심을 준비하던 어머니께서 삼 층 중간층에 꿀이 담겨있던 접시의 꿀을 손가락으로 찍어 맛보는 순간에 발생했던 너무나 치명적인 사건이었다. 당시에 큰댁은 20리쯤 떨어진 곳에서 사과 과수원을 경영하고 있었는데 그때 사과나무에 뿌리는 살충제와 관련된 것이었다. 일반가정에서는 사용하면 안 되는 맹독성 농약인데도 불구하고 조금 얻어서 파리와 모기 퇴치를 위하여 희석해서 사용하였다. 그것을 넣은 분무기를 마루의 3단 찬장 제일 위 칸에 넣어두었던 것이다. 문제는 그 분무기 모서리가 삭으면서 생긴 틈으로 농약이 조금씩 새어 나와서 바닥 틈새로 흘러내려 그 아래층에 있던 꿀 접시에 한 방울씩 떨어졌던 것이다. 어머니는 아무런 의심 없이 그것에 손가락을 찍어서 맛을 보려고 했는데 혀에 닿는 순간 옆에 있던 나에게 "큰일 났다." 하시고는 바로 우물가로 가셔서 손수 두레박으로 물을 길러 혀를 씻어내고 있었다. 나는 큰 소리로 담 너머 당숙모를 불렀고 황급히 달려오신 당숙모는 장독 뚜껑을 열어서 쌀과 물을 넣어 둥근 돌로 갈아서 만든 뜨물로 입을 헹구게 하셨다. 문자 그대로 생사의 기로에서 위기를 가까스로 넘긴 어머니께서는 완전히 탈진상태가 되셔서 마루에 누우셨다. 그때 들어오신 아버지께서는 나에게 약사를 불러오라고 하셨고 그분이 곧바로 와주셨다. 당시에는 윗동네에 약국이 있었는데 약사가 주사를 놓고 처방도 하였다. 그런데 정말 놀라운 사실은 어머니가 입 안을 헹구어 낸 그 물이 하수구에 쌀과 섞여 흘러서 내려갔는데, 그것을 먹은 참새가 그 자리에서 죽어 있었다는 사실이었다. 얼마나 치명적인 맹독성 농약이었는지는 짐작하고도 남을 일이었다. 그 사건 이후로 어머니는 농약 냄새에 대하여 매우 민감한 반응을 나타내셨고 그것이 소위 트라우마(trauma)로 남아서 평생을 고생하셨다.

  어머니를 생각하견 되살아나는 장면들이야 적지 않지만 그중에 또 하나는 내가 열 살 무렵에 아버님은 청도 쪽의 산판에서 백부님이 경영하시는 사업을 도우셨는데 그때 어머님이 무척 고생하셨다는 사실이다. 특히 기억나는 일은 비가 주룩주룩 내릴 때, 돼지가 새끼를 낳았는데 그 뒤처리를 하시느라 비를 맞으며 잠한숨 못 주무시고 고생하시던 그 모습들이 아직도 생생하게 떠오른다.

연습 없는 인생

"인생에는 리허설(rehearsal)이 없다."

너무나 당연하면서도 엄숙함이 밀려오는 말이다. 결국은 한 번뿐인 인생이며 다시는 연습의 기회가 주어지지 않는 일회성 삶이기 때문에 나날을 소중하게 생각하고 후회 없이 살라는 메시지로 받아들이려 한다.

군더더기 없는 정확한 말이다. 그런데 신이 아닌 이상 세상에 그 누구도 후회 없는 삶을 산다는 건 불가능한 일이다. 생업에 매몰되어 헉헉거리면서 살아가는 사람들에게 인생이라는 단어는 현실적으로 버겁게 다가올 것이다. 인생 황혼에 다가가면서 좀 더 일찍 철이 들어 알찬 세월을 보냈더라면 얼마나 좋았을까 하는 후회도 할 것이다.

젊은 날, 눈코 뜰 새 없이 바쁠 때는 시간적 여유가 생긴다면 원하는 일을 해보고 싶다는 욕심도 생길 것이다. 그러나 막상 은퇴 후에는 망망대해처럼 펼쳐지는 무한 자유라는 시간 앞에서 어영부영 지낼 수밖에 없다면 한심하게도 느껴지지 않을까 싶다. 시간적 여유가 많으니까 오히려 느긋해지면서 매듭 없이 구렁이 담 넘어가듯 지내게 되는 상황으로 이어질 수도 있을 것이다. 이래서는 안 되겠다며 마음을 다잡아 보기도 할 테지만 생각과 행동이 따로이면서 삶에 변화를 보이기가 쉽지 않겠다는 생각도 해본다. 허송세월이 후일 큰 후회와 반성으로 남지 않도록 잘 살아야 할 텐데 그게 마음대로 안 되어서 신경 쓰일지도 모를 일이다.

같은 말이면서도 언제 어떠한 상황에서 듣는가에 다라서 받아들이는 의미는 달라질 수가 있다. "철들자 노망한다."라는 말이 공연히 생긴 건 아닌 것 같다. "인생에는 리허설이 없다."라는 말에는 얼마나 깊은 뜻이 내포되어 있는지를 되새겨 본다. 일분일초를 천금같이 쓰는 사람이 있는가 하면, 의미 없이 허송하는 사람도 있다. 주어진 인생이 얼마나 귀한가를 생각하면 시간을 소중하게 쓸 수밖에 없을 것이다.

흔히들 인생을 초로(草露)인생, 뜬구름, 일장춘몽이라고도 한다.

30여 년 전, 어머님이 별세하시고 삼일장을 치렀는데 산소에서 하관할 때는 벌써 신체 일부분이 상하고 있었다. 그 당시는 양력 10월 중순이었는데 3일간 따뜻한 아파트에 모시면서 드라이아이스 등으로 예방조치를 취하지 않았던 게 큰 실수였다. '죽으면 썩을 몸'이라는 말은 하나도 틀림이 없는 사실이다. 그래서 사극 중에 어떤 이는 "내가 죽어서 오만 벌레들의 밥이 되기보다는 깨끗하게 화장을 해다오."라는 당부를 하는 장면도 있었다.

"죽으면 한 푼도 못 갖고 가는 인생"이라는 말을 입버릇처럼 하면서도 현실적으로는 더 많이 가지려고 수단 방법을 가리지 않는 모습들을 보면, 너나없이 참으로 미련하다는 생각이 들 때가 있다. 한 번뿐인 인생인데 살아가는 모습은 각자도생이다.

허송세월은 하지 않아야겠다는 생각으로 열심히 생활하는 사람도 "최선을 다했다."라는 말은 너무 헤프게 하지 않았으면 한다. 그 말이 자신이 처한 상황에서는 성실하게 살았다는 의미가 포함되겠지만 그 '최선'이라는 말을 너무 쉽게 갖다 붙이지는 말자는 것이다. 그릇도 크기와 모양이 제각각이듯이 개개인의 능력도 달라서 최선의 노력이라는 말은 그 한계가 모호하다는 점을 감안할 필요가 있을 것 같다.

  등산의 경우에는 산의 정상을 목표지점으로 했을 때, 가장 먼저 고려할 점은 출발조건의 문제라고 생각한다. 흙수저 금수저란 말이 있듯이 어떤 사람은 산 중턱까지 차로 이동하여 출발을 하고, 또 어떤 사람들은 아예 산의 밑바닥에서 출발한다고 했을 때 누가 먼저 목적지에 도착할 것인지는 이미 답이 나와 있다고 할 수 있다. 이러한 상황에서는 비교 자체가 무의미하다는 말이다. 그래서 최선이라고 하는 것은 개인별로 처한 환경에 따라서 해석을 달리할 수가 있다는 말이다.

  인생도 마찬가지여서 부모, 가정의 여건, 성장 배경 등이 삶에 영향을 미칠 수밖에 없다. 하루하루 근근이 살아가는 어려운 가정 형편이라면, 부잣집 자녀처럼 경제적인 뒷받침을 제대로 할 수가 없을 것이다. 이러한 상황의 차이를 극복한다는 데에는 한계가 있을 수밖에 없는 일이다.

  어느 인간문화재가 자신의 기능을 전수할 대상자를 자기 자녀로 정한다면 그 자녀는 이미 절반의 성공을 한 상태라고 봐도 좋을 것이다. 이와 반대로 어떠한 여건도 갖추어지지 못한 사람이 도전한다면, 여건 면에서 불리한 부분이 많을 것이다. 배경이 인생에 미치는 영향에 대해서 생각할 여지는 많다고 생각한다.

소위 '성공자'란 어떤 의미로 붙여진 이름일까?

유한한 인생에서 과연 무엇을 이루어서 그러한 명예스러운 호칭이 붙게 된 것인지에 대해서 알아볼 필요가 있다. 그들은 무언가 분명한 목표가 있는 삶이었을 것이라는 생각이 앞선다. 인생에서 이것저것 여러 분야에 시간을 뺏기다 보면 한 분야를 제대로 성취할 수 없다는 것은 상식적으로 이해가 된다. 하나의 뜻을 이루기 위해서는 우공이산(愚公移山)의 의미를 새길 필요도 있지 않을까 싶다.

요즈음 방영하는 '〈생활의 달인〉'에 출연하는 사람들도 결국은 한 가지 일에 꾸준히 노력한 결과, 보통 사람들로서는 상상할 수 없는 능력자가 된 것이다. 한 가지 분야에서 계속 일을 하면서 더 좋은 방법을 찾고 그러한 경력이 쌓이고 쌓이면서 자연스럽게 노하우가 생기게 되었다고 보면 된다. 인생에서 중요한 것 중에 하나는 행함에 있어서 무엇보다도 목표를 향하여 나아가되 어떠한 어려움이 닥치더라도 극복하고 분발하면서 지속적인 노력을 하는 일이라고 생각한다. 변화에 따른 지혜로운 대처가 수반되면 더욱 좋을 것이다.

오늘이라는 하루는 영원히 돌아올 수 없는 귀한 시간인데도 뭐 하나 제대로 하는 일 없이 보낸다면 인생의 한 부분을 허공에 날려 보내는 결과가 된다. 하루 24시간을 좀 더 의미 있게 보내려는 의지가 중요할 것이다. 지구상에 존재하는 개개인의 가치는 그 무엇과도 비교할 수가 없는 유일무이한 귀한 생명체라는 점을 생각하면 그에 상응하는 가치를 드러내기 위한 노력이 필요할 것이다. 잘난 사람이 되자는 것도 아니요, 나만 호의호식하자는 것도 아니다. 다만 의미 있는 인생이었으면 하는 바람뿐이다.

젊어서는 꿈도 컸다. 세상이 작아 보였고 마음만 먹으면 많은 부분을 변화시킬 수 있을 것도 같았다. 그런데 세월을 한 바퀴 돌아서 은퇴를 하고 거기에다 또 10여 년의 세월이 지나면서 순간, 시간의 빠름에 놀라기도 한다. 지난날의 자질구레한 일들을 회상하면서 되짚어 보는 건 별 의미가 없을 것 같다. 문제는 앞으로 어떻게 살 것인지를 생각하면서 마음을 가다듬는 것이 중요하지 않을까 싶다.

백년해로(百年偕老)

　백년해로(百年偕老)의 사전적 풀이는 "살아서는 같이 늙고, 죽어서는 한 무덤에 묻힌다." 또는 "생사(生死)를 같이하는 부부로 사랑의 맹세를 비유하는 말"이라고 되어 있다.
　근래에는 틈틈이 TV의 다큐멘터리를 시청하는 편인데 특별히 관심이 가는 프로는 세상 삶의 모습을 현실감 있게 보여주는 인생 다큐멘터리 종류이다. 도시보다는 교외의 한적한 농어촌에서 살아가는 중장년에서 노년층까지, 그중에도 부부의 일상을 밀착 취재한 내용은 공감이 가는 부분이 적지 않다. 그 프로들을 시청하면서 은연중에 생각나는 것은 일상의 생활에서 전반적으로 남편보다는 부인들이 고생을 많이 하는 것 같다는 점이다. 더욱 눈에 띄는 부분은 뭔가 남편들이 자신의 역할에 소홀히 하는 모습으로 비쳐지기도 한다.. 부부는 미우나 고우나 동고동락하면서 백년해로를 맹세한 사이라는 점을 고려할 때, 남편들이 집안일에 소극적이거나 무관심한 태도를 보여서는 안 되겠다는 생각이 드는 것이다.
　옛날 수렵 시대에서 농경사회로 이어지면서 여전히 남편은 밖에서 가족의 생계라는 중차대한 책임을 짊어졌다. 그러한 인식은 오늘날의 사회에서도 가부장제라는 형태로 일부 남아 있다. 그러나 사회 풍조가 급변하면서 경제적인 문제에서도 차츰 맞벌이 부부의 형태로 변하고 있다. 이제는 가정사의 모든 일이 부부 중에 그 누구도 책임에서 자유로울 수 없는 것은 물론이고, 남녀의 역할이 구분되지 않는 공동의 일로 바뀌고 있다. 가족의 구성원 모두가 공동체로서 원만한 가정생활을 위해 적극 협조해야 하는 것이 오늘날의 현실이다. 이러한 역할을 제대로 수행하지 않으면 가정이라는 사회가 균열되면서 파국으로 치달을 수도 있다는 점에 유념해야 할 것 같다.

가정경제에 전혀 도움이 되지 않는 남편 때문에 여자의 몸으로 자식과 가족을 위해 한평생을 희생한 분들을 보면 눈물겹도록 안타깝다는 생각이 든다. 가장으로서 너무나 무책임했던 남편 중에는 인생 황혼에 지난날의 소홀했음을 뉘우치며 역할에 충실하려는 모습을 보이는 사람들도 있지만, 일반적으로 우리나라 노년층의 남자들은 여자들보다 생활력이 약하다는 느낌이 들곤 한다.

부부는 어떻게 지내는 것이 바람직한 모습일지에 대해 생각해 본다. 기본적으로 문제점이라고 생각되는 것이 부부간 원활한 대화의 부족이 아닌가 싶다. 남편 중에는 마음은 있으면서도 속내를 드러내지 못하는 경향이 있는 것 같은데 그건 바람직하지 않다고 생각한다. 속이 깊다는 것과 입이 무겁다는 것, 그리고 남자는 뭔가 중후한 기풍을 보여야 한다는 의식이 있다면 시대착오적인 발상이라고 생각한다. 이러한 잠재적 사고방식들이 남자의 자존심인 양 인식한다면 어떤 설명으로도 공감을 얻을 수가 없을 것이다.

사람의 가치를 높이는 요소 중에 가장 큰 수단인 언어는 자신의 의사를 표현할 수 있는 가장 편리한 매개체이다. 그런데도 군자 일언중천금(君子一言重千金)이라는 의미가 왜곡되어 그것이 흡사 남자의 상징이라도 되는 것처럼 여기는 건 옳지 않다. 사람과 사람 사이의 대화가 얼마나 중요한지를 제대로 이해한다면 적절한 의사 표현의 가치에 대해서 분명히 인식해야 할 것이다. 물론 마음에도 없는 소리로 상대방의 환심을 사려는 억지 대화는 별 의미가 없다고 생각한다. 그러나 대화 중에 쓸 데 있는 말만 하면서 살 수는 없는 일이어서 어느 부분에서는 진심에서 우러나는 유머 등은 일상의 대화에서 윤활유 역할이 될 수도 있을 것이다. 예로부터 말 잘하고 뺨 맞는 일이 없다고 했듯이 적절한 언어 표현은 인생에서 큰 비중을 차지한다고 생각한다.

　남남끼리 만나 부부의 연을 맺었으면 서로가 힘이 되면서 기쁨도 괴로움도 함께하면서 살아가는 것이 진정한 인생으로서의 반려자일 것이다. 그래서 가장 필요로 하는 것이 바로 원만한 대화라고 생각한다. 어떠한 상황에서도 허심탄회하게 대화함으로써 함께 책임지고 가정을 꾸려가는 데 원동력이 될 수가 있을 것이다.

오디션(audition)

근래에는 TV 프로그램들이 각종 예능 관련 오디션 장면을 경쟁적으로 방영하는 것 같다. 이러한 프로들이 다양한 형태로 방영되면서 시청자들로부터 관심과 흥미를 불러일으키는데, 지원자 중에는 외국인까지 포함되어 있어서 문자 그대로 글로벌 행사임을 실감할 수가 있다.

오늘날의 세태는 연예인들이 일부 청소년들의 우상이 되는듯 하다. 그래서 연예계에 입문하기 위해 준비하는 청소년지망생들이 급속히 늘어나는 추세라고 한다. 이들 중에는 부와 명예를 함께 거머쥘 수 있다는 꿈을 갖고 도전하려는 경향이 적지 않다고 한다. 물론 일약 스타가 되면 돈과 명예를 함께 거머쥘 수가 있다고는 하지만 그 수는 극히 제한적일 수밖에 없다. 그리고 최종 목적을 부와 명예에 둔다면 상당히 문제가 있다고 생각한다. 단지 좋아하고 재능도 있어서 도전하겠다는 순수한 동기에서 출발하는 게 바람직하지 않을까 싶다. 원하는 바를 이루었던 기성 연예인 중에도 세월이 지나면서 불행해지는 경우가 적지 않다. 자신의 재능을 발휘하는 것 자체가 가장 행복한 일이라는 생각에서 다른 욕심을 부리지 않는다면 최소한 평범한 생활은 가능할 것으로 생각한다. 돈과 명예는 일을 즐기면서 생활하는 가운데 자연스럽게 따라주는 것이 바람직할 것이다. 행복 자체를 너무 허황한 꿈에 두지 말고 보람 있는 인생과 결부하건 좋지 않을까 싶다. 그래서 청소년들은 겉으로 드러나는 스타들의 화려함이나 일확천금에 눈이 멀어서는 안 된다는 점을 분명히 인식했으면 한다.

 세상만사가 다 그러하듯, 어느 한 분야에서 최고로 인정받을 정도의 프로 중의 프로는 있게 마련이다. 그래서 다양한 경연프로그램에서 인재를 발굴하려 하지만 옥석을 가리는 일이 쉽지만은 않을 것이다. 선택된 사람이라도 심사자들의 개인별 선호도와 취향이 다르기 때문에 절대적 평가가 될 수는 없음을 알아야 한다. 어떤 경우에는 예선에서 탈락한 참가자가 다른 오디션에서는 최우수의 위치에 오를 수도 있다는 역설적인 것도 고려해 봐야 한다. 물론 상대적인 점들이 변수로 작용할 수는 있겠지만 어떠한 경로를 통하여 선발하든 절대적으로 우수한 기능인을 찾아내기는 쉽지 않을 것이다. 어쨌든 근래에 여러 분야에서 실시하는 오디션프로그램은 다양성의 존중이라는 측면에서 매우 의미 있는 일이라고 생각한다.

 이 세상에 절대적 능력자가 없듯이 각종 예능 방면에서도 인기가 요동을 친다는 현실을 고려한다면 이미 알려진 기성 연예인 중에도 자신의 능력을 재평가받기 위하여 오디션에 참가하는 모습은 참신하게 보인다. 아무리 유명하다고 하더라도 오디션에서는 존재가치를 드러내지 못할 수도 있다. 이러한 현상은 전혀 놀라운 일이 아니며 오히려 있을 수 있는 일로 받아들여야 할 것으로 생각한다. 왜냐하면 한 분야에서 인정을 받는 데에는 다양한 능력들이 상호작용하기 때문이다. 그리고 유행이라는 점이 고려될 수도 있고 당시의 컨디션 문제도 영향을 미칠 수가 있어서 심사결과가 좋지 못할 경우도 있을 것이다.

이러한 상황과는 달리, 참가자 중에는 전혀 무명이지만 모두를 놀라게 할 정도로 수준급인 경우도 있다. 전혀 예상 밖의 결과가 나온다는 자체가 오디션의 목적에 어느 정도 부합하는 것이 아닐까 싶다. 소위 진흙 속에서 진주를 발견하는 것처럼 값진 일이라고 생각한다.

개인적으로는 아무리 괄목할 만한 능력의 소유자라고 하더라도 여건이 받쳐주지 못해서 평생을 두고 재능을 펼치지 못하는 경우는 비일비재할 것이다. 그러한 사실에 비추어 보더라도 오디션프로그램은 누구나 참가할 수 있는 열린 기회가 될 수 있다는 점에서 희망의 프로그램이라고 할 수가 있겠다.

사람이 한평생을 살아가는 과정에서 잠재된 자신의 능력을 어느 정도 계발하고 그것이 다른 사람들에게 긍정적 영향을 미친다면 가치 있는 일이라고 생각한다. 문제는 능력을 펼쳐 보일 수 있는 기회의 문이 활짝 열려 있지 않은 상황에서는 과연 누가 진정한 성공자가 될지는 알 수가 없는 일이라는 것이다. 예술계의 경우에는 여러 가지 배경이 예능 활동에 직간접적으로 영향을 미치고 있을 것이라는 불신의 일면이 있는 것도 사실이다. 그러한 점을 고려한다면 여러 경로를 통해서 실시하는 오디션은 누구든 홀로서기가 가능하게 한다는 측면에서도 바람직한 일이라고 생각하는 것이다.

예능 부분 오디션이 사회 전 분야로 파급된다면 희망적인 나비효과를 기대할 수가 있을 것이다. 그리고 제반 영역에서의 선발

과정이 신뢰도와 공정성 면에서 긍정적인 결과를 가져올 것이라는 예상이 가능해진다. 그렇게 되면 급기야는 기업의 후계자문제까지도 가족과 친인척이라는 혈연관계에서 광범위하게 적용할 수 있는 분위기로 개선될 수 있을 것이라는 희망도 가져볼 수가 있을 것 같다. 그러면 전문가의 공개검증을 통해서 명실공히 적합한 사람이 회사를 이어받을 수가 있지 않을까 싶다.

분명한 점은 이 세상에는 탁월한 재능이나 능력이 있으면서도 그 역할을 충분히 수행하지 못하는 인재가 많다는 사실이다. 같은 계열의 기능을 가진 사람 중에도 프로급 수준의 사람이 있을 것이다. 알고 보면 대단한 실력자이고 상상을 초월할 정도의 능력자로 인정받을 수 있는 사람도 분명 존재할 것으로 생각한다.

슈퍼스타, 국보급, 실력자 등등의 수식어가 붙으면서 심지어 무슨 神이라는 별칭까지 붙여지는 것이 오늘날의 현상이다. 소위 스타라고 부르는 예능인도 있긴 하지만 그건 흔치가 않은 일이다. 청소년 중에 연예계를 선호하는 경향이 나날이 늘어난다고 하지만 냉혹한 현실 앞에서 좌절도 겪을 수 있음을 각오해야 할 것이다. 자타가 공인할 정도의 유명 예능인 중에는 생활고마저 해결하지 못하는 어려운 처지에 놓이는 경우도 적지 않다고 한다. 예능 방면에 진출하려는 지망생들은 무지갯빛 꿈에서 벗어나 냉정하게 현실을 바라볼 줄 아는 판단력을 가졌으면 한다.

있는 그대로 받아들인다는 것

　　추수를 앞둔 벌판은 황금 물결로 출렁이고 있다. 농부는 평년작 이상의 작황인 들판을 바라보며 흡족해한다. 며칠 후면 수확한 곡식으로 빈 곳간을 채울 것이다.

　　그런데 이게 웬일인가? 마른하늘에 날벼락이라고 지난밤에는 예보에도 없던 거센 비바람이 들이닥치면서 순식간에 온 들판이 물바다로 변하였고 벼 논은 쑥대밭이 되어버렸다. 거두어들이기만 하면 되는 다 지은 농사가 이 지경이 되었으니 낭패도 이런 낭패가 없다. 인력으로 어찌할 수 없는 자연재해라지만 생각할수록 야속하고 원망스러운 것은 하늘이다.

　　예년에 없던 찜통더위에 가을의 결실을 기대하며 구슬땀을 흘리면서 애써 가꾸어 왔던 날들이 새삼 주마등처럼 스쳐 지나간다. 이제는 어떠한 방법으로도 회복이 안 될 것 같은 현실을 마주할 수밖에 없는 상황 앞에서 긴 한숨을 내쉴 뿐이다.

　　평범한 나날의 삶에서 이러한 돌발상황이 발생하면 피해 당사자는 어떻게 대처해야 할지 막막하기만 하여서 어떠한 생각도 할 겨를이 없을 것이다. 그러나 이미 닥친 재해이기에 백방으로 해법을 찾기 위한 노력은 해야만 한다. 받아들이기 어려운 상황일지라도 현실을 외면할 수는 없는 일이다. 도저히 있을 수 없는 일이라느니, 도대체 자신들이 무슨 잘못을 했기에 이토록 가혹한 시련을 겪어야 하는지 모르겠다며 원망하는 마음에서 헤어나지 못하면 어려움을 극복하는 데는 전혀 도움이 되지를 않을 것이다.

 한평생 살아가면서 참으로 어려운 일 중의 하나가 전혀 예상 밖의 불행이 닥쳤을 때, 어떻게 대처해야 할지 갈피를 잡지 못할 때이다. 인생의 과정에서 미래는 예측이 어려운 미지의 세계임이 분명하다. 가령 시험의 합격 가능성은 어느 정도의 객관적 자료에 근거해서 적중률을 가늠할 수가 있겠지간, 날씨와 같은 자연적인 현상은 여러 가지 돌발변수가 작용하기 때문에 예측이 어려울 수밖에 없다. 오죽했으면 "날씨와 주가는 귀신도 모른다."라는 속담이 있을까 싶다.

 한몫을 챙기기 위해, 아니면 팔자를 고치기 위해 증권, 경마, 파친코(pachinko) 등에 사활을 거는 사람들이 있다. 그들이 투자나 투기를 할 때는 그 대상(對象)에 대해서 나름의 무지갯빛 꿈을 안고 뛰어들 것이다. 그러나 분명한 사실은 크든 작든 손실이라는 복병이 도사리고 있음을 전혀 예상하지 않는 사람은 없으리라 생각한다. 기대와는 달리 상황이 좋지 않아 의외의 손실을 보게 될 때는 그럴 수도 있다는 긍정적 태도로 다음 단계를 위한 대비를 하는 게 순서가 아닐까 싶다. 그런데 어떤 이는 손실을 만회하기 위해서 즉각 반격을 시도하며 무리하게 공격적 투자를 감행한다는 것이다. 한 박자 쉬면서 전열을 재정비하는 것이 더 큰 손실을 막을 수 있는 현명한 방법일 수도 있다는 경험자들의 조언을 들을 만한 여유가 없다는 듯한 반응이라고 한다. 손실된 부분에 지나치게 집착하는 나머지 원금이라도 회수해야겠다는 일념으로 있는 돈 없는 돈 다 끌어들여 2차, 3차로 투입하다 보면 돌이킬 수 없는 막다른 골목에 치닫게 되고, 결국은 불행의 늪에 빠지게 될 수가 있다는 것이다. 포기하는 결단도 필요하다는 생각은 아예 염두에 두지 않는 결과라고 할 수 있다.

일반적으로 어떠한 난관에 부닥치면 우왕좌왕 중심을 잃으면서 또 다른 실수를 하는 경우가 많다. 그러다 보면 엎친 데 덮친 격으로 더 큰 난관에 직면하게 되는데 제삼자의 눈에는 해결방법이 보이는데도 당사자는 갈피를 못 잡고 있으니 안타까운 일임이 분명하다. 어쨌든 어려움을 당했을 때는 다시금 전열을 가다듬어 최선의 방도를 모색하기 위한 노력을 하는 것이 맞을 것 같다. 오죽했으면 "넘어진 김에 쉬어 가라."는 말이 생겼을까 싶다. 투자뿐만 아니라 세상만사가 난관에 부닥치면, 현실을 냉정하게 인식하고 해결 가능한 부분부터 차근차근 처리하려는 노력이 필요하지 않을까 하는 생각을 해본다.

느긋하기에는 늦은 감이 있다

성격의 근원을 천성이라고 한다면 그러한 선천적 성격을 후천적으로는 얼마만큼 바꿀 수가 있을지를 생각해 본다. 이와 관련해서 사람들의 의견을 수렴한다면 아마도 천성을 고친다는 게 그리 쉽지만은 않을 것이라는 반응이 상대적으로 많을 것 같다. 그렇게 타고난 성격은 쉽게 고쳐지는 게 아니라고 하더라도 어느 부분은 의지와 끈질긴 노력으로 고칠 수가 있을 것이라는 희망적인 생각을 하고 있다.

성격이 급하고 쉽게 화를 내면 심신 양면에 좋지 않다는 사실을 알고는 있으면서도 여간해서 고쳐지지 않는 것임을 알고 있다. 거듭되는 후회와 다짐에도 불구하고 좀처럼 개선되지 않는 것을 보면 천성이란 뿌리가 얼마나 깊이 자리 잡고 있는지를 실감하게 된다. 그리고 중년에 들어서면서부터는 부지불식간에 부모와 닮은 언행이 드러나는데 이런 것이 바로 부전자전이 아닐까 하는 생각을 하게 된다. 그래서 성격이든 행동이든 선천적인 부분 중에 반드시 고쳐야겠다고 생각하는 것을 개선하는 데에는 어느 정도 한계가 있겠다는 생각을 하고 있다. 어떤 때는 부럽다는 생각까지 드는 것은 매사를 느긋하면서 여유 있게 대처하는 사람들의 모습이다. 아무래도 '유전'과 절대적인 관계가 있겠다는 나름의 결론을 내리기도 한다.

건강과 성격의 상관관계를 논하자면 아무래도 급한 성격의 소유자가 인체에 부정적 영향을 더 받지 않을까 싶다. 그런데 조급증에 대한 일반적 해석은 어떤 상황이 시간적으로나 물질적으로 기준이나 목표치에 도달하지 못할까 하여 지레 염려하는 행동에서 비롯된다고 되어 있다. 너무 앞서가는 생각은 고치는 게 좋을 텐데 그러기 위해서는 항상 상황을 염두에 두고서 실행에 옮기기 위해 노력해야겠다는 생각을 하고 있다.

성격의 차이에서 오는 상황에 대한 대응 태도에는 차이가 있을 것 같다. 가령 입사시험을 치른 후에 결과가 발표될 때까지의 반응의 경우에도 차이가 있을 것이다. 어떤 이는 경쟁률에 상관없이 합격하면 다행이고 아니면 그만이라는 다소 느긋한 반응인가 하면, 또 다른 이는 불합격이면 큰일이라며 온 신경을 다 쓰면서 잠도 제대로 못 이룰 수도 있을 것이다. 이러한 상반된 반응에서 과연 어느 편이 심신 건강에 이로울까를 생각하면 이미 답은 나와 있는 것이 아닌가 싶다.

다른 관점에서 생각해 보면 세상만사가 겉으로 드러나는 것과 실제와는 상당한 차이가 있을 수 있다는 사실이다. 도도히 흘러가는 강물이 표면상으로는 거울처럼 고요해 보일지는 몰라도 그 속에는 세찬 흐름이 있음을 알아야 한다. 모든 대상을 표면적 모습만으로만 판단할 수 없는 경우들이 허다함에 유의할 필요가 있다. 어쨌든 개개인의 성격 면에서 느긋함이나 조급함이 상황에 따라 적절히 조절될 수 있는 기능이 필요하지 않을까 하는 생각을 해본다.

나는 이미 노년에 접어들었으면서도 현재의 나이가 노인에 속한다는 사실을 인정하고 싶지 않을 때가 있다. 그러나 선택의 여지가 없는 명백한 현실임을 어찌할 것인가? 그래서 어떤 때는 조급한 마음이 들면서 제대로 된 책 한 권이라도 출간했으면 하는 생각도 해본다. 은퇴 후에는 시간적 여유도 있어서 하루 24시간을 자유롭게 활용할 수가 있기 때문에 결코 시간 부족을 핑계 댈 이유는 없다. 무엇보다도 가장 중요한 사실은 적당한 긴장감이 더해져야 어느 정도 원하는 결과물이 나올 수 있다는 것이다. 그래서 현실적인 상황 등을 고려해 볼 때, 계획한 일은 가능하면 차질 없이 실행에 옮기도록 노력하는 실천력이 필요할 것 같다.

유한한 인생에서 천만년을 살 것처럼 세월아 네월아 하고 지내서는 안 될 것이다. 세운 계획은 실천이 되도록 해야 한다. 결과물이 다소 미흡할지라도 일차적으로 성취를 하고, 그다음 일은 그때의 실정에 따라 추진하면 될 것이라는 생각이다. 세월이 지난 후에 지난날에 계획했던 일을 실행하지 못하여 후회하는 일은 최소화했으면 한다. 이루기 위해서는 발걸음을 옮겨서 제자리에 머무르지 않으려는 노력이 뒤따라야 할 것이라는 생각을 하고 있다.

이만하면 되었다

한도 끝도 없는 것이 인간의 욕심이라는데 그것을 적당한 시점에서 멈출 수만 있다면 행복한 인생의 밑그림은 완성된 것이라고 해도 되지 않을까 싶다. 결국, 행복을 위한 지름길은 지나친 욕심에서 벗어나는 데 있을 것이라는 생각을 해본다.

중국 청나라 중기의 정치가인 화신(和珅)은 건륭제(乾隆帝, 재위기간 1736년~96년)의 총애를 한 몸에 받으면서 숭문문세무감독(崇文門稅務監督)의 지위까지 올랐던 인물로서 그 권세가 극에 달하였다. 그러다가 건륭제가 퇴위한 후에 가경제(嘉慶帝)는 부득이 그를 체포하고, 스스로 목숨을 끊게 하였다. 그가 탐욕에 매몰되어 평생 챙긴 뇌물이 그 넓은 집에 넘칠 정도였다는데, 몰수된 그의 재산가치는 청나라 조정의 수년간 예산에 맞먹을 정도였다고 하니 일단은 상상을 초월할 정도였다고 보면 될 것 같다.

부정 축재한 관리들을 척결해야 할 막중한 권력을 등에 업은 그가 초심을 잃고 스스로 엄청난 부정 축재를 함으로써 비극적 종말을 맞는 모습을 중국의 사극 〈건륭왕조(乾隆王朝)〉에서 보았다. 그를 생각하면 '고양이에게 생선을 맡긴 격'이라는 말이 떠오르기도 한다. 정말 이보다 더 모순되는 사건이 없겠다는 생각이 들면서도 다른 한편으로는 인간의 근원적인 약점에 대해서도 생각나게 했다. 그리고 나 같으면 저런 짓은 절대로 하지 않을 것이라고 호언장담할 수 있는 사람이 얼마나 될까 하는 상상도 해보았다. 자고이래로 인간에게 있어서 "재물과 권력에 대한 끝없는 욕망은 모든 화의 뿌리"라는 말이 하나도 틀리지를 않는다는 걸 새삼 일깨워 주었다.

지금도 세상 곳곳에는 분쟁과 갈등이 끊이지 않지만 그러한 원인도 큰 틀에서 보면 인간들의 한없는 욕심에서 기인한다고 볼 수가 있다. 나와 우리만 잘 먹고 잘살겠다는 이기적인 욕망이 한 겹 두 겹 늘어날수록 멈출 수가 없을 것이다. 욕심의 굴레에서 벗어날 수 있는 자동제어장치라도 있으면 얼마나 좋을까 하는 생각도 해본다. 자기만족의 수위를 정한다는 게 결코 쉬운 일은 아니겠지만 그것을 실행할 수만 있다면 진정 행복할 수 있는 여건 조성은 되지 않을까 하는 생각을 해보는 것이다.

근래에 여기저기서 널리 유행하는 말이 '백세시대'이다. 그러나 현실적으로 건강하게 백 세를 누리는 노인들은 극히 드문 게 사실이다. 문제는 이러한 장수 시대를 살아가는 노인들로서는 앞으로 살아갈 날을 예측할 수가 없다는 것이다. 그래서 여생을 안정적으로 보내는 데 필요한 대비를 해야 한다는 생각이 욕망의 한계를 정하지 못하고 있다고 보면 될 것 같다.

어떤 돈 많은 노인의 일화가 생각난다.

그는 일흔이 될 때까지 축적한 재산 대부분을 금괴로 바꾸어서 할머니는 물론 아무도 모르게 궤짝에 넣어서 집의 벽 속에 숨겨두었다. 그런데 할아버지는 몇 년 후에 갑자기 세상을 떠났고 그로부터 얼마 후에 할머니는 집을 팔고 이사를 했다. 그 집을 매입한 사람은 입주 전에 집수리를 했는데, 수리하던 중에 벽 속에 있는 궤짝이 발견되었다. 그것을 발견한 인부 2명은 누구에게도 알리지 않고 상자 속의 금괴 중에서 한 덩이씩을 챙기고 나머지는 원래 상태로 두었다. 그런데 그날 밤, 그중에 한 명이 그 궤짝을 통째로 훔쳐 달아나다가 붙잡힘으로써 진상이 밝혀지게 되었다. 그 사건을 조사하면서 금괴 상자의 소유권은 할머니에게로 넘겨졌으며 인부 2명은 처벌을 받았다는 이야기이다. 이 사건을 통해서 할아버지의 무지함과 돈의 지혜로운 사용법에 대해서 다시금 생각하게 되었다.

어떤 사람들은 자신의 재산을 자랑하면서 부동산이 얼마이고 금융재산이 얼마이기 때문에 평생을 쓰고도 남을 만큼 충분하다고 떠벌리기도 한다. 그렇게 자랑하기에 앞서 가치 있게 사용하려는 노력이 필요하지 않을까 싶다. 재물은 유용하게 사용할 때에 더욱 의미가 있을 텐데 말이다.

천 년을 살든 만 년을 살든 자기만족의 한계를 정해두면 끝없이 치닫는 욕망의 굴레에서 벗어날 수는 있을 것이다. 안분지족(安分知足)이란 말처럼 '편한 마음으로 자기 분수를 지키며 만족할 줄 아는 삶'이 바로 행복의 근원이라고 볼 때, 자신이 만족할 줄 알아야 주변을 돌아볼 여유도 생길 수 있을 것이라는 생각을 해본다.

성공하는 사람은 다르다

경제적으로 여유가 있는 형편도 아니고, 거기다가 내세울 만한 경력과 기술도 없는 사람이 한창 일해야 할 중년의 나이에 IMF라는 국가적 부도 사태로 인하여 일자리를 잃었다 그리고 전반적으로 불황인 상황에서 다시 직장을 구한다는 일이 생각보다 쉽지가 않아서 여러 가지로 궁리 끝에 직접 사업에 손을 대보려고 한다. 그래서 주변의 지인들에게 조언을 구해보았더니, 유독 "식당을 해보면 어때?"라는 의견이 많았다고 한다. 식당도 여기저기서 계속 개업을 하는가 하면 또 다른 한편에서는 기존 식당의 폐업이 속출하고 있는데도 말이다. 분명한 사실은 무작정 도전하는 식의 개업이라면 성공률이 낮을 수밖에 없다는 것이다.

어떤 60대 초반의 식당 주인은 직접 주방에서 조리를 담당하고 부인은 음식을 나르고 차리는 서빙 역할을 하면서 고객을 정성으로 모신다고 한다. 두세 명의 종업원을 동업자라는 생각으로 대하며 그들 또한 고객 관리에 책임 있는 자세로 임한다고 한다. 그리고 음식 재료에 대해서만은 일관된 철칙이 있어서 어떤 경우에도 좋은 재료를 쓴다는 것이다. 주문받을 때도 해당 메뉴의 재료 중에 한 가지라도 부족하면 주문을 받지 않는다고 한다. 매사에 대충 넘어가는 법이 없다고 하니 성공은 거저 되는 것이 아니라는 생각이 든다.

 사업하는 분들의 경험담을 들어보면 일단은 개업하기 전의 준비상태가 매우 중요하다고 한다. 사업을 하는 데에도 예측이란 게 있어서 성공과 실패를 가늠할 수 있는 요소가 있다는 것이다. 개업 전의 철저한 시장조사도 중요하지만, 무엇보다도 그 분야를 직접 경험한 사실 여부가 운영의 성패에 큰 영향을 미친다고 한다. 결국은 시행착오를 최소화하는 데 도움이 될 수 있다는 말이다.

 어떤 성공한 식당의 주인은 개업 전에 이미 여러 해 동안 그 분야에서 종업원으로 근무하였다고 한다. 그동안에 직간접 경험을 통해서 어떻게 하면 성공할 수 있을지를 면밀히 탐색해 왔다는 것이다. 그리고 호황에 편승하여 함부로 사업을 확장해서는 안 되겠다는 사실을 보고 느낀 바가 있어서 일단은 내실 있는 경영을 최우선 경영방침으로 정했다고 한다.

 그런데 일반적으로 실패를 하는 경우 개업 전에 리모델링에 과도한 투자를 하는 데에도 일부 원인이 있다고 한다. 그리고 사장이 음식이 만들어지기까지의 과정에 대해서 제대로 파악하지 못하는 경우라고 한다. 일단 개업은 했지만 생각한 만큼의 수입이 안 되면서 경영압박문제가 수면 위로 떠오르게 된다는 것이다. 거기다가 조리사를 비롯한 직원들이 결근을 하면 대체인력문제가 발생한다고 한다. 이러한 상황에서 문제의 해결방법은 결국 주인이 직접 주방을 관장하고, 가족을 포함해서 고정인력이 운영을 하게 되면 어느 정도 안정적인 경영의 바탕이 될 수가 있다는 것이다.

 어느 지인은 수십 년 동안 변두리 지역의 허름한 건물에서 음식

점을 운영하다가 호황에 힘입어 그곳에서 멀지 않은 곳에 번듯한 건물을 신축하여 이전 개업을 했다고 한다. 그런데 이상한 현상은 매출은 오히려 감소하였다는 것이다. 결국은 시설이 그럴듯하면 운영도 자연히 잘될 것이라는 예상은 빗나갈 수가 있다는 점에 유의할 필요가 있을 것 같다.

세상만사 성공과 실패에는 반드시 그럴만한 이유가 있다고 생각한다. 무엇보다도 철저한 준비와 지속적인 연구, 성실한 노력이 성공을 위한 기본조건이 될 것으로 생각한다. 인간사회에서 벌어지는 온갖 일들의 중심에 자리한 것은 바로 마음이다. 결국은 경영자의 태도와 자세가 가장 중요하다는 말이다.

어떠한 사업이든 종업원이 주인 이상으로 희생하고 봉사하기를 기대한다는 건 무리라고 생각한다. 선장이 제대로 역할을 못하면서 선원들에게 철저한 근무자세를 요구한다면 이치에 맞지 않은 것이다. 정작 책임을 져야 할 주인이 경영에 정성을 쏟지 않는데 어찌 잘되기를 바랄 것인가? 그리고 적자운영의 사유를 변명으로 일관한다면 정말 무책임한 태도이다. 문을 닫아야 할 상황이 된다면 이건 순전히 주인이 자초(自招)한 결과라고 하는 게 맞는다는 말이다.

"저 사람은 성공할 거야. 정신자세가 다르잖아. 안 될 이유가 없지."

이 정도의 신뢰를 받을 수 있는 사람이라면 언제 어디서나 성공 가능성이 높다고 볼 수 있을 것이다.

객관적 관점에서 보면 성공하는 사람은 분명 남다른 데가 있는 것 같다. 그중에 제1의 요건이 바로 정신자세라고 생각한다. 업무와 관련되는 일들에 대한 상황파악과 철저한 준비, 무조건 돈만 벌겠다는 생각보다는 고객을 내 가족처럼 맞이하려는 자세이다. 그러면서 경영 전반에 대하여 파악이 철저하고 중장기적인 발전 계획도 구체적으로 세워져 있는 상태이다. "될성부른 나무는 떡잎부터 안다."라는 말처럼 확실히 성공에는 바탕이 중요한 것 같다.

  직원을 가족처럼 생각하면서 행복한 직장을 만들기 위하여 몸소 실천하는 경영자는 성공의 열매를 거둘 것이라고 믿는다. 사업만 그러한 것이 아니라 이 세상만사 기본원리가 그러하다. 그리고 만사 불여튼튼이라고 사전에 철저히 대비한다면 성공을 기약할 수 있을 것으로 믿는다.

희망이 있는 삶

'젊음'과 '희망'은 그 상징적인 의미가 유사하다고 생각한다. 청춘은 현실이 아무리 괴롭고 슬프더라도 참고 견딜만한 가치가 있다. 그러나 노년에는 '꿈'과 '희망'이 옛 추억 속에 녹아 있다고 보면 된다. 영원불변의 진리 중의 하나는 서산에 기울고 있는 해는 속절없이 하루를 마감해야만 한다는 사실이다.

늙은이는 젊은이들과 보내는 시간이 많을수록 좋다는 말이 있는데, 그것은 정신적으로 위축된 생활에서 활력을 되찾는 데 도움이 될 수가 있다고 느끼기 때문이 아닐까 싶다. 그러나 젊은이들은 노인들과 함께 지내면 불편하다는 인식이 있는 게 사실이다. 심지어 어떤 장소에는 돈 내고 입장하겠다는데도 노인이라는 이유로 받아주지를 않는다. 굳이 이유를 따질 필요까지는 없겠지만 영업상 부정적 요인이 있어서 그럴 것이라고 이해하면 될 것 같다. 인격 침해의 소지가 없지는 않겠지만 부딪치고 충돌하기보다는 그러려니 하면서 순응하는 것이 무난할 것으로 생각한다.

그런데 다른 한편으로는 나이가 많은 사람들은 살아오면서 직접 터득한 소중한 삶의 지혜들이 있다는 사실을 간과하지 말았으면 한다. 물론 연륜과 지혜는 반드시 상관관계가 있다고 할 수는 없겠으나, 인생에서의 경륜은 다른 무엇으로도 대체할 수 없는 부분이 있다는 점을 알았으면 한다. 그리고 노년에도 다방면에 걸쳐서 자신의 역할을 충실히 수행하는 사람들을 얼마든지 볼 수가 있다.

여기서 역사 속의 고려장에 관계되는 고사를 인용해 보려 한다.

> 고려장 풍습이 있던 고구려 때 박 정승은 노모를 지게에 지고 산으로 올라갔다. 그가 눈물로 절을 올리자 노모는,
> "네가 길 잃을까 봐 나뭇가지를 꺾어 표시해 두었다."라고 말했다. 박 정승은 이런 상황에서도 자신을 생각하는 노모를 차마 버리지 못하고 몰래 국법을 어기고 노모를 모셔 와 봉양을 하였다.
> 그 무렵에 중국의 수(隋)나라 사신이 똑같이 생긴 말 두 필을 끌고 와서 어느 쪽이 어미이고 어느 쪽이 새끼인지를 알아내라는 문제를 내었다. 못 맞히면 조공을 받겠다는 것이었다. 이 문제로 고민하는 박 정승에게 노모가 해결책을 제시해 주었다.
> "말을 굶긴 다음 여물을 주렴. 먼저 먹는 놈이 새끼란다."
> 고구려가 이 문제를 풀자, 중국은 또다시 두 번째 문제를 냈는데, 그건 네모난 나무토막의 위아래를 가려내라는 것이었다. 그런데 이번에도 노모는,
> "나무란 물을 밑에서부터 빨아올린다. 그러므로 물에 뜨는 쪽이 위쪽이란다."
> 고구려가 기어이 이 문제를 풀자, 약이 오를 대로 오른 수나라는 또 어려운 문제를 제시했는데, 그건 재(灰, 회)로 새끼를 한 다발 꼬아 바치라는 것이었다. 당시에 나라에서는 아무도 이

> 문제를 풀지 못했는데, 박 정승의 노모가 하는 말이,
> "얘야, 그것도 모르느냐? 새끼 한 다발을 꼬아 불에 태우면 그게 재로 꼬아 만든 새끼가 아니냐?"
> 중국에서는 모두 이 어려운 문제들을 풀자,
> "동방의 지혜 있는 민족이다."라며 다시는 깔보지 않았다 한다. 이렇게 해서 노모의 현명함이 나라를 위기에서 구하고 왕을 감동시켜 이후 고려장이 사라지게 되었다는 일화가 전해진다.
>
> 출처: www.neungsungkoo.com>cgi-bin (능성구씨대종회)

　세상만사가 지식으로만 해결되는 것은 아니다. 인생이란 여정에서 지혜는 직접 체득한 경험이 쌓이면서 생기는 열매라고 보면 된다. 그러나 부정적인 관점에서 본다면 노년의 시기에는 생의 허무함이나 질병의 고통, 노년 빈곤의 서러움 등이 화제로 오르내리는 경우가 많은 것도 사실이다. 희망적인 부분브다는 상당 부분이 체념과 허무감에서 벗어나지 못하고 있다는 점에 대해서는 어느 정도 수긍이 간다. 그렇지만 노년에는 젊은 시절의 경쟁적인 삶에서 벗어나 유유자적하며 인생을 관조하는 여유로운 삶을 누리기도 하는가 하면, 개인의 취향에 따라서는 못다 이룬 꿈을 성취하기 위하여 열정을 쏟으며 의미 있는 나날을 보내는 이들도 있음을 알아야 한다. 결국은 젊은 세대들도 노인들을 이해하려는 관심과 노력이 필요하다는 생각이다.

　경쟁이 치열한 생활현장에서 벗어나 인생이라는 길 위에서 마음의 풍요를 누리며 살 수 있다는 사실만으로도 얼마나 다행스럽고 감사한 일인지를 생각해 보게 된다. 언제나 발을 동동 구르면

서 시간에 쫓기듯이 지내기보다는 한 박자 쉬어도 보고, 새로운 풍광도 즐기면서 다양한 체험을 할 수 있다는 것은 한마디로 신이 내린 축복이라고 해도 좋을 것 같다.

 함부로 말하지 않았으면 좋겠다. 노인은 희망이 없고 지는 해이며 짐이 되는 존재라고 말이다. 주변 사람들에게 누만 끼치지 않는다면 노년 그 자체가 의미 있는 삶이 될 수 있음을 인식했으면 한다. 각종 매체에서 노인이 많으면 경제성장이 저해되고 노인 인구가 많으면 그 나라의 희망지수가 저하된다는 등의 부정적인 말들이 노인들에게 서글픔을 안겨준다는 사실을 잊지 않았으면 한다.

긍정적 효과

　뇌의 깊숙한 곳에 각인(刻印)되어 있는 잊지 못할 지난날의 추억들이 나날의 삶에 어떠한 영향을 미칠지에 대해 연구를 한다면 상당히 의미 있는 결과가 나타날 수도 있겠다는 생각을 해본다. 물론 추억 중에는 다시는 떠올리고 싶지 않은 부분도 있겠지만 긍정적 영향을 미칠 수 있는 부분 또한 있을 것이기 때문이다.
　60년의 시간을 거슬러 열 살쯤 되던 때의 한 장면이 생각난다. 어떤 지나가던 할머니 한 분이 고향집 마루에서 어머니께 무슨 그림이 있는 책을 보여주면서 소위 사주팔자(四柱八字)와 관련한 운명을 점쳐주고 있었다. 그 할머니가 옆에서 지켜보고 있던 나를 보면서 "이 아이는 집을 여러 채 갖고 살 팔자네."하고는 책 속에 집이 여러 채 그려져 있는 그림을 보여주었다. 그 당시 어린 나이에도 어쩐지 기분이 좋았던 것으로 기억하고 있다.
　어릴 적에 들었던 그 할머니의 말에 대해서 어떻게 기억하고 있느냐고 묻는다면, 그래도 희망적인 예언이어서 일상생활 중에 알게 모르게 어느 정도 긍정적인 영향을 받았을 거라고 대답할 것 같다. 그 예언을 믿고 안 믿고를 떠나서 단지 들었던 희망적인 언어는 어떠한 경로를 통해서든 일상생활에 보탬이 되지 않았을까 하는 생각을 해보는 것이다.

사람은 유형의 육체와 무형의 영혼 또는 정신이 있는데 무엇이 개인의 삶을 좌지우지(左之右之)하는지에 대해서 궁금할 때가 있다. 그럴 때마다 무엇이 더 중요할 것이라는 판단은 쉽지가 않지만, 인생의 밑그림을 그리는 주체는 정신일 것이라는 생각을 하고 있다.

집을 여러 채 갖는다는 것은 바로 부자가 된다는 말이다. '대궐 같은 집'이라든지 '고래 등 같은 기와집'이 바로 부의 상징이었던 때가 있었다. 그 대표적인 것이 99칸의 한옥이다.

그러면, 현재의 나는 경제적으로 어느 수준인가를 생각해 보면 그저 의식주 걱정 안 해도 될 정도이니까 보통의 서민이라고 해야 할 것 같다. 어릴 때, 특히 부모님이나 선생님에게서 구체적으로 무엇을 잘한다는 칭찬을 들을 때면 용기가 나고 그것이 마음속에 새겨져 잊히지 않곤 했었다. 그러한 것들이 일상의 삶에서 알게 모르게 긍정적 에너지로 작용했을 것으로 생각한다. 어려서부터 칭찬과 격려를 받으면서 자란 아이들이 성인이 되어서도 상대적으로 긍정적이고 적극적인 생활이 될 것이라는 추측은 가능하지 않을까 싶다.

인생에 영향을 끼칠 수도 있는 또 다른 것에는 태몽이 있다. 어느 아주머니는 아들을 임신했을 때 훌륭한 박사가 되는 꿈을 꾸었다고 한다. 그래서 아이가 태어나면서부터 계속해서 "박사님!" 하고 불렀는데 결국은 훌륭한 박사가 되었다는 이야기를 들은 적이 있다. 어린아이 때부터 앞으로 어떤 인물이 될 것이라는 구체적 그림을 그려놓으면 목표가 분명해지면서 적극적으로 노력할 수 있는 동기부여가 되어 성취할 가능성이 높을 것이라는 가설은 성립될 수가 있겠다는 생각이다. 물론 논리적으로는 모순이 있을 수 있겠지만 어디까지나 희망을 품는다는 사실 그 자체만을 두고 본다면 의미를 부여할 수도 있겠다는 생각이다. 태몽을 맹신하거나 과신한 나머지 매사를 운명론으로 귀결짓는다면 후천적 노력은 별 의미가 없다는 엉뚱한 모순에 빠질 수도 있다. 다만 여기서 말하고자 하는 것은 어떠한 상황에서도 긍정적인 태도로 희망을 잃지 않는다는 것 자체가 의미 있을 것이라는 말이다. 그래서 태몽도 희망을 키워가는 데 있어서 어느 정도의 영향이 미칠 수 있다는 점에서 무조건 부정적으로만 인식할 필요까지는 없겠다는 생각이다. 어려움이 닥칠 때에도 성공을 확신하는 잠재적 신념이 있다면 인생에서 절망과 포기라는 말이 쉽게 떠오르지는 않을 것이기 때문이다.

언제나 평온할 수만은 없는 것이 역사의 물결이다. 반드시 소용돌이치는 격동의 시기는 있게 마련이며 그러한 과정이 오히려 변화와 혁신의 원동력이 될 수도 있다는 점을 인식할 필요가 있을 것 같다.

옛날에 과학이 발달하지 않았던 시대에는 인간의 노력보다는 신이 개개인의 운명을 좌우한다고 믿는 운명론에 치우친 면이 있었다. 그러나 과학이 발달한 오늘날에는 모든 분야에 걸쳐 인과관계가 밝혀짐으로써 비현실적인 부분들이 자취를 감추고 있다고 볼 수가 있다. 일상생활에서 미신을 맹신하는 현상들은 줄어들고 있지만, 다른 한편으로는 근절되지 않고 있는 것 같은데 그것은 미래의 불확실성 때문이 아닐까 하는 생각을 해본다.

이제 미신을 신봉하는 시대는 지났다고 보면 된다. 병이 나면 진찰을 하고 원인을 밝혀서 적절히 대처해야 한다. 이렇게 구체적이고 가시적인 상황에 대해서는 명확한 근거에 의해서 해결하는 것이 당연하다. 그러나 성장기의 청소년을 대할 때에는 논리적이고 구체적인 근거 제시에 의한 대화만이 능사가 아니라고 생각한다. 그들의 장래를 위해서라도 심리적인 면에서 긍정적이고 희망적인 메시지가 생활에 활력을 갖게 하는 데 도움이 될 수 있다는 점에 유의할 필요가 있을 것 같다. 지나가는 말이라도 삶의 동기부여에 도움이 되고 용기를 북돋우는 데 일조가 될 수 있도록 따스한 배려를 아끼지 않았으면 하는 바람이다.

자기 확신

자신이 쓴 글을 가지고 출판사를 찾아다니며 한 권의 책으로 내겠다고 했을 때, 수십 차례의 거절을 당하다가 마침내 어느 출판사에서 동의를 받아 책이 만들어졌다. 그런데 이 책이 사람들에게 감동을 주었고 베스트셀러가 되었다. 그리고 영국 소설가 존 크리시(John Creasey)는 753번이나 출판 거절을 당한 끝에 564권의 책을 출간하였으며, KFC 창업자 커넬 할랜드 샌더스가 1,008번의 실패, 1,009번째에 성공한 스토리도 있다. 야구왕 베이브 루스는 삼진 아웃을 13,330번이나 당하면서 또한 714개의 홈런을 쳤다는 사실에서 실패를 두려워하지 않는 정신을 읽을 수가 있다.

죽을 고비에서 기적적으로 살아나거나, 역경을 이겨 내고 재기(再起)하는 경우에 사람들은 '기사회생(起死回生)', '칠전팔기(七顚八起)' 등의 말을 떠올리기도 한다. 어떠한 어려움이 있더라도 희망과 용기를 잃어서는 안 된다는 메시지가 담겨 있는 말이다. 작가가 자신의 글에 대해서 회의를 느끼거나 확신이 없으면 좋은 글을 기대하기가 어렵지 않을까 하는 생각을 해본다.

어떤 피아니스트는 청중의 우레 같은 박수보다 자신 내면의 소리에 더욱더 귀 기울인다고 한다. 자신의 양심에 비추어 진정 최선의 노력을 했는지가 더욱 중요하다는 것이다. 연습이 부족해서

만족할 만한 연주를 하지 못했다고 느낄 때는 청중들의 그 어떠한 환호에도 진심으로 기뻐할 수가 없다고 한다.

생명이 위태로울 정도로 위급한 상황에 직면한 환자를 데리고 이 병원에 갔더니 받아주지 않아서 저 병원으로 가고, 그 병원에서도 거절하여 또 다른 병원으로 전전하기를 수차례 반복하였다. 그런 중에도, 이 사람은 반드시 살아날 것이며 무슨 일이 있더라도 살리고야 말겠다는 확고한 신념과 철석같은 의지가 어우러진다면, '지성이면 감천'이라고 회생할 가능성에 무게를 두어도 될 것이라는 상상을 해본다.

외국을 여행하면서도 자신의 직업이나 전공 등, 관심 분야와 관련하여 흥미를 느낄 수 있는 대상을 발견할 때면 그것을 국내에서 적용할 방법에 대해 연계할 수가 있을 것이다. 농업 전문가는 외국의 농작물 중에 국내에서의 재배 가능 여부에 초점을 맞추기도 할 것이다. 적극적으로 연구할 만한 가치가 있겠다는 판단이 되는 어떤 작물에 대해서는 양국 간의 여러 가지 여건 등을 비교·분석하면서 가능성에 무게를 두고서 시험 재배를 시도할 수가 있다. 이 과정에서 수차례의 시행착오를 겪은 다음 공식적인 법적 과정을 거쳐서 단계적인 보급을 구상할 것이다. 그런데 막상 보급하려는 시점에서 국내에서는 일반화한 사례가 없다는 이유로 동의를 얻기가 어려울 수도 있을 것이다. 이러한 경우를 대비하여 연구 당사자는 설득 가능한 신빙성 있는 자료를 자신 있게 제시할 준비가 되어 있어야 할 것이다.

"무엇을 그렇게 힘들게 하려 하느냐?"
"수입해서 먹는 게 더 경제적이지 않을까?"

이처럼 국내 생산의 필요성에 회의적인 인식이 우세하다면 과연 어떻게 대처하는 게 좋을지에 대한 결정은 당연히 연구자 본인의 몫이라고 생각한다.

1970년대에 정부에서는 통일벼를 보급하였다. 이 벼는 기존의 품종보다 단위면적당 생산량이 많고 가뭄에도 잘 견디면서 강한 비바람에도 쓰러질 염려가 적다고 하였다. 그래서 부모님도 시험 삼아 이삼백 평 논에 심었는데, 그 이듬해부터는 심지 않았던 것으로 알고 있다. 주된 이유는 밥맛도 떨어지고 수확량도 별로 많지 않았으며 볏짚 이용률도 낮았기 때문이었다.

이처럼 정부에서 몇 년간의 시험 재배를 거쳐 전국적으로 보급한 농작물도 그러하거늘 하물며 개인이 수입 농작물을 국내에서 일반화한다는 일이 법적 또는 행정 절차상의 문제부터 하여 그 과정이 간단치는 않을 것이다. 근본적인 문제는 개인적으로 수행하는 사업 등을 일반화하기 위해서는 수많은 시행착오 끝에 추호도 의심의 여지가 없을 정도의 성과가 나왔을 때 비로소 일반화를 시도해 볼 수가 있을 것으로 생각한다. 그저 한두 해의 시험으로 성공 확률이 높다는 판단을 내려서는 안 될 것이다. 반드시 100% 성공을 보장할 정도의 과정과 결과가 과학적으로 판명이 되도록 만반의 준비가 따라야 할 것으로 생각한다.

동서고금(東西古今)을 막론하고 유사이래(有史以來) 작든 크든 하나의 분야에서 인류의 행복과 평화에 기여하는 업적을 이룬 사람들은 대부분 성취하기까지의 과정에 어려움이 많았다. 그러면서도 자신만이 믿는 유일한 한 줄기 희망의 끈을 놓지 않고 백절불굴의 정신으로 노력한 결과 마침내 세상에 빛을 보게 되었다는 사실이다. 그렇게 역경을 헤치며 성취한 사람들의 정신적 바탕에는 철석같은 자기 확신이 굳게 자리 잡고 있었을 것이라는 추측을 해본다.

인과법칙

　　세상 이치가 원인 없는 결과는 없다고 한다. 주변을 돌아봐도 하는 일마다 순조롭게 잘 풀리는 사람이 있는가 하면, 어떤 이는 하나도 제대로 되는 일이 없는 듯이 보이기도 한다. 도대체 그 이유가 무엇인지 궁금할 때가 있다.
　사람마다 반응이 다를 수는 있겠지만 결과적으로 잘되고 못되는 데에는 반드시 인과관계가 작용할 것으로 생각한다. 어떤 사람이 한때는 떵떵거리면서 보란 듯이 살았는데, 그 잘나가던 사업이 망해서 하루아침에 길바닥에 나앉게 될 형편이 되었다. 그러한 경우에 운이 없다든지 불가항력이라든지 하면서 두루뭉술 넘어갈 일만은 아닐 것 같다는 생각이 든다. 그러한 결과를 두고 주변 사람들은 지나가는 말로 무심코 한마디씩 던지는데 내용이 너무 감정에 치우친다는 느낌이 든다.
　"좀 있다고 과시하더니만 정신 차리라는 경고라고 봐야지."
　"그때 좀 도와달라고 했더니 매정하게 내치더니만."
　"그의 조상이 인색했다는 건 세상이 다 알잖아. 인심을 잃은 결과지 뭐."
　"회사원들에 대한 복리후생에 대해서 너무 무심했지."
　이러한 말들을 냉정하게 살펴보면 그 사람이 사업상 실패하게 된 원인 중의 일부분은 될 수 있을지는 몰라도 근본 원인과 결부시키는 건 무리인 것 같다. 주요 원인이 경영상 내적 외적 상황들이 복합적으로 작용해서 그러한 것일 텐데, 사람들의 인식은 개인적인 감정과 이미지를 결부시키려는 경향이 있다는 것이다.

그런가 하면 어떤 사람이 사업에 크게 성공했다는 소식을 들으면 그를 아는 사람들은 이렇게들 말한다.

"그 집 선조들부터 그렇게 선량하고 많이 베풀더니 후손이 복을 받는구먼."

"언제나 사회봉사와 관련하여 좋은 일들을 많이 했지."

"부모님을 지극정성으로 모시더니 결국 복을 받네그려."

물론 이러한 말도 사업의 운영 상황과 어느 정도 관계가 있을 것이라는 추측은 가능하다. 단지 중요한 점은 이러한 평가들이 어떠한 근거에 의했다기보다는 은연중에 개개인의 마음속에 잠재한 이미지나 정보에 의한 판단이라는 것이다. 그리고 어떤 경우에는 생각들이 비슷해서 여럿이 한목소리를 낼 때도 있을 것이다.

1970년대 초(初), 신문에 난 기사였던 걸로 기억하고 있다.

어떤 남편이 근 20년을 지병(持病)으로 방에 누워서 지냈는데 그 부인이 병간호를 지극정성으로 해왔다. 그러던 중 어느 날 부인의 꿈에 조상이 나타나서 뒷산 무덤 옆의 산삼을 보여주면서 그것을 캐서 남편 약으로 쓰라고 했다. 그곳에는 산삼이 있었고 남편은 그걸 복용하였더니 신기하게도 회복이 되었다는 이야기였다.

사람들은 이런 경우에 사연의 자초지종에 관심을 두기보다는 결과만 가지고 뜻밖의 행운이니 하면서 쉽게 말하는 경향이 있다. 그러나 좀 더 깊이 생각해 보면 결코 의외의 일도 아니고 행운

만도 아니라고 봐야 한다. 분명한 사실은 인과법칙이 작용한 결과라고 해야 할 것 같다는 생각이다.

  흔치 않은 일이지만 부부간에 어느 한쪽이 오래 병상에 누워 있는 경우에, 보호자 역할을 해야 할 배우자가 방치 또는 포기하는 경우가 있다고 한다. 옛날 사람들이라고 모두가 열녀 열부는 아니었겠지만, 물질문명의 급속한 발전과 함께 삶의 모습들에도 많은 변화가 생기면서 풍속에도 전반적으로 변화가 오고 있다. 바람직하지 못한 행태는 개선되었으면 하는 바람이 있지만, 개인적인 이기주의로 치닫는 추세를 멈추기는 어려울 것이라는 생각이 든다. 근원적으로는 자신이 뿌린 씨는 반드시 자신이 거두어들인다는 인과율을 생각하더라도 좀 더 인간미 풍기는 세상이 되었으면 좋겠다는 생각을 해보게 되는 것이다.

  연속극 중에 가끔 상호 간의 불신과 관련된 장면들이 있는데 그럴 때면 자신의 결백을 주장하기 위해 스스럼없이 하는 말이 있다.

  "하늘을 두고 맹세한다."

  "거짓말이면 내가 벼락 맞을 겁니다."

  이러한 말을 너무 쉽게 하는 것 같아서 듣기 거북할 때가 있다. 과연 저렇게 극단적인 표현까지 할 필요가 있을까 하는 의구심이 들면서도 만약에 거짓으로 탄로 나면 어떻게 감당하려고 그러는지 이해가 되지를 않는 것이다.

  살다 보면 뜻하지 않은 행운이 따를 수가 있다. 그럴 때면 좋으면서도 도저히 믿기지 않아서 어안이 벙벙하기도 할 것이다. 그런데 잘 생각해 보면 거기에는 반드시 당사자가 알지 못하는 그 어떠한 잠재된 원인이 작용했을 것으로 생각한다. 이유 중에는 평소에 알게 모르게 행했던 선행의 결과일 수도 있다. 평소에 그 어떠한 대가도 바라지 않는 순수한 선행은 보이지 않는 저축이라는 생각을 해도 좋을 것 같다.

표정이 밝은 사람들

　　인간세상에 행복을 나누어 주는 신(神)이 있다고 한다. 가령 밤을 새워가면서 맡은 일에 즐거운 표정으로 성실히 임하는 사람이 있다면 그가 복을 받게 할 수도 있고, 낮에는 직무에 성실하면서 타인에게 이로운 일을 즐거운 듯이 하는 사람이 선택의 대상이 될 수도 있다는 것이다.

　그런데 이 행복을 나누어 주는 신이 대상자를 고를 때는 필수조건이 있다는데 그것은 "반드시 밝은 표정을 짓는 사람이어야 한다."라는 것이라고 한다. 자신에게 처한 환경이 아무리 어렵고 힘들어도 얼굴 표정만은 반드시 밝아야 한다는 말이다.

　소록도에서 나환자를 간호하면서 공동생활을 하던 간호사의 일상을 다큐멘터리 영상을 통해 본 적이 있다. 그런데 놀라운 사실은 그들이 어쩌면 그토록 밝은 표정으로 환자들을 대할 수가 있을까 하는 점이었다. 증상의 정도가 어떠하든 전혀 개의치 않으면서 성심성의껏 대하는 모습을 보면서 감탄과 함께 존경심마저 우러나왔다. 봄볕처럼 따스하면서도 미소를 머금은 그들의 표정들을 행복을 나누어 주는 신이 본다면 주저 없이 줄 것이라는 생각이 들었다.

　어떤 사람이 부인과 결혼하게 된 뒷얘기를 들려주었는데, 무슨 영화의 한 장면과 흡사했다. 자기가 처음에 부인을 만나게 된 사연은 이러했다. 어느 날, 시내 대로변의 인도를 걸어가던 중에 길 건너 맞은편에서 유별나게 눈에 띄는 여성이 걸어오고 있더라는 것이다. 그 순간 시선에 들어온 모습이 어느 정도였느냐 하면 소위 후광이 비치는 듯하면서 상상 속의 선녀 모습 그대로였다고 했다. 한순간, 정신이 멍한 상태가 된 그는 자신도 모르게 발걸음이 그녀에게로 향했으며, 어디서 그런 용기가 났는지 생면부지인 그녀에게 인사를 하고는 그 길로 함께 카페에 갔다고 한다. 운명적인 만남이어서 그랬던지 서로가 호감을 갖게 되었고, 몇 번의 만남을 통하여 평생을 함께해도 좋겠다는 확신이 들면서 순조롭게 결혼까지 성사되었는데 그 여성이 바로 지금의 부인이라는 것이었다.

그런데 그 뒷이야기가 더욱 재미있었다. 그렇게 광채에 휩싸이면서 선녀처럼 보였던 부인도 지나고 보니 그저 평범한 여인이었더라는 것이다. 그러면서도 자랑할 일이 있다면 부인은 선량하며 항상 미소를 잃지 않는다고 했다. 누구나 다 그러하듯 살다 보면 어찌 좋은 일만 있을까마는 어떠한 상황에서도 여유 있는 모습을 보인다니 대단하다고 해야 할 것 같았다. 그가 자랑하는 말을 들으면서 느낀 것은 그 부인이 마음 씀씀이가 선량하고 언제나 행복한 표정을 지으니 자연히 호감이 가는 인상이 되었고, 그래서 운명적인 만남이 이루어지지 않았을까 하는 생각이 들었다.

어떤 이들은 "하루하루 살아가기도 힘든 세상에 웃을 일이 뭐가 있고 행복을 느낄 일 또한 뭐가 있겠는가."라며 볼멘소리를 한다. 그러나 한 걸음 물러서서 바라보면 감사할 일이 적지 않음을 알게 될 것이다. 공기와 물, 아름다운 자연은 말할 것도 없고, 매일 삼시 세끼 식사를 할 수 있다는 것 등, 여러 가지가 있지 않은가?

내가 어릴 때만 해도 밥을 든든히 먹는 일이 쉽지 않았다. 그때는 땔감을 구하기 위해서 먼동이 트기도 전에 산에 가는 사람들이 많았다. 그런데 지금은 어떠한가? 전기밥솥, 가스레인지에 다양한 조리기구들까지 갖추면서 더없이 편리한 생활을 하고 있다. 오륙십 년 전의 상황에 비하면 천지가 개벽할 일이다. 나로서는 오늘날의 편리한 생활에 대해서 감사하지 않을 수가 없다.

누군가가 "지금이 내 인생의 전성기라 여기며 살면 정말 행복한 삶이 될 수 있다."라고 했던 말이 생각난다. 어떤 사람은 눈만 뜨면 투덜대면서 불평불만을 늘어놓는다. 어떤 이는 더 많이 가지기 위해 온갖 욕심 다 부리면서 동분서주한다. 욕심을 부릴수록 진정한 행복과는 거리가 멀어질 수도 있을 텐데 말이다.

흔히들 사람들을 대할 때면 예쁘다느니 잘생겼다느니 하면서 나름의 판단을 하지만 개개인의 관점에는 차이가 있게 마련이다. 그러나 일반적으로 예쁘고 잘생긴 모습이라면 미소 머금은 얼굴에 선량한 이미지가 풍기는 것이 아닐까 싶다. 무엇보다도 인상이 밝으면 아름다운 모습으로 비칠 수 있을 것이기 때문이다.

행복하기 위해서는 내가 짊어질 수 없을 만큼의 돈을 가져야 하는 것도 아니요, 엄청난 권력으로 천하를 호령하는 사람이 되어야 하는 것도 아니다. 다만 행복의 신이 우리 집 앞을 지나치다가 "이 집에는 행복을 선물해도 되겠구나."라고 할 정도로 가족이 밝은 표정이면서 범사에 감사하는 삶이면 될 것 같다. 그리고 가능하다면 어려운 이웃에게 도움을 줄 수 있다면 더욱 좋을 것이다.

하루하루 복을 지으면서 감사하는 마음으로 살아가는 일이 그렇게 어려운 일만은 아닐 것 같다. 언제나 편한 마음으로 자신이 할 수 있는 일에 최선을 다한다면 그 가운데 행복이 자리 잡지 않을까 하는 하나의 믿음을 가져본다.

선천적인 성격

열두세 살 무렵으로 기억한다. 그날이 고향의 읍내 오일장이었는데 무슨 이유인지는 모르겠으나 작은아버지(이하 '삼촌')를 따라서 갔다. 그리고 삼촌이 나에게 지금 돈으로 대략 1만 원 가치의 지폐를 주시면서 무슨 물건을 사 오라고 하셨던 것 같았다. 그래서 그 물건을 사는 것까지는 했는데 문제는 깜박하고 거스름돈을 안 받았던 것이다. 그러나 삼촌께는 그 사정을 말하지 못하고 다시 그곳에 찾아가서 거스름돈 얘기를 했으나 모르는 일이라며 돌려받지 못해서 결국은 삼촌께 드리지 못했다. 지난 일이라 돌이킬 수 없는 일이지만 그런 사정이 있었으면 그 자리에서 삼촌께 상황을 말씀드려서 잔금을 못 드린 까닭을 밝혔어야 했다. 그런데도 어물쩍 넘겼으니 결과적으로는 그 돈을 내가 갖는 꼴이 되고 말았다. 지금 생각하면 도저히 이해가 가지 않는 바보 같은 짓이었는데, 반세기가 훨씬 지난 지금도 그 일을 잊지 못하고 있으니 양심에 가책이 심했던 것으로 생각한다.

그런데 지금부터 약 10여 년 전, 집안에 모임이 있었을 때, 삼촌께 어릴 적 시장에서 있었던 일의 자초지종을 말씀드렸다. 그것도 환갑이 다 된 나이에 말이다. 당시 팔십을 바라보시던 삼촌은 전혀 기억이 없다고 하셨으나 나는 여전히 잊히지 않는 일이었다. 어떻게 보면 기억하지 않아도 될 사소한 문제라고 할 수도 있는 일을 양심의 가책까지 받으면서 잊지 않고 있었다는 것은 성격 탓이라는 생각이 든다.

대부분이 그러할 테지만 나 역시 빚지고는 못 살고 몇 푼이라도 갚아야 할 돈이라면 바로 청산하는 성격이다. 그리고 매사에 공과 사를 분명히 하는 철두철미한 성격이면서도 어떤 때는 그것이 좀 지나치다 싶을 때가 있다. 직장생활을 할 때도 정직하지 않은 언행을 유별나게 싫어했으니 성격상으로는 원만하지 못한 부분이 있었다고 생각한다.

그런데 정직과 약속에 대해서는 일률적으로 판단할 수 없을 것 같다. 가령 사업을 하는 분들의 경우에는 상황 자체가 변수가 많은 관계로 시시각각의 변화에 대응해야 하는 어려움이 있을 것이다. 언제 어디서 무슨 일이 발생할지 가늠할 수가 없는 부분이 많을 것이라는 말이다. 평소에는 자금의 흐름이 순조롭다가도 주변 여건이 급변하면서 갑자기 곤란에 직면하는 경우가 있을 테니까 말이다. 그래서 날짜 맞춰 월급 받는 공무원과는 여건 자체가 다르다는 점을 고려해야 할 것으로 생각한다.

어떤 사람이 정말 성실하게 노력했으나 1997년 11월 21일의 IMF('International Monetary Fund, 국제통화기금'. 당시 외채는 1,500억 달러가 넘는데 외환보유액은 40억 달러에도 못 미쳤기 때문에 결국 국제통화기금에 구제금융을 신청한 사건)라는 국가적 부도 사태로 사업을 접을 수밖에 없었는데, 당시 부채가 10억 원 정도였다고 한다. 그런데 다행스럽게도 다시 시작한 사업이 잘되어서 몇 년 후에는 그 빚을 다 갚았다는 성공 스토리를 들은 적이 있다. 그분의 경우는 빌린 돈을 어떻게든 조속히 갚아야겠다는 마음은 확고했으나 당시의 전반적 상황 악화로 부득이 약속을 어길 수밖에 없었던 것이다. 이처럼 난관을 극복하고 부채를 청산한 그분은 존경받아 마땅하다고 생각한다.

각자 처한 여건이 같지 않기 때문에 정직에 대한 이해와 평가도 일률적으로 적용할 수는 없을 것이다. 그러나 기본적으로 정직한 태도야말로 인생에서 가장 중요한 행복의 조건이라고 생각한다. 정직하고 약속을 잘 지키는 일은 그 무엇과도 바꿀 수 없는 소중한 무형의 재산이라고 해도 좋지 않을까 싶다.

다양성의 인정

"그런 수준의 글이라면 굳이 책까지 낼 필요는 없지 않을까 싶어."

누가 쓴 글이든 간에 이러한 부정적이거나 단정적인 언급은 하지 않았으면 한다. 어떠한 글이든 독자의 생각은 다종다양하다는 관점에서 볼 때, 굳이 주관적 평가를 덧붙이지 않아도 될 것 같다는 생각이다. 글을 쓰는 사람들은 각자 나름의 필요에 따라 쓰는 것일 테고, 그렇다고 작문능력이 일정 수준에 도달하는 사람만이 쓸 수 있다는 법도 없을 테니까 말이다.

최근에는 국내외의 TV 프로그램 중에 각종 예능 경연대회와 관련된 것이 많은 편인데, 심사과정을 보노라면 심사자 개개인의 관점에 현격한 차이가 있음을 발견하게 된다. 그것을 지켜보는 시청자로서는 심사결과에 대해서 100% 동의하기가 어렵겠다는 생각이 들면서 혼란스럽기까지 할 때가 있다. 심지어는 전문성이 있는 심사자들이 이구동성으로 극찬을 아끼지 않는 출연자에 대하여 방청객들의 평가결과는 거의 최하위 점수에 근접하기도 한다. 그럴때는 심사자와 일반 방청객의 점수를 합산하여 순위를 정하는 방법이 공정성 면에 문제가 있지 않을까 하는 의구심마저 든다. 이러한 상황에서 생각나는 것은 '과연 다수결이 최선인가?'

라는 문제이다.

　각종 시험에서도 완전 객관식의 채점결과는 이의를 제기할 여지가 거의 없지만 개개인의 주관이 개입되는 논술 분야에 대한 평가결과는 신뢰성 면에서 논란의 여지가 있을 수밖에 없겠다는 생각을 하게 되는 것이다. 이러한 과정과 결과를 두고 볼 때, 글을 쓰는 사람도 자신의 글에 대하여 타인이 하는 평가를 지나치게 의식하지 않아도 좋겠다는 생각이 들기도 한다. 결국은 나다운 글이면서 더 좋은 글이 되기 위하여 끊임없이 노력하는 과정 자체에 의미를 부여했으면 한다.

　모든 문장은 형식도 내용도 특색이 있기 마련이어서 다양성을 인정할 수밖에 없다. 그래서 독자의 생각에는 글의 내용이 다소 미흡하게 느껴지더라도 진흙 속에서 진주를 찾는 심정으로 진지하게 대하는 자세가 필요할 것 같다. 글을 읽으면서 비판적 관점에 중점을 두기보다는 글쓴이와 대화하는 자세로 접근하는 것이 낫겠다는 생각을 하고 있다.

　텔레비전 연속극을 보더라도 배역에서 개성이 중요한 부분을 차지하는 것을 알 수가 있다. 선량한 역할이 있는가 하면 악역도 있다. 성격과 외모 등 여러 면에서 다양성이 공존하면서 적재적소에서 역할이 주어지는 것이다. 그래서 너무 단조로운 인물 구성이 되면 스토리 전개 면에서 생동감 넘치는 연속극이 되기는 어려울 것이다. 그리고 글을 읽을 때도 글의 전체적인 연결이 중요하기 때문에 머리와 꼬리만 가지고 전체를 파악한 것으로 생각하는 우를 범해서는 안 될 것이다. TV 프로그램의 경우에도 그 많은 채널 중에 볼만한 것이 없다며 불만을 표출하는 이들도 있겠지만 다양성이라는 관점과 각자 선호도가 다른 점을 인정한다면 하나도 필요하지 않은 채널은 없다는 인식이 필요할 것 같다. 만인이 다 좋아하는 프로그램은 존재할 수가 없다는 전제하에서 볼 때 여러 종류의 프로그램이 필요하다고 보면 된다. 결국은 어떠한 프로그램이든 특유의 제작목적이 있을 것이라는 입장에서 이해하면 좋겠다는 말이다.

 글을 읽을 때도 글쓴이의 관점과 전체 흐름 등을 생각하면서 폭넓은 이해로 접근할 필요가 있을 것 같다. 너무 주관적인 시각에서 바라보면 그 글의 본래 모습을 이해하는 데 걸림돌이 될 수가 있다. 그리고 독자가 바로 비평가의 입장이 될 필요는 없다는 생각이다. 가능하면 가치의 다양성을 인정하는 자세가 필요할 것 같으며 그러한 태도는 작품전시회나 각종 공연장에서도 마찬가지일 것 같다.

 참으로 오래전 일인데, 아파트 분리수거장에 나온 책 한 권을 가져다 본 적이 있는데 톨스토이의 『인생론』이었다. 나는 그 책에 밑줄을 그어가면서 정독을 하였다. 내용이 너무나 주옥같아서 한 자도 소홀하게 읽을 수가 없었는데, 줄 친 부분은 몇 번이고 반복해서 읽었다. 그때 느낀 점은 나에게 감동을 주는 책은 따로 있겠다는 것과 그 책을 못 보았다면 무척 아쉬웠겠다는 것이었다. 그 책이 알게 모르게 나의 삶에 긍정적인 영향을 미쳤을 것으로 생각한다. 한 그루의 과일나무가 열매를 맺기 위해서는 많은 요소가 작용한다는 관점에서 볼 때, 인간의 성장 과정에도 다양한 독서가 인생에서 자양분의 역할을 할 것이라고 믿는다.

 어떤 작가는 "천 사람이 한 번씩 읽어주는 글을 쓰기보다는, 한 사람이 천 번을 읽어줄 수 있는 글을 쓰겠다."라고도 한다. 또 어떤 이는 공연을 할 때 "관중들의 열화 같은 환호보다는 한두 사람의 진솔한 비평과 조언에 더 많은 관심이 간다."라고도 했다. 물론 개인적인 인식의 문제라고 할 수는 있겠으나 어떻게 보면 작가정신, 프로정신으로 이해해도 되지 않을까 싶다.

그런가 하면 어떤 유명한 소설가는 초등학교 때 교내글짓기 행사에 제출한 글이 최우수 작품으로 선정되었는데 어느 날 운동장 전교 조회 시간에 교장선생님이 감동적인 글이라면서 자신의 글을 읽어주셨다고 한다. 그것이 계기가 되어서 글짓기에 더욱 자신감이 생기면서 꾸준히 작문 활동을 한 결과 지금의 작가가 될 수 있었다고 했다. 인생이라는 여정에서 잠재된 다양한 소질들이 언제 어디서 누구에게서 발견되는가 하는 문제는 일생에서 중요한 전기가 될 수 있음을 보여주는 사례라고 할 수 있다.

어떠한 예술 분야든 성공의 뒤안길에는 남모르는 일화가 있게 마련이다. 외국의 어느 자매 팝송 가수는 어려서부터 해변에서 홀어머니와 살고 있었다. 매일같이 어머니가 해산물을 팔러 시장에 가면, 자매는 바닷가에서 파도 소리를 들으며 아무런 거리낌 없이 자유분방하게 노래하고 춤추며 보내곤 했다. 어느 때는 고음으로 소리를 지르기도 하고 또 어느 때는 해변이 무대가 되어서 오페라의 주인공 역할도 하면서 지냈다. 그러던 어느 날, 모처럼 어머니가 두 딸을 데리고 저녁을 먹으러 음식점에 갔는데, 그곳에서 우연히 유명한 음악가를 만나는 행운을 가졌다. 두 딸은 레스토랑에서 흘러나오는 음악에 맞춰서 자연스럽게 흥얼거리듯 노래하고 있었고 그 소리는 음악가의 귀에도 들렸던 것이다.

그는 잠시 후에 자매의 어머니께 양해를 구하고는 피아노 반주에 맞추어 노래를 불러보게 하였다. 그가 피아노를 치고 두 딸이 노래를 했는데, 바로 그 순간이 세계적인 가수가 탄생하는 시발점이 되었다고 한다.

세상은 생각보다 넓어서 제한된 공간에서 하는 경험들은 우물 안의 개구리 같은 상황이 될 수가 있다. 그래서 자신이 경험했거나 알고 있는 지식이 상대적으로 우월하다는 착각을 일으키지 않아야 하며 가능하면 고정된 사고나 경험에서 뛰어넘으려는 노력이 필요하다고 생각한다. 그리고 중요한 사실은 이 세상 모든 분야에서 다양성을 인정해야 한다는 것이다. 그래서 자신도 독특한 존재라는 사실을 인식하고 "뜻이 있는 곳에 길이 있다."라는 말을 새기면서 부단히 노력하면 능력을 최대한 발휘할 수 있을 것으로 생각한다.

오십보백보(五十步百步)

사람의 욕심은 끝이 없는 것 같다. 그래서 일상생활에서 '안분지족(安分知足)'을 떠올리기도 한다. 편한 마음으로 자기 분수를 지키며 만족할 줄 아는 생활을 하라는 것이다. "뱁새가 황새 따라가려다 가랑이 찢어진다."라는 속담처럼 자신의 분수를 알고 마음 편히 지내면 좋을 텐데, 상대적 비교심리로 경쟁심이 발동하여 무리함으로써 화를 자초할 수도 있다.

톨스토이의 단편소설 중에 『사람에게는 얼마나 많은 땅이 필요할까』라는 글이 있다. 욕심 많은 사람에게 "당신이 하루 동안 걸을 수 있는 땅만큼이 바로 당신의 땅이 될 수 있다. 그런데 반드시 저녁에는 처음에 출발했던 곳으로 되돌아와야 한다. 만약 저녁때까지도 돌아오지 못하면 당신은 땅을 갖지 못할 것이다."라는 조건을 붙였다. 그래서 그는 식사하는 시간도 낭비라며 끼니도 거른 채, 휴식도 없이 오로지 최대한 많은 땅을 차지하려는 욕심으로 발걸음을 재촉했으며 그러다가 해가 저물 즈음에 도표지점에 가까스로 도착은 했지만, 곧바로 지쳐 쓰러져 죽는다는 이야기이다. 인간욕망의 단면을 보여주는 참으로 서글픈 내용의 글이라는 생각이 든다.

평소에는 언행에 조심하며 평정심을 유지하다가도 어느 순간에 욕심에 눈이 멀면서 자신이 통제할 수 없는 상황에 놓일 때가 있다. 명언명구(名言名句)도 엄청 많이 알고 절제와 통제력도 남다르다고 자부하는 사람도, 손에 잡힐듯한 이해관계 앞에서는 순간적으로 정상적인 판단력이 무너지는 경우들이 있다는 것이다.

나는 어릴 적부터 지게를 지고 땔감과 곡식 등을 날랐다. 그때마다 처음부터 짐의 무게를 좀 가볍다 싶을 정도로 해야 멀리 갈 수가 있다는 사실을 경험으로 알고는 있었다. 그러나 짐을 질 때면 조금 더 가져가도 되겠다는 욕심을 뿌리치지 못하고 또다시 실수를 반복한다. 분명히 욕심을 부려서 좋을 게 하나 없다는 걸 알면서도 실수를 거듭하였으니 어리석기 짝이 없는 행동이었다는 생각이 든다.

뉴스에서 항상 약방의 감초처럼 오르내리는 부정부패 문제도 그 근원을 찾다 보면 결국은 과도한 욕심으로 인한 것으로 생각한다. 어떤 이들은 범법 행위자들을 향하여 손가락질을 서슴지 않는다. 어쩌면 저렇게 어리석을 수가 있는지 이해가 안 된다고도 하고, 어떤 이는 그들이 가진 재산이 얼마인데 뭘 또 더 가지려는지 기가 찬다고도 한다. 그러한 반응에 대해서 뭐라 할 말은 없지만, 비판받는 그들도 대부분 우리와 같은 하늘 아래에서 살아가는 평범한 사람들이라는 점에 주목했으면 한다.

일반적으로 감정이 격해지면 자신은 절대로 그럴 일이 없을 것처럼 단호한 태도를 보이기도 한다. 그런데 냉정하게 생각해 보면 손가락질받는 그들도 문제가 그렇게까지 확대될 것이라고는 상상조차 못 했을 수도 있을 것이다. 그리고 그 사람도 자신의 발등에 불이 떨어지기 전까지는 세상의 온갖 비리와 불법에 대해

혹독한 비판을 해왔던 사람이었을 수도 있다는 사실을 간과해서는 안 될 것으로 생각한다. 나는 각종 매스컴에 오르내리는 부정부패와 관련한 뉴스에 대해서는 냉정하게 관망하는 편이다. 범법자들에 대해서는 당연히 의법조치를 해야겠지만 인간이 이 세상에 존재하는 한, 정드의 차이는 있을지언정 영원히 근절될 수 없는 것이 부정부패라고 생각한다.

과식하여 배탈이 난 사람도 또 과식해서 탈이 난다. 다시는 실수하지 않겠다고 다짐을 한 지가 바로 엊그제인데, 지금 눈앞에는 너무나 맛깔나게 보이는 음식들이 한 상 가득 차려져 있으니 절제라는 단어는 한순간에 종적을 감추어 버린다. 이러한 상황에서 외면하는 일이 과연 쉬울지를 생각해 보게 된다.

인간사회에서 연결되는 부정과 부패의 고리는 고래 심줄보다 더 질겨서 시도 때도 없이 행해질 수밖에 없는 구조적 모순에 놓여 있다는 결론에 다다를 수가 있을 것 같다. 특히 공직자들의 부정부패 문제가 사회적 이슈가 될 때면 언필칭 싱가포르를 하나의 모범사례로 떠올리곤 한다. 내막을 자세히는 모르지만 어쨌든 그렇게 인식되기까지는 아마도 그에 상응하는 대가가 치러졌을 것으로 생각한다. 결국은 파격적인 대우와 관련 법규의 엄격한 적용이 해법이 아니었을까 싶다.

"끝을 봐야 그만둔다."라는 말이 있지만, 경마장 같은 곳에서는 흔히 볼 수 있는 광경이라고 한다. 자신의 예상이 적중했을 때는 기쁨에 도취되어 한두 번의 실수쯤은 전혀 아랑곳하지 않고 오로지 일확천금의 꿈을 이루기 위해서 저돌적으로 앞만 보고 달리게 된다는 것이다. 결국, 대박에 눈이 멀다가 어느 날 갑자기 빈손이 되는 상황이 벌어지기도 한다는데 어느 적정선에서 자신을 통제하고 멈춘다는 게 보통 어려운 일이 아닐 것이라는 생각이 든다.

신이 아닌, 보통의 인간에게 욕심을 버리라는 것은 희망을 갖지 말라는 말과 다를 바가 없을 수도 있다. 삼국지를 보면 전쟁의 과정에서 전후좌우 볼 것 없이 적진을 향해 파죽지세로 돌격하다가 예기치 못한 역습을 당하면서 사면초가의 상황에 내몰려 참패하는 장면들을 볼 수가 있다. 상황파악이 제대로 안 된 상태에서 무모하게 내달리다가 적의 함정에 빠진 결과이다. 욕심에 눈이 멀어 기세가 등등하게 내달리는 사람을 그 누가 말릴 수가 있겠는가 말이다.

세상만사 남의 일이라고 너무 쉽게 말하지 말 것이며 타인의 잘못을 보면서 자신은 절대 그럴 일은 없을 것이라며 호언장담도 하지 않았으면 한다. 오십보백보(五十步百步)의 의미를 되새기면서 현명하고 지혜롭게 살아가는 게 쉽지 않을 것 같다. 내 마음속에 버티고 있는 무서운 '욕망'이라는 이름의 사자가 물불 가리지 않고 날뛰지 못하도록 지속적인 관리가 필요할 것이라는 생각을 해본다.

세대 간의 지속적인 발전

면면히 이어온 역사는, 한 세대 한 세대가 이어지면서 이루어진 것이다. 크게는 세계로부터 국가, 그리고 최소 단위인 가정에 이르기까지 연속적으로 쉼 없이 이어지고 있다. 그러한 과정에서 어느 곳은 쇠퇴일로(衰退一路)인가 하면 또 한편에서는 발전을 거듭하면서 달린다. 성공과 실패, 번영과 쇠퇴는 정지상태가 아닌 부단히 변화하는 자연적인 역사의 흐름이다. 그 길의 종점이 어디일지는 누구도 예측할 수 없는 우주 공간에서 전개되고 있는 끝없는 릴레이(relay) 이다.

젊은 시절에는 나 혼자만의 의지로도 세상의 많은 부분을 변화시킬 수 있을 것만 같은 자신만만함과 야망으로 충만하기도 했다. 그러나 세월이 흘러 고희를 지나고 보니 지구상의 수십억 인구 중의 일원으로서 상부상조하면서 살아가야 하는 개체임을 실감하고 있다. 어쩌면 꿈 많고 자신감으로 충만했던 그 시절이 바로 인생의 황금기가 아니었던가 하는 생각도 해본다.

개인을 떠나서 하나의 국가가 존립하기 위해서는 각계각층에서 맡은 바 업무를 수행하는 종사자들이 각자의 역할에 충실해야 한다. 한두 사람의 힘으로 좌지우지하던 전제군주 시대가 아닌, 국민이 주인인 오늘날에는 모든 분야에 개개인이 해야 할 일을 찾아서 이 땅을 더욱 살기 좋은 세상이 되도록 열심히 살아가야 할 임무가 주어졌다고 생각한다.

가정만 두고 보더라도 한 세대 한 세대로 이어지는 과정에서 계속 번성한다는 일이 생각보다 쉽지가 않다. 부와 명예도 그러하거니와 자녀 수의 번성 면에서도 그러하다. 옛날에는 5남매, 많게는 10남매 이상도 두었으나, 오늘날의 상황은 그 옛날과는 비교가 안 될 정도로 한두 자녀로 만족하는 시대가 되었다. 자손이 번성하던 시대의 혈연관계와는 상황 자체가 완전히 달라졌다. 종손도 장손도 그 의미가 퇴색되고, 본관이 어디이고 몇 대손인지를 따지던 풍습은 거의 찾아보기 어려울 정도로 변모하고 있다. 그리고 부계사회 모계사회의 구분을 논할 필요가 없는 완전히 열린 사회임을 인지할 필요가 있다.

농촌이 고향인 나는 서른이 못 되어서 타향살이가 시작되었고, 형제자매 모두가 고향을 떠나면서 부모님이 해오시던 농업의 승계(承繼)는 불가능하게 되었다. 결국, 상황의 변화로 부모님의 터전은 타인의 손에 넘겨져 버렸다.

부모님으로서는 계속해서 고향을 지킬 자녀가 있었으면 하는 희망을 버리지 않으셨다. 그러나 개인의 삶이 중시되는 세태 앞에서는 어찌할 도리가 없었다. 당신들이 한평생 뒷바라지하면서 키운 자녀들이 뿔뿔이 흩어지더라도 언제 어디서나 건강하게 잘 살기만을 바라셔야 했다. 결국, 행복한 삶이란 개개인이 언제 어디서나 보람을 느끼면서 즐겁게 살아가는 바로 그것이라는 인식이 일반화되었다고 할 수 있다.

선조(先祖)가 후손의 행복까지 보장해 줄 수는 없다. 그러나 후손을 위해서 뭔가 힘이 될 수 있는 삶이 되기를 소망하는 마음만큼은 한결같을 것이다. 그래서 세상 부모들은 그들의 역할 중에서 자녀교육의 막중함을 알고 심혈을 기울이고 있다고 보면 될 것 같다. 끝없는 헌신과 희생으로 뒷바라지하는 모습에서 부모의 심중을 헤아릴 수가 있다. 자녀가 잘나고 못나고를 가릴 것 없이 오직 자식들 모두가 잘되기만을 염원하면서 애쓰고 있다고 보면 된다.

역사에서도 보아왔듯이 삶의 모습이 변하지 않았던 시대는 없었으며 그 어느 국가도 지속적인 발전을 거듭한다는 게 쉽지 않음을 보아왔다. 세상만사에는 흥망성쇠(興亡盛衰)가 있으며, 연속과 단절이라는 반전(反轉)에 반전을 거듭하면서 소위 시소(seesaw)놀이처럼 오르내리기를 반복하였다. 해가 저물지 않는 나라였던 대영제국도 "아, 번성했던 옛날이여!"를 되뇌며 과거 한때의 전성기를 그리워도 할 테고, 구 소비에트연방도 사분오열이 되면서 지도를 바꾸었다. 그런가 하면 세계적인 대기업이 사라지고, 듣도 보도 못했던 무명기업이 갑자기 세계 100대 기업명단에 오르기도 한다. 이러한 현상은 생성소멸의 자연 이치와도 부합된다고 할 수가 있다. 절대 강자가 없는 반면에 절대 약자 또한 없다. 그러나 약자가 반드시 강자로 될 수 있다는 보장은 없으며 강자도 언젠가는 쇠퇴일로에 처할 수가 있음을 알아야 한다. 그래서 만사를 운명으로 수용하는가 하면, 새로운 각오로 치열하게 재도약을 시도하는 경우 또한 있게 마련이다.

인간세상의 역사 수레바퀴가 내리막길을 굴러갈 때는 도약의 가능성은 점점 멀어져 간다. 이러한 상황에서도 절망이라는 단어를 떠올리기보다는 희망을 잃지 않고 적극적으로 대응하는 도전

정신이 필요하다. 좌절하지 않고 헤쳐나감으로써 후손들의 삶에 좋은 기틀이 마련될 수 있도록 해야 한다는 사명감 같은 것이 그 시대를 살아가는 사람들의 마음을 움직이고 있다고 보면 될 것 같다.

긍정적 시각

　　세금 붙지 않는 말인데도 유독 칭찬어는 인색한 사람이 있다. 여기저기 SNS에 오르내리는 글에는 댓글들이 뒤따르게 된다. 그런데 그러한 글들에는 여과되지 않은 감정표출이 드러나는 부분도 눈에 띈다. 그런가 하면 사사건건 왜곡과 부정적 시각으로 표현하는 사람들도 있다. 아예 비뚤어진 사고방식으로 굳어 있는 사람들은 사고방식 자체를 바꾼다는 게 무척 어려울 것이라는 생각이 든다. 그래서 예로부터 "강산은 변화시킬 수 있으나, 사람의 본성은 바꾸기가 어렵다(江山易改 本性難改, 강산이개 본성난가)."라는 말이 있지 않은가 싶다.

　가끔 TV에서 연세가 지긋하신 노부부가 각자의 주장을 굽히지 않고 서로를 향해서 "저 성질은 죽을 때까지 못 고칠걸." 하면서 혀를 차는 모습을 본다. 천성이든 유전이든 어쨌든 개인의 독특한 성격은 쉽게 고치기 어렵겠다는 생각이 들게 하는 장면이다. 사극(史劇)의 인물 중에도 정의감으로 똘똘 뭉친 역할이 있는가 하면, 비뚤어지고 옳지 못한 행동으로 일관하는 배역도 있다. 이러한 대조적 성격은 분명 긴장과 흥미를 북돋운다. 개성을 천성이라는 관점에서 본다면 고치기가 어렵겠다는 생각에 더울 수 있겠으나, 개선이 가능할 것이라는 데에 무게를 두면 어느 정도는 묵은 습관에서 탈피하여 긍정적인 방향으로의 전환도 가능할 것이라는 희망도 가져본다.

　무슨 일이든 긍정과 부정 양면이 있음을 전제한다면 대상을 어떠한 관점에서 바라보는지가 중요하다고 생각한다. 그래서 실체를 있는 그대로 바라볼 수 있는 안목이 필요한 것이다. 바르게 보고 정확하게 파악하기 위해서는 객관적 관점에서의 공평무사한 태도가 갖추어져야 한다. 그래서 부정적인 부분만 파헤치려는 편향된 자세는 공정한 결론에 도달하는 데 장애가 될 수 있음에 유의했으면 한다. 만사를 치우치지 않고 입체적으로 정확하게 조명할 수 있는 객관적 시각과 긍정적인 사고가 바탕이 되어 있는 사람에게는 신뢰해도 좋겠다는 확신을 가질 수 있을 것으로 생각한다.

　시시각각 마주하는 여러 가지 일들을 올바른 관점에서 치우침 없이 바라본다는 게 결코 쉬운 일은 아닐 테지만, 어쨌든 바르게 보고 판단한다는 일이 중요한 것임에는 틀림이 없다. 무엇보다도 대상을 정확하게 파악하는 일이 다음 단계로 진행하는 데 영향을 미칠 수가 있어서 더욱 그러하다.

　역사를 거슬러 올라가면 관점의 차이로 인하여 엄청난 결과를 보인 사건들이 있다. 평소에 갖고 있던 주관에 의해서 편견이 작용하면 확연히 다른 결과가 나타나기도 한다. 같은 상황을 본 두 사람이 정반대의 의견을 제시했으니 결론을 내기가 어려울 것이다. 국가의 존망이 달린 문제라면 어떻게 할 것인가? 사적인 이해관계와 임기응변식의 태도가 개입된다면 그에 따른 후유증은 상상을 초월할 수도 있을 것이라는 추측이 가능해진다.

　말은 바로 글이 된다. 말도 글도 모두가 개인의 생각이요, 사상이요, 철학의 표출이다. 사실 자체를 가감(加減) 없이 있는 그대로 표현하는 것이 쉬운듯하면서도 어려운 일이다. 말을 곱게 하는 사람은 문장표현도 부드럽다. 언제나 공격적으로 말하는 사람은 문장 속에 개인적인 감정이 개입되면서 거친 표현이 드러나기도 한다.

 일상생활에서의 언어사용을 밝고 여유 있는 태도로 한다면 우선 본인의 심신에 좋을 것이고, 또한 매사를 순조롭게 처리하는 데에도 도움이 될 것으로 생각한다. 잘 산다는 것의 의미는 무엇인가? 만사를 정확하게 판단하면서 긍정적이고 즐거운 마음으로 희망의 끈을 놓지 않고 살아가는 것이 아닐까 하는 생각을 해본다.

강한 주장의 오류

　이곳 세종시로 이사 왔을 당시는 입주가 시작된 지 2주 정도 지난 신축아파트여서 단지의 분위기가 전반적으로 어수선하였다. 이사를 할 때면 으레 수반되는 여러 가지 절차들이 있는데 생각보다 번거롭게 느껴질 수가 있다. 그런데 다행스럽게도 우리 아파트는 입주 시작 전부터 인터넷카페가 운영되고 있어서 정보 교환이 원활히 이루어지고 있었다. 덕분에 대부분의 이사 이후의 업무들은 별 혼란 없이 대처할 수 있어서 다행이었다. 그리고 입주민들의 공통 관심사 중에는 생활과 밀접한 관계가 있는 커뮤니티 운영에 관한 것이 있었는데 그중에도 더욱 관심을 끄는 것은 '사우나시설의 운영'에 관한 것이었다. 그래서 입주민의 의견을 수렴하는 과정을 거쳤는데 결과는 이용하는 쪽으로 방향이 정해졌으며 기타 세부 방안에 대해서는 계속 논의하기로 했다.

　그런데 이 문제에 대한 개인적인 생각은 이러했다. 우리 아파트와 인접한 정부청사 부근에 새로운 전용 사우나시설도 생긴다고 하고, 시내 상가건물에 대형 사우나도 한둘 오픈하고 있었다. 그리고 자동차로 반 시간 거리에는 유성온천도 있는데 굳이 단지 내 사우나시설을 운영할 필요가 있을까 하는 것이었다. 그래서 운영비의 부담문제와 규모와 시설 면에서의 미흡한 부분을 고려할 때에 개장의 필요성을 못 느낀다는 개인적인 의견을 카페에 올리기도 했다. 그런데 주민 전체를 대상으로 의견수렴과 몇 차례에 걸친 논의 과정에서 대체적인 의견은 일단 이용하자는 쪽이었다. 그런데 아이러니하게도 개장 이후에는 나 자신이 오히려 사우나시설의 애용자가 되었다. 결과적으로는 상황파악이 제대로 되지 못한 상태에서 주장을 했던 것이 잘못이었음을 시인할 수밖에 없는 일이 되었다.

어떤 때는 개인적으로 생각이나 관점이 분명히 옳다고 주장할 때가 있다. 그러나 그 판단이 편견과 정확한 인식 부족에 의한 결과일 수도 있다는 점을 염두에 둘 필요가 있겠다고 생각한다. 이번 사우나시설 문제의 결정 과정을 보면서 어떠한 문제든 주장을 할 때는 사안에 대한 정확한 이해가 중요하겠다는 점을 느꼈다.

일상생활에서 시시각각으로 작든 크든 판단의 순간을 마주하게 된다. 어떻게 보면 산다는 것 자체가 판단하고 선택하는 과정의 연속이라고 할 수가 있다. 그런데 어떤 사안에 대해서는 확신이 서지를 않아 결정이 쉽지 않을 때가 있다. 어느 방향으로 결론을 내려야 할지 방향이 잡히지 않을 때는 고민하기에 앞서 자신의 인식이 객관화되었는지를 살펴볼 필요가 있을 것 같다. 그래서 개인적인 주장에 앞서 제대로 이해하고 판단할 수 있는 노력이 필요할 것으로 생각한다.

직장에서 무슨 일을 처리할 때, 사안에 대한 충분한 설명과 논의의 과정을 생략한 채 일방적인 상의하달식 처리를 한다면 이것은 의견수렴 과정이 생략된 비민주적 방식이라고 할 수가 있다. 그래서 어떤 일을 추진할 때는 시간적 여유를 갖고 정상적인 의견수렴 과정을 거치도록 하는 것이 바람직하다고 생각한다.

　무슨 일이든 결정을 할 상황에서는 특별히 급한 업무가 아니라면 필요에 따라서 '한 번 더 생각해 보자.'라든지 '고려해 보자.'라는 식으로 일단은 유보하는 자세도 필요하다고 본다. 결재권자의 경우 해당 사안에 대하여 확실한 판단이 서지 않은 상태에서 성급하게 처리부터 하고 보자는 식의 승인은 바람직하지 않다고 생각한다. 그렇게 하면 당시에는 해결한 것으로 생각할지는 몰라도 결과적으로 후유증이 수반될 가능성이 있음을 염두에 두었으면 한다.

　부정적으로만 보았던 아파트단지의 사우나시설에 대한 생각이 개장 후에는 완전히 바뀌었다. 무엇보다도 필요성과 이용에 따른 편리성 등에 대하여 이해가 부족하였다고 생각한다. 그런데도 나의 의견이라면서 주장을 했으니 잘못되었다는 점을 인정할 수밖에 없다. 뒤늦게 깨달은 사실은 무슨 일이든지 의견을 주장하기에 앞서 사안의 본질을 제대로 이해하려는 노력이 선행되어야 할 것이라는 점이었다.

타인에 대한 비판

역이나 관청 등의 공공장소에 설치된 텔레비전에서 범죄자의 죄상(罪狀)을 밝히는 뉴스가 나올 때면 '정말 나쁜 놈'이라든지, 아니면 '죽일 놈' 하면서 격하게 반응하는 시민들이 있다. 그러한 행동들을 보면서 굳이 저렇게까지 할 필요가 있을까 하는 생각이 들기도 한다. 설령 사건 자체가 평범한 시민으로서는 격분할 이유가 충분하더라도 좀 더 지켜보는 여유를 가져도 되지 않을까 하는 생각이 드는 것이다. 그래서는 안 되겠지만 만약에 뉴스 속의 당사자가 그들의 친인척 관계이거나 이해관계가 있는 사람임을 뒤늦게 알게 된다면, 너무 심하게 반응했던 사실에 대해서 어떤 생각이 들지 궁금해지기도 한다. 속담에 "한 다리만 건너도 사돈 팔촌까지 엮인다."라는 말이 있듯이 알고 보면 얽히고설킨 것이 세상의 인연임을 상기할 필요도 있을 것 같다.

마음 바탕에 객관적 판단이 자리 잡고 있다면 쇼킹한 뉴스일지라도 과도한 반응을 자제하는 것이 낫지 않을까 하는 생각을 해보게 된다. 가능하면 공평무사한 자세로 대응하는 것이 생활화되어서 일상의 삶이 평정심을 유지하면 좋을 것 같다. 어쨌든 사사로운 감정에 치우치는 언행은 삼가는 게 좋겠다는 생각이다.

예로부터 "자식 키우는 사람 막말 못 한다."라고 하였는데 과연 살아보니까 그 말이 무슨 뜻인지를 알게 될 때가 있다. 내 자식만은 언행이 반듯하여 언제 어디서나 떳떳한 생활을 했으면 하는 것이 부모의 마음이다. 그러나 삶의 현장은 복잡다단해서 알게 모르게 불법과 위법의 소지가 도사리고 있기 때문에 불안을 떨쳐내기가 쉽지 않은 것이 현실이다. 너와 내가 같은 하늘 아래서 살아가야만 하는 공동운명체라면 타인의 잘못에 대해서는 객관적이고 공정한 입장에서 바라볼 줄 아는 자세가 필요할 것으로 생각한다.

  다시 한번 짚고 넘어갔으면 하는 것은 어떠한 상황에서든 타인의 잘못에 대해서 지나칠 정도의 냉혹한 비판은 자제했으면 하는 마음이다. 죄가 있다면 법에 따라 심판을 받을 테고, 설령 죽을죄를 지었다 하더라도 사사건건 비분강개하기에 앞서 타산지석의 교훈으로 삼는 태도가 먼저였으면 한다.

  알게 모르게 상부상조하면서 살아갈 수밖에 없는 것이 사회구조이기에 유독 나만이 정의의 사도이고 자신만이 선구자인 양 인식한다면 착각일 수도 있다. 이 지구상에는 양심과 정의를 바탕으로 묵묵히 실천하는 사람들이 의외로 많다는 점을 간과해서는 안 된다.

  일상에서의 인간관계가 타인에게 관대하면서 애정이 깃든 따뜻한 마음으로 대하면 삶 자체가 평안해질 것으로 생각한다. 그런데 걸핏하면 공격적 태도로 과격한 반응을 보이게 되면 인생이라는 과정에서 결코 좋을 게 없을 것이다. 도둑의 눈에는 도둑만 보인다고 과연 어떠한 시각으로 대상을 바라보는가 하는 문제는 각자의 삶에 큰 영향을 미칠 것으로 생각한다.

역사 속의 폭군들에게서 권력의 유지와 강화를 위해서라면 어떠한 악행도 서슴지 않다가 마침내 비참한 최후를 맞이하는 어리석음이 되풀이되는 것을 보아왔다. 그러한 사실(史實)들을 접하면서 우리 인간의 어리석음과 탐욕에 대해서 한계 같은 것을 느낄 때가 있다. 굳이 폭군에 대한 비판이 아니더라도 현실 세계에서 이해관계로 인하여 벌어지는 사건들을 보면 누구나 그럴 수 있는 개연성이 있지 않을까 하는 생각이 들기도 한다. 그래서 일상생활에서 양심에 부끄럼 없는 삶인가를 반성하는 태도는 매우 중요하다고 생각한다. 앞날의 일은 그 누구도 예측할 수가 없다는 전제하에서 자신도 크든 작든 비판을 받을 대상이 될 수도 있다는 점을 간과하지 말았으면 한다.

역사가 올바르게 전개되기 위해서는 냉철한 비판과 잘못에 대한 엄중한 대가(代價)가 치러져야 한다는 데에는 동의한다. 그러나 인간 세계에서 영원히 근절될 수 없는 각종 범법 행위들이 시시각각 뉴스에 오르내릴 때, 타산지석의 교훈으로 삼아 더 반듯한 삶이 되도록 노력하는 데에 보탬이 되게 하면 좋을 것 같다는 생각을 해본다.

상호 이해의 어려움

사람과 사람 사이에 서로 이해한다는 일이 얼마나 어려운지에 대해 느낄 때가 많다. 부모, 형제지간이나 직장동료, 네 것 내 것 구분 없이 지낼 정도의 막역지간일지라도 쉽지 않은 게 서로를 이해하는 일이다. 인생무상의 무상(無常)이란 말에는 "끊임없이 변화한다."라는 뜻이 함축되어 있듯이, 사람들의 심신과 주변 여건도 쉴 없이 변화하는 것이 자연의 이치이다. 그래서 대인관계에서도 서로 이해하는 일이 쉽지 않을 것이라는 생각으로 먼저 상대방을 이해하려는 노력이 필요하지 않을까 싶다.

우리는 "그 사람 변했어."라는 말을 스스럼없이 하는 경향이 있다. "저 사람 변했어. 예전에는 그런 사람이 아니었는데."

이 말을 곰곰이 생각해 보면 하나도 이상할 게 없는 당연한 현상인데도 공연히 이상하게 생각하려는 경향이 있다. 천지지간만물(天地之間萬物) 중에 세월의 흐름에 따라 변하지 않는 것은 없다. 사람은 마음만 변하는 게 아니라 식성도 변하고 모든 게 다 변하는 건 너무나 자연스러운 현상임을 이해해야 한다.

지구상에는 많고 많은 사람이 태어나고 사라지기를 쉴 없이 반복하고 있으며, 문화와 언어 또한 생성소멸(生成消滅)의 과정을 이어가고 있다. 그래서 시시각각으로 빠르게 변화하는 인간사회에서 상대방을 이해한다는 건 결코 쉬운 일이 아니라는 전제가 맞겠다는 생각이다. 그리고 각자의 의사를 표현할 때도 그 언어와 몸짓만으로 어느 정도의 소통이 되는지는 가늠하기가 어려운 것이다. 특히 우리말은 뜻글자인 한자가 혼재되어 있어서 더욱 이해하기 어려운 면이 있음도 고려할 사항이다.

사람들은 한평생이 짧다며 아쉬워하는가 하면 쏜살같이 지나가는 시간을 두고 야속하다고도 한다. 그 짧다면 짧은 세월 속에서도 수많은 우여곡절(迂餘曲折)을 겪는 사람이 있는가 하면, 어떤 이는 온실의 화초처럼 어려움 없이 지내기도 한다. 이렇듯 현격히 다른 모습으로 살아가는 인간들이 서로를 이해하며 공존한다는 일이 얼마나 어려울지는 가히 상상하고도 남을 일이다.

세상에 부모들은 그들의 자녀에 대해서만은 속속들이 아는 것처럼 생각할지 몰라도, 알고 보면 모르는 부분이 너무 많다는 사실을 발견하게 될 것이다. 그래서 "내 자식이지만 속마음을 알 수가 있어야지."라며 푸념 비슷한 말을 늘어놓기도 한다. 그런가 하면 자녀들 또한 부모님과 통하지 않는 부분이 너무 많다며 불평을 털어놓기도 한다. 결국은 부모 자식 간에도 이해한다는 게 쉽지 않다는 말이다.

어떤 부모는 자신의 인생을 온통 자녀들을 위해서 바쳤다고 한다. 그런데 그 자식들은 전혀 동의할 수가 없다며 도리어 부모님이 제대로 해준 게 뭐냐며 불평이다. 친구 중에 돈 많고 여건 좋은 가정의 부모들은 자녀가 부족하지 않게 물질적 뒷받침을 해주는데 비해서, 자신은 얼마나 힘들게 생활해야 하냐면서 볼멘소리도 한다. 어느 부모는 하루 벌어 하루 살아가는 형편이라 변변히 먹지도 입지도 못하며 지내는데도 자식은 그러한 부모를 이해하지 못한다며 답답해하기도 한다.

내가 고등학교 3학년 재학시절에 있었던 충격적인 사건 중에는 급우 중 한 명이 스스로 목숨을 끊은 일이 있었다. 그는 공부와 운동 등 모든 분야에서 뛰어났으며 전교학생회장까지 했던 정말 멋진 친구였는데, 그가 자살했다는 뜻밖의 소식을 듣고는 귀를 의심할 수밖에 없었다. 그런데 놀라운 사실은 그는 편모슬하에 어려운 가정 형편으로 고민을 해왔으며 특히 대학진학이 불가능하다는 판단으로 극단적인 선택을 했다는 것이었다. 아쉬운 점이 있다면 선생님이나 친구들에게 자신의 고민을 털어놓으면서 해결점을 찾아보려는 적극적인 노력을 했더라면 어떠했을까 하는 점이었다.

살다 보면 자신의 의지와는 상관없이 사람들을 만나면서 살아갈 수밖에 없는 것이 바로 사회라는 걸 알게 된다. 사회생활에서 교류수단인 언어로 의사소통을 하면서 지내고 있지만, 평소에 다소 의아스럽게 생각하는 점은 상대방에 대해 "이해가 된다."라는 말을 너무 쉽게 하는 것은 아닌가 하는 것이다.

사람이 한세상 살다 보면 대화의 중요성을 실감하는 동시에 어려움 또한 느낄 때가 있다. 간단히 몇 마디 주고받으면 해결될 줄로 알았던 일이 생각 외로 잘 통하지 않을 때는 답답해하기도 한다. 상호소통에서 특별히 효과적인 방법은 없다고 하더라도 언제나 상대가 있음을 의식하면서 일방적으로 자신의 주장을 관철하려는 태도는 지양해야 할 것으로 생각한다. 결국은 당사자 간에 서로를 이해하려는 노력이 필요하며 그 바탕에는 상대방의 의견을 존중하려는 태도가 전제되어야 할 것으로 생각한다.

결심과 판단

　어릴 적, 고향에서 있었던 일생일대 사건에 관한 실화다.
　열서너 살 되던 허였는데 그 당시만 해도 육이오전쟁이 끝난 지 10년쯤 지났을 무렵이었다. 그곳에는 전쟁의 흔적이 고스란히 남아 있었는데 그중에는 땅속에 묻혀 있는 탄피와 수류탄도 있었다.
　어느 늦은 봄날, 딱히 군것질할 것도 없고 해서 나와 동갑내기 2명, 이렇게 셋이서 함께 고향 마을 앞 개울에서 탄피 등을 주워 엿을 바꿔 먹기로 했다. 한참을 찾아 헤매고 있을 때, 가까이 있던 친구가 "야, 쇠뭉친데 바위에 두드려도 녹(綠, rust)이 안 떨어지고 뜨거워지네."라고 말했다. 그러자 나는 반사적으로 "야, 던져버려!"라고 했으며 내 말이 끝나기가 무섭게 친구는 그 쇠뭉치를 힘껏 던졌다. 그것은 개울둑 너머의 논에 떨어졌는데 순간 툭! 하는 소리와 함께 꽝! 하는 폭발음이 귀청을 뚫을 만큼 크게 울려 퍼졌다. 갑자기 온 동네가 다 들릴 정도의 폭음에 놀란 마을 사람들이 달려 나왔다. 그것은 바로 군대 휴대용 수통을 닮은 수류탄이라고 했다. 당시에 그 부근에는 빨래하는 아주머니 한 명도 있었는데 아차 하는 순간에 4명이 사고를 당할 뻔했던 대형사건이었다. 그런데 생각할수록 신기한 것은 갑자기 닥친 상황에서 어떻게 아무 주저 없이 "던져버려!"라고 소리쳤던가 하는 점이다. 그 순간을 생각하면 정말 천만다행이었다는 생각을 하게 된다.

그날은 분명 생사의 갈림길에 있었다고 할 수도 있다. 1960년쯤에 발생한 사건이지만 인생에서 순간의 선택이 운명을 바꿀 수도 있고, 순간순간 살아가는 과정에서 판단이란 게 얼마나 중요한가에 대해서 되짚어 보게 된다. 어떻게 보면 인생 자체가 순간과 찰나의 연속이다. 그리고 선택의 순간을 얼마나 적절하게 대처하는가 하는 문제는 그 어떠한 일보다 중요하다는 생각을 하고 있다. 절체절명(絕體絕命)의 위기를 벗어날 수 있었던 수류탄 사건이 나로서는 우주의 어떠한 빅뉴스와도 비교할 수 없는 큰 사건이었음이 틀림없다. 지구 어느 곳에서는 대지진으로 인하여 수천수만의 인명 피해가 발생하기도 하고, 또 다른 곳에서는 전쟁으로 인해서 무고한 사람들이 살상(殺傷)되었다는 뉴스도 들린다. 그러나 나에게 있어서는 세상의 그 어떠한 뉴스들도 그때의 수류탄 사건 이상으로 충격적인 사건은 없을 것이라는 생각을 하고 있다.

세상만사를 전적으로 운명에만 의지한다면 아마도 잘생긴 놈도, 똑똑한 놈도 특별한 노력이 필요 없을 것이다. 어릴 적에는 별로 뛰어나지도 못했다고 생각했던 친구가 수십 년이 지난 후에는 목에 힘주고 네거리를 활보하는가 하면, 학창시절에는 영웅처럼 행세하던 놈이 자기 한 몸도 가누지 못하면서 허우적거리는 모습으로 나타나기도 한다. 이렇듯 예상외의 모습으로 나타나는 것을 보면서 진정 사람 팔자 시간문제이구나 하는 생각이 들 때도 있다. 복잡다단한 삶의 소용돌이 속에서 어우러져 사는 세상에는 오만가지 상황들이 벌어지게 마련이다. 성공과 실패, 잘나고 못난 것이 복합적인 요인이 작용한 결과라고 한다면 아마도 그중에는 본인의 노력이 절대적 영향을 미쳤을 것이라는 생각을 해본다.

수주대토(守株待兎)라는 고사성어가 있다. 사전 풀이에는 "송(宋)나라의 한 농부가 나무 그루터기에 토끼가 부딪쳐 죽는 것을 보고 그곳을 지키면서 토끼를 기다렸다."라는 고사에서 유래한 말이라고 되어 있다. 그것은 구습(舊習)을 고수한 채 변통할 줄 모르는 것에 비유하는 말이기도 하다. 처음에 잡은 토끼는 순전히 요행이었으며 행운과는 전혀 상관없는 일이었음이 분명하다.

만사를 운에만 의지한다면 어떠한 성취를 위한 적극적인 노력이 필요할 이유가 없다. 문명이 발달하지 못했던 과거를 거슬러 올라가면 기복신앙이 생활 깊숙이 파고들었음을 알 수가 있다. 분명 비과학적인 기신에 불과할 뿐인데도 맹신할 수밖에 없는 상황이었음을 이해해야 한다.

근래에 방영된 TV 프로 중에, 어느 식당에서 소위 귀신이 곡할 일이 발생한 사건이 있었다. 식당 직원들이 퇴근하기 전에 그날 사용한 고무장갑을 걸어두는데, 다음 날 출근해서 보면 모두 망가져 있는 상황이 반복되었다. 그래서 갖가지 방법을 동원해 보았으나 원인을 밝힐 수가 없어서 관련 TV 프로그램에 도움을 요청하였다. 그들도 여러 가지 방법으로 시도해 보았으나 원인을 밝힐 수가 없어서 전문가의 과학적 해법을 의뢰하였고 마침내 화학적 반응에 의한 것임을 밝혀내었다. 그에 따른 조치를 한 후에는 재발이 없었다고 한다. 만약에 그 문제가 명확히 마무리되지 않았다면 정신적으로나 경제적으로 입을 타격은 눈덩이처럼 불어날 수도 있었는데, 인과관계가 분명히 규명됨으로써 해결이 된 것이었다.

선택이 중요하다는 점에 대해서는 새삼 언급이 필요치 않다. 삼국지를 보아도 지휘관 한 명의 오판(誤判)이 얼마나 큰 영향을 미치는지를 보여주고 있지만, 오늘날에도 국정 운영에서 정책의 오판이 국민의 삶에 직접적인 영향을 초래하는 경우들은 얼마든지 볼 수 있다. 크든 작든 현명하게 판단한다는 것의 중요성에 대해서는 새삼 강조할 필요가 없다고 생각한다.

돕는다는 것

　　인간관계에서 어려움 중의 하나가 타인의 마음을 읽는 일이다. 그래서 "어쩌면 그렇게도 내 마음을 모르니?" 하면서 안타까워하는 상황들이 종종 벌어지곤 한다. 어떤 사람은 "말을 해야 알지, 말도 안 하는데 내가 어떻게 네 맘을 알 수가 있겠어."라며 응대를 한다. 가깝게 지내는 친구라서 그의 평소 언행을 미루어 한 일인데 결과가 완전히 빗나갔음을 알게 될 때는 타인의 마음을 짐작하는 일이 보통 어려운 게 아님을 알게 될 것이다.

　공적이나 사적으로 사람들을 만나다 보면 평소에는 참으로 언행이 분명하고, 협조할 일이 있을 때는 솔선해서 물심양면으로 최대한 돕겠다는 의사를 스스로 내비치는 사람이 있다. 그런데 공적 일로 도움이 필요하여 가벼운 마음으로 부탁을 하면, 의외의 반응이 오는 경우가 있다. 아마도 개인적인 이해관계를 따져서 판단한 결과인 것 같았다. 공적인 일이기에 당연히 협조하리라 생각했는데 결정적인 순간에 동참할 수 없다는 반응을 보이는 것이다. 내가 어떻게 모은 자산인데 당장 득 될 게 하나 없는 일에 지출한다는 게 말이 되느냐는 식으로 꾹꾹 눌러왔던 본심을 여과 없이 드러낸 것이라고 보면 될 것 같다. 당연히 지난날 그가 보여주었던 언행들은 순수하지 않았음을 드러낸 것이라고 볼 수가 있다.

돈 있다고 거들먹거리며 큰소리치는 졸부(猝富)보다는 차라리 온갖 어려움을 겪으며 힘들게 한 푼 두 푼 모은 분들이 봉사활동에 진심으로 참여하는 것을 보아왔다. 가끔 매스컴에 소개되는 불우이웃돕기에 동참하는 사람들을 봐도 대체로 먹을 것 먹지 않고 입을 것 입지 않으면서 알뜰살뜰 한 푼 두 푼 모은 분들이다. 현직에 있을 때, 기부문화와 관련한 현장연구를 한 적이 있었는데 당시에 기부자들과 관련한 각종 자료를 수집·정리하던 중에 발견된 특이한 현상은 고생하며 살아온 할머니들의 선행이 상대적으로 많았다는 사실이다.

근래에 매스컴을 통해서 알려진 소식이지만 어떤 단체에서는 전 국민을 대상으로 모금한 구호금을 본래 목적과는 달리 자신들과 이해관계가 있는 단체나 개인에게 임의로 배분하였다고 한다. 더욱 놀라운 사실은 주관단체 직원들이 개인적으로 사용하는 등의 본래 목적에 완전히 배치되는 집행까지도 사실로 드러나면서 법의 심판을 받게 된다는 뉴스가 실망감을 안겨주었다. 이러한 사건들은 불우이웃돕기 등 각종 모금 행사를 추진하는 데 부정적인 영향을 미칠 수가 있을 것 같다는 생각이 든다.

누구나 느끼는 것 같은데 정치인들의 선거공약에 관한 문제도 생각해 볼 점이 있다. 선거철이 되면 어김없이 후보자들이 공약을 남발하는데 결국은 자기 돈 한 푼 안 들어가는 일이기에 더욱 그러한 것 같다. 정말 배짱도 좋게 지역이나 국가를 위해서는 못할 일이 없다는 식으로 큼지막한 사업계획들을 약속하는 걸 보면 발상과 의식에 문제가 있다는 생각이 든다. 기자가 어느 정치인에게 "당선되기 전에 이러한 공약을 하셨는데 기억하십니까?"

하고 묻자 "공약에 대해 너무 연연할 필요가 없어요. 그런 것까지 신경 쓰면 어떻게 정치를 합니까?"라고 태연하게 말했다는 것이다. 결국은 표와 관계되는 일이면 못 할 게 없다는 속내를 드러냈다고 보면 될 것 같다.

"사람의 마음을 겉모습만으로 판단한다는 건 불가능하다."라는 말에 대해서는, 일단 "그렇다."라고 말하고 싶다. 남의 마음속은 들여다볼 수가 없기 때문에 지레짐작은 어렵다. 그래서 중요한 것은 얼마나 사심 없이 진솔하게 생활하는지가 중요하다는 말을 하고 싶은 것이다.

공익사업인 철도·수도·가스 등을 예로 든다면 사업을 시행할 때에는 영리추구만이 목적이 되어서는 안 된다는 것이다. 그러한 사업에서 부정과 비리를 저지르면 결과적으로 부실공사의 원인이 되면서 상상을 초월할 정도의 심각한 악영향이 초래될 수 있다는 사실을 간과해서는 안 된다.

테레사 수녀는 삶 자체가 이타행(利他行)이었다고 할 수 있다. 그는 한평생을 주로 쓸쓸히 죽어가는 사람들과 불쌍한 노인들, 빈민촌의 어린이들 그리고 나환자 등을 찾아다니며 몸소 사랑의 실천을 하였다. 그리고 노벨평화상으로 받은 상금도 모두 그러한 사업에 바치는 등, 정작 자신을 위해서는 그 어떠한 것도 원치 않는 완전한 무소유 실천자였다. 빈민촌을 방문할 때에도 주민들처럼 맨발로 걷는 모습을 영상을 통해 볼 수가 있다. 그리고 어느 기자가 "만약에 기부를 한 돈이 제대로 쓰이지 않는다면 어찌하겠느냐?"고 물었을 때, 그는 "이미 내 손에서 떠난 것에 대해서는 관여할 바가 아니다. 나는 이미 도움을 준 사실만으로 만족한다."라고 했다는 것이다.

국숫집을 운영했던 어느 할머니에 관한 이야기가 생각난다.

하루는 남루한 차림의 한 젊은이가 국수를 허겁지겁 먹고 있었는데 양이 부족한 것 같아서 할머니가 국수를 더 주었더니 금방 다 먹었다. 그러고는 이리저리 살피다가 슬며시 일어나더니 곧바로 황급히 출입문을 나가기 시작했다. 순간적으로 할머니가 뒤따라 나가면서 큰 소리로 "젊은이, 돈은 다음에 내도 돼. 그런데 너무 급하게 뛰면 체한다."라고 했다는 것이다. 할머니의 애정 어린 배려심에 감동한 그 젊은이는 후일 사업으로 성공을 하였다고 한다. 어느 날, 옛날 그 할머니가 생각나서 인사도 드릴 겸 해서 찾아갔으나 그 가게는 없어졌다고 했다. 그는 국숫집 할머니를 생각하면서 기회 있을 때마다 불우이웃돕기 활동에 적극적으로 참여하고 있다는 것이다.

조건 없이 타인을 돕는다는 건 결코 쉬운 일이 아니다. 기부천사라고 불리는 사람들과 무료 봉사활동을 하는 사람들은 뭔가 동기가 있고 결심이 있는 사람들이다. 많이 배웠다고 되는 것도 아니요, 일시적인 감동으로 실행이 되는 것도 아니며 돈이 많다고 해서 되는 것은 더욱 아니다. 돕는 일 자체가 삶의 일부가 된 사람들이다. 다른 사람을 돕는 일이 기쁨인 사람들이라고 봐야 한다. 그러나 그 일이 아름답고 훌륭한 일이라는 것을 알면서도 막상 실행에 옮기려고 하면 머리와 가슴이 같이 움직이지를 않는 경우가 많다는 사실에서 반성의 여지를 남긴다.

급변하는 상황의 극복

인기 연예인들이 두려워하는 것이 무엇일까를 생각해 보면 아마도 '인기가 떨어지는 상황'이 아닐까 싶다. 아무리 천정부지로 치솟을 것만 같았던 인기도 정상에 다다르면 다시 하산할 수밖에 없는 것이 세상 이치이다. 시시각각으로 변하는 상황과 밀치고 올라오는 후배들이 있는 현실에서 천하의 무적이라도 되는 것처럼 스타의 자리를 고수한다는 건 근본적으로 불가능한 일이기 때문이다.

흔히 하는 말로 연예인은 인기를 먹고 산다고 한다. 인기가 치솟을 때는 신기할 정도로 종일 밥 한술 안 먹어도 배고픈 줄을 모른다고도 한다. 그런가 하면 농부는 가을에 황금 들녘을 바라볼 때면 저절로 배가 불러온다든지, 자녀가 어떤 일을 성취했을 때 부모 마음이 또한 그러할 것이다.

그런데 인기가 생명처럼 소중하다고 믿는 사람들도 그것이 추락할 때는 어떻게 대처해야 할지에 대하여 심적 대비가 필요할 것으로 생각한다. 상황이 반전됨으로써 심리적 공황장애나 정신적 우울 현상이 나타날 가능성이 있기 때문이다. 그러한 문제는 인기인만이 아닌 누구나 한 번쯤은 생각해 볼 여지가 있다고 생각한다.

인생에서 중요하게 생각되는 것이 바로 '지혜롭게 사는 일'이라고 할 수 있다. 그래서 삶의 고비고비를 무난히 극복할 수 있는 잠재적 대처능력을 키워가는 것도 매우 중요하다고 생각한다. 누구나 크고 작은 문제들에 부닥치며 살아갈 수밖에 없는 인생이기에 평소 마음을 단련하는 것은 꼭 필요할 것이라는 생각을 해본다.

어제까지만 해도 세상에 부러울 것 없이 떵떵거리며 살던 재력가가 사업실패로 하루아침에 빈털터리가 된다면 한없이 밀려오는 참담한 심정을 어찌 말로 표현할 수가 있을까 싶다. 큰 충격으로 인생을 포기하고 싶은 생각까지 드는가 하면, 가정이 파탄되고 가족이 사분오열되는 국면에 부닥치기도 하는 등, 상상 이상의 불행한 상황들이 전개될 수도 있음을 생각해 봐야 할 것이다.

가끔 볼 수 있는 TV 프로에서는 남부러울 것 없이 잘나가던 사람이 갑자기 부도가 나면서 그 이후의 생활상을 들려주는 사연들이 있다. 그리고 진정 제왕이 부럽지 않을 정도로 수백수천 명의 직원 위에 군림하던 사장이 현직에서 물러나니까 엊그제까지만 해도 귀찮을 정도로 걸려 오던 전화와 문턱이 닳도록 방문하던 발길들이 약속이나 한 듯이 일시에 단절되는 경험을 말하기도 한다. 그러한 상황에 부닥치면 여유만만하던 모습이 일시에 사라지면서 세상을 원망하고 말 못 할 허탈감도 느낄 것이다. 그리고 만사가 귀찮을 정도의 무력감에 빠지면서 대인기피증과 우울증으로 인하여 술로 세월을 보내면서 생을 포기한 사람처럼 지낼 수도 있을 것이다.

삼사십 년을 몸담아 온 직장에서 물러나는 사람의 심적 상황이 여전히 현직에 있을 때처럼 유지된다는 건 불가능하다고 봐야 한다. 무엇보다도 의욕이 꺾이면서 삶이 지루해지는 형태로 바뀔 수도 있다. 그러한 상황을 무난히 극복하기 위해서는 취미생활과 외부 활동 등으로 방향 전환을 시도하면서 변화된 환경에 적응하려는 다각적인 노력이 필요함을 경험으로 느끼고 있다.

이 세상에는 인기 연예인만 꼭대기와 밑바닥이 있는 것은 아니다. 개인과 단체를 막론하고 작든 크든 상황이 180도 바뀌었을 때 어떻게 대처하고 극복할 것인가 하는 문제는 결코 수수방관할 일이 아니다. 누구에게나 닥칠 수 있는 일이기에 평소에 나름의 심리적 적응력을 길러두는 것도 필요하겠다는 생각을 해본다.

바람직한 교육방법

　　자녀가 몇 명이든 일단 먹이고 입히고 가르친다는 일이 정말로 간단한 문제가 아니다. 그리고 어느 집 자녀들은 무난하게 잘 자라주는가 하면, 또 어떤 집은 부모를 매우 힘들게 한다. 심지어 어떤 부모는 자식이 원수라고도 한다.

　학생들을 가르쳐 봐도 분명히 힘이 덜 들거나 더 드는 대상이 있다. 한 명이 학급 전체 학생을 다루기보다 더 어렵게 하는 경우가 있는가 하면, 심지어는 학생지도가 힘들다는 소문이 난 학교도 있다. 그래서 어떤 학교는 학생지도에 한계를 느껴서 거의 손을 놓을 지경이라고도 한다.

　독특한 일화(逸話)가 있다.

　소위 부적응 학생들이 다니는 특수(?) 학교의 교장이 그 학교에서 가장 말썽꾸러기라고 알려진 문제 학생에게 표창장을 수여했다. 물론 교직원의 동의를 구하긴 했지만 무언가 석연치 않은 점이 있는 사안이었는데, 그래도 한 가닥 긍정적인 변화를 기대하면서 감행하였다고 한다. 그리고 표창장의 내용은 대략 '이 학생은 근래에 타의 모범이 될만한 행동을 하고 있으며 앞으로 기대되는 바가 크므로 이 표창장을 수여함'이라는 것이었다.

　그런데 그 문제 학생이 부모님께 표창장을 드렸더니 "이건 집안의 경사다."라고 하면서 기쁨에 겨워 어찌할 바를 모를 정도의 반응을 보였으며 그것을 아주 멋진 액자에 넣어서 눈에 잘 띄는 거실 한가운데에 걸어두었다고 한다. 그런데 신기한 일은 소위 문제 학생이라던 그가 믿기지 않을 정도로 행동에 변화가 일어났다는 것이다. 다른 학생들로부터 빈축을 살만한 언행을 하지 않는 것은 물론이고, 오히려 모범생이라는 소리를 들을 정도로 환골탈태(換骨奪胎)하는 상황이 벌어졌다고 한다.

우리의 교육현장에서는 지나칠 정도로 편향된 시각에서 탈피하지 못하는 부분이 있음을 느낄 때가 있다. '싹이 노란 아이', '멍청한 놈', '장래성이 없는 아이' 등의 부정적인 꼬리표를 붙여버리는 경우가 그러하다. 그렇게 되면 사제지간의 신뢰에 문제가 생기는 것은 물론이고 기대치 또한 낮아질 수가 있다고 본다.

세상의 모든 부부에게 그들이 결혼하기 전에 부모로서 기본적으로 갖추어야 할 소양 교육을 받게 하는 법적인 규정은 없다. 자녀 양육과 관련하여 보편적 조건을 갖출 수 있게 하는 정규교육과정을 수료하게 한다면 전 국민 행복에도 긍정적 영향이 미칠 것이라는 생각을 해본다. 현실적으로 부모 중에는 자녀교육 방법과 내용 면에서 비교육적으로 행하는 사람들이 있다고 봤을 때, 그러한 부분은 분명 개선의 여지가 있다고 생각한다. 물론 자녀교육의 방법이 규격화되다시피 정해져 있지는 않을 테지만 상식선에서 보더라도 문제가 많다고 생각되는 부분은 시정되었으면 하는 바람이다.

그런가 하면 누가 봐도 부모의 역할을 훌륭하게 수행하는 가정도 얼마든지 있을 것이다. 자녀로서는 부모 역할의 차이를 운명적으로 받아들일 수밖에 없는 일이다. 그러나 불행히도 조건이 좋지 못한 가정에서 태어나는 자녀는 인생의 출발점부터 불리한 조건에 처할 수밖에 없다는 현실이 너무나 안타까운 것이다. 분명히 좋은 자질을 갖고 태어난 자녀이지만 그 부모가 교육 여건을 조성해 주지 못함으로써 빛을 발하지 못하는 경우는 수도 없이 많을 것이다. 그런데 성장 과정에서 재능을 인정받을 기회를 만나서 뜻을 펼 기회가 주어진다면 개인적으로나 사회적으로 다행스러운 일이 될 것이라는 생각이다.

이 세상 자녀들이 어려서부터 소질과 특기를 충분히 발휘할 수 있는 제도와 여건을 갖춘다는 건 결코 쉬운 일이 아니다. 그리고 '문제 학생' '불량 학생'이라는 낙인이 찍힌 아이들도 처음부터 그러한 씨앗을 갖고 태어난 것이 아님을 분명하게 인식해야 한다. 언제나 청소년들을 긍정적 시각에서 바라보고 또한 그들을 따뜻한 마음으로 격려한다면 행복한 세상이 되는 데 많은 도움이 될 것이라는 생각을 해본다.

멋있는 차림

생활 수준이 향상되면서 의식주(衣食住) 전반에 걸쳐 많은 변화가 나타나고 있다. 그중에 의복은 변화의 속도가 엄청나다는 표현이 적당할 것 같다. 과거에 먹고사는 일 자체가 어려웠던 시절에는 사시사철 추위와 더위를 피할 수 있는 의복이면 족하다고 생각하며 살았다고 보면 된다. 그런데 급속한 경제발전으로 생활 수준이 향상되면서 이제는 의복만 하더라도 계절에 따라서 소재의 종류와 브랜드별 제품의 다양화로 그 가격 또한 상상을 초월하는 상황이 벌어지고 있다. 도시의 번화가를 다니다 보면 흡사 패션쇼를 방불케 할 정도의 독특한 연출로 개성미를 유감없이 드러내는 정경들이 행인들의 눈길을 사로잡기도 한다. 옷이 사람을 돋보이게 하는, 둔자 그대로 '의복이 날개'란 말이 뜻 들어맞는 세태가 된 것 같다는 느낌이 든다.

시시각각 눈코 뜰 새 없이 분주하게 보내는 사람들로서는 의상이나 패션에 특별한 관심을 가진다는 게 쉽지 않을 테지만, 개중에는 남다른 차림으로 대중의 눈길을 끄는 이들이 있다. 흔히들 하는 말로 잘생긴 외모에 의복까지 어울리게 차려입으면 당연히 돋보이게 될 것이라는 일반적인 인식과는 달리 개인적인 취향이 독특한 사람들이 상대적으로 드러나기도 한다는 것이다.

상식적으로 옷을 잘 입는다고 판단되는 내면에는 때와 장소에 따라서 어울리는 복장을 하는 사람이라는 뜻이 내포되어 있다고 생각한다. 같은 옷을 입어도 태(態)가 나는 사람이 있는가 하면, 뭔가 덜 어울리면서 어색해 보이는 사람도 있다. 그런가 하면 요란스럽다고 할 정도로 꾸미지는 않았지만 뭔가 품위가 있으면서 멋을 풍기는 사람도 있다. 이러한 차이는 평소 의복에 대한 남다른 관심과 자신만의 특성을 살릴 줄 아는 안목이 있는지가 하나의 관건이 될 수 있을 것 같다. 어울리는 복장이나 돋보이는 차림은 인품과 의복이 조화를 이룰 때 진정한 멋으로 어우러져서 개성처럼 풍겨 나오는 것이 아닐까 하는 생각도 해본다. 젊은이들이 선호하는 차림을 노인들이 따라 했을 때 덜 어울릴 것으로 상상이 되듯이 어울리는 복장이라는 말 속에는 설명이 간단치 않은 복합적인 요인이 함축되어 있다고 보면 될 것 같다.

옛날이야기지만 어느 총각이 부모님의 뜻에 따라 처녀와 맞선을 보기로 했다. 그 총각은 맞선 상대의 집도 구경할 겸, 혼자서 미리 처녀가 사는 곳에 갔는데 그 집의 담장은 안채가 들여다보일 정도로 나지막했다. 마침 그녀는 우물가에서 빨래하는 중이었는데 꾸밈없는 차림이 소박하면서도 아름다워 보였다고 한다. 그래서 좋은 이미지를 간직한 채 집으로 돌아왔다. 그런데 며칠 후 맞선을 보는 날에 나타난 처녀의 모습은 지나칠 정도로 치장을 하여 오히려 어색해 보이기까지 하였다고 한다. 아쉬움이 있었다면 옷차림이 며칠 전에 보았던 빨래하던 그 차림처럼 소박했으면 더욱 좋았겠다는 아쉬움이 있었다는 것이다. 결국은 옷차림을 비롯한 외모에 대한 반응도 상황과 보는 이에 따라 달리할 수가 있다는 점과, 값비싼 옷과 지나치게 꾸미는 고습이 반드시 타인에게 호감을 준다거나 멋있는 차림으로 인스된다고 할 수 없다는 점에 유의할 필요가 있지 않을까 싶다.

시험의 면접관 입장이라면 과연 피면접자의 외모가 평가에 영향을 미치지 않을 것이라는 상상이 가능할 것인지를 생각해 본다. 어느 중국책에서 본 글인데 아주 실력 있는 젊은 여성이 입사시험의 1차 지필고사에서는 우수한 성적으로 통과했으나 2차 면접에서 탈락했는데 그 이유가 관심을 끌었다. 그 여성은 야외 활동에 어울리는 캐주얼 복장으로 면접시험이 임한 것이 문제가 되었다는데, 적어도 그런 차림을 한다는 것은 그녀가 상황에 따른 대처능력에 의심이 간다면서 면접관 모두가 이구동성으로 부적격이란 판정을 내렸다는 내용이었다.

의복이 날개인 것은 틀림없으나 연령, 직업 그리고 생활 환경 등을 고려하여 겉으로 유별나게 드러나지 않으면서 은은한 이미지를 풍기는 차림이 좋아 보일 수도 있지 않을까 싶다. 특수한 경우를 제외하고 일반적으로 옷을 잘 입을 줄 안다는 것은, 때와 장소에 따라 어울리는 복장을 하는 것을 의디할 것이다. 그리고 인격이 플러스 된다면 더욱 품위 있는 모습이 될 것이라는 생각을 해보는 것이다.

기적 같은 일

  남편이 오토바이를 타고 가다가 뒤따라오던 차에 치여 쓰러졌는데 발견된 당시에는 이미 의식이 거의 없는 상태였다. 불행히도 가해 차는 뺑소니쳤으며 생사기로에서 헤매던 그가 10여 년이 지난 지금은 믿기지 않을 정도로 건강이 회복되어 일상생활에 적응해 가는 중이라고 한다.
 처음에는 병원 측에서도 예후가 좋지 않다는 판단을 하였고, 주변 사람들도 회복이 어려울 것 같다며 체념하는 분위기였다고 한다. 그런데 그의 부인만은 남편이 반드시 회복될 것을 굳게 믿고서 정성껏 간호하였으며, 4개월이 지날 즈음에는 신기하게도 반응이 나타나기 시작하였다고 한다. 그리고 점차 회복되더니 1년쯤 지난 후에는 퇴원까지 하게 되었다는 것이다. 그 이후로 약의 복용과 정기적인 검진, 거기에다가 부인의 정성 어린 보살핌 덕분에 믿기지 않을 정도로 호전되었다고 한다. 그를 아는 사람들은 남편의 건강이 기적적으로 회복된 것은 순전히 부인의 헌신적인 보살핌 덕분이라며 칭송이 자자하다는 이야기이다.
 "이 사람은 살려낼 수 있어."
 "내가 아니면 그 누구도 살려낼 수가 없어. 나만이 할 수 있어."
 이렇듯 부인이 남편의 회복을 위해 성심성의껏 보살피고 있을 때, 남편은 생명 저 깊은 곳에서 회생을 위한 희망의 끈을 놓지 않았을 것이라는 상상을 해본다.

"그래, 내가 아내의 정성을 봐서라도 반드시 살아나야 해."

이렇게 삶에 대한 강한 의지를 보임으로써 부부간의 상호협력적인 관계가 상승효과를 나타내면서 회생할 수 있는 에너지가 창출되었을 것으로 상상을 해본다. 부인의 눈물겨운 정성이 생명의 싹을 돋아나게 하였을 테고, 그러다가 어느 시점이 되면서 눈을 뜨고 움직이고 음식도 먹게 되었다고 보면 될 것 같다.

사람들은 이러한 결과를 두고 '기적'이라고들 한다. 그런데 지나가는 말처럼 쉽게 '기적'이라고 하지만 그동안 회복하기까지의 과정에는 수많은 어려움이 있었을 것이다. 그러면서도 꿋꿋이 극복하며 간호해 온 그 부인은 더더욱 남편의 회생을 철석같이 믿으면서 임했을 것으로 생각한다. 이러한 헌신적인 보살핌과 회생에 대한 확고한 신념이 원동력이 되어서 상상외로 빠른 회복이 되지 않았을까 싶다. 결국 '지성이면 감천'이라는 말이 이런 경우를 두고 하는 말이라는 사실을 새삼 깨닫게 해준다.

사람이라는 생명체에 대해서는 정말 불가사의하다고 느낄 때가 많다. 어느 치과의사는 "영구치는 금강석보다도 단단하다."라고 했다. 그리고 인체 내부에서 자생적으로 활동하고 있는 생명의 복원력은 참으로 신비롭다는 생각밖에 들지를 않는다.

지난해 가을에 많은 양의 밤이 생겨서 그것의 처리방법을 생각하다가 삶아서 껍질 속 알맹이를 냉동실에 보관하기로 했다. 이삼일 동안 속에 있는 밤을 계속 파는 작업을 했더니 문제가 생겼다. 티스푼 같은 것으로 밤을 파내는 과정에서 오른쪽 엄지손가락에 무리가 갔던 것이 결국은 이상증세로 나타나기 시작하였다. 오므리고 펴는 과정에서 통증과 함께 '딱, 딱!' 하는 소리가 들릴 정도로 관절 부분에 이상이 생긴 것이었다. 심지어 병뚜껑도 틀기가 어려울 정도로 힘을 쓸 수가 없어서 병원에 가볼까 하다가 원인이 분명하기에 회복을 기다리기로 했다. 그런데 조심하기를 두 달쯤 하였더니 서서히 회복되면서 거의 완전한 상태가 되었다. 이 과정에 자연치유력에 대해서도 느낀 바가 있었다.

  시시각각 발생하는 자연재해를 어떻게 대처할 것인지에 대해서도 관심을 가져야 한다. 지진으로 인해 무너진 건물에 사람들이 매몰되었다면 어떻게 대처해야 할 것인가? 갇혀 있는 사람들은 물에 빠진 사람 지푸라기라도 잡는 심정으로 생존을 위하여 사투를 벌일 것이다. 그런데 정작 구출을 위해 모든 수단 방법을 강구해야 할 사람들은 손을 놓고 있다면, 매몰되어 있는 귀한 생명은 영원히 돌아올 수 없는 길로 갈 수가 있을 것이다. 기적이란 어떠한 노력에 의한 결과물이지 거저 하늘에서 뚝 떨어지는 뜻밖의 선물이 될 수 없다는 것이 나의 생각이다. 꺼져가는 한 생명도 주변의 인내와 희생, 그리고 눈물겨운 헌신이 뒷받침될 때에 회생이라는 선물을 안겨줄 수 있다는 사실을 잊지 말았으면 한다. 이 우주에는 인간이 상상도 할 수 없는 신비로운 영역이 존재한다는 사실을 인식하면서 살아갔으면 한다.

2부

/

천하

천편일률적

　사람이 사는 곳이면 언제 어디서나 차고 넘치는 것이 갖가지 소식들이다. 그리고 거의 같은 연령대에서는 화제도 비슷한 경향이 있다. 그래서 대화에 끼어들지 못하면 뭔가 시사문제에 뒤처질 것 같아서 그런지는 몰라도 일상의 정보에 적잖은 관심을 가지면서 생활하는 듯하다.
　일반적으로 대화의 내용을 보면 이미 매스컴을 통해 알려진 것들이 많아서 특별한 것은 거의 없는 것 같다. 그래서 갖가지 정보들이 개인생활에는 어떠한 영향을 미칠 것인지에 대해서도 한 번쯤은 살펴볼 필요가 있지 않을까 싶다. 길지도 않은 인생에서 많은 시간을 국내외의 잡다한 정보에 둘러싸여 사는 것이 과연 바람직할지에 대하여 현명한 판단이 필요할 것 같다는 생각이다.
　우리나라는 좁은 국토이면서 정보통신망까지 급속히 발달하여 지엽말단적인 소식들도 뉴스에 오르내리는 경향이 있다. 이처럼 끊임없이 생성하고 소멸하는 정보들에는 많은 댓글이 달리는데, 그것이 무료한 시간을 보내기에는 도움을 주는 것 같다. 그러한 글들을 보면서 세상의 관심 사항이 참으로 빠르게 순환하고 있음을 실감하기도 한다. 그러나 자칫하면 소식들이 대중을 천편일률적으로 몰고 갈 수도 있다는 부정적 측면이 있다고 생각한다. 자신의 소신이랍시고 제시하는 의견들도 결국은 양립되는 흑백논리에 매몰되는 경향이 많아서 의견 대립이 될 가능성은 얼마든지 있다고 생각한다. 떠도는 정보들에 대해서 지나치게 민감한 반응을 보이는 것은 개인적인 정서 면에서도 바람직하지 않을 것 같다는 생각이다.

겉모습에 대해서도 개개인의 특성을 드러내려는 노력보다는 어떠한 추세 또는 유행에 휩쓸리는 경향이 있는 것 같다. 개인별 특징과 개성이 무시되는 차림은 바람직한 모습이라고 할 수가 없을 것이다. 사회가 하나의 유행에 휩쓸리면서 개인적 특성을 고려하기보다는 편리하게 대중의 흐름에 따라가는 것이 아닌가 하는 생각이 들기도 한다. 흡사 같은 틀에서 찍어낸 듯한 모습들로 연출되는 것이 과연 바람직한 문화라고 할 수 있을 것인지 의문이 들 때가 있다.

어느 전직 이발사가 직업을 바꾼 이유를 밝혔는데 정말로 무서운 게 쏠림현상이라는 사실을 확인할 수 있었다. 1980년대 어느 해부터 방방곡곡으로 퍼진 장발유행 때문에 자주 이발할 이유가 없어졌으니 수입이 뚝뚝 떨어지면서 문을 닫을 수밖에 없었다는 것이다. 개인의 특성이 전혀 고려되지 않는 무조건적 유행 추종은 아무래도 다양성과 조화라는 측면에서 바람직한 현상만은 아니라는 생각이 들었다.

살아가면서 자신의 판단이 중론에 합류할 필요가 없다고 느낀다면 굳이 편승하지 않아도 된다고 생각한다. 비근한 예로 약장수가 만병통치약이라면서 사용 후에 약효가 없으면 수십 배를 보상해 주겠다고 자신만만하게 선전하는 경우이다. 이럴 때 대부분이 구매하는 상황에서 자신은 필요치 않다는 판단이 된다면 굳이 구매할 이유는 없을 것이다. 필요하지 않은데도 구매를 한다면 결코 현명한 행동이라고 할 수가 없을 테니까 말이다.

　외국 여행을 하던 중에 있었던 일이다. 일정 마지막 날, 현지에서 제조하여 판매하는 건강 관련 식품회사의 안내를 받았다. 그곳에서는 상당히 귀하다고 선전하는, 소위 현지에서만 생산되는 제품이라면서 제조과정과 효능을 설명한 후에 한정수량만 판매한다고 하였다. 일행들은 모처럼의 기회라며 거의 빠짐없이 구입하였다. 그런데 나는 그 제품들이 당장은 필요할 것 같지가 않아서 구경만 하였다. 그전에도 외국 여행 중에 필요치 않은 상품이면서도 일행을 따라서 구매했던 상품이 있었는데 결국은 유효기간을 넘기면서 폐기 처분 한 일이 있었다.

　우리나라 사람들은 유행에 약한 경향이 있는 것 같다. 당장은 필요치 않지만 다른 사람들이 가지니까 나도 있어야 한다는 의식은 바람직한 현상이라고는 생각지 않는다. 우리의 조상들은 과시욕과 체면 때문에 심지어 "딸 둘 시집보냈더니 기둥뿌리조차 남아나지 않았다."라는 말까지 전해오고 있지 않은가? 처한 여건을 고려하지 않는 맹목적인 모방과 허세는 진정 소중한 것이 무엇인지를 구분하지 못하는 어리석은 행동이 아닐까 하는 생각을 해본다.

　너도나도 문전옥답을 원했던 농경사회에서도 남들은 거들떠보지도 않는 땅을 헐값에 사들여 새로운 경작지로 만드는 사람들이 있었다. 어떤 이는 거기에다 과수원을 일구었는데 모두가 하나같이 바보짓이라며 비웃기도 했다. 그러나 확실한 믿음을 바탕으로 원대한 꿈을 품고 묵묵히 개척한 그들은 몇 년 후에 벼농사의 몇 곱절이나 되는 수익을 올리기 시작했다. 세상을 바라보는 눈이 남다른 사람들을 평범한 사람들이 이해한다는 건 결코 쉬운 일이 아닐 것이다. 모두가 선호하는 옥토를 외면하고 그 누구도 거들떠보지 않는 황폐한 땅에 발을 들여놓을 수 있는 용기는 아무런 대책 없이는 가능하지 않은 일이다.

전 국민이 하나의 이슈(issue)에 매몰되어 열광할 때에도 동요됨이 없이 평상심으로 바라볼 수 있다는 것도 누구나 가능한 일은 아니다. 온 마을 사람들이 조상 대대로 살아온 터전을 버리고 떠날 때, 그곳을 지킬 이유가 있기에 남아 있겠다며 결연한 태도를 보였던 사람은 결코 평범한 사람이 아닐 것이라는 생각이 든다. 굳이 유행에 휩쓸릴 이유가 없다는 판단에서 자신의 의지를 관철하며 행동하는 사람은 많지 않을 것이다. 한세상을 살아가면서 시류에 휩쓸리기보다는 비전(vision) 있는 자신의 목표를 향하여 생활하는 일은 참으로 의미 있는 삶의 한 부분이 될 것으로 생각한다.

제도권 밖의 교육

정년 이후에 뭔가 보람 있는 일을 해볼 생각으로 시작한 것이 지식 나눔 봉사활동이었다. 그래서 실행에 옮긴 것이 주민자치센터에서 실시한 주 2회 중국어 회화 무료 강의였다. 시작 전에는 단지 성심성의껏 봉사하면 보람이 있을 것이라는 생각이었다. 그런데 실제의 상황은 예상을 빗나갔다. 수강료가 무료이고 열성으로 지도하면 좋은 결과가 있을 것으로 생각했는데 의외로 실망스러운 방향으로 진행되었다.

현실은 적정 비용을 부담하더라도 여건이 제대로 갖추어진 곳에서 배우기를 원하는 사람들이 많다는 걸 알 수가 있었다. 전문기관도 아닌 주민자치센터에서의 수강에는 여러 가지 이유로 기대치가 낮은 것이 사실이었다. 좀 더 객관적으로 조명해 보면 그곳의 인적, 물적 자원은 전문학원과는 비교가 될 수 없다고 보는 게 정확한 판단이었다. 어렵사리 시작한 무료 봉사활동은 1년도 채 안 되어서 그만두어야만 했다. 그래서 진정 필요로 하는 곳을 찾아보던 중에 노인복지관을 알게 되었고 그곳에서 중국어를 강의할 기회가 생겼는데 매우 순조롭게 진행되었다. 수원에서 세종시로 이사 오기 전까지, 3년 4개월 동안 계속하였는데 그곳의 수강자들은 배우려는 의지가 강한 편이어서 효과도 상당히 좋았다고 생각한다. 환갑을 지난 분들이 대부분이었는데 기본적으로 한문의 이해력이 높아서 중국어 수업에 도움이 되었던 것 같았다. 무엇보다도 수강 태도가 진지하여 뭔가 하나라도 더 알려드려야겠다는 생각이 들게 하였다.

　세종시로 이사를 온 후에는 이곳 주민자치센터에서 1년 반 동안 강의를 하였는데, 수강 열의와 여러 가지 조건은 좋았다고 생각한다. 그런데 아쉬움이 있었다면 남녀노소가 함께 수강할 수 있는 조건이어서 교재 선택에 어려움이 있었다는 점이다.

　몇 년간 복지관, 주민센터에서 강의하는 중에 학원에 관심이 생기면서 그들이 수고가 많겠다는 걸 새삼 느끼게 되었다. 무슨 사업이든 반드시 잘된다는 보장이 없듯이, 학원 또한 경영난으로 문 닫는 곳이 적지 않은 것이 현실이다. 그것은 전국적인 현상으로 근본적으로는 매년 감소하는 학생 수에도 영향이 있다고 한다. 열정을 갖고 최선의 노력으로 경영을 하면 잘될 것이라는 희망을 품고 시작은 하겠지만 어려움이 적지 않을 것이라는 생각도 해보았다.

　정년퇴직 이후에 오륙 년 동안 학교와는 다른 형태의 교육 활동을 하면서 느낀 점이 많았다. 학교는 반드시 출석해야 한다는 인식이 있는 반면에 학원은 학생 개개인이 자율적으로 선택하기 때문에 경영 자체가 쉽지 않을 것이라는 예상이 되었다. 어떻게 보면 학원은 경쟁사회의 한 부분임을 실감할 수가 있어서 일류 강사니 인기 강사니 하는 별칭이 수강생들에 의해서 붙여지기도 하는 것이 사실이다.

　최근 모 중학교 교장이 들려준 말에 의하면 몇 년째 그 학교 학생을 대상으로 강연을 해왔던 청소년특강 전문 강사가 강연을 마치고 인사차 교장실에 들러서 다음부터는 못 할 것 같다는 말을 했다는 것이다. 해가 갈수록 학생들의 호응도가 낮아서 너무 힘이 든다는 게 이유였다고 한다. 눈만 뜨면 게임을 비롯하여 동영상 자료에 매몰되다시피 하는 학생들에게 주의를 집중할 수 있는 강연을 한다는 게 얼마나 어려울지는 상상을 하고도 남을 일이다. 이러한 현상은 어제오늘 갑자기 생긴 현상도 아니고 어느 학교에 국한된 것도 아닌 전반적인 상황이라고 볼 수가 있다. 이 문제는 향후 학교와 학원이 공통으로 고민하고 극복해야 할 과제라고 생각한다. 학원경영으로 성공했다고 알려진 어느 유명 강사는 학생을 대상으로 하는 운영의 어려움을 토로하면서 다시는 못 할 것 같다는 말을 한 적이 있다. 그 말을 들으면서 심적으로 이해되는 면이 많았다. 물론 사랑과 열의로 최선의 노력을 하면 학생들이 호응할 수도 있겠지만, 이상과 현실의 벽은 엄연히 존재하기 때문에 그것을 극복한다는 일이 쉽지만은 않다는 사실을 분명히 인식해야 할 것으로 생각한다.

 일이십 년 전에 교육계에서 은퇴한 분들은 요즈음의 교육환경을 이해하기가 어려울 것이다. 나도 은퇴 후 5년쯤 되었을 때, 인근 고등학교에서 방학 중 무료 중국어 강의를 하면서 느낀 바가 많았다. 종래의 강의방식으로서는 주변환경이 급격히 변화하는 상황에서 학생들이 수업에 집중하게 한다는 일이 참으로 어렵겠다는 점을 실감하였다. 요즈음의 교사들은 이전과 달라서 더 많은 연구를 하면서 수업에 임하고 있을 것이라는 생각이 들었다.

 세상이 다 아는 명강사라 할지라도 동일 대상의 학생들에게 매주 두세 차례 정기적으로 강의를 한다면 어떤 반응이 나올까? 단언할 수는 없겠지만 극히 일부 학생을 제외하고는 호응도가 점점 줄어들지 않을까 싶다.

하나의 일화가 있는데, 어느 대학교의 간판스타라 불릴 만큼 매스컴을 통해서 널리 알려진 교수에 관한 이야기이다. 그를 무척 좋아하는 학생이 그의 강의를 듣기 위해 특별히 수강신청을 했다고 한다. 그런데 개강 후 한 달도 채 못 되어서 강의가 기대에 못 미친다며 실망을 했다는 것이다. 굳이 이런 경우가 아니더라도 특강이 아닌 일반적인 수업을 계속 재미있고 알차게 한다는 게 얼마나 어려운 일인지에 대해서는 굳이 설명이 필요치 않다고 생각한다. 근원적으로 이해해야 할 점은 학문을 추구하는 강의는 흥미 위주로 진행하기가 어렵다는 사실이다.

정년 후에 기억에 남을만한 뜻있는 경험을 했다고 생각한다. 그리고 어느 시점에서 강의를 그만두는 게 맞겠다는 판단을 하고 있다. 어느 원로 교수의 글 중에는 특별한 이유가 없는 한 70세 이후에는 가르치기 위해서 강단에 서지 않는 게 좋겠다는 권고가 있었는데 경험상 이해가 되었다. 사람을 대상으로 하는 강의의 어려움은 직접 경험하지 않고는 감히 말할 수 없다는 점을 강조하고 싶다.

난개발(亂開發)의 문제점

가끔 삶의 현장에서 들을 수 있는 말 중의 하나이다.
"내가 뭐라고 하더냐?",
"내가 한 말이 맞지? 내 말만 들으면 자다가도 떡이 생기는 법이야."

상황에 따라 긍정적이거나 부정적인 해석으로 양분될 수 있는 말이다. 시키는 대로 했기 때문에 좋은 결과가 나왔다는 의미가 되는가 하면, 그렇게 하면 안 된다고 누차 경고성 언질을 주었건만 귀 밖으로 흘려듣더니 결국 일을 그르치게 되었다는 추궁의 의미도 내포될 수가 있다. 그런데 이미 잘못된 일을 두고 아무리 따지고 질책하여도 사후약방문(死後藥方文)이요, 떠난 차에 손 흔들기인 것은 분명하다. 세상만사 불여튼튼이라고 사전에 준비와 대비를 잘하는 것보다 더 중요한 일은 없을 텐데도 사건이나 사고가 발생한 후에, 또는 돌이킬 수 없는 실수를 저지른 후에 시시비비를 가리는 것은 한낱 소모전이요 시간 낭비에 불과할 뿐이다. 다만 개선의 여지가 있는 부분에 대해서는 타산지석으로 삼아서 이후의 생활에 도움이 되면 좋을 것이다.

고등학교 졸업 때까지는 농촌에서 생활하며 틈틈이 농사일을 도왔던 나로서는 고향과 농촌을 회상하면 추억 속의 영상들이 꼬리를 물고 이어진다. 부모님은 한 푼 두 푼 아껴가며 모은 돈으로 논밭을 사들이실 때면 금방 부자라도 된 듯이 몇 날 며칠을 기뻐하시던 모습이 생생하게 떠오른다. 그러한 장면들을 보아온 나로서는 생명의 원천인 전답에 대한 애착이 더 강해졌다고 할 수가 있다.

어떻게 보면 농촌을 떠나겠다고 발버둥을 친 곳도 내 고향 시골이지만, 한편으로는 여전히 황금 물결 출렁이는 들판을 바라볼 때면 그 옛날 늦가을 수확기에 저녁 늦도록 벼를 거두어들이던 추억들이 생생하게 떠오르면서 향수에 젖는 곳이기도 하다.

그런데, 세상은 변하였고 예로부터 이어오던 농경사회의 모습들도 지난 반세기 동안의 눈부신 경제발전으로 급속도로 변모하였다. 모든 가치가 경제적 효용성에 의해서 평가되면서 토지도 예외일 수가 없었다. 그러면서 농토의 많은 부분이 아파트와 공장, 고속도로 등으로 잠식되었다. 설상가상으로 쌀 소비량의 절대적 감소와 정부의 비축미 관리문제가 현안으로 대두되면서 벼농사는 불리한 상황이 되었다. 그러니 자연히 농토의 가치는 빛을 잃게 되고 벼농사에서 다른 대체작물 등으로 방향을 전환하는 상황이 벌어지고 있는 것 또한 사실이다. 농토는 값으로 따질 수 없는 조상 대대로 이어져 오는 소중한 유산이요 삶의 터전임을 잊지 말았으면 좋겠는데 말이다. 자연생태계에 부정적 영향을 미칠 난개발은 최소화하기를 바라는 마음이다.

인간이 자연을 떠나서 살 수가 없듯이 대대로 보존되어 온 우리의 옥토도 자연보호 차원에서 유지관리 되어야 한다. 안이하게 편의주의와 경제성에 매몰되어 너무 쉽게 용도변경 해버리는 것은 문제가 있는 것 같다. 목전의 이해관계에 얽매어 투자의 가치로 이용되는 행태에서 탈피하여, 생명의 원천인 옥토를 여하히 잘 보존할 것인지에 대한 적극적인 대응책이 필요할 것으로 생각한다. 특히 우리 국토는 산지 비율이 높은 점을 고려하여 농토의 보존방법이 강구되어야 할 것으로 생각한다.

지구는 생물들이 살아갈 수 있는 환경을 제공하고 있다. 그런데 혜택을 받고 살아가는 인간들이 환경파괴의 주범이 된다면 모든 생명체의 생존에 부정적 영향이 미칠 것은 불을 보듯 뻔한 일일 것이다.

세계로 눈을 돌려보면 아름다운 국토로 가꾸어가는 국가들은 하나같이 자연과 조화롭게 살아가기 위해 노력하고 있다는 사실에 유의할 필요가 있을 것 같다. 모든 생물이 건강하게 생존하기 위해서는 생명체의 원천인 땅을 소중하게 생각해야 한다. 그리고 정책을 수립할 때는 반드시 자연보호를 먼저 고려하기를 바라는 마음이다.

어떤 지자체에서는 교통을 편리하게 한다는 명목으로 주민의 반대 목소리를 외면하면서까지 시내를 가로질러 흐르는 하천의 복개공사를 감행하였다. 그런데 공사가 끝난 후에 드러난 가장 큰 문제점은 하천의 수질이 오염되면서 악취가 발생하기 시작하였다는 점이었다. 수많은 시민에게 건강상 악영향을 끼칠 것이라는 예상대로 심각한 상태가 되어서, 부득이 복원을 결정할 수밖에 없었다고 한다. 그나마 다행인 것은 복원 이후에는 악취가 사라지면서 맑은 물에는 고기들이 유유히 노닐고 주변의 산책길에는 화초와 수목이 어우러져 시민의 건강을 위한 공간으로 이용되고 있다니 그나마 다행이라고 해야 할 것 같다. 원상회복은 되었지만, 그동안 자연파괴와 시민생활의 불편초래, 재정상의 막대한 손실은 정책의 시행착오로 인한 결과라는 사실을 여실히 보여주는 사례라고 할 수가 있다.

    이러한 정책의 실패에서 보듯이 쾌적한 환경을 조성하기 위해서는 자연보호가 절대적으로 필요함을 인식할 필요가 있겠다. 그중에도 특히 우리의 소중한 농토는 잘 보전되어야 할 것으로 생각한다. 봄이면 밀과 보리가 푸른 물결로 출렁이고 가을에는 황금 들판으로 풍요로운 삶을 약속하는 옥토이다. 그런데 그곳을 아파트를 비롯한 건물이 차지하고, 아스팔트와 콘크리트로 포장을 해버린다면 어떻게 숨을 쉴 것이며 맑은 하천의 보존은 가능할지가 염려스러울 뿐이다. 개발이라는 미명 아래 조상 대대로 지켜왔던 옥토를 마구 훼손함으로써 청정한 자연에서의 생활에서 멀어지게 한다면 참으로 어리석은 선택이라고 할 수밖에 없을 것이라는 생각을 해본다.

잔인한 도축(屠畜)

　내 고향은 농촌이다. 태어나서 근 20년을 살아오던 삶의 터전이었다. 그중에도 특히 어릴 때 산에 소를 몰고 가서 풀을 뜯기던 기억이 생생하게 배어 있는 곳이기도 하다. 배불리 먹으라고 아카시아 잎을 따서 한 주먹씩 주면 쓱쓱 받아먹던 그 소가 무척이나 믿음직하면서도 자랑스러웠다. 한 번씩 등을 쓰다듬기도 하고 파리를 쫓아주기도 했다. 그런데 그 소가 어느 날 갑자기 가축시장에 끌려갔다. 문밖에 나가면서 울음 섞인 소리를 내며 내 눈에서 멀어지던 그 모습이 아직도 너무나 선명하게 각인되어 있다. 그날 이후 나는 얼마 동안은 절망적인 슬픔의 눈물을 삼켜야만 했다.

　그러한 충격적인 사건 때문인지는 몰라도 나는 지금까지도 무슨 고기 종류를 먹을 때는 "야, 맛있다."라는 감탄 섞인 표현은 거의 하지 않는 편이다. 가끔 텔레비전에서 통닭 다리를 뜯어 먹거나, 돼지족발을 먹으면서 신이라도 난 듯이 탄성을 지르는 모습, 그리고 소고기가 맛있다며 정신없이 먹는 장면들을 보면 결코 좋아 보이지 않는다. 심지어 어떤 프로그램에서는 닭요리를 위해서 닭장의 닭을 잡으려고 쫓아가는 장면이 나오기도 하는데 그럴 때면 아예 외면하거나 채널을 돌리기도 한다.

언젠가 동료직원들과 함께 강원도 동해안에 갔을 때, 생선회를 먹으러 횟집에 들렀다. 그런데 문제는 그날 식탁에 올려진 접시 위의 생선이 살아서 움직이고 있었다는 사실이었다. 나는 적이 놀라면서 스스로 젓가락 접근 금지령을 내렸다. 그리고 순간적으로 어릴 적 끌려가던 소가 클로즈업(close-up)되고 있었다.

가만히 생각해 보면 내가 무슨 유별난 동물 애호가이거나 채식주의자도 아니며, 그렇다고 자비심이 많은 사람은 더욱 아니다. 다만 내가 아끼고 보살피던 어릴 적의 그 소가 너무나 갑자기 사라진 것에 대한 연민의 정 때문인지 살아 움직이는 생선회는 감히 먹을 수가 없었다. 그 이후에도 매스컴에서 도축장이나 정육점에서 생고기를 쇠꼬챙이에 끼워서 매달아 놓은 모습들을 보여 주는데, 그러한 장면은 최소화했으면 좋겠다는 생각이다. 물론 그렇게 하는 것 자체가 무슨 문제가 있다기보다는 정서적으로 영향이 미칠 수도 있겠다는 우려 때문이다.

근래에는 생활 수준이 향상되면서 애완동물을 키우는 집들이 급격히 늘어나고 있다. 관점에 따라서는 반려동물(伴侶動物)이라고 할 수도 있는데 인간과의 정서적 교감으로 인한 여러 가지 긍정적인 면이 있는 것으로 알고 있다. 그러면서도 느끼는 바는 어떤 동물은 가능하면 자연환경에서 지내게 하는 것이 좋지 않을까 하는 생각이 든다. 물론 현실적으로 사람과 함께 실내 활동이 될 수밖에 없는 상황 때문이기도 하겠지만 그러한 모습이 진정한 동물 애호일까 하는 의문이 생길 때도 있다.

어느 양계장에서는 산란만을 목적으로 한다는 이유로 일정한 공간에 꼼짝달싹할 수가 없을 정도의 빠꼬리식 닭장 사육을 하고 있다. 경제적 가치에 가려진 채로 소와 돼지도 별반 다름없는 상황 속에서 생존하고 있다. 그러한 모습은 누가 보더라도 분명 동물 학대로 보일 수밖에 없다. 그러면서도 어쩔 수 없는 상황이라는 현실적인 문제 앞에서는 개선의 여지가 없어 보여서 안타까운 마음만 앞서는 것이다. 여름철 삼복더위에도 열악한 환경에서 생명을 부지하며 산란을 하는 닭, 그리고 자유롭게 움직일 수 없는 제한된 공간에서 비육을 위해 생존하는 가축들을 보면서 개선할 방법은 없을까 하고 혼자 생각해 보기도 한다.

인간의 식생활에서 육식이 필요한 건 사실이지만 그중에서도 서양의 음식 중에 비프스테이크(beefsteak)는 여러 가지로 생각나게 한다. 그들에게는 일상의 음식 중의 하나일 뿐이라고 할지는 모르겠지만 내 눈에는 너무 잔인하다는 느낌으로 와닿는다. 적당하게 익혀야 한다는 이유로 보기에도 좋지 않은 핏빛이 선명한 덜 익은 고기를 나이프로 잘라서 아무렇지 않은 듯이 먹는 모습을 보면 마음이 불편해진다. 결국은 나 자신이 국제적으로 활동할 수 있는 바탕이 안 되어서 그런지는 몰라도 나의 뇌리에 적자생존, 생존경쟁, 수렵생활이라는 단어들이 스쳐 지나가게도 한다.

오래전 일인데, 같이 근무했던 젊은 직장동료가 이상하게도 수육이나 삼겹살 등의 돼지고기를 먹지 않았다. 체격이 우람한 청년이라 당연히 육식을 좋아할 줄 알았는데 알고 보니 이유가 있었다. 어릴 적에 동네 사람들이 그의 집 마당에서 큰 돼지 한 마리를 도축하는 장면을 보았는데, 그때 받았던 충격이 정신적인 상처가 되어서 하나의 트라우마로 남아 마음이 내키지를 않는다는 것이었다.

사람도 살아야 한다. 당연히 가축도 식생활의 주요 재료가 되는 것이고 그것은 자연생태계의 순환원리로 설명할 수도 있을 것이다. 그렇지만 인간이 만물의 영장이고 자연의 정복자라고 해서 자신들의 욕망만을 채우기 위하여 마구 도축하는 것은 문제가 없는지 생각해 봤으면 한다. 그리고 하나의 생명체를 너무나 열악한 환경에서 사육하는 것에 대해서도 생명이라는 차원에서 한 번쯤은 반성해 볼 여지가 있다고 생각한다.

가끔 식당에서 육류를 먹을 때 옆에 있는 사람들이 왜 더 먹지 않느냐며 접시에 고기를 놓아주면서 권하기도 한다. 내가 먹을 수 있는 만큼은 먹는데도 말이다. 그리고 개인적으로는 육회나 생선회는 생으로 요리한 것이라서 별로 내키지를 않는 편이다.

우리 인간들은 지구상에서 그 무엇도 상대가 되지 않는 절대적 지배자이다. 그러나 그 제왕과 같은 존재가 다른 생물들에게 무자비해서는 안 된다는 생각이다. 모든 생물이 자연과 조화롭게 생존할 수 있도록 배려하면서 꼭 필요한 경우에만 이용이 되면 좋겠다는 생각이다.

전통시장을 둘러보고

　수원에서 세종시로 이사 온 이후, 처음으로 조치원 재래시장에 다녀왔다. 조치원역에 인접해 있는 재래시장은 끝자리 4, 9가 들어가는 5일장이다. 규모가 상당히 큰 편이어서 골목 구석구석까지 둘러보려면 두어 시간이 족히 걸릴 것 같았다. 그래도 마음먹고 옮긴 발걸음이라 천천히 구경하기로 했다. 그날이 장날이어서 요즈음 생산되는 농산물을 비롯하여 생필품에는 어떤 것들이 있는지를 붐비는 사람들 사이를 오가며 살펴보았다. 한참을 다니면서 나름대로 느낀 점이 있다면 일상생활에 필요로 하는 물품들이 상상 이상으로 다종다양하다는 것이었다. 그리고 이 세상이 여전히 유지·발전되고 있는 것은 이처럼 물품들의 생산과 소비가 원활하게 순환되기 때문이라는 생각을 새삼 해보았다. 그리고 상인 중에는 여건이 좋지 못한 좌판에서도 열심히 생활하는 이들의 모습이 눈에 띄었다. 그들을 보면서 지금 내가 생활하고 있는 것도 이렇게 수고하시는 분들 덕분이라는 생각이 들었다.
　시장이라는 생생한 삶의 현장을 돌아보면서 내가 지난날 했던 언행들에 대해서 되돌아보게 되었다. 생존경쟁의 장이라고도 할 수 있는 곳이기에 당연히 고통과 불편함이 수반될 것이라는 짐작은 하면서도 당사자가 아닌 제삼자가 실상을 제대로 이해한다는 건 참으로 어려운 일이다. 다양한 모습의 장면들에서 그동안 직장생활에 몰입되다시피 했던 나는 세상사를 우물 안 개구리식으로 보아왔던 것은 아니었는지 반성의 여지가 있음을 느꼈다. 실상을 제대로 알지도 못하면서 잘 아는 것처럼 말했던 부분들을 떠올리면서 씁쓸한 기분도 들었다. 또 한편으로는 지난날 나의 모습이 현장에서 땀 흘리는 당사자들의 눈에는 세상 물정 모르는 철없는 행동으로 보였을 수도 있었겠다는 생각도 해보았다.

노자는 "지자불언 언자부지(知者不言 言者不知)"(도덕경 55장)라 했다. "아는 사람은 말하지 않는 법이며, 말하는 사람은 알지 못한다." 라는 뜻으로, 나이 칠십 줄에 접어들어서야 진정한 의미를 알 것도 같으니 만시지탄의 감이 없지를 않다.

고생에 대해서 말할 것 같으면 나도 결코 적게 했다고 생각지는 않는다. 그래서 그런지는 몰라도 시장에서 일하는 상인들의 모습을 보면서 내가 어려서부터 힘들게 살아왔던 생활들이 회상되면서 고달픈 삶에 대한 일종의 동병상련 같은 것이 느껴지기도 하였다. 특히 지방의 5일장을 전전하며 생활하는 소상인들의 삶은 고단하기도 할 텐데 각자의 자리에서 열심히 생활하는 모습은 숙연한 생각마저 들게 했다. 물론 여건은 차차 좋아지겠지만, 아직도 더위와 추위를 견뎌야만 하는 환경에서 생활할 수밖에 없는 분들이 있어서 삶의 애환 같은 것을 느낄 수가 있었.

사람들이 살아가면서 나름대로 열심히 노력도 하고 여러 면으로 더 나은 삶을 위해서 궁리도 하겠지만, 하는 일이 뜻대로 안 될 때는 운명이나 사주팔자를 떠올리기도 한다. 세상이란 나만을 위한 무대가 아니기에 일이 힘들다고 느낄 때는 하나의 운명이거니

하면서 별일 아닌 듯이 체념하면서 지내는지도 모를 일이다.

　우리나라는 1960년대부터 경제발전을 거듭하면서 오륙십 년이 지난 후에는 삶의 질이 괄목할 정도로 좋아졌다고 보면 된다. 이러한 변화에서 느끼는 것은 사람의 출생 시기는 인생에서 행불행을 좌우할 수 있는 중요한 요인이 될 수 있겠다는 것이다. 소위 사주팔자라는 것이 인력으로는 어찌할 수 없는 운명이라는 관점에서 보면 더욱 그러하다고 생각한다.

　정말 힘들게 살아온 노인들인데 무슨 팔자인지 늙어서는 총인구에서 차지하는 비율이 높다면서 정부에서는 무슨 복지대책 같은 것을 내놓는 실정이다. 앞으로 노인들의 삶이 녹록지는 않을 것이라는 예상은 수년 전부터 해오던 것이었는데 이미 현실이 되어 코앞에 와 있음을 실감하고 있다. 이곳 전통재래시장의 이용자도 대부분 중장년 이상의 연령대이며, 노점상인들 중에도 노인들이 적지 않아 보였다.

　오늘은 치열한 삶의 현장에서 인생 교육을 받은 것 같다. 우리나라의 전반적인 국민경제 상황에 비추어 볼 때, 은퇴 후에 하루하루 무난하게 살아간다는 게 큰 다행이라는 생각을 해본다. 특히 시장에서 고생하는 노인들의 활동상을 보면서 그들이 한평생 인고의 세월을 묵묵히 버티어 온 분들이라는 점을 인식하게 되었다.

제품과 가격

　　최근에 신축빌딩을 드나들면서 우리나라의 건축기술이 정말 대단하다고 느낄 때가 많다. 눈에 띄는 외관은 물론이려니와 내부 시설 또한 믿기지 않을 정도로 화려함과 웅장함이 실용성과 어우러져서 저절로 감탄을 자아내게 한다. 특별히 어느 부분이라고 지적할 수는 없으나 전반적으로 초일류의 모습으로 한 폭의 그림과도 같이 보이는 건물들이 있다. 이처럼 눈을 사로잡는 데에는 급속히 변모하는 건축의 기술력이나 자재의 품질향상 등이 뒷받침하기 때문이 아닐까 하는 생각도 해본다. 수준이나 가치의 관점을 어디에 두느냐에 따라 판단의 차이는 있겠지만 시설과 구조 등이 절로 감탄을 금치 못하게 하는 것은 나만의 느낌만은 아닐 것으로 생각한다. 물론 전문가의 관점은 다를 수도 있을 테지만 말이다.

　　하나의 제품이 진정한 명품으로 인정받기까지는 공통적인 필수요건이 있을 것으로 생각한다. 만인이 다 아는 유명브랜드는 제품에 대한 신뢰도가 높을 것이며 그만큼 가치도 있을 것이라는 인식이 확실하게 자리 잡고 있는 것 같다. 아파트만 하더라도 어느 회사가 지었는가에 따라서 인식에 차이가 있는 것처럼 모든 제품은 신뢰도와 상관이 있는 것으로 생각한다.

수많은 유사제품 중에서 제대로 된 제품을 선호하는 사람들은 상대적으로 가격이 비싸더라도 구입하는 경향이 있는 것 같은데 거기에는 분명 그럴만한 이유가 있을 것이라고 생각한다. 흔히들 하는 말로 "아는 만큼 보인다."고 제품의 가치를 구분하는 안목이 뒷받침하면 선택에도 차이가 있을 것이다.

어떤 제품을 구입할 때, 상대적으로 값이 비싼 물품을 선호하면 사치나 낭비라고 생각할 수도 있을 것이다. 그러나 홈쇼핑에서 보면 고가의 외국 유명브랜드 수입품을 한정수량 판매할 때는 조기 매진 되는 상황들이 발생하는 것을 볼 수가 있다. 결국은 상품에 대한 믿음이 절대적인 영향을 미치기 때문이 아닐까 하는 생각을 해본다.

허영과 과시욕에 눈이 먼 나머지 부담을 감수하면서까지 무조건 고가의 명품에 현혹되어 욕심을 낸다면 분명 잘못된 것이다. 그리고 철저하게 절약 제일이라는 원칙을 고수하면서 무조건 상대적 저가제품만 찾는다면 그것 또한 문제가 있다고 본다.

일반적으로 세계적인 유명브랜드의 고급외제차를 소유한 사람들을 허영심이나 과시욕의 결과라고 인식한다면 잘못된 판단일 수가 있다고 생각한다. 상품은 수요와 공급의 원리에 의해 생산된다고 볼 때, 고가의 제품을 구매하는 사람들도 그만한 비용을 부담할 만한 가치가 있다는 판단에서 하는 구매행위라고 생각한다.

세간의 관심을 끌 수 있는 것 중에는 세계 최고급 제품에 관한 것이 있다. 자동차와 자전거를 인터넷에서 검색해 보면 2018년 현재, 세계시장을 통틀어서 가장 비싼 자동차는 '코닉세그 CCXR 트레비타(Koenigsegg CCXR Trevita)'로 세상에 단 3대만 생산된 한정판

모델로서 이 차의 가격은 무려 480만 달러라고 한다. 그리고 자전거는 '트랙 버터플라이 마돈(Trek Butterfly Madore)'으로 50만 달러에 달한다. 이러한 제품의 경우, 과시용이라는 인식에서 완전히 자유로울 수는 없겠지만 해당 제품의 구매자는 그럴만한 이유가 있을 것이다.

모든 제품의 가격을 논할 때는 보통 '싼 게 비지떡'이라는 말을 하는데 이 말이 결코 근거 없는 것은 아니라는 인식들이 있다. 저렴한 것을 선호하는 것이 바로 절약이라는 생각과, 상대적으로 고가인 제품을 선호하는 사이에는 어느 편이 효용가치 면에서 나을지에 대해서는 일방적으로 단정할 수가 없을 것으로 생각한다. 결국 저렴한 제품만을 선호하는 것이 반드시 현명한 소비행태라고 할 수만은 없는 것처럼, 제품이 비용 면에서 다소 부담이 되더라도 그만큼 가치가 있을 것이라는 인식에도 문제가 있을 수는 있다. 다만, 보편적으로 상품의 값은 제품에 대한 가치가 고려될 것으로 생각한다.

수십 년을 조리해 온 조리사에게 음식 맛을 제대로 내기 위한 제1의 조건이 무엇이냐고 물었더니 주저 없이 좋은 식재료를 확보하는 일이라고 한다. 이어서 그는 부실한 재료에서 좋은 음식을 기대한다는 것은 근본적으로 불가능하다면서 재료 자체의 중요성을 거듭 강조하고 있다. 물론 경영 면으로는 상대적으로 저렴한 재료를 사용하면 영업상 유리할 수 있다는 판단도 할 수는 있겠지만 그것은 장기적으로 경영이라는 측면에서 보면 확실히 문제가 있다고 본다. 거창하게 상업윤리까지 언급하지 않더라도 양질의 재료에다 조성을 들여서 만들어야 좋은 음식이 된다는 것은 숨길 수 없는 사실이기 때문이다. 고객이 신뢰할 수 있게 하는 지름길은 바로 제대로 된 음식을 만드는 일이라는 것은 부연설명이 필요치 않다.

 음식뿐만 아니라 모든 제품이 제조과정에서 제대로 된 재료를 사용하느냐가 품질을 좌우하는 관건이 된다는 데에는 동의할 것으로 믿는다. 특히 건축의 경우, 필요한 자재가 제대로 마련되어서 적재적소에 이용될 수 있어야 한다는 것은 기본이라고 할 수가 있다. 당연히 설계라는 밑그림 위에 전문 인력이 기량을 충분히 발휘할 수 있도록 신뢰할 수 있는 좋은 재료가 제공되어야 할 것이다. 만약에 그것이 충족되지 못하면 기대에 부응하는 결과물은 나올 수 없음은 물론, 확실한 안전도 보장하기가 어려울 것으로 본다. 그리고 건축을 하는 데 있어서 설계부터 마무리까지의 전 과정에서 꼭 집어서 어느 부분 또는 무엇이 가장 중요하냐는 물음에는 답이 없다고 생각한다. 그것은 시작부터 마무리까지의 전 과정 중에 어느 하나 중요하지 않은 역할이 없을 것이기 때문이다. 그러나 여기서 중요도를 떠나서 근원적으로 이것이 없으면 아예 시도조차 할 수 없는 것이 무엇이냐고 한다면 그건 바로 '건축 재료'라고 할 것 같다. 양질의 재료가 적절하게 사용될 때에만 바람직한 건축물이 완성될 수 있는 토대가 마련될 수 있을 것이기 때문이다.

 어떤 세계적인 건축물과 관련한 영상에서 초일류저택의 신축을 위한 준비과정을 보여주었는데 어떤 자재들은 선박과 항공편으로 세계 각국에서 수입하고 있었다. 그렇게까지 복잡하게 할 필요가 있을까 하는 생각이 들면서도 한편으로는 제대로 된 집을 짓겠다는 전문가의 의도를 일반인들이 이해하기란 쉽지 않겠다는 생각이 들었다. 각 부분별로 좋은 자재가 생산되는 국가를 탐색하여 세계 곳곳으로부터 수입해서 더욱 차원 높은 건축물을 완성하려는 모습은 진정한 명품을 제작하기 위한 적극적인 노력으로 보였다. 오대양 육대주가 지구촌이라는 인식이 보편화된 오늘날에는 시공을 초월해서 긴밀한 협력관계가 유지되고 있음을 가감 없이 보여주는 사례라고 생각한다. 결국, 명품에는 양질의 자재가 효율적으로 이용되고 있다는 사실에서 열린 세상의 변화를 새삼 이해할 수가 있다.

  이제는 개인적인 경제 활동까지도 전 세계로 확산하는 문자 그대로 글로벌 시대이다. 온라인 오프라인을 통틀어서 국내외 부품을 구입하여 조립한 산악자전거가 있는가 하면, 세계적인 브랜드의 전자제품 또한 국제적인 규격화가 되어서 세계 곳곳에서 분업 생산 된 제품이 결합되어 완성품으로 조립되는 현상 또한 그러하다. 그러한 시스템이 가능하게 된 데에는 부품의 규격화와 본사와 연계한 자회사가 여러 나라에 산재하여 생산할 수가 있어서 그러하다. 이제는 시야를 세계로 넓혀서 생산품과 기술을 공유함으로써 차원 높은 가치를 창출하는 시대임을 알 수가 있다.

  평소에 평범한 주거지에서 생활해 오던 사람이 초현대식의 호텔에서 하룻밤을 묵게 된다면 당연히 느낌 또한 달라지리라 생각한다. 시설의 고급화와 미적 감각의 현대화 등 전반적인 면에서의 탁월함을 직접 확인하게 될 것이다. 그러나 자신의 여건에 비추어 볼 때, 단지 하룻밤을 묵는 건데 일반 호텔과는 비교가 안 되는 고액의 비용을 지불하는 것이 과연 적절한지에 대한 갈등이 있으리라 생각한다.

　흔히들 "사람 위에 사람 없고 사람 아래 사람 없다."고들 한다. 이 세상의 모든 인간은 존엄성 면에서는 모두가 평등하다는 뜻으로 그 누구도 차등을 두어서는 안 된다는 의미가 함축되어 있다. 그러나 사회적인 영향력이나 역할 그리고 기술력에서의 차등은 엄연히 존재한다. 그래서 최고급 레스토랑에서 식사 접대를 해야 할 손님을 저렴한 숙박업소에 머물게 한다는 건 격에 어울리지 않는다는 인식이 통할 수 있는 것이다. 따라서 건축물 또한 다양한 요구에 부응하기 위해서라도 품질의 차등이 존재할 수밖에 없다는 사실에 대해서는 이해를 해야 할 것으로 생각한다.

정보통신의 폐해

'SNS'란 'Social Network Service'의 약자로, 직역하면 '사교적인 연결망을 제공하는 서비스'로 인터넷을 통해 서로의 생각이나 정보를 주고받을 수 있게 해주는 서비스를 뜻한다고 되어 있다. 오늘날 급속도로 발전하는 정보통신기술로 인하여 인터넷을 통해 생산되는 정보는 헤아릴 수 없을 정도로 차고 넘친다. 몇 십 년 전만 하여도 유선전화기가 유일한 통신 수단이었을 정도였는데, 요즈음은 남녀노소 누구나 인터넷과 휴대폰을 이용하는 시대가 되었으니 세상이 너무 많이 변한 게 사실이다.

이처럼 급격히 변화하는 현대사회의 모습을 보면서 과유불급(過猶不及)이라는 말이 생각난다. 편리한 기기로 전달되는 각종 정보의 양이 폭발적으로 증가하면서 가히 홍수를 이룬다고 해도 과언이 아닐 정도이다. 이러한 상황에서 사람들의 생각과 관심은 유행처럼 쏠림현상이 나타나기도 한다. 어떻게 보면 요즈음 세상에 심리적으로 안정된 상태로 자신의 할 바를 충실히 수행하는 일이 쉽지 않을 것 같다는 생각이 들기도 한다.

오늘날의 세상이 너무 급속히 변한다는 걸 느끼면서 가끔 예전의 삶을 회상해 보기도 한다. 그때는 휴대폰이 없이도 잘만 살았는데 오늘날은 24시간 내내 몸에 지니고 다녀야 하는 필수품이 되었으니 천지가 개벽할 일이다. 스마트폰이라는 기계가 인간 삶의 중심에 자리하면서 그것에 종속되었다고 할 정도로 변모했다는 사실이 과연 긍정적일 수만 있을까 하는 생각이 들기도 한다.

　세상이 발전하는 과정에서 세계 곳곳의 소식들을 비롯하여 각종 동영상 자료들을 손안에 든 기기로 확인할 수가 있다. 소용돌이치는 세상의 변화를 시시각각으로 체감할 수 있는 자료들이 제공되는 것이다. 이렇게 되면서 가족이나 친지를 만날 때도 하나같이 각자의 휴대폰과 각종 전자기기로 게임이나 정보탐색 등에 몰입하는 상황들도 벌어지면서 직접적인 대화가 줄어드는 현상이 나타나기도 한다. 한마디로 몸은 한곳에 모였으나 관심은 제각각인 정경이 전개된다고 보면 되겠다. 이러한 변화는 훈훈한 인정미마저 사라지게 하면서 자연히 인간관계가 예전처럼 정담을 나누던 소박한 모습들로부터 멀어지는 듯한 느낌을 받고 있다.

　최근에는 SNS의 파급력도 상상을 초월할 정도로 대단하다. 그것의 이용자 수가 기하급수적으로 늘어나면서 부정적 측면도 있으니 바로 댓글에 관한 문제이다. 자유롭게 개인적인 의견을 나타낼 수 있는 열린 창구라고 할 수가 있는데, 과연 긍정적인 방향으로만 흘러가고 있는가에 대해서는 논의의 여지가 있다고 본다. 장문이 아닌 짧은 글들이면서 여러 모습으로 의사 표현을 하고 있다. 어떤 이들은 습관적으로 부정적이거나 지나친 편견으로 매사를 그늘진 방향으로 표현하는가 하면 심지어는 악성 댓글까지 양산되고 있다. 가끔 과격한 표현의 글들을 대할 때마다 안타까운 마음이 들기도 한다. 굳이 그러한 직설적이고 감정적인 표출이 아니어도 얼마든지 의사 표현이 가능할 텐데 왜 그렇게 하는

지 이해가 안 될 때가 있다. 대화의 상대가 누구든 언어의 순화가 바탕이 되어야 할 텐데, 만인에게 공개되는 댓글이 순화되지 않은 글로 표현된다면 부정적 영향이 미칠 수 있다는 점에 유의할 필요가 있을 것 같다.

여러 곳에서 드러나는 갖가지 거칠고 부정적인 언어 표현들이 청소년에서 기성세대에 이르기까지 폭넓게 파급되면서 인간 정서에 미치는 영향이 적잖이 있을 것으로 생각한다. 이성을 상실한 듯한 과격한 표현들이 여과 없이 난무하게 되면 우리 사회가 천박한 언어로 물들 수도 있다는 점에 유의했으면 한다.

가끔 생각되는 것은 일상에서의 언어 표현에서 정제(精製) 과정이 생략된 채 표출되는 경우의 원인에 관해서이다. 거침없는 표현으로 의견을 직설적으로 드러내는 모습은 성격의 조급함과 여유의 부족에서 나오는 것이 아닐까 하는 생각을 해보게 된다. "싫어."라고 하면 명확한 의사 표현일 수는 있으나 "별로 좋지 않아."라는 표현과는 뉘앙스 면에서 차이가 있다. 일상의 대화에서 지나칠 정도의 양분법 식의 대화는 원만한 인간관계에서도 장애 요인이 될 수도 있음에 유의했으면 한다.

결국은 사회 전반의 흐름이 지나칠 정도로 경쟁의 장이 되면서 점차 인간적인 면이 상실되어 가고 있는 것만 같다는 생각이 든다. 일상에서 여유가 부족하고 생활이 너무 삭막하게 느껴지면 인간관계는 극단적인 이해충돌로 이어질 가능성이 있다. 나와 너의 관계가 상호협력적이 아닌 이기적인 경쟁 관계가 됨으로써 인성에 부정적 영향을 미칠 수도 있다는 말이다. 정보통신을 이용하여 자신의 의사를 표출하는 것은 개인의 자유이지만, 어디까지나 타인과 사회 전반에 미칠 폐해를 염두에 두는 역지사지의 배려가 있으면 좋겠다는 생각을 해본다.

느슨하면 성취가 없다

"오늘 안 되면 내일 하고, 내일 안 되면 그다음 날도 있고, 그래도 안 되면 그만인 거지 뭘, 그런 걸 가지고 신경을 쓰고 그래."
 이러한 사고방식으로 생활한다면 구체적인 목표를 성취하기란 어려울 것으로 생각한다. 그리고 어떤 면에서는 살아가는 방식 자체를 개선할 필요가 있을 것 같다. 매사를 흐지부지하게 대처한다면 목표를 실현하는 삶이 되기는 어려울 것이다. 두 발로 걸을 힘이 있고, 제 손으로 밥숟가락 들 수 있는 여력이 있는 한, 희망의 불씨마저 죽이는 언행은 하지 말아야 한다. 무심히 흘러가는 세월 속에서도 뭔가를 실현하기 위한 최소한의 노력이라도 할 때, 활력을 느낄 수가 있지 않을까 싶다. 아무런 의지도 없이, 해도 그만, 안 해도 그만이라는 식으로 분명한 목표의식이 없는 생활을 한다면 희망이 없는 삶이 될 수가 있다. 현실적으로 먹고사는 데 별문제가 없다고 하더라도, 인생 자체를 포기한 사람처럼 무기력하고 무의미하게 살아서는 안 될 것이라는 생각이다. 과거와 현재, 그리고 미래로 이어지는 삶의 현장에서 너무 일찍 체념하고 포기하면 훗날 그 언젠가는 크게 후회할 날이 올 것이라는 점을 염두에 두고 나날을 알뜰살뜰 살아갔으면 한다.
 하루하루를 살면서 근심 걱정 털어버리고 내 몸 하나 편하면 그만이라는 식의 무사안일에 젖어버린다면 인생이라는 큰 틀에서 볼 때, 무미건조한 나날의 삶이 될 수밖에 없을 것이다. 그렇게 살기보다는 뭔가 존재 이유를 찾을 수 있는 생활이 되도록 하는 게 옳지 않겠느냐는 진심 어린 충고에도 전혀 먹혀들지를 않는다면 참으로 안타까운 일이라고 생각한다. 개인의 삶에 대해 시시비비를 따지려는 것이 아니라 다만 산다는 게 생존 그 자체에만 의미가 부여되어서는 안 되겠기에 의지가 행동으로 드러나는 삶이 되면 좋겠다는 생각이다.

은퇴 후에는 자연스럽게 노년층에 진입하면서 나날을 무위도식으로 보내면 안 되겠다는 다짐을 해본다. 그래서 일신우일신(日新又日新)의 정신으로 새로운 각오를 다져야겠다는 생각이다. 일단은 의미 있는 뭔가를 실행해야겠다는 결심이 실천으로 이어져야 할 것 같다. 그러면서 실천과정에서 수정과 보완을 거듭하면서 부단히 노력하는 것에 의미를 두면 좋지 않을까 싶다. 그렇지 않으면 지루한 나날이 이어지면서 생활에 활기를 찾아보기가 어렵게 될 것이며 결국은 심신에도 좋지 않은 결과가 될 수 있을 것으로 생각한다.

노는 입에 염불한다고 아무 일도 하지 않는 것보다는 뭔가 취미를 붙이면서 지내는 생활이 필요하다. 딱히 할 일 없이 무위도식하는 나날이라면 새로운 일거리를 모색하면 좋지 않을까 싶다. 건강하면서도 마땅히 할 일이 없다는 이유만으로 시간을 허송하는 것보다는 사소하다고 생각되는 것이라도 행동으로 실천하는 편이 좋을 것이다. 건강에 무리가 가지 않는 한 즐거운 마음으로 실행에 옮길 수 있는 활동이면 더욱 좋을 것으로 생각한다. 그저 가만히만 지내도 세월은 흘러가게 마련이라며 편하게만 살겠다는 안일함에 젖어들면 '생활'이라는 본연의 의미를 상실한 무기력한 삶이 될 수밖에 없을 테니까 말이다. '의미 있는 인생'에 방점을 찍어서 실행함으로써 한 번뿐인 인생에서 유의미한 가치가 창출될 수 있도록 짜임새 있는 시간 운용이 되기 위한 노력이 필요할 것이라는 생각이다.

노년에 들어서 글 쓰는 데 취미를 붙이는 것은 정신적으로 안정감과 성취감을 느끼는 데 도움이 된다고 생각한다. 지나간 일들을 회상하면서 사고(思考)의 흐름에 창의성이 생기게 되고, 사물에 대한 관찰력과 귀담아들으려는 경청의 태도가 좋아질 것이다. 항상 메모할 준비가 되어 있고 제목을 붙여가며 문장으로 표현하다 보면 나름의 재미와 함께 성취감도 느낄 수가 있는 것 같다. 일상의 생활에서 사고와 관찰력, 그리고 제대로 듣는 힘이 더욱더 좋아지면 포괄적으로 작문능력 향상에 도움이 되지 않을까 싶다. 그리고 글을 쓰는 데 가장 중요한 것은 정성을 다하여 진심이 묻어나는 글이 되게 하는 것이라는 생각을 해본다.

은퇴 후에는 시간적 여유가 생기면서 무엇을 하면서 지내는 게 좋을지가 당면과제로 떠오르기도 한다. 딱히 정한 일이 없으면 무료함을 달래기 위해서라도 적당한 걸 찾으려고 한다. 그러다가 손쉬울 것이라는 판단으로 글이라도 써보면 어떨까 하는 생각이 들기도 한다. 그러나 취미 삼아 쓰겠다는 글도 막상 시작해 보면 정말 만만치가 않다는 걸 실감한다. 세상만사가 다 그러하듯, 가장 어려운 것이 꾸준히 계속하는 일인 것 같다. 더군다나 경험이 적고 동기가 절실하지 않은 상황에서 할 때면 작심삼일로 끝날 수도 있겠다는 생각이 든다. 글 쓰는 일이 결코 단순한 취미 활동이나 심심풀이 정도로 생각할 수는 없는 일이라는 걸 느끼고 있다. 쓰다 보면 넘어야 할 산도 만만찮음을 발견하면서 중도에 그만둘까 하는 생각이 수시로 고개를 내밀기도 한다.

역사의 수레바퀴는 굴러가고 그 바퀴는 궤적(軌跡)을 남긴다. 그중에 인간들은 태어나고 사라지는 것이 흘러가는 구름처럼 실상과 허상으로 반복된다. 시간상으로 장구한 역사 속으로 들어가면 개인의 일생이 극히 미미한 한낱 점에 불과할 수 있다. 그러나 소중한 삶을 결코 허투루 보내서는 안 되겠다는 다짐만은 꼭 붙들고 지내야 할 것으로 생각한다.

인생이라는 여정에서 보면 은퇴 이후의 시기는 오롯이 개인생활이 될 여지가 많다. 그래서 더욱 중요한 시기가 아닐까 하는 생각을 해본다. 누구나 다 그런 것은 아닐 테지만 별다른 걸림 없이 순탄하게 지낼 수 있는 시기라고 생각한다. 그래서 자신이 이루고 싶은 일을 성취할 수 있는 정말 좋은 기회가 될 수도 있을 것 같다.

여건상 다소 여유가 있을 때, 예술 분야에 관심을 두는 것도 정서적으로 긍정적 영향을 미칠 것으로 생각한다. 인간에게 있어서 정신적 산물이 얼마나 가치 있는 것인지에 대해서는 굳이 논할 필요가 없다는 생각이다.

근세의 예에서 보듯이 제2차 세계대전 이후 미국미술계의 추상표현주의 선도자인 잭슨 폴록(1912~1956)의, 「넘버 5, 1948」(Number 5, 1948 by Jackson Pollock)은 2006년 멕시코 금융업자 데이비드 마르티네즈(David Martinez)에게 1억 4,000만 달러에 판매되어 최고가(最

高價) 거래로 인정하고 있다고 한다. 누가 작품을 얼마에 구매했다는 경제적 가치를 논하기 전에 인간이 창조한 예술품은 어떤 것으로도 대체할 수 없는 정신적 산물이라는 그 위대성에 대해 생각하려는 것이다. 결국, 인간만이 문화와 예술 전반에 걸쳐서 가치를 인지할 수 있는 능력이 있다는 사실에서 새삼 "인생은 짧고 예술은 길다."라는 말을 되새겨 본다.

  이 세상에 불가사의한 일이 어디 한두 가지이겠는가? 인간들이 남기는 흔적들은 다종다양하여서 어떤 이는 가시적인 자취를 남기는가 하면 또 어떤 이는 언제 왔다가 언제 갔는지 그 누구도 알 바 없는 그림자 같은 인생도 있다. 잘 살다 가기도 하고 세상을 어지럽혀 놓기도 하지만, 그 모든 것이 인과법칙이라는 생각이 들기도 한다. 결국은 뿌린 대로 거둔다는 것으로서 스스로 노력 없이 뭔가를 얻겠다는 기대를 하여서는 안 될 것이라는 생각이다. 어떤 사람은 개인적인 편안함과 즐거움을 뒤로한 채, 뜻있는 일에 일로매진한 결과 가치 있는 성과를 내기도 한다. 그것은 참으로 소중한 인생의 결과물이 될 수가 있다.

오만(傲慢)의 위험성

　중국 사극 '삼국지'의 장면 중에는 관우가 전투 중에 입은 심한 상처를 마취 없이 꿰매는 장면이 나온다. 시술을 담당한 의원은 그의 참을성에 대해서 탄복을 한다. 치료를 마친 후에 관우는 측근을 통해서 은괴(銀塊) 한 상자를 사례의 뜻으로 주려 하지만 의원은 정중히 사양한다. 그리고 관우에게는 '회복을 위해서 며칠간이라도 휴식을 취하는 게 좋겠다'라고 권고한다. 그러나 관우는 "어떠한 일이 있더라도 전쟁은 멈출 수 없다."라는 말로 받아들이지 아니한다. 그 의원은 돌아가면서 관우 측근에게 "지금 관우에게는 상처보다 더 깊은 마음의 병이 있는데 그것은 바로 오만(傲慢)인 것 같다."라는 말을 남긴다.

　의원의 판단이 옳고 그름을 떠나서 '깊은 상처보다 더 무서운 병이 오만'이라는 말이 시사하는 바가 있었다. '오만'이라는 말을 듣는 순간에 교만하며 건방지고 자만심으로 가득하며 자신만이 최고라고 믿는 안하무인의 태도 등이 연쇄적으로 뇌리를 스쳐 지나갔다. 평소에는 별로 의식하지 않았던 '오만'이라는 말이 과연 나와는 관계없는 단어일까 하는 생각을 해보게 되었다.

　뭐든지 반드시 자신이 원하는 방향으로 되어야 하고, 자기주장만은 반드시 관철되어야 한다는 사고방식은 정말 위험한 발상이다. 다른 사람을 믿을 수가 없어서 매사를 자신이 직접 처리해야만 직성이 풀린다는 성격 또한 사회의 기본 구성원리를 이해하지 못하는 사고방식이라고 생각한다. 옹고집이 되어서도 안 되겠지만 다른 한편으로는 객관적으로 조명할 수 있는 자가진단(自家診斷)도 필요할 것 같다.

개인적으로는 문제없는 사람 없고 결점 없는 사람이 없다. 그러한 문제와 단점이 있을 수 있는 사람이 매사를 독단적으로 판단하고 처리하는 행태(行態)에서 벗어나면, 어느 정도 보편타당한 방향으로 판단하는 데 도움이 될 수가 있을 것이다. 가까이는 부부와 자녀라는 가족 구성원이 있고, 나아가서는 사회생활에서 의논할 수 있는 대상이 있을 수 있다. 여러모로 방법을 찾아보면 더 잘할 수 있을 가능성이 있는 일을 독단적으로 처리함으로써 일의 경중에 따라서는 중차대한 책임 문제가 뒤따를 수도 있다는 점에 유의할 필요가 있을 것이다. 가능하면 독선적이고 독단적인 대처는 피해야 할 것으로 생각한다.

조급하면서 불같은 성격, 그리고 내가 내린 결론은 어떤 일이 있어도 번복할 수 없다는 등의 지나치게 독선적이고 강직한 성격은 좋지가 않다. 관우는 자신의 오만함이 개인뿐만 아니라 군사들, 나아가서는 나라 전체에 미칠 영향을 깊이 성찰할 마음의 여유가 부족했던 것 같다.

언젠가 미국의 어느 주에서는 중요한 사안을 정책에 반영하여 집행하는 과정에서 주민들의 반대로 사업 자체가 중단된 사례가 있었다는 기사를 본 적이 있다. 그런 일이 발생하게 된 가장 큰 이유는, 그 사업이 아무리 주민들의 이익에 부합될 수 있는 정책일지라도 의견수렴 과정이라는 민주적 절차를 배제해서는 안 된다는 것이었다.

이러한 실례는 일상생활에서도 얼마든지 있을 수가 있다. 부부 사이에도 사전에 아무런 의논 없이 일방적으로 결정한 일에 대한 의견 충돌의 경우 등이다.

"난 당신이 반드시 좋아할 것으로 생각했어."

"그런 것까지 물어가면서 해야 하냐고?"

"다른 방법이 없잖아. 나 하나 잘살자고 하는 것도 아니고."

이러한 경우는 기본적으로 바람직한 자세가 아니라고 할 수 있다. 그것은 오만과 독선, 무책임의 여지가 있다는 말이다. 남도 아닌 부부 사이에 의논과 상의를 배제한다는 건 잘못된 일이다. 결과가 어떠하든 문제의 핵심은 사안의 대소를 막론하고 논의의 과정을 외면했다는 사실 그 자체이다. 거두절미하고 결과만 좋으면 된다는 생각은 과정을 무시하는 위험한 발상이라고 본다. 가정이든 국가든 민주적 절차의 하나인 의견수렴 과정이 생략되지 않도록 매사를 소통하면서 생활하는 것이 필요하다는 생각을 해본다.

패망의 과정

청나라 말기의 패망 과정을 그려 낸 중국드라마 〈제국의 눈물〉을 보면서 부분적이나마 서세동점(西勢東漸)의 과정을 이해할 수 있었다. 역사를 재조명하는 과정에서 특히 서양의 동양침탈에 관한 역사적 사실을 시청자가 쉽게 이해할 수 있도록 여러 면으로 노력한 흔적을 볼 수가 있었다. 물론 청나라가 패망할 수밖에 없는 이유는 관점을 어디에 두느냐에 따라 평가가 달라질 수는 있을 것이다. 그러나 이 드라마를 마지막 회까지 본 후의 느낌으로는 패망의 결정적인 이유가 서양의 가공(可恐)할 만한 화학무기에 대응할 어떠한 준비를 하지 못한 것이라는 생각이 들었다.

세계열강의 신무기 개발은 급속도로 발전하고 있는데도 청나라 정부는 세상의 변화에 대응하기는커녕 국내적으로 정쟁과 권력 유지에 매몰됨으로써 국가의 안위 문제는 소홀할 수밖에 없는 상황이었다. 외침을 막기 위해서는 국방에 대한 확고한 의지와 그것을 뒷받침할 방위력을 갖추는 것이 시급한 당면과제일 텐데도 현실을 직시하지 못하고 강 건너 불구경하듯 하였으니 한심하다는 생각이 들 뿐이었다.

〈제국의 눈물〉을 시청하면서 크게 느낀 점은 권력 핵심부의 정세 판단능력에 대한 문제였다. 진정한 애국이 어떠한 것이며 진실로 국민을 위하는 정부는 어떠해야 하는가를 생각해 볼 때, 청나라 말기의 상황에서는 희망이 보이지를 않았던 것 같았다. 더구나 청나라와 같은 전제군주국가에서는 황제의 권위가 절대적이었기 때문에 더욱 그러했다. 국가는 풍전등화의 명운(命運)에 처했는데도 황제와 최측근들은 그들의 부귀영화와 권력 유지를 위해서라면 수단과 방법을 가리지 않았으니 그들을 믿고 따르던 백성들이 불행하다는 생각마저 들었다. 애국충정을 입버릇처럼 오르내리던 자칭 충신들은 국난에 처해서는 뿔뿔이 흩어졌다. 그리고 황제의 이복동생에게 해결사 역할을 맡기고는 몽진(蒙塵, 최고 통치자가 재난 또는 전란을 피해 수도를 비우는 행위)을 떠나는 임금의 행렬을 보면서 "저건 아닌데." 하는 탄식이 저절로 나왔다.

  진나라가 천하통일을 한 이후 역사의 수레바퀴는 굴러서 명나라까지 이어지다가 마침내는 청나라로 들어섰다. 그들은 세계 제일의 강국을 자처하면서 다른 나라들은 상대가 되지 않는다는 듯한 오만이 극치에 달할 정도로 중화사상에 심취되어 있었다. 그러나 서양은 새로운 문물의 발전으로 군사력을 키우며 세력이 사방으로 뻗어 급기야는 넓은 터전인 중국까지 넘보는 상황에 이르게 되었다. 그런데도 청나라 황제는 모든 게 국내 자급자족이기에 그 어떠한 외국의 문물도 받아들일 필요가 없다면서 문호 개방을 허용하지 않았다. 그러다가 1840년 영국의 침공에 의한 제1차 아편전쟁이 발발하였다. 그것을 시발점으로 중국이 한낱 종이호랑이에 불과하다는 사실을 확인한 외세 열강 세력들은 거침없는 침략으로 청나라의 근간을 흔들기 시작하였다. 더욱이 그들이 보유한 화포 정도는 서양의 군사 무기와는 상대가 되지 않았다. 계속된

영국·프랑스·러시아 등의 연합군 공격을 받으면서 마침내는 자국의 영토마저 지키기 어려운 상황에 이르렀다. 일찍이 서양의 문물을 받아들여 국력을 길러야 한다는 주장이 끊임없이 제기되었지만 흘려들었으니 참으로 한심한 상황이 아닐 수가 없는 일이었다. 국방력에 대한 바른 인식의 부재로 수천 년을 이어오던 거대한 국가는 너무나도 허망하게 무너지는 꼴이 되고 말았다.

역사는 면면히 흘러간다. 국가라는 하나의 영토를 그 누구도 넘볼 수 없게 수호하기 위해서는 강력한 국방력이 뒷받침되어야 함은 두말할 필요가 없다. 그런데 진정으로 국가를 지켜야 할 임무를 맡은 권력자들이 사리사욕과 보신주의에 빠져 있다면 유사시에 국토를 수호할 수 없는 것은 물론, 외세에 의해 점령당할 수밖에 없다는 것은 불을 보듯 뻔한 일이다. 국난에 처하면서도 청나라 서태후는 안일하게 오로지 일신의 향락과 자신의 거처를 축조하는 데에 관심을 기울였으니 백성들로서는 통탄할 일이 아닐 수 없었다. 결국은 새로운 나라건설을 위해 팔을 걷어붙인 뜻있는 사람들이 결속하여 반청운동(反淸運動)이 계속되고, 결국 1644년부터 이어온 약 270년간의 청나라 시대는 1911년 신해혁명의 성공으로 1912년 2월에 막을 내리는 운명에 처하게 된 것이다.

개인, 가정, 국가의 흥망성쇠에는 반드시 인과관계가 있다. 어떠한 구성 형태이든 간에 지속적인 유지와 발전은 결코 쉬운 일이 아니다. 아무리 훌륭한 선장도 암초를 피하지 못하면 좌초될 수밖에 없다. 세계에서 유일무이한 대국이라고 자처하던 청나라도 근간이 흔들리기까지는 그렇게 많은 기간이 필요치 않았다는 사실에서 통치가 얼마나 어려운 일이고 중요한 것인지에 대해 분명히 인식할 필요가 있을 것 같다.

창업(創業)과 수성(守城)에 관한 이야기가 생각난다. 어느 지도자의 통치 기간에는 지속적인 발전으로 국운이 창성(昌盛)하는가 하면, 또 다른 통치자는 그 역할을 제대로 수행하지 못함으로써 쇠퇴의 길로 들어서기도 한다. 청나라는 당시의 통치세력들이 자신들의 권력 유지에 집착하면서 세계의 발전 조류를 애써 외면함으로써 내우외환의 난관을 극복할 수가 없었다고 보면 될 것 같다. 권력층의 오만과 사리사욕, 그리고 급변하는 세계 조류에 대한 정세 판단의 미비 등, 적극적인 대비가 없었다는 것이 청나라 멸망의 근본 원인으로 볼 수 있지 않을까 싶다.

나의 생각을 정리하면서

 흘러가는 세월 속에서도 여전히 자리대김하고 있는 좌우명이 있다면 "마음을 바로 쓰자."라는 말이다. 만사 양심의 거울에 비추어 중심을 잡고서 그것에서 이탈하지 않으면서 순리대로 살아야겠다는 생각이다.
 일반적으로 나이가 많아지고 건강이 쇠약해지면 마음으로는 이루고 싶은 것이 있어도 건강이 받쳐주지 못해서 실행이 안 되는 경우가 많은 것 같다. 힘 있고 용기 있던 시절에는 마음먹은 일은 언제든지 할 수 있다는 자신감으로 여유를 부리기도 한다. 그러면서 차일피일 미루다 보면 어느덧 인생 황혼기에 접어든다. 오래전부터 하고 싶었던 일 중에 많은 부분이 숙제로 남아 있음을 알아차릴 때, 비로소 후회로 밀려오는 것이 아닌가 싶다.
 나도 남들처럼 잘 살아보려고 애도 썼고 직장생활도 나름대로 충실히 수행했다고 생각한다. 가끔 밤늦게까지 동료들과 함께 이런저런 대화로 보냈던 나날들의 추억이 되살아나면서 만감이 교차되기도 한다. 흘러간 세월 속에는 수박 겉핥기식으로 보냈던 날들이 많았던 것 같다. 때늦은 후회는 마음만 무겁게 할 뿐, 차라리 남은 날을 알차게 보내려는 각오를 다져야겠다는 생각을 하고 있다.

언젠가 이 세상을 떠난 뒤, 후손들이 조상에 대해 궁금해할 때, 누군가가 들려주는 단편적인 말 몇 마디만으로는 아쉬울 것 같다. 아무래도 내가 직접 쓴 책 한 권이라도 남겨두는 게 좋지 않을까 하는 생각을 해본 것이다.

줄곧 타인의 글들은 읽으면서 정작 나의 흔적은 남기지 못한다면 결코 잘한 일이라 할 수는 없을 것 같다. 이 지구상에 생존하는 사람들 모두가 각자 특색 있는 삶을 엮어가듯이 나 자신 또한 나만의 인생 족적을 나름대로 남겨두려는 것이다.

가끔은 직계 조상들의 글을 읽을 기회가 있었으면 하는 생각도 할 때가 있지만, 읽을 수 있는 자서전이나 여타 서적을 찾아보기가 쉽지가 않다. 이 세상에 존재하는 책들의 수효는 부지기수인데도 그중에 꼭 필요한 책을 찾으려 할 때 없으면 못내 아쉬움을 느낀다. 그래서 나는 책 한 권이 수많은 책 중의 한 점에 불과할지라도 기록 자체에 의미를 부여하고 싶은 것이다.

사마천(司馬遷)은 그의 부친이 집필해 오던 역사서(歷史書)를 완성하라는 유언을 실천하기 위해 온갖 고초를 겪으면서도 마침내 불후의 명작『사기(史記)』를 남겼다. 그런가 하면 한낱 미물(微物)이라며 하찮게 여길 수 있는 누에는 뽕잎을 먹고 고치를 만들어 비단의 원료인 명주실을 제공하고 있으니 얼마나 값어치 있는 한살이인가? 그런데 만물의 영장이라는 인간으로 태어나서 제대로 된 삶의 흔적 하나 남기지 못한다면 너무 허무하지 않을까 하는 생각을 해보게 된다.

인생에서 중요한 것은 보람 있는 삶이 되기 위해 부단히 노력하는 과정이라고 생각한다. 거창하게 사명감이나 책무성을 논하지 않더라도 하루하루를 자신의 능력껏 최선의 삶으로 꾸려간다는 것, 그것 자체가 상당히 의미 있는 일이 될 것이다. 수레바퀴가 궤적(軌跡)을 남기듯이, 지금껏 살아온 인생역정도 문자로 흔적을 남기는 것은 중요한 결실이라고 생각한다.

그래도 책 한 권은 남겨야지

　사람들은 가끔 "당신은 어떻게 살아왔는지 사연이나 한번 들어보자."고 한다. 그러면 어떤 할머니는 "내가 말을 안 해서 그렇지 고생하며 살아온 지난날을 이야기책으로 엮으면 아마 수십 권은 될걸."이라면서 길게 한숨을 쉰다.

　사실이 그러하다. 한평생 살아보니까 산다는 게 그렇게 녹록지만은 않았다. 시집갈 집은 식구도 단출하고 먹고사는 건 걱정 없다며 큰소리치던 중매쟁이의 허풍을 믿으신 부모님은 얼굴 한번 본 적 없는 남자한테 시집을 보냈다. 세상 물정 모르는 어린 나이에 혼인은 했지만, 막상 살아보니 듣던 바와는 너무나 달랐다. 신혼 초의 시집 형편은 끼니조차 때우기 힘들 정도로 살길이 막막하였고, 그렇다고 뾰족한 생계대책이 있는 것도 아닌 절망의 상태 그대로였다. 그때부터 수십 년을 살아오면서 겪었던 고난의 세월을 한마디로 표현하자면 '파란만장한 일생' 바로 그것이었다. 지옥 같은 현실에서 탈출하고 싶은 마음이야 굴뚝같았지만 불쌍한 어린 자식들이 눈에 밟혀서 마음을 고쳐먹을 수밖에 없었다고 한다. 한평생 겪었던 눈물겨운 사연들을 어찌 다 말로 하겠냐마는 그걸 책으로 엮는다면 아마도 수십 권은 될 것이라는 말에 고개가 끄덕여질 뿐이다.

이렇게 한(恨) 많은 인생살이로 점철되었던 기나긴 세월의 자취들을 글로써 남길 수만 있다면 그 내용이 희극이든 비극이든 후손들에게는 조상의 생생한 숨결로 남겨질 것이다. 아울러 역사적, 문화적 사료(史料)로서 가치도 있을 수가 있다. 그리고 인생역정에 얽힌 전반적인 삶의 희로애락이 아무런 가감 없이 기록됨으로써 후손들에게 조상의 생생한 숨결을 느낄 수 있게 하는 계기가 될 수도 있을 것이다.

조상 중에는 정신적 유산이 될만한 사료(史料)를 남길 수 있는 역량은 있으면서도 여건이 받쳐주지 못해서 뜻을 이루지 못했던 경우가 적지 않았을 것이다. 그리고 문자로 기록된 자료들을 남겼으나 후손들이 그 가치를 알아보지 못하여 전수하지 못했을 수도 있을 것이다.

요즈음도 아쉽게 생각하는 것은 충분히 기록을 남길 수 있는 훌륭한 조상이 이 세상을 떠남과 동시에 자취 없이 사라지는 경우들이다. 결국은 당사자가 필요성을 느끼지 못하였거나, 쓰려고 하니 엄두가 안 나서 지레 포기를 한 건 아닐까 하는 생각도 해본다.

근래에는 점차 역사에 관심이 높아지는 추세인 것 같은데, 그것은 민족적 자부심과 긍지를 느낌으로써 정신문화를 고양(高揚)하려는 의식과 연관이 있을 것이다. 자료 중에도 조상들의 사상과 삶의 흔적이 기록되어 있는 글들은 그 시대 생활상의 단면을 볼 수 있는 중요한 사료적 가치가 있다는 점에 의미를 두었으면 한다.

한세상 살아가면서 역사적으로 괄목할 만한 역할을 한 사람만이 글을 남길 수 있는 것은 아니다. 뜻만 있으면 누구나 인생의 희로애락이 점철되어 있는 소박하고 평범한 삶의 행적들을 형식에 구애받지 않고 진솔하게 글로써 남길 수가 있을 것이다. 자신과 주변의 사소한 문제들까지도 느낌을 가감 없이 기록한다면 한 권의 책으로 남길만한 가치가 있지 않을까 하는 생각을 해본다.

40여 년의 중국어 공부

　　교직에 종사하면서부터 전공이 아닌 중국어를 독학(獨學)으로 해왔다. 일찍이 한문(漢文)에 관심이 많았던 터라 중국어에 도전해도 괜찮을 것 같다는 생각이었는데, 다행히 어느 지인의 적극적인 권유까지 있어서 큰 힘이 되었다. 1973년부터 시작한 중국어 학습은 여러 면으로 순조롭게 진행되었는데, 그 이듬해에는 약혼한 처가 중국어 회화책 한 권을 부쳐왔다. 중국어에 관해서는 언급한 적이 없었는데 공부를 해두면 좋겠다는 생각이 들었다고 한다. 우연의 일치인지는 모르겠으나 개인적으로는 중국어와 인연이 있었다고 하는 게 맞을 것 같다.

　1970년대 초만 하더라도 지방에서는 중국어를 배울 수 있는 전문학원이 거의 없었다고 보면 된다. 그나마 다행이라면 라디오를 통해서 '초급중국어 강좌'를 청취할 수가 있었는데 독학에 큰 도움이 되었다. 이른 아침 5시경에 나오는 강좌로 빠짐없이 청취하고 녹음을 해서 반복 학습을 하였다. 그 외에는 도움이 될만한 별다른 여건이 갖추어지지 않았다. 당시에 우리나라가 대만과는 국교를 맺은 상태였으나 공산국가인 대륙과의 교류는 상상도 할 수 없는 상황이었다. 그래서 수요 면에서 중국어는 관심을 가질만한 여건이 미흡했다고 볼 수가 있다. 그러다가 중국의 개방 정책에 힘입어 1992년에 한중수교가 되면서부터 중국 언어 전반에 걸쳐서 관심이 가파르게 높아졌다고 할 수가 있다.

  틈틈이 중국어 공부를 하던 중에 1976년 말경, 교육부에서 타이완(臺灣) 한국교포학교에 파견교사 3명을 선발한다고 하여 바로 지원을 했다. 시험은 1차 지필고사로 '중국어'와 '국사' 두 과목이고, 2차는 면접이었는데 다행히 합격하였다. 그래서 서울에서 일정 기간 사전 교육을 받고 타이완 타이베이(臺北)에 있는 한국교포학교에 부임을 했다. 3년간의 근무 기간 중에는 교포 자녀교육을 하였으며 야간에는 대만국립사범대학에서 외국인을 위해 개설한 중국어 강좌를 개인적으로 수강하였다. 본토 출신 교수인데 표준어 발음이고 교재 내용도 알차서 중국어 회화는 물론 중국의 언어와 문화 전반에 대한 이해를 넓히는 데 많은 도움이 되었다고 생각한다.

  귀국 후에도 중국어 공부를 계속했으나 누구한테 특별히 배운 적은 없었다. 그리고 중국과의 국교가 수립된 후인 1990년대 중반에는 경기도와 중국 요령성(遼寧省) 양 교육청 간의 자매결연으로 고등학생과 인솔자 등 40여 명이 상호 교류를 하는 행사가 있었다. 그 행사에 통역을 담당해서 경기도와 요령성에서 각각 10일 정도의 기간으로 두 차례의 활동을 한 바가 있다.

  그 후에 또 한 차례의 중국에 파견근무를 할 기회가 생겼다. 한중국교가 수립된 지 10년 후인 2002년 11월경에 중국의 한국학교에 파견할 교장 한 명을 선발한다는 교육부 공문을 보고 지원을 했으며 서류심사, 지필고사, 면접의 과정을 거쳐서 합격했다. 그래서 3년간 텐진(天津)에 있는 천진한국국제학교 교장으로 파견

근무 할 수가 있었다. 그 학교는 유치원과 초·중·고교 병설이어서 종합적으로 관리를 하였다.

현재 나의 중국어 수준은 표준어를 사용하는 중국 원어민과의 소통은 대부분 되는 편이며 문장도 일반적인 것은 독해가 가능한 정도이다. 돌이켜 보면 나에게 있어서 중국어는 경험을 다양하게 할 수 있는 계기를 가련해 준 매개체 역할을 하였다고 생각한다. 여러 차례 만리장성에 올랐었고 중국인과의 관계 속에서 그들이 살아가는 모습을 보면서 느낀 점 또한 많았다. 나름 부단히 중국어 공부를 해왔지만 기대 이상의 성과를 거둔 것 같아 한편으로는 과분하다는 느낌도 없지 않다. 그리고 중국 현지에서 우리 국적의 자녀들은 물론 교포 자녀들의 교육을 책임지고 운영했던 텐진(天津) 한국국제학교에서 3년간의 교장 재직 기간은 특기할 만한 경력이라 생각한다.

좋아서 시작한 중국어이기 때문에 멈출 수가 없으며, 계속해서 주민자치센터의 원어민 수업 참가, 중국 관련 서적의 독서, 텔레비전 중국연속극 시청, 인터넷과 유튜브를 통한 중국 관련 전반에 관한 정보탐색 등 다양한 방법으로 중국이라는 나라의 전 분야에 대하여 지속적으로 관심을 가지면서 지내고 있다.

독서의 중요성

'독서'하면 '가을은 독서의 계절'이라는 표어가 떠오른다. 어릴 때부터 해마다 독서 관련 행사들을 한 기억들이 생생히 각인되어 있다. 그러나 오늘날은 사회의 전반적인 여건 자체가 이전과는 비교가 안 될 정도로 좋아져서 굳이 독서를 가을이라는 계절과 연계할 필요성을 느끼지 못하는 상황으로 바뀌었다. 사시사철 쾌적한 환경에서 수시로 독서를 할 수 있는 여건이 조성되고 있기 때문이다.

"책 속에 길이 있다."라고 했듯이 책 속에는 진리의 길이 있는가 하면 출세의 길도 있고 먹고살 수 있는 생존의 길도 있다. 결국, 책을 읽으면 풍요롭고 지혜로운 인생을 누리는 데 도움이 될 수가 있다는 말로도 이해할 수가 있다. 그런데 독서를 부귀영화의 수단으로만 생각한다면 근본 목적을 비껴간 것으로 볼 수 있다. 일반적으로는 독서를 하는 목적이 배움을 통한 지식 또는 정보의 습득과 흥미나 즐거움을 느끼게 하는 데에 있다고 본다면 결국은 인격, 아름다운 삶, 뜻있는 인생에 의미를 부여해도 되지 않을까 싶다.

대형 서점에는 책의 양도 양이려니와 그 종류 또한 부지기수이다. 그런데 그 많은 책을 대하는 독자의 자세는 매우 중요하다고 생각한다. 구엇보다도 우선시되어야 하는 것으로는 나이와 관심 분야, 취미 등, 각자의 개성이나 수준을 참고하여 적절한 책을 선택할 수 있어야 한다는 것이다. 근원적인 문제가 유한한 인생에서 어떻게 하면 독서를 효율적으로 할 수 있을지에 대한 답을 찾는 일이 중요하다고 생각하기 때문이다. 고전과 현대문, 시와 소설, 전문서적과 교양서적 등, 그 종류는 헤아릴 수 없을 정도로 다 종다양하다는 사실에 유의해야 한다.

어떤 식당에는 메뉴가 수십 가지이다. 그러나 한 끼의 식사를 위해서 선택할 수 있는 메뉴는 극히 제한적일 수밖에 없다. 이러한 상황에서 주문을 어떻게 해야 할 것인가? 모든 종류를 조금씩 다 맛보겠다며 수십 가지를 한꺼번에 할 수가 없다면 반드시 선택의 과정을 거쳐야 한다.

우리가 독서를 할 때도 아무런 계획 없이 닥치는 대로 할 수는 없는 일이다. 균형식단이 있듯이 독서에도 균형독서가 필요할 것이다. 이럴 때 선생님, 부모님, 선배들의 조언이 있으면 좋을 것이다.

독서의 효과는 독자가 어떻게 받아들이는가에 따라 다르겠지만, 나의 경우는 중학교 시절에 읽었던 책에서 영향을 많이 받았던 것으로 기억한다. 그중에 많이 본 책이 전기문인데 상대적으로 일반적인 전기 형식의 글들을 많이 본 것 같다. 이러한 글 중에는 과장되고 비현실적이라는 생각이 드는 내용도 있겠지만 전반적으로는 감동적인 부분이 많았으며 각오를 다질 만큼 동기부여도 되었던 것으로 기억하고 있다.

중학교 시절에는 필리핀 라몬 막사이사이 대통령의 전기를 읽고 감명받은 바가 컸다. 정직하며 진정으로 국민을 사랑하고 법

앞에 만민이 평등하다는 사실을 직접 실천으로 보여준 대통령이라는 이미지가 그 책 한 권으로 인해서 지금까지도 나의 뇌리에서 떠나지 않고 있다.

한평생을 두고 볼 때, 적어도 어느 일정 기간은 더욱 열심히 공부하고 노력해야 할 필요가 있다. 나이와 관계없이 한결같이 노력하고 성취도 하면 좋겠지만 상대적으로 에너지가 충만한 청소년기에는 더욱 열심히 지식이라는 에너지를 많이 충전했으면 하는 바람이 있다. 신체적으로 건강하고 특히 두뇌의 기능이 충분히 발휘될 수 있는 시기에는 다양한 방면의 독서와 자기 계발을 위한 적극적인 노력이 필요하다는 생각이다. 덜 후회하고 가치와 보람이 있는 행복한 인생을 위해서라도 다양한 식견을 쌓으면 큰 보탬이 될 것으로 믿는다. 한평생을 살아가면서 진정 중요한 것은 청소년기에 다종다양한 독서를 통하여 올바른 인성과 가치관을 형성하는 일에 도움이 되도록 하는 것이다. 그것은 묘목의 성장을 돕기 위하여 잡초 제거와 병충해 예방과 퇴치, 자연재해를 극복할 수 있는 조치 등을 취하면서 관리하고 보호하는 것에 비유할 수도 있지 않을까 싶다. 인간의 능력 신장을 위해서는 지식과 교양을 쌓아가는 일이 그 무엇보다도 중요하다고 생각한다.

독서를 하는 데 책의 종류와 내용과는 상관없이 무조건 많이만 읽으면 된다고 주장하는 사람은 아마도 없을 것으로 생각한다. 사람마다 관심, 취미, 흥미가 달라서 독서량과 종류는 다를 수밖에 없다. 그리고 변화의 속도가 빠른 현대를 살아감에 있어서 독서의 방법도 다양하게 변하고 있는 것이 사실이다. 독서를 많이 할수록 지식도 비례해서 늘어날 것이라고 단정할 수는 없다. 왜

냐하면 독서의 내용과 방법에 따라 그렇지 않을 수도 있기 때문이다.

독서에서 중요한 점이라면 얼마나 제대로 이해하면서 읽는가 하는 문제가 아닌가 싶다. 독서는 속도보다는 읽는 중에 의문 사항이나 공감하는 부분 등을 살펴가면서 한 문장 한 문장 차근차근 읽어가는 습관이 필요하다고 생각한다. 어떻게 보면 독서는 저자와의 간접 대화라고 할 수도 있다.

사람들은 상식적으로 안개는 하얀색이라는 인식을 하고 있다. 안개로 유명한 런던의 시민들은 "희뿌연 안개가 가물가물 피어오른다."라는 식으로 표현해 왔다고 한다. 그런데 어떤 화가가 런던의 안개 낀 모습을 자주색으로 그려내자 사람들은 뭔가 잘못되었다 싶어서 사실 확인을 하였다고 한다. 그런데 신기하게도 건물의 반사작용과 수증기 때문에 런던의 안개가 분명 자주색으로도 보인다는 사실을 밝혀냈다고 한다. 이 사실에서 증명되듯이 독서도 탐구하는 자세가 필요할 것으로 생각한다.

요즈음 학생들은 과제를 해결하는 방법으로 인터넷 검색에 의존하려는 경향이 있는 것 같다. 모든 문제를 그러한 방법으로 해결하는 것은 방법 면에서 문제가 있다고 생각한다. 그것이 습관화되면 정확하고 깊이 있는 학습에 장애가 될 수도 있기 때문이다. 단편적이고 안이한 학습 태도에서 벗어나 문제의 근원을 탐색하려는 노력이 필요함을 알아야 할 것이라는 생각이다.

독서의 필요성과 중요성에 대해서는 새삼 강조할 필요가 없을 것 같다. 『제3의 물결』 저자인 미래학자 앨빈 토플러 박사도 그가 타계할 때까지(87세) 항상 독서를 강조하면서 "미래는 지금 책을 읽는 청소년들의 상상력으로 만들어진다."라고 하였다. 그는 신문에 칼럼을 쓸 때마다 내일 아침이 아니라 10년 후에 이 글이 어떻게 읽힐까를 생각한다고 했다. 그리고 "미래는 예측하는 것이 아니라 상상하는 것이며, 풍부한 상상력은 폭넓은 책 읽기에서 나온다."라고 했다. 그리고 경제학뿐 아니라 별도의 교육을 받지 않은 역사·문학·철학·물리학·의학까지 자유롭게 넘나들 수 있는 원천이 독서였음을 그는 실증적으로 보여주고 있다. "많이 읽고, 많이 쓰고, 많이 생각하라(多讀, 多作, 多商量)."는 소위 3다의 주장이 새삼 돋보이는 듯하면서, 생각을 가장 온전하게 담아내는 매체인 책 속에 우리의 내일이 있다는 평범한 진리를 미래학의 대가가 재확인해 준 셈이다. 또한, 토플러 박사는 영상문화가 압도하고 변화와 속도가 더해질수록 독서와 사색이 더욱 빛을 발할 것이라고 했다. 그는 청소년들에게 상자 밖에서 생각하고, 세계에 대해 넓고 깊게 들여다보라고 주문했다. 아이들에게서 책 읽을 시간을 뺏는 것은 우리의 미래를 닫는 일이라고도 했다.

동서고금을 통해 위인들의 발자취를 살펴보면 대부분 책에서 길을 찾고, 책에 길을 남겼다고 할 수가 있다. '컴퓨터의 황제'라는 빌 게이츠조차 "컴퓨터가 책을 대체하리라고는 생각하지 않는다."고 했다. 나폴레옹은 전쟁 중에도 책으로 가득 채운 마차를 대동했을 정도로 독서광이었으며 그의 탁월한 전술과 용인술도 독서의 산물이었다는 말이 전해진다.

그러면 한국인은 책을 얼마나 읽는지 알아볼 필요가 있을 것 같다. 문화체육관광부에서는 만 19세 이상 성인 6,000명과 초등학생(4학년 이상) 및 중·고등학생 3,000명 등 총 9,000명을 대상으로 실시 한 '2019년 국민 독서실태 조사' 결과를 발표했다. 이번 조사 결과 성인의 종이책 연간 독서율은 52.1%로 전년 대비 7.8%p 줄고, 전자책 독서율은 16.5%로 전년 대비 2.4%p 증가했다.

최근에 독서실태의 특징이라면 영상매체, 인터넷, 스마트폰 등의 강력한 흡인력으로 인해 종이책 읽기가 줄어드는 세태로 변해 간다는 점이다. 영상매체와 활자매체는 정보와 지식 전달이라는 기능 면에서는 유사하지만, 매체의 본질 자체가 다르다. 영상매체의 일방적 콘텐츠에 접하는 수용자는 주체적으로 생각하고 판단할 기회를 잃기 쉽다. 반면에 '읽기'는 수용자의 사고력을 증진시키고 나아가 비판적, 대안적 사고로 연결한다. 대입 관련 전문가들은 논술을 잘할 수 있는 왕도(王道)로써 깊이 있는 독서를 권하는데, 바로 읽기의 강점 때문이다.

일반 서적, 신문, 잡지 등의 활자매체는 지혜의 곳간이다. 당장 눈앞의 번쩍임에 현혹되어 읽기를 소홀히 하는 청소년은 미래가 불안하다. 선진국일수록 1인당 독서량이 많다. 읽는 국민이라야 진정한 1등 국민이 될 수 있다는 주장에 동의한다.

옛날의 선현은 "오늘 배우지 아니하고서 내일이 있다고 말하지 말며, 올해에 배우지 아니하고서 내년이 있다고 말하지 말라(勿謂今日不學而有來日, 勿謂今年不學而有來年 -朱子-)."라고도 했다.

전 국민의 독서 생활화가 미래의 건전한 발전을 기대할 수 있을 것으로 생각한다.

독서의 영향

　나는 고등학교 졸업 때까지 학교교재와 입시준비를 위한 몇 권의 참고서 외에는 책을 구입한 적이 없었던 걸로 기억한다. 걸어서 한 시간 거리의 읍내에 서점이 있었지만, 당시의 가정 형편이나 여건을 감안하면 문학책 같은 것을 직접 구입한다는 것은 생각도 못 할 일이었다. 그래도 다행이었던 것은 일가친척 집이나 이웃집에서 몇 권의 책을 빌려 볼 수가 있었다는 사실이다. 그중에서 춘원 이광수 전집과 삼국지 등의 장편소설을 비롯하여 몇 종류의 책들은 나에게 더할 나위 없는 행운의 선물이었다고 생각한다. 한창 감수성이 예민한 중학생의 시기에 한 권 한 권 읽으면서 받았던 느낌들은 내 맘속에 상상의 세계를 열어젖히는 계기가 되었던 것 같았다. 소설책을 읽고 감명받은 바가 있어서 농촌을 변화시키겠다는 실천 의지가 솟구치기도 했는데, 특히 이광수의 『흙』과 심훈의 『상록수』를 읽으면서 농촌을 개척하여 살기 좋은 고장, 잘사는 농촌으로 만들어야겠다는 다짐도 하였다. 그래서 농업고등학교 재학시절에는 농촌을 개척하는 선구자가 되겠다는 꿈을 안고 농사일도 도우면서 경제성이 있는 토끼도 한 쌍을 사서 키웠다. 토끼는 2년 후에 육칠십 마리까지 늘어나기도 했다.

　그러나 이상과 현실의 괴리현상은 나에게 큰 실망감을 안겨주었다. 농가소득증대를 위한 정부의 장려사업이라고 하여서 믿고서 따랐던 것이었는데 말이다. 수익이 있을 거라던 토끼털은 수매하는 곳도 한 곳뿐이었다. 수입은 아예 타산을 맞출 수가 없을 정도였다. 설상가상으로 번식을 거듭할수록 품종 자체가 퇴화하는 현상마저 드러났다. 주변에 어려움을 토로해 봐도 격려의 말 대신에 현실적으로 별다른 방법이 없으니 차라리 포기하는 것이 낫지 않겠느냐는 식의 말로 되돌아왔다. 이러한 와중에 대학진학을 결심하게 된 계기가 있어서 토끼의 사육은 접기로 했다.

농촌을 살기 좋은 곳으로 만들기 위해서 개척자적인 생활을 해보겠다던 꿈을 독서를 통해서 꾸었지만 실천하는 과정은 쉽지가 않았다. 청소년 시기에는 감수성이 풍부하여 독서를 통하여 받은 감명이 인생에 영향을 미칠 수가 있다. 어려서부터 다양한 분야에 걸쳐서 독서를 하면 삶을 풍요롭게 할 수 있는 자양분이 될 수 있다고 생각한다.

한 권의 책이 나오기까지는 누에가 뽕잎을 먹고 누에고치가 되어서 실을 뽑아내어 그것이 다시 아름답고 귀한 비단으로 재탄생되는 과정에 비유하면 어떨까 싶다. 읽은 책의 내용이 머리에 저장되면 그곳에서 자신의 용량과 기능에 맞게 재생산될 귀한 재료로 입력될 수 있을 것이다.

독서를 할 때 먼저 생각나는 것은 그 많은 책 중에서 어떤 책을 읽을 것인가 하는 문제일 것 같다. 독서가 인생에 미치는 영향이 크다는 점을 고려할 대 더욱 그러하다. 물론 독서를 하지 않으면 인간다운 삶을 영의 하기가 어렵다는 모호한 전제는 있을 수가 없다. 다만 일반적인 관점에서 독서라는 간접경험이 풍요로운 인생을 누리게 하는 데 필요한 조건 중에 하나라는 사실은 분명하다고 생각한다.

　이미 고인이 된 어느 대기업 회장은 전문가들이 해결하지 못하는 문제를 기발한 아이디어로 해결함으로써 주변을 놀라게 할 때가 있었다고 한다. 그분은 직원들이 어떤 의견을 제시하면 제일 먼저 "실제로 해봤어?"라면서 경험이 있는지를 확인했다고 한다. 이것은 이론과 함께 실제의 중요성을 언급한 것이라고 할 수가 있다. 결국, 생활의 지혜는 다양한 경로를 통해서 터득될 수가 있음을 시사하는 부분이라고 생각한다.

　독서가 인간의 삶을 더욱 지혜롭고 풍요롭게 하는 데 도움이 될 수가 있다고 하여 세상의 모든 책을 다 읽을 수는 없는 일이다. 그러면 과연 어떠한 방법으로 어떤 책을 읽을 것인가에 대해서는 진지하게 고민할 필요가 있을 것 같다. "이 세상에 필요 없는 책은 없다."라는 전제하에서 각자의 개성과 취미, 그리고 관심사에 따른 적절한 독서가 될 수 있도록 책의 선택에 신중을 기할 필요가 있을 것으로 생각한다.

일기장

　　스무 살 무렵부터 쓰기 시작한 일기는 오십 중반까지 계속했다. 하루도 빠짐없이 쓴다는 게 무슨 자랑이라도 되는 것처럼 생각했다. 그렇게 계속해 오던 일기 쓰기를 중단했다. 어느 날 틈을 내어 그동안 써왔던 일기장을 살펴봤는데 전반적인 느낌은 읽을만한 내용이 별로 없다는 것이었다. 별다른 의미 있는 내용도 눈에 띄지를 않고 그렇다고 다양한 추억이 담겨 있지도 않았다. 그래서 과연 이런 식으로 기록하는 일기가 무슨 의미가 있을까 하는 회의(懷疑)가 밀려오면서 일단 중지하기로 했다.

　그동안 적어왔던 일기장 수십 권 중에는 괜찮은 글이라고 생각되는 것이 적었으며 형식적이면서 중복되는 내용이 대부분이었다. 뭔가 적기는 적었으되 단지 습관적으로 백지를 메꾸어 온 것에 불과하다는 생각이 들었다. 그리고 일기 내용의 대부분이 중복되는 일상의 내용이었고 그것이 융통성의 부족과 편협한 시각에 머물러 있다는 느낌이 들었다. 그리고 작문이라는 기능적인 면에서도 별 진전이 없어 보였다. 몇 가지 개선 방향도 생각해 봤지만, 일단은 일기는 쓰지 않는 걸로 하는 것이 좋겠다는 쪽으로 마음을 굳힌 것이다.

　저명한 작가들의 글에서는 문장력으로나 개성적인 면에서 뭔가 남다르다는 느낌을 받을 때가 있다. 그런데 문제는 특색이라는 게 하나의 상표처럼 굳어져서 개인의 스타일로 굳어지는 경향이 있다는 것이다. 이 글은 누구의 글이고 어느 작가의 냄새가 풍긴다는 등의 개성이 너무 강하게 드러나는 부분이다. 어떻게 보면 당연하다고 할 수 있는 현상이지만 그래도 뭔가 너무 개인의 사고의 틀에 갇혀 있는 듯한 느낌을 받을 때가 있다. 좀 더 개방적이면서 다양성이 녹아 있는 폭넓은 글이면 좋겠다는 아쉬움을 남기기도 한다. 일반적으로 제일 처음 출간한 글을 읽을 때는 그 사람만의 신선한 이미지가 떠오른다. 그런데 뒤이어 출간하는 책들은 은연중에 전에 출간한 책의 제2부를 읽는 것 같다는 생각이 들게 한다. 특히 여러 권의 수필집을 출간한 작가의 최근 글에서는 이전에 읽었던 내용과 중복되는 부분이 많아서 구태의연한 감을 준다. 이러한 문제에서 탈피한다는 건 정말 어려울 것이라는 생각은 하면서도 단지 희망 사항을 적어보는 것이다.

일기를 쓰는 데에도 개인적인 철학을 바탕으로 뭔가 알맹이 있는 글을 써야 할 필요성을 느낀다. 사색이나 건강한 비판, 아니면 미래설계 등이 어제와 오늘 그리고 내일이 대나무의 마디처럼 리듬이 필요하지 않을까 하는 생각이 드는 것이다. 그렇지 않고 평범한 일지(日誌)와 비슷하게 이어진다면 페이지만 늘어날 뿐 지루함이 계속될 것으로 생각한다.

어느 명망 높은 강연자는 한 번 사용했던 원고는 두 번 다시 활용하지 않는다고 했다. 다음의 강연을 위해서는 완전히 새로운 마음에서 작성하는 것을 원칙으로 한다는 것인데 그것은 내용의 중복을 최소화하기 위해서라는 것이다. 요즈음도 각종 매스컴을 통해서 강연을 듣다 보면, 어떤 연사는 때와 장소만 다를 뿐, 귀에 익은 내용이 많아서 관심에서 멀어지기도 한다. 우리 속담에도 "듣기 좋은 꽃노래도 한두 번이다."라는 말이 있듯이 자신이 쓴 글이라도 비슷한 패턴의 내용이 중복되면 흥미와 신선한 느낌이 줄어드는 것은 당연한 이치라고 생각한다. 결국은 아무리 좋은 내용의 글이라도 반복되면 식상(食傷)하기 마련이라는 말이다.

근 20년 전의 일인데 어느 할머니의 사진에 관한 이야기이다. 그분은 유별나게 사진 찍는 걸 좋아하지 않았다. 외모도 출중하시고 지역사회에서도 어느 정도 명망이 있는 분이었는데 그것이 궁금하였다. 그런데 어느 날 그 이유를 들을 기회가 있었다. 그분이 환갑 되던 해의 어느 휴일에 방에서 스무 살 안팎의 자녀 2명과 함께 이런저런 이야기를 하다가 여러 권의 사진첩을 꺼내어 한 장씩 넘기면서 감상을 하고 있었다. 추억 속의 사진을 보면서 어떤 사진은 신기해서 웃기도 하고 어떤 사진은 지난날 기억을 되살려 주기도 해서 감회가 새롭고 하여 오전 내내 시간 가는 줄을 몰랐다고 한다. 그런데 그 과정에서 자녀들은 사진첩에는 어떠한 반응도 보이지를 않고 제 할 일만 하고 있더라는 것이다. 자신의 사진에는 관심이 없다는 느낌을 받으면서 그동안 애지중지 보관해 오던 사진첩에 대한 생각을 고쳐먹기로 다짐을 했다고 한다. 그래서 그 이후로는 될 수 있으면 사진은 찍지 않기로 했다는 것이었다.

어떻게 보면 당연하다는 생각이 든다. 물론 사진이나 일기장이 자녀들에게 유품으로서 어떠한 가치를 지니게 하는 것이 목적이 될 수는 없다. 그러나 기록물은 그 자체로서 보존 가치를 지닐 수 있다는 관점에서 기록자 당대에 보관하는 것으로 그친다면 아쉬울 것 같다는 생각이 든다. 그러나 시청각 자료들이 차고 넘치는 오늘날, 부모의 기록물이 아주 특별한 가치를 지닌 것이 아니라면 금과옥조(金科玉條)로 삼으면서 소중하게 관리하기를 기대하기는 어려울 것 같다. 그래서 나의 일기장도 정리할까 하다가도 관리가 가능할 때까지는 책장 한쪽에 보관은 해두기로 했다.

당연하게 생각되는 것은 일기를 쓰는 것이 어느 누군가에게 인정받기를 바라거나 잘 보존하려는 목적에서 하는 것이 아니라는 사실이다. 내가 쓴 일기장은 나 자신의 삶에서 의미를 찾으면 되는 것이며 보존 여부는 자신의 의지만으로 될 수가 없다는 사실을 인지할 필요가 있을 것 같다.

나는 지금도 일기 쓰기를 그만둔 것에 대하여 아쉬워하거나 후회하지는 않는다. 다람쥐 쳇바퀴 돌듯이 내 생활 범주 내에서의 일상생활에 대한 기록이라면 굳이 쓸 이유가 없겠다는 생각이기 때문이다. 이제는 나의 일상에서의 희로애락을 자유로운 형식으로 기록해서 삶의 흔적이 담겨 있는 글을 적어보려 한다.

글로 표현하는 생각들

　글쓰기를 조업으로 하는 작가가 아닌 어느 유명인사가 연륜 팔십이 될 때까지 자신이 직접 쓴 책이 100권 정도가 된다고 한다. 그리고 어느 70대 중반의 작가는 130여 권의 책을 출간했다고도 한다. 어떻게 그럴 수가 있는지 도저히 믿기지를 않는다. 평생을 통해서 책 100권도 못 읽는 사람들이 있을 텐데. 한 사람이 그렇게 많은 책을 집필했다는 것은 나로서는 상상이 되지를 않는 일이다. 일단은 그 사람들은 정말로 대단한 분들임에 틀림이 없다는 전제를 하고 싶다.

　책 한 권 펴내려고 끙끙거리는 나로서는 어느 작가가 책 한 권 집필하는 데 열흘 정도의 기간이면 가능하다고 하는 말이 천둥의 울림으로 다가오기도 한다. 그리고 한편으로는 인간의 노력에는 한계가 있을 텐데 작가로서의 천부적인 소질이 없다면 그러한 초인적인 능력을 드러낸다는 게 어렵지 않을까 하는 의문을 가져보기도 했다.

　가끔은 작가에 대한 관심을 가지면서 어떤 분이 했던 말이 생각나기도 한다. 저명한 작가의 탄생에 관한 배경설명이었다. 그의 주장은 여러 권의 책을 집필하면서도 그 가치를 충분히 인정받을 수 있을 정도의 수준에 이른 작가들은 그들의 능력이 단지 개인적인 노력만으로 된 것이라고 생각하지 않는다는 것이다. 그렇게 되기까지는 그의 조상 대대로 이어져 온 소질이라는 혈통이 뒷받침했기 때문에 가능하지 않겠느냐는 말이었다. 물론 이해하기 어려운 부분은 있지만, 우리의 역사를 되짚어 보면 충과 효를 조상 대대로 대물림하여 전해오는 가정을 충효전가(忠孝傳家)라고 하듯이 정신적 산물도 대물림할 수가 있겠다는 부분에서는 고개가 끄덕여지기도 한다. 작가의 정신과 소양이라는 자질의 유전인자를 조상으로부터 이어받음으로써 그 바탕에 한 사람의 의지와 노력을 플러스하여 저명한 작가가 탄생할 수가 있을 것이라는 논리가 가능하다는 점에 동의를 하고 싶은 것이다. 이러한 주장들이 맞고 안 맞고를 떠나서 한 인간의 성장 과정에서 환경의 영향이 얼마나 큰가를 우회적으로 나타내는 것이라고 생각한다. 그리고 주목할 부분은 저명한 작가가 탄생한다는 일이 그만큼 어렵다는 것을 상징적으로 나타낸다고 할 수도 있다는 점이다.

이웃 나라로 눈을 돌려서 중국 당나라 때의 시인이면서 시성(詩聖)이라 칭하는 두보(杜甫)의 말을 빌리고 싶다. 그의 시에는 "독서파만권 하필여유신(讀書破萬卷 下筆如有神)"이라는 글이 있다. 이 말은 "책 만 권을 처음부터 끝까지 자세히 이해하면서 읽으면 글쓰기가 신의 경지에 이른다."라는 뜻으로 독서와 작문의 밀접한 관계에 대해서 명료하게 설명하고 있다. 여기서 '만 권의 책'이란 결국 다독으로 폭넓은 지식을 갖는 것이 글쓰기의 바탕이 됨을 의미한다고 보면 될 것 같다.

천하의 명작이요 중국 4대 기서(奇書) 중 하나인 『삼국지연의(三國志演義)』의 경우, 분량의 방대(尨大)함은 물론, 등장하는 인물 중

밝혀지는 이름만 해도 1,000여 명이나 된다고 한다. 한마디로 바다를 품을 정도의 스케일(scale)이라고 할 수 있겠다. 이것은 원나라의 소설가 나관중(羅貫中)이 『삼국지』를 근간으로 지은 통속역사소설이라고 전해진다. 내용 자체가 복잡다단한 구성임에도 불구하고 일관된 주제로 걸작을 완성했으니 이런 작가를 일러 보통 신이 내린 작가라든지, 전무후무한 대작가라고 한다. 일반적인 고전의 경우, 이야기의 시원(始原)은 대대손손 말로써 구전(口傳)되던 것이 후일 문자로 정착된 것인 데 비해서, 『삼국지연의』는 삼국지라는 원작을 바탕으로 각색하여 독자들에게 관심과 흥미를 불러일으키는 작품이라고 할 수가 있다.

오늘날은 각종 기기가 발달하면서 필기구로 직접 쓰는 소위 손글씨가 급격히 줄어드는 반면에 각종 기구를 이용한 문자의 입출력이 일상화되는 시대로 변하였다. 그리고 의사전달 수단도 음성통화보다는 문자 전송 형태가 훨씬 편리하게 이용되고 있으며 그 중에는 단문이 많이 활용된다. 이러한 행태는 작문이라는 원론적인 틀에서 보면 부정적인 면이 있다고 본다. 편리함에 편승하여 의미전달만 되면 그만이라는 인식이 보편화되면서 문장의 표현 과정에서 정서법의 기본이 흔들리고 있다. 시대의 흐름이기 때문에 정상적인 틀에서 벗어나더라도 아무런 상관이 없다고 생각한다면 옳지 않을 것 같다. 언어가 그 사람을 대변한다는 관점에서 볼 때, 정확한 표현은 매우 중요하기 때문이다.

글을 쓰는 활동이 결코 쉬운 일은 아니지만 꾸준한 습작을 하다보면 좋아질 것이라는 기대를 해본다. 가령 매일 한 페이지 분량의 글을 쓴다면 한 해 동안에 근 400페이지가 되고 그러면 책 한 권이 되고도 남을 정도가 될 것이다. 읽을만한 가치에 대해 논한다면 문제가 있을 수 있으나 단지 글을 쓴다는 그것 자체에 의미를 부여한다면 헛수고는 아니라는 생각이다.

중국의 구양수(歐陽脩)는 글을 잘 짓기 위해서는 많이 읽고(多讀), 많이 생각하고(多商量), 많이 지어야(多作) 한다는 '3多 원칙'을 제시했는데 결국은 기본능력 배양에 중요한 요소를 말한 것 같다. 독서와 사고(思考) 과정이 문장력 향상에 바탕이 된다는 것으로 이해하려 한다.

흔치는 않은 일이지만 문맹이었던 시골 할머니가 환갑을 넘어서 그것도 일흔을 바라보는 연세에 한글을 깨쳤다. 어설피 아는 한글로 정서법과는 거리가 먼 글로써 살아온 인생사를 적었다. 그것을 자녀나 전문가의 도움을 받아 한 권의 책으로 출간하였다. 이러한 사례에서 보면, 누구나 마음만 먹으면 글을 쓰고 책을 낼 수가 있을 것이라는 생각이 든다. 특이한 점은 그 할머니들이 쓴 글에 담긴 인생의 희로애락에는 우리의 토속정서가 배어 있다는 사실이다.

글도 그러하거니와 말 또한 너무 유창한 표현보다는 다소 더듬거리는 듯한 눌변이 오히려 진솔한 느낌으로 다가오기도 한다. 지나치게 미사여구를 늘어놓으면서 지식 자랑이라도 하듯이 현학적(衒學的)이고 난해(難解)한 어구로 일관하면 인간적인 정감이 줄어드는 것 같기도 하다. 이처럼 말에서도 그러하듯 글에서도 사람 냄새가 드러나는 경우는 표현하는 내용이 꾸밈없이 있는 그대로의 모습으로 드러나기 때문이 아닐까 싶다.

글쓰기를 직업으로 삼는 전문 작가들은 글을 쓰는 요령도 알고 관련 분야의 지식도 적절히 활용할 줄 알기 때문에 글다운 글로 적는 일이 어렵지 않을 수도 있을 것이다. 그러나 평생을 두고 겨우 책 한두 권 엮으려는 사람에게는 글의 소재가 자신의 생활 주변에서 느끼고 체험한 것에 국한되는 경우가 대부분일 것이다. 첫술에 배부를 리야 없겠지만 그래도 아쉽다고 느끼는 것은 의도한 바가 제대로 표현이 되지 않는다는 점이 아닐까 싶다. 그렇지만 무엇보다도 중요한 것은 실망하지 않고 끈기 있게 계속해서 글을 쓰는 일이라고 생각한다. 글 내용이 아무리 미흡하게 느껴지더라도 꾸준히 노력하다 보면 은연중에 표현력이 향상될 것으로 믿는다.

  신이 내린 작가라고 할 정도의 수준이 아니라면 금과옥조(金科玉條)가 될만한 유용한 글을 남겨야 한다는 부담을 가질 필요까지는 없을 것 같다. 다만 인생의 과정에서 경험하고 느낀 바를 표현하겠다는 자세로 임한다면 그것 자체로도 가치 있고 소중한 정신적 유산이 될 수도 있을 것으로 생각한다.

서예에 대하여

　검정 먹물로 쓴 붓글씨는 중국전통문화의 한 획을 그었다고 해도 과언이 아닐 것이다. 벼루, 먹, 종이라는 단순한 재료가 붓이라는 필기구로 표현되는 글씨인데 이것이 처음부터 표현예술이라는 반열에 오르지는 않았을 것이다. 한자(漢字)라는 글자의 특수성으로 인하여 선(線)과 여백의 조화가 예술이라는 영역에 자리하면서 일반화되었다고 보면 될 것 같다.
　중국의 사적지를 관광하다 보면 출입문의 현판부터 곳곳에 걸려 있는 액자와 족자에 글씨가 다양한 필체로 표현이 되어 있는 것을 볼 수가 있다. 그런데 글의 내용을 자세히 살펴보면 상징적이고 함축적인 의미가 내포되어 있음을 알 수가 있다.
　붓글씨는 붓으로 쓰는 글씨라 하여 붙여진 이름인데 기본적으로 먹물로 쓴 글씨이면서 이것을 중국, 한국, 일본에서는 각각 서법(書法)·서예(書藝)·서도(書道)라는 이름으로 명칭을 달리한다. 서예가 미술의 한 부문(部門)을 차지하면서도 반드시 붓글씨만을 뜻하는 것은 아니지만 크게 보면 붓글씨가 주종을 이룬다고 보면 된다.
　평소 서예에 관심이 많은 나도 현직에 있을 때는 틈틈이 화선지에 글을 써서 감상하기를 즐겨 했다. 굳이 수준을 논할 정도는 못

되지만 관심만은 무척 많은 편이다. 타이베이(臺北)와 텐진(天津)에서 근무한 6년간은 배우기도 하면서 전시회에 참관도 하였다. 그러한 과정에서 중국 현지인들의 작품을 감상하면서 느낀 점은 그들은 서예를 굳이 예술이라는 별도 영역으로 구분하기보다는 일상생활의 일부분으로 인식하는 것 같다는 점이었다. 그들은 대부분 꾸미거나 기교를 부리기보다는 언어를 이용하여 의미를 드러내는 수단 중의 하나가 서예라는 관점으로 글씨를 쓴 것 같았다.

  우리나라의 한자로 쓴 서예작품은 대체로 숙련도를 높이기 위한 모방에 치중하는 듯한 인상을 풍긴다면, 중국인들의 작품에서는 세련미보다는 자연스러운 느낌을 받는다. 그리고 전반적으로 작품 내용을 제대로 이해하기 때문에 시대적 배경이나 주제를 드러낼 수 있는 나름의 글씨를 느낄 수가 있다. 결국은 문장의 내용을 충분히 인지한 상태에서 붓이라는 필기도구를 빌려서 표현할 때, 서예 본연의 의미와 가치가 드러난다고 할 수 있을 것이다. 이러한 경우는 우리말을 하는 외국인들이 과연 얼마만큼 의미를 제대로 이해하고 표현하는 건지 의구심이 드는 것에 비유할 수가 있지 않을까 싶다. 그러한 까닭에 중국인들의 서예작품이 자연스러워 보이는 것은 어쩌면 당연한 결과가 아닐까 하는 생각이 든다.

  서예 전문가 또는 대가들은 다른 사람들의 서예작품을 보면 글씨를 쓴 사람이 문장의 뜻을 제대로 이해하고 썼는지까지도 짐작이 된다고 한다. 어떤 이들은 작품을 출품하는 것이 유일한 목적이 되면서 글 내용을 제대로 소화하지 못한 상태에서 글씨 모방에 치중함으로써 의미전달이라는 가장 소중한 부분을 놓치는 경우도 있는 것 같다. 문장의 내용을 확실히 이해하지 못한 상태에서의 표현은 결국 글씨의 모방에 머무르게 된다는 점에 유의했으면 한다.

 글씨도 인간 정서의 표출방법 중의 하나이기 때문에 문장을 잘 표현하려면 내용과 형태가 잘 어우러지도록 하는 것이 중요하다. 그래서 내용과 글자 수, 그리고 주제 부분 등이 조화롭게 창작되어야 한다는 점에서 특성을 살리는 글씨가 되면 더욱 좋을 것으로 생각한다.

 틈틈이 중국 현지인들의 서예작품전시회를 참관하면서
'나도 저렇게 써보면 좋겠다.'
'저 글씨는 거저 시간이 나서 한번 써본 것 같네.'
'어느 글자는 투박하고 또 어떤 글자는 가냘픈 것이 고저장단과 강약을 조화롭게 구성해 놓은 것 같아 여백이 오히려 작품 내용을 드러나게 하는 것 같다.'는 등의 느낌이 들기도 한다.

 서예작품을 감상하면서 '검정 먹물이 어쩌면 저토록 다양한 모습으로 변신할 수가 있을까!' 하는 일종의 신비감마저 들 때가 있다. 그리고 덜 예쁘더라도 자연스럽고 사람 체취 풍기는 그런 글씨에 더 많은 정감이 가기도 하고, 어떤 작품은 고전의 향기가 우러나는 듯한 묘한 매력을 발산하는 것도 같다.

 시간 내어서 한동안 서랍 속에 두었던 붓을 꺼내어 심기일전하여 글씨를 써볼까 한다. 그러면 생각과 글이 얼마만큼 잘 어우러지는지를 다시 한번 느껴볼 수 있지 않을까 싶다. 마음을 다지기 위해서라도 다시 붓을 잡아봐야겠다.

사자성어(四字成語)

연말연시가 되면 연례행사처럼 지난 한 해를 함축적으로 표현할 수 있는 상징적인 사자성어(四字成語)를 발표한다. 대부분이 다사다난했던 한 해를 관계자 몇 분이 논의를 거쳐서 가장 적합하다고 판단되는 글귀를 정할 테지만, 결과는 대부분이 중국의 고사성어(故事成語)에 의존하는 것 같아서 석연(釋然)치 않을 때가 있다.

우리의 언어 운용에서 개선사항으로 생각되는 부분은 일상생활에서 필요 이상으로 중국의 성어를 인용한다는 점이다. 이러한 모습은 시대의 변천에 비추어 볼 때 다소 구태의연한 느낌이 들기도 한다. 부득이한 경우가 아니라면, 우리의 전반적 문화 상황에 적합한 순수한 우리의 언어로 표현해도 능히 해결될 수 있을 텐데 하는 아쉬운 마음이 드는 것이다. 이제는 종래의 중국문화에 대한 무분별한 의존에서 탈피하여 우리의 역사나 문화와 관련된 고유한 어구(語句)나 속담, 격언 등에 관심을 가져도 되지 않을까 하는 생각을 해본다.

외래문화의 범람문제에 대하여 우려를 나타내는 부분은 우리 고유의 문화가 전반적으로 정통성을 제대로 유지 발전하지 못하지 않을까 하는 점이다. 최근에는 의식주 전반에 걸쳐서 국적 불명의 언어들이 혼재하는 경향이 심해지면서 결과적으로는 우리의 문자문화가 혼돈의 시대를 맞이한 듯한 느낌이 드는 것이다. 결국에는 순수성을 계승·발전시키지 못하는 우를 범할 것 같다는 염려이다. 무분별한 외래어 사용 문제가 문화 전반에 미치는 영향이 어떠할지에 대해서 좀 더 심사숙고할 필요가 있을 것으로 생각한다.

일상생활의 언어교류에서 아직도 우리 문화에 대한 긍지와 자부심이 부족한 경향이 있음을 느낀다. 그리고 중국문화에 대해서도 좀 더 통찰력을 발휘하여 실상을 제대로 들여다보려는 관심과 노력이 필요할 것 같다. 사자성어(四字成語)도 하나의 사전적 성어로 정착되기까지의 과정을 밝힐 수 있는 연원(淵源)이 있을 테고, 그것이 어느 시점에서는 정치·경제·사회·문화 등, 전 영역에서 시대별 상황에 따라서 아전인수격으로 왜곡되었을 수도 있다는 점에 유의했으면 하는 것이다. 그래서 성어에 대한 근원을 이해하기 위한 노력도 필요하겠다는 생각이다.

안데르센 세계 명작동화『벌거벗은 임금님』은 옷을 좋아하는 임금이 사기꾼들한테 속아서 백성들에게 크게 망신당한다는 내용이다. 그 글의 주제는 권력 앞에서 진실을 말하지 못하는 어른들의 어리석음을 꼬집은 것으로 뭔가 씁쓸한 여운을 남긴다. 우리나라에서도 육이오전쟁 이후에 미군 부대에서 흘러나온 여러 가지 식품이나 의상들이 본래의 용도를 벗어나 잘못 사용된 사례들이 적지 않았다고 한다. 결국은 그 나라의 문화 전반에 걸쳐서 제대로 이해하지 못한 결과로 빚어진 난센스라고 볼 때, 시사하는 바가 적지 않다고 생각한다.

근래에는 지방자치단체별로 특수성을 살린다는 명분으로 근원도 불분명한 문화 행사를 그 지방의 토속문화인 것처럼 포장하는 사례도 있다고 한다. 이와 같은 견강부회(牽強附會)식의 행사는 지양하고 역사적인 시원(始原)을 명확히 밝힐 수 있는 지역의 토착문화 발굴이 필요할 것으로 생각한다. 수입한 문화를 흉내 내다가 어느 날 갑자기 종적을 감추는 용두사미 격의 행사는 지양했으면 하는 것이다. 이제는 우리도 역사 인식을 명확히 하여 범국가적 차원에서 우리의 전통문화를 발굴하고 계승하려는 노력과 동시에, 지방에서도 제반 행사를 시행할 때는 장기적인 관점에서 우리 고유의 문화 행사가 계승·발전할 수 있도록 각별한 노력이 있어야겠다고 생각한다.

중국의 사자성어에 의존도를 높이면 자연적으로 우리 고유의 말과 글의 이용에 소홀할 수 있다는 사실에 유의할 필요가 있을 것 같다. 중요한 사실은 우리의 전통문화를 재조명하여 적절하게 활용함으로써 우리 문화에 대한 자긍심에도 영향이 미칠 수 있다는 것이다.

중국의 역사와 문화를 거론할 때면 만리장성을 떠올리는데, 그것의 실상 파악을 위한 관심이 다소 부족한 것 같다. 만리장성의 경우, 겉으로 보이는 위용의 뒤에 드러나지 않은 비극적 스토리가 서려 있음에도 유의했으면 한다. 그 축조과정에서 희생당한 사람들과 파탄된 가정 등 수많은 애환이 서려 있다는 사실에 대해서도 관심을 가질 필요가 있을 것이다.

일류가 된다는 것

　　고향 중학교 선배 중에 유명한 축구선수가 있었다. 그는 어려서부터 때와 장소를 가리지 않고 오직 공차기에만 몰입하였는데 심지어 동이 트기도 전에 인근 공설운동장에서 어둠을 가르며 열심히 실력을 쌓아갔다. 누가 시킨 것도 아닌데도 완전히 축구광이라고 할 정도였으며 그러한 노력이 헛되지 않아 마침내 축구 국가대표 선수 주장까지 맡는 영광을 차지하였다.

　사람이 길지도 않은 한평생을 살면서 어느 분야에서건 소위 일류로 인정받는다는 것은 참으로 어려우면서도 영광스러운 일이다. 요즈음은 초일류라는 말도 있지만 어쨌든 일류의 수준에 도달한다는 것은 대단한 성취임에 틀림이 없다.

　내가 20대 중반부터 독학으로 중국어 공부를 계속했지만, 외국어 회화 한 분야만 하더라도 국내에서 자타가 공인하는 일류의 수준에 도달한다는 것은 하늘의 별 따기보다도 더 어렵다는 사실을 절감(切感)하고 있다.

　무슨 분야에서건 프로의 세계에 진입하는 일은 보통 어려운 게 아니다. 그리고 어학 분야의 경우, 공인능력시험에서 최고급수를 취득하면 바로 유능하고 능통한 실력자로 인정받게 된다고 생각한다면 착각이라고 말하고 싶다. 적어도 관련 분야의 실력자들이 이구동성으로 '그 사람'하고 지목할 정도의 수준에 도달할 정도의 능력일 때 명실상부한 일류라고 칭해도 될 것 같다는 생각이다.

하나의 분야에서 일류가 되기까지 넘어야 할 산은 많고도 험난하다. 더구나 인생이 이삼백 년의 세월을 허락하지 않기 때문에 아무리 천부적인 소질이 있다고 하더라도 발전하는 데는 한계가 있을 수밖에 없다는 결론에 도달하게 된다.

어느 분야에서든 활동에는 적령기가 있다는 것을 그 누구도 부인 못 할 것이다. 아무리 유능한 사람도 활동 가능 기간이 있고 전성기 또한 있게 마련이다. 면면히 이어지는 역사의 수레바퀴가 과거와 현재 그리고 미래로 이어지는 과정에서 창조되는 갖가지 결과물을 보면서 신진세력들의 성과에 감탄을 자아내곤 한다. 그 누구도 자신이 절대적 능력의 소유자라도 되듯이 자기도취에 빠질 수는 없는 일이다. 실력과 능력이 있는 후진들이 끊임없이 배출되고 있음을 잊어서는 안 된다. 며칠 전에는 배구 중계방송 중에 30대 초반 선수를 노장이라 칭하는 것을 보면서 새삼 전성기라는 말이 떠올랐다.

매스컴을 통해서 전국적으로 알려진 소위 스타 강사가 어느 시점(時點)부터 강의 요청이 급감하더라는 것이다. 그래서 이유를 알아보았더니, 공공기관에서는 초빙 강사의 제1조건이 연령 제한이며 그것은 거의 예외없이 적용되고 있다는 사실을 뒤늦게 알게 되었다고 한다.

텔레비전 연속극을 보더라도 극 중 인물 배역의 바탕에는 특별한 경우를 제외하고는 나이가 고려되고 있다는 사실을 알 수가 있다. 외모나 음성 등의 조건만 하더라도 한계를 극복하는 일이 쉽지 않을 것이기 때문이다. 물론 현실적 여건이 모든 직업에 일률적으로 적용되지는 않겠지만 일단은 적정연령이 객관적 판단에 의한 것이라고 보면 될 것 같다는 생각이다.

국가나 단체 등의 기관에서는 정해진 규칙이나 오래된 관행의 틀에서 벗어나는 경우가 거의 없을 것으로 생각한다. 공무원의 정년(停年)도 법정 사항이어서 해당 분야에서 아무리 탁월한 능력의 소유자로 인정받더라도 예외 없이 적용될 수밖에 없다. 그러나 개인 사업자는 연륜과 상관없이 해가 갈수록 전문가로서의 가치가 높아지는 경향이 있으니 어떻게 보면 평생을 보장받는 직장이라고 할 수가 있을 것이다.

보편적인 기능이라고 할 수 있는 자동차 운전의 경우에도 근래에는 고령 운전자가 늘어나면서 법적으로 연령을 제한할 필요가 있다는 데에 공감대가 형성되고 있는 것 같다. 그러나 현재로서는 연령을 내세워 일률적으로 규제할 수 있는 법적 근거가 없다고 한다. 문제는 해가 갈수록 노인 운전자의 사고율이 상대적으로 증가함으로써 관련 기관에서는 그에 대한 대책을 수립 중이라는 뉴스를 들은 바도 있다.

인간의 기능에는 사용 가능한 한계연령이 있다고 보는 것이 일반적인 인식인 것 같다. 그리고 어떠한 분야에서건 정점을 찍으면 하강 국면에 접어드는 것이 정상적인 현상이다. 운전의 경우도 개인적으로는 기능 면에서 전혀 문제없다고 자신하는 노인들도 있겠지만 일반적인 경향은 무시할 수 없다고 본다. 그래서 연령에 따른 일률적인 제한을 두는 규정이나 법의 제정은 국민 안전 측면에서 고려할 필요가 있다는 인식이 점차 높아지는 추세라고 한다.

다행스럽게 생각되는 것은 근래에는 자발적으로 운전면허증을 반납하는 고령의 운전자들이 늘어난다는 사실이다. 그것은 사고 미연 방지 측면에서도 긍정적 효과를 기대할 수가 있을 것 같다.

어떠한 분야든 직장에 종사하는 동안, 능력을 최대한 발휘할 수 있는 기간이 있을 것이다. 그래서 그 분야에서의 정점(頂點) 연령대가 있음을 염두에 두고 단계별 인생 설계를 할 필요가 있지 않을까 싶다. 이처럼 생애라는 관점에서의 계획과 실천이 적절하게 이루어진다던 보람 있는 인생이라는 측면에서 도움이 될 것으로 생각한다.

명판관(名判官) 포청천(包靑天)

포청천(包靑天)은 중국 역사상 훌륭한 명판관(名判官)으로 알려져 있다. 그는 뇌물과 청탁(請託) 공세에도 추호의 흔들림 없이 공명정대한 업무처리로 명성이 자자한 송나라 때의 재판관 포증(包拯)이다. 그의 재판에 얽힌 내용을 중심으로 제작한 중국 TV 드라마가 바로 〈포청천〉인데 사건을 정당하게 처리하는 과정을 보여주는 모범적인 사례로 보면 될 것 같다. 그이도 사람이기에 재판과정에 오판도 있을 가능성은 전혀 배제할 수 없겠으나 명판관이라는 제목과 어울리게 시종일관 명명백백하게 엄정한 재판과정을 보여줌으로써 만인으로부터 존경받기에 충분하다고 생각한다.

나는 이 프로그램을 적어도 관련 업무 종사자들만은 한 번쯤 시청을 하면 좋겠다는 생각을 하고 있다. 억울한 백성에게는 희망의 등불이 되어주고, 비리와 불법을 일삼는 사람들에게는 법에 의거하여 준엄한 심판을 받게 함으로써 일벌백계의 효과는 물론, 정의로운 사회구현에 크나큰 영향을 미칠 수 있다고 생각하기 때문이다.

어떠한 권문세가(權門勢家)도 법 앞에서는 예외 없이 준엄한 심판을 받는다고 당당하게 말할 수 있는 국가와 사회는 얼마나 될까? 인간세상에는 개인적인 이해관계를 비롯하여 다양한 경로를 통해서 재판에 영향을 줄 수 있는 직간접 요인들이 작용할 가능성은 현실적으로 충분히 있다고 생각한다. 그러면서도 온전히 인간의 내적 양심과 법에 따라 정당하게 집행한다면 더 이상 바랄 게 없을 것이다. 문제는 현실적으로 그렇게 실행한다는 것 자체가 쉽지 않다는 데에 있다. 물론 드라마 자체가 역사 속의 사실을 어느 정도 각색하는 과정을 거쳤을 것이라는 상상은 가능하지만 그렇다고 본질을 호도할 정도의 허구는 아닐 것이라고 믿는다.

이런저런 억측은 배제하고, 단지 이 드라마에서는 어떤 사건을 파헤쳐 가는 과정에서 포청천이 하는 언행과 판단이 지극히 정당하여 이의를 제기할 여지가 없는 것 같다. 근본적으로 훌륭하다는 생각을 하게 되는 점은 사심이 개입되지 않는 공명정대함의 실천이며 그래서 더욱 우러러볼 수밖에 없다는 것이다. 원론적으로 본다면 그를 칭송할 이유가 없는 지극히 정당한 업무수행을 했을 뿐인데도, 왜 그토록 세간의 주목을 받는지는 시사하는 바가 크다고 할 수 있다. 이 세상에 떠도는 유전무죄, 무전유죄란 말이 전혀 근거가 없는 것인가? 돈 없고 배경 없는 일반 서민들이 각종 판결에 부당함을 호소하는 일들이 그치지를 않는 상황에서, 상상을 초월할 정도로 공명정대하게 준엄한 재판을 하는 장면은 시청자들에게 일종의 카타르시스마저 느끼게 할 것으로 생각한다. 송사는 양편의 말을 들어봐야 시비가 가려진다고 하듯이 포청천이 진실 규명을 위하여 온갖 위험을 무릅쓰면서까지 백방으로 노력하는 모습에 아낌없는 응원을 보내고 싶은 것이다.

법치국가에서는 일단 법과 양심을 바탕으로 재판을 하면 특별히 문제 될 일이 없을 것이다. 근세에는 필리핀 국민이 추앙하는 라몬 막사이사이 대통령의 준법정신이 널리 회자되고 있다. 그와 관련한 일화 중에는 어느 날 차로 이동하던 중에 교통경찰이 차를 세웠다고 한다. 대통령이 타고 있는 차라는 특별한 표시가 없었으며 경찰은 평소에 하던 대로 도로교통법을 위반했기 때문에 정지시켰을 뿐이었다. 경찰이 운전기사에게 신호 위반이니 범칙금을 물어야 한다고 했으며 그때 운전기사는 "뒷좌석에 대통령이 타고 있으니 빨리 비키라!"고 했다는 것이다. 그러나 그는 교통법규를 위반한 경우에는 예외가 없다면서 자신이 맡은 바 책무를 수행할 뿐이라고 했다. 상황을 파악한 대통령은 기사에게 그 경찰의 이름과 소속을 메모하게 하였다. 그리고 며칠 뒤에는 그를 초청하여 철두철미한 직무수행 자세가 다른 사람들의 귀감이 될 일이라면서 격려를 했다는 감동적인 일화(逸話)가 있다.

법 앞에 만인이 평등하다는 말은 상식이다. 그런데도 우리 주변에는 원칙과 질서를 무시하는 사례를 심심찮게 접할 수가 있다.

신호 위반이나 음주운전으로 적발된 상황에서도 사돈 팔촌의 권력까지 들먹이는가 하면, 언성을 높이고 협박까지 하는 자칭 높은 분들도 있다고 한다. 오늘날에도 이렇게 법 위에 군림하려는 행태가 여전히 근절되지 않는 상황을 고려해 볼 때, 하물며 법치가 제대로 이루어지지 않았던 당시에 공명정대한 판결을 내리는 일이 얼마나 험난했을지는 가히 상상하고도 남을 일이다. 그러니 포청천의 판결 장면을 지켜보는 일반 시청자들로서는 저절로 존경의 마음이 우러나지 않을 수가 없는 것이다.

한편으로 생각하면 한 인간으로서 포청천의 삶은 무척 고독했을 것 같다. 더군다나 당시에는 뇌물 수수를 비롯하여 불법이 사회 전반적으로 공공연히 횡행했던 점을 감안한다면 더욱 그러하다. 사리사욕을 태제하고 진실 규명을 위하여 법과 원칙에 충실히 하는 일이 개인적으로 얼마나 힘들었을지는 짐작하고도 남을 일이다. 분명 그는 양심과 정의를 바탕으로 책무를 완수한 재판관임에 틀림이 없다.

일반적으로 사람에 대한 평가에도 양면성이 있음을 생각한다면 포청천을 바라브는 시각도 예외일 수는 없을 것이다. 그가 훌륭하다고 칭송을 받을 수밖에 없는 이유는 여러 면으로 밝힐 수가 있다. 그중에는 왕족에 대한 재판조차도 법에 따라 단호하게 집행하였는데 그것은 어느 누구도 쉽게 따라 할 수 없는 일이라고 생각한다. 크고 작은 외부압력에 법복을 벗겠다는 결연한 의지로 법과 양심에 따라 임무를 수행했으니 명판관으로서의 소임은 다했다고 할 수가 있다. 다른 한편으로는 만약에 그가 돈과 권력에 타협했더라면 세상 사람들이 말하는 부와 권세를 누릴 수도 있었을 것이라는 생각도 해보게 된다.

우리나라도 지난날 법과 질서가 정착되는 과정에 곳곳에서 부정과 비리가 횡행했던 게 사실이다. 일반 국민이 공공기관에서 인허가 문제를 해결하려고 할 때, 이런저런 핑계로 처리해 주지 않는 경우 등이다. 그럴 때는 정식 절차를 거치지 않고 바로 해당 부서의 최고 결재권자의 힘을 빌리는 권력형 비리가 있었음을 부인할 수는 없다. 그리고 재판과정에서의 부정부패와 금권에 의해서 자식의 군대 배치에도 절대적인 영향을 미치기도 했다. 그래서 돈과 권력의 힘을 빌릴 수 없는 자녀들은 최전방에 배치되는 것이 당연하다는 인식들이 있었다. 오죽했으면 전투에서 어느 병사는

"빽!"하면서 최후를 맞이했다는 말도 있었으니, 백그라운드가 없다는 사실이 얼마만큼 가슴에 한으로 남았으면 그랬을까 싶다.

포청천은 분명 역사에 남을 명판관이다. 온 세상의 법조계 종사자들에게도 포청천과 견주어 전혀 손색이 없는 공정한 업무수행을 위한 의지와 실천을 희망해 본다. 정의와 양심의 바탕 위에 법이 제대로 집행된다면 국민으로부터 신뢰받을 수 있다는 너무나 상식적인 사실을 잊어서는 안 될 것으로 생각한다.

약속은 지키라고 있는 것이다

사람들은 대부분이 자신의 잘못된 언행에 대해서만은 관대한 경향이 있는 것 같다. 일상 자체가 자신의 삶에 묻혀 지내는 편이어서 이웃에는 별 관심을 가질 여유가 없어 보인다. 사람들 간의 교류에서도 약속의 중요성에 대해서 대수롭지 않은 듯한 반응을 나타내기도 한다. 점점 이기주의 경향으로 기울면서 약속을 선별적으로 행하는 것도 같다. 필요에 따라서는 지키지 않아도 하등 미안해할 이유가 없다는 인식들이 있는 것은 아닌가 하는 생각이 든다. 세월이 지나면서 점차로 인간관계에 신뢰도가 떨어진다는 느낌이 드는 것이 나만의 기우인지는 모르겠지만, 어쨌든 약속을 지킨다는 것은 그 누구도 아닌 자신을 위한 것임을 알아야겠다.

어느 외제자동차 딜러(dealer)가 자산가(資産家) 한 분에게 고가의 차 한 대를 팔았는데, 새 차와 키를 건네면서 "내일 휴대용 열쇠고리 한 개를 드리겠다."는 약속을 했다. 그런데 그 딜러는 바쁜 스케줄로 인하여 약속을 깜박 잊었다. 그리고 며칠 지나서 놀라운 사실을 알게 되었는데, 그 자산가는 또 한 대의 동일브랜드 외제차를 구입했다는 것이다. 그 소식을 접하면서 당연히 자신에게 의뢰했어야 했는데 왜 그런 일이 있었는지 이해가 되지를 않았다. 여러 경로를 통해서 그 이유를 알아본 결과 너무나 어이없게도 바로 그 '열쇠고리 약속' 하나를 지키지 못했기 때문이라는 것이었다. 무시해도 좋을 정도의 사소한 약속이라고 할 수 있는 그것 하나 때문에 그토록 엄청난 대가를 치를 줄은 상상도 못 했던 것이다.

이러한 결과가 발생하게 된 원인에 대해서 좀 더 깊이 생각해 볼 필요가 있을 것 같다. 그 자산가는 그동안 각계각층의 사람들을 만나면서 여러 가지 일들을 겪었을 것이다. 그러던 중에 크고 작은 약속들을 지키지 않은 사람들에 대한 나름의 판단 기준도 생겼을 것이다. 어떠한 약속이든 그것의 이행 여부가 당사자의 신뢰도와 직결된다는 사실을 믿었기 때문이 아닐까 싶다.

생활하다 보면 정말 대수롭지 않게 생각할 수 있는 일이면서도 그저 지나칠 수 없다는 생각이 들게 하는 상황들에 직면할 때가 있다. 대형 매장에서 카트를 사용한 후에 정한 위치에 두지 않고 아무 곳에나 두는 경우도 그중의 하나이다. 아무리 바쁘더라도 그래서는 안 되는 것이다. 개인 소유물이 아니면 함부로 사용해도 된다는 사고방식은 공동생활을 하는 데 결격사유가 있다고 봐야 할 것 같다. 어쨌든 여러 사람이 공동으로 사용하는 물건도 자신의 물건인 양 소중하게 다루어야 한다는 것은 지극히 기본적인 태도라고 생각한다. 사회생활에서 규칙과 질서를 잘 지키고 기본적인 약속을 지키는 것은 결국 자신을 위하는 일이라는 사실을 분명하게 인식해야 할 것이라는 생각이다. 그렇게 함으로써 당당한 민주시민의 일원으로서의 소양을 갖추었다고 볼 수가 있지 않을까 싶다.

일상의 인간관계에서 평상시의 인사처럼 하는 약속이 있다.
"언제 시간 내어서 식사 한번 합시다."
"다음에 조용할 때 차 한잔할까요."
분명히 약속과 관계되는 인사이지만 정작 말하는 사람은 가벼운 대화 정도로 생각하는 경우들이 있는 것 같다. 신뢰가 자산이라고 여기는 사람들은 지나가는 인사성 말이라도 허투루 하지는 않는다. 일반적으로는 밥 한 끼 하자고 했고, 차 한잔하자고 했으니, 오늘은 바빠서 못 한다면 다음에 기회가 되면 자리를 함께할 수가 있겠거니 하고 은근히 기대할 수가 있다. 그런데 만나자고 했던 사람이 이후에도 여러 번 대면의 기회가 있었지만 아무 일도 없었다는 듯 무심코 지나친다면 과연 믿음에 영향을 미치지 않을 것이라고 할 수 있을까? 자신의 가치는 자기 자신의 신뢰성 있는 언행과도 관계 있음을 알아야 할 것이다.

어떤 청년이 직장에서 받은 첫 월급봉투를 가지고 자신이 다녔던 고등학교 부근 분식집에 들렀다고 한다.
"할머니 저 왔습니다."
"그래, 학생이 웬일이야. 오랜만이네. 졸업하지 않았어?"
"네, 졸업은 했습니다. 그런데 오늘은 외상값 갚으러 왔습니다."
이 청년은 고등학교 재학시절에 집이 너무 가난해서 점심을 제대로 먹을 수 없을 정도였다고 한다. 당시에는 학교급식이 없었기 때문에 가끔 학교 부근에 할머니가 운영하는 분식점을 이용하면서 외상을 달아놓았던 것이다. 할머니는 그의 가정 형편을 잘 아는 터라 돈을 받겠다는 생각은 아예 지워버리고 있었는데, 학생은 그간의 외상을 날짜별로 꼬박꼬박 기록해 두었다고 한다.

할머니는 갚지 않아도 된다고 했지만, 그 청년은 밀린 돈을 깔끔히 갚고는 감사하다는 인사를 드렸다고 한다.

외상값을 갚고 간 그 청년은 당연히 해야 할 일을 하였기에 특별히 칭찬할 이유도 미담이라고 할 수도 없다. 그러나 기본 인성 면에서, 그의 전도(前途)가 희망적임을 느낄 수가 있다는 것이다. 사람이면 믿음이 있어야 하고 믿을 수 있음으로써 사람이라는 말이 새삼스럽게 떠오르게 하는 장면이기 때문이다.

자동차 딜러가 열쇠고리 약속 하나를 지키지 못함으로써 개인적인 신뢰도에 손상을 입은 원인이 될 수가 있었듯이, 우리네 인생에서도 사소한 약속 하나를 어김으로써 인격적으로나 경제적으로 의외의 손실을 초래할 수도 있다는 사실을 염두에 두었으면 한다. 굳이 이해관계를 떠나서라도 약속을 생명처럼 소중하게 생각하는 사람은 뜻한 바를 성취할 수 있는 초석이 구축되었다고 봐도 좋을 것이라는 생각을 해본다.

작은 하나 때문에

'생각'은 가시적이지 않으면서 그 움직임도 변화난측(變化難測)이어서 정말 종잡을 수 없다는 느낌이 들 때가 있다. 그리고 어쩌면 무시해도 좋을 만큼의 하찮은 것에 대하여 지나칠 정도로 인색하거나 집착하는 태도를 보일 때도 있다. 진정 중요한 것이 무엇인지를 판단하지 못하고 우왕좌왕하는 경우에는 지혜로운 삶에 대해서 생각하게 된다.

급해서 화장실 갈 때와 일 보고 올 때의 마음이 달라진다는 말이 어쩌면 그렇게도 적절한 표현일까 하고 무릎을 칠 때가 있다. 돈 빌려 달라고 할 때는 맹세코 며칠 후에는 바로 갚겠다며 손도장까지 불사하던 사람이, 갖가지 핑계를 둘러대며 차일피일 약속을 어긴다. 급기야는 "얼마 되지도 않는 그 돈 안 갚을까 봐 안달이냐?"며 되레 큰소리치는 상황이 벌어지기도 하는데, 정말 적반하장이 따로 없다. 사람 이름을 상품브랜드에 비유한다면 신뢰는 이미지를 좌우할 수 있는 중요한 부분인데도 근본 이치를 망각하는 행위들이 심심찮게 발생하곤 한다. 양심에 거리끼는 언행을 하면 불편한 것은 바로 당사자일 것이라는 사실을 모를 리 없을 텐데 왜 그러는지 이해가 안 된다. 일상생활에서 인과율에 대한 인식을 제대로 했으면 좋겠다는 생각도 해본다. 장구한 역사에 비하면 개개인의 일생은 지극히 짧은데도 그 기간마저 좋은 심성으로 지내지 못한다면 안타까운 일이라고 할 수 있을 것 같다.

진실한 언행으로 살아가는 모습은 참으로 아름답다. 일상에서 약속이란 지켜도 그만, 안 지켜도 그만이라는 인식을 한다면 어리석은 사람이라고 해야 할 것 같다. 인연의 소중함을 생각하며 좀 더 장기적인 안목으로 생활하면 무엇보다도 당사자가 좋을 텐데 말이다. 바늘 도둑이 소도둑 되듯이 작은 잘못들이 누적되면 큰 후회로 남을 수 있다는 점에 유의해야 할 것 같다.

이 세상의 일들이란 것이 작은 게 작은 것이 아닐 수도 있기에 사소해 보인다고 해서 무시하거나 소홀히 취급하지 않아야 할 것으로 생각한다. 비근한 예로 흔히 이용하는 카센터의 경우를 봐도 가는 곳마다 다른 상황들이 연출된다. 수리비를 최대한 많이 받으려는 곳, 최소한의 비용만 받는 곳, 어느 부품 교환은 고객에 대한 서비스 차원에서 무료로 해주는 곳 등, 그 유형들이 다양하다. 무슨 사업이든 단골손님이 늘어나는 데에는 그만한 이유가 있을 것으로 생각한다. 회사 광고에 열을 올리는 곳이 있는가 하면, 어느 곳에서는 몇 푼 안 되는 제품이고 잠깐이면 교환 가능한 것을 몇 배 부풀려 비용을 요구하는 곳도 있다. 단골이 아니니까, 또는 지나가는 외지인이기에 폭리를 취해도 상관없다는 듯한 영업이라면 결과적으로 제 꾀에 제가 넘어가는 꼴이 될 수 있음을 알았으면 한다. 정확한 일 처리와 상도의를 중시하는 경영이 사업의 바탕이 되어야 하지 않을까 싶다.

지방의 어느 미장원에서는 머리 손질을 하든 안 하든 상관없이 그곳이 휴게실이라도 되는 것처럼 손님들이 모여들면서 심지어 주인과 손님이 식사도 함께하는 등, 인간미 넘치는 모습들을 영상으로 보았다. 어떻게 보면 살맛 나는 세상의 모습이라는 생각도 드는 정경이면서 고객을 가족처럼 사심 없이 대하는 주인의 마음 씀씀이를 엿볼 수가 있었다. 물론 누구나 따라 할 이유는 없겠지만 무엇보다도 그렇게 열려 있는 주인의 마음이 고귀하다는 것이다. 사업의 종류를 막론하고 경영자는 눈앞의 이해관계에 집착하기보다는 고객을 가족처럼 대하면서 진실로 행복하고 보람을 느낄 수 있는 운영이 되면 좋겠다는 생각이다.

인간관계에서 중요한 자세 중의 하나를 들라면 역지사지(易地思之)의 태도라 하겠다. 그런데 그게 쉽지는 않겠으나 실천만 한다면 이해의 폭이 넓어질 것으로 생각한다. 자고로 적선지가필유여경(積善之家必有餘慶)이라고 했으니 착한 언행을 쌓으면 반드시 경사스러운 일이 올 것이라는 믿음을 갖는다는 건 모두의 행복을 위해서도 좋은 일이라고 생각한다. 일상생활에서 작은 이해관계에 집착하지 않는 열린 마음으로 생활한다면 행복한 삶에 큰 도움이 될 수 있을 것이라는 믿음을 가져본다.

정직(正直)

　사방팔방 어느 곳을 향하든지 편한 마음으로 걸림 없이 자유롭게 활보할 수 있는 바탕이 될 수 있는 실천덕목 하나를 들라고 한다면 주저없이 '정직한 생활'이라고 하겠다. 굳이 이유를 덧붙이자면 정직한 생활은 생각을 단순하게 하면서 이런저런 헷갈릴 일이 없게 하기 때문이다. 그리고 가장 중요한 점은 매사에 당당할 수가 있다는 사실이다. 거짓말을 할 때는 원본이라고 할 수 있는 처음에 했던 거짓말의 내용을 완벽하게 기억하고 있어야 한다. 그렇게 함으로써 거짓말에 일관성을 유지할 수가 있기 때문이다. 얼마나 번거롭고 골치 아픈 일인가?

　거짓말도 하다 보면 양심의 가책을 받는 동시에 밝고 맑은 마음과 멀어지면서 마음 한구석에 어두운 그림자가 자리할 수 있다. 불리한 순간을 일시적으로 모면하는 데는 적당히 둘러대는 거짓말이 유용할지는 모르겠으나 당당하지 못하다는 사실이 못내 마음을 괴롭힐 것이다. 무엇보다도 상대방을 속였다는 행위 자체보다는 양심의 가책을 느낄 수밖에 없다는 사실이 심적 불편을 초래할 것이라는 점이다. 세 치 혀와 비정상적인 두뇌 활동을 이용하여 거짓을 진실로 포장하더라도 결국은 거짓은 거짓일 뿐이라는 사실을 잊어서는 안 될 것이라고 생각한다.

이 세상이 하나의 생존경쟁의 장이 되면서 지금 이 순간에도 서로가 속이고 속히는 일들이 번연히 벌어지고 있는 것이 현실이다. 그런데 분명한 사실은 속인다는 행위 그 자체는 어떠한 변명으로도 합리화할 수 없는 비양심적인 일임에 틀림이 없다는 것이다. 왜곡된 상술(商術)이 일시적으로는 자신의 목적 달성에 도움이 될지는 몰라도 결과적으로 그 피해는 부메랑이 되어서 당사자에게 되돌아올 수 있다는 점을 알았으면 한다. 그리고 언제 어디서나 양심을 저버리는 기만행위에 대해서 그럴 수도 있다며 동의하는 일은 없을 것이라는 점을 분명히 인식할 필요가 있을 것이다.

  재래시장의 노점상에서는 채소 장수들이 잎줄기채소가 시드는 것을 막기 위해서 간간이 물을 뿌리는 모습들을 볼 수가 있다. 간헐적(間歇的)으로 뿌리는 물이 그 본래의 생기를 되돌리지는 못한다. 그렇지만 어쩔 수 없이 그렇게 할 수밖에 없는 이유는 싱싱해 보이지 않는 채소를 좋아할 소비자가 없다는 사실을 잘 알기 때문이라고 보면 될 것 같다.

  소를 팔려는 사람이 중량을 늘리기 위해서 거래 직전에 소에게 강제로 물을 주입한다면 그건 분명 동물 학대 이전에 비양심적이고 부당한 행위임에 틀림이 없다. 그러나 너나없이 공공연히 행해지는 일이라면 시시비비를 가릴 여지가 없게 된다. 문제는 그러한 작태가 심각한 양심의 일탈행위라는 사실을 제대로 인식하지 못한다는 데에 있다. 그런가 하면 개중에는 소중한 양심을 몇 푼의 돈과 바꿀 수는 없다는 확고한 태도로 그러한 짓은 절대로 하지 않겠다는 사람도 있을 것이다. 분명 금전상으로는 이득이 된다고 하더라도 결단코 그렇게는 할 수 없다고 거부하는 사람에 대해서 오히려 바보 취급을 한다면 그 사회는 양심이 심각하게 오염되었다고 볼 수가 있다. 어떠한 이유를 둘러대더라도 양심을 속이는 행위는 정당성을 외면한 것임이 분명하다.

　식생활에서 중요한 재료인 수입 쇠고기 문제만 하더라도 한우라고 속여 팔다가 발각되었다는 뉴스를 접할 때가 있다. 그런데 놀라운 사실은 비양심적인 행위를 했음에도 불구하고 처벌을 받게 된 당사자는 도리어 억울하다며 항변한다는 것이다. 공공연히 행해지는 일인데 왜 자기만 걸렸는지 모르겠다는 것이란다.

　매사를 대처함에 있어서 무조건 좋은 게 좋다는 식으로 두루뭉술하게 처리한다면 과연 바람직한 일인지를 생각해 봐야 한다. 남들 다 하는 짓거리인데 정직이 밥 먹여주냐며 스스럼없이 불법과 탈법을 일삼는다면 그건 당연히 옳지 못한 행동이다. 양심에 떳떳하다면 어떤 경우에도 거리낌이 없으면서 마음 편하게 생활할 수가 있다. 그렇지 않으면 어떠한 외적 조건이 충족되더라도 참된 내면의 행복을 느낄 수는 없다는 사실을 알아야 한다. 정직한 삶이야말로 행복한 인생을 위한 출발점이요 종착점이기 때문이다.

　인간관계에서 신뢰를 쌓기 위한 제1차적 요소가 정직이다. 언제 어디서나 신뢰받는 사람이 되기 위해서는 반드시 언행의 바탕에 정직이 자리 잡아야 한다. 돈을 맡기는 것이 고양이한테 생선 맡기는 격이 된다거나, 목구멍이 포도청이라고 제 돈 남의 돈 가릴 것 없이 일단 쓰고 보자는 사람에게는 신뢰할 수 없는 사람이라는 딱지가 붙게 됨은 물론, 자신의 삶도 불행해진다는 사실을 알아야 한다.

모든 언행에서 정직이 바탕이 되면 당사자의 인간적 가치와 삶의 질이 높아진다. 일시적인 눈속임으로 얄팍한 상술을 부리거나, 사기행각으로 금전을 갈취한다든지 하여 부당하게 자기 잇속을 차린다면 인간 본연의 가치는 추락하게 된다. 진정한 가치는 자신만이 키워갈 수가 있다. 언제 어디서나 마음 편히 떳떳하게 살아갈 수 있는 최상의 비결이 바로 정직한 생활에 있다는 것은 엄연한 사실이다.

양심을 속이면서 산다는 게 일시적으로는 쉬운 방법이고 이해관계 면에도 득이 되는 것처럼 보일지는 몰라도, 결과적으로는 훨씬 많은 후유증을 남길 수 있다는 점을 염두에 두었으면 한다. 진정 행복한 생활은 정직을 기초로 하여 차근차근 쌓아 올리는 하나의 건실한 건축물에 비유해도 좋을 것으로 생각한다.

불신을 조장하는 사람들

　속담에 "수심가측(水深可測) 인심난측(人心難測)"이라는 말이 있다. "물의 깊이는 헤아릴 수 있으나 사람의 마음은 헤아리기 어렵다."라는 뜻이다. "열 길 물속은 알아도 한 길 사람 속은 모른다."라는 말과 같은 의미라고 보면 되겠다. 사람의 마음을 제대로 이해한다는 일은 참으로 어려운 일이다. 부모마저도 자식들에게 "저놈은 어찌 저리도 내 마음을 몰라 줄까." 하면서 안타까워하는 모습을 볼 수가 있으니까 말이다.

　어떤 아주머니가 몇 년마다 주소지를 옮겨가며 독거노인과 거동이 불편한 분들의 손발이 되어주다시피 봉사활동을 해왔다. 주변에서는 이구동성으로 천사라고 불릴 만큼 고마운 존재로 인식이 된 사람이었다. 그렇게 칭송이 자자할 정도의 그녀가 노인들을 대상으로 갖가지 방법을 동원하여 거금을 절취했다는 충격적인 사실이 드러났다. 심지어는 요양원이나 병원에 입원한 노인들의 입원비마저 부풀려서 자녀들에게 알리고 자신의 통장에 입금하게 하는가 하면, 매월 노인들 통장에 들어오는 정부지원금마저 가로채는 등, 수단과 방법을 가리지 않고 비도덕적인 짓을 계속하다가 마침내 꼬리가 잡혔다는 믿기 힘든 사건이었다.

　건강이 좋지 않은 독거노인과 거동이 불편한 분들의 경우, 도움이 필요할 때면 스스럼없이 아주머니에게 연락하였고 그러면 바로 달려와 주었다고 하니 멀리 떨어져 있는 자식보다 낫다고 할 정도였다고 한다. 항상 궂은 일도 마다하지 않고 친절하면서도 성심성의껏 돌봐주는 모습은 누가 봐도 선행임이 분명하였다. 그런데 불행히도 양의 탈을 쓴 이리의 행세로 밝혀졌다니 허탈감을 가눌 길이 없었을 것이다.

사람의 마음에는 악마와 천사가 공존하는 것 같다. 누구든지 마음만 먹으면 선악의 경계를 자유자재로 넘나들며 연출할 수 있는 천부적인 소질을 타고난 것 같다는 생각이 든다. 특히 아주머니와 관련된 사건을 보면서 더욱 그러하다. 그녀는 노인들을 속이면서 부정한 방법으로 금품을 착취한 사실에 대해서는 일말(一抹)의 가책을 느끼지 않는다고 한다. 오히려 어려운 노인들을 헌신적으로 보살피고 도와주는 선행을 하였다는 점을 주장하고 있다는 것이다. 그녀는 자신이 마치 천사라도 되는듯한 착각에 빠진 것처럼 보였다고 한다. 법정에서도 자신은 아무런 잘못이 없으며 모든 게 너무 억울하다며 항변하였다는 것이다. 그러한 모습에서 누군가가 이 세상에서 제일 무서운 것이 무엇이냐는 물음에 조금도 주저 없이 사람이라고 답했다는 말이 떠올랐다. 양심을 저버린 인면수심(人面獸心)의 눈에는 외롭고 병약한 노인들이 금전착복(金錢着服)의 대상으로만 보였던 게 아닌가 하는 생각이 들었다.

죄 중에서도 질을 논한다면 참으로 나쁜 죄질임이 분명하다. 왜 하필이면 그렇게 외롭고 병약한 노인들만 찾아다니면서 몹쓸 짓을 했는지 아무리 생각해도 비인간적인 행동이라는 생각뿐이다. 사방에서 들려오는 그들의 원성(怨聲)을 어떻게 감당하려는 건지 그녀는 분명 천인공노(天人共怒)할 죄인이라는 생각이 들었다.

들은 이야기인데 개가 사람한테 한 말이라고 한다.

"사람인 당신들의 수명을 길게 해준 까닭은 진실로 사랑하는 법을 터득하기까지의 시간이 그만큼 필요하기 때문이다. 대신에 우리 개들은 태어나자마자 사랑의 참 의미를 알고 실천하기 때문에 굳이 오래 살 이유가 없다."라고 했다는 것이다.

칠팔십을 살아도 사랑을 실천하지 못하는 사람들이 허다한 것을 생각하면 인간의 어리석음에 대해서 다시금 생각하게 된다. 아주머니의 위선적이고 비인간적인 모습을 보면서 점차 참다운 사랑의 의미가 퇴색되어 가는 일면도 있는 것 같아 안타까운 마음이 들기도 한다.

앞으로는 노인 인구의 절대적 증가로 인하여 노인을 대상으로 하는 사기행각이 늘어나지 않을까 하는 우려가 앞선다. 그러한 부도덕한 행위들의 발생 빈도가 높아지면 사람들 간의 불신 풍조가 확산할 수가 있다. 이러한 사건들을 보면서 신뢰를 바탕으로 상부상조하면서 살아간다는 게 얼마나 소중한 일인가를 새삼 느껴본다.

법과 질서

　횡단보도를 건너던 중에 있었던 일이다.
　고속버스를 타고 목적지에 도착하자마자 서둘러 하차하였다. 그러고는 길 맞은편에 있는 공중화장실로 가기 위해서 횡단보도로 향하는데 마침 파란불이어서 사람들은 건너고 있었다. 나는 걸음을 재촉하며 가는데, 횡단보도 중간쯤에서 신호등이 빨간불로 바뀌었다. 인터체인지 부근의 왕복 10차선 대로였는데 길 중간에서 멈출 상황도 못 되고 해서 건너던 다른 2명과 함께 주춤주춤 걸었으며 다행히 차들이 양보해 주어서 간신히 건널 수가 있었다.
　횡단보도를 건넌 후에 당황했던 마음을 추스르고 나서 생각해 봤다. 분명 그곳에 들어섰을 때는 파란 신호가 숫자를 나타내면서 잠시 후면 빨간 신호로 바뀔 것을 예고하고 있었다. 그러나 급한 마음에 무리하게 건너려 했던 것이 결과적으로 교통방해가 되었음은 물론이고 사고로 이어질 수도 있었다는 것을 생각하니 정말 잘못된 판단이었음을 알아차렸다.
　대부분의 교통사고가 눈 깜짝할 사이에 발생한다는 사실을 모르는 바는 아니다. 도로에서 발생하는 인명사고 중에서 많은 비중을 차지하는 것 중에 하나가 노인들의 무단횡단이라고 한다.

여전히 급한 마음에 빨리 가려고 하다 보니 무단횡단을 하는 사람들이 많다는 것이다. 더구나 노인은 여러 가지 이유로 사고로 이어질 가능성이 높을 수밖에 없다고 하는데도 말이다.

운전을 하다 보면 걸음걸이가 느린 노인들이 횡단보도 신호가 바뀐 후에도 느릿느릿 걸어가는 모습을 볼 때가 있다. 이러한 상황을 마주하면서 노인들이 횡단보도가 아닌 곳에서 무단횡단을 하는 것은 참으로 위험한 일이라는 것을 절실히 느끼곤 한다. 어떠한 경우에도 부주의로 사고를 당하는 일이 발생해서는 안 된다. 횡단보도나 육교를 이용하면 시간이 더 걸리고 힘이 든다는 이유로 교통신호를 무시하면서까지 무단횡단을 한다면 큰 사고로 이어질 수 있음을 명심해야만 한다.

"내가 왜 여기 있지?"
"어떻게 된 일인지 자초지종을 알려줘."

이러한 대화는 영상으로 심심찮게 볼 수 있는 장면들이다. 대부분 사고를 당한 후에 의식을 찾으면서 하는 말들이다. 그때 그렇게만 안 했어도 이런 일은 발생하지 않았을 것이라며 뒤늦은 후회를 한다. 이미 엎질러진 물이기에 되돌릴 수 없으니 후회스러움을 어찌 말로 다 표현할 수가 있을까 싶다.

일상에서 생활하다 보면 일분일초를 다투는 긴박한 순간이 있을 수는 있다. 그러나 다급하다는 이유로 신호를 무시하며 달리다가 갑자기 사고가 발생한다면 어떻게 할 것인가? 사고의 경중을 따질 것 없이 사고가 발생하면 그 결과는 일파만파로 걷잡을 수 없는 결과로 치닫게 될 가능성이 있음에 유의해야 한다. 이유 여하를 막론하고 안전을 위하여 규칙을 지키는 일은 일차적으로 생명의 안전을 위해서라는 사실을 명심해야겠다는 생각이다.

선진문화가 어떤 것인지에 대해서는 해외여행을 통해서도 생생하게 느낄 수가 있을 것이다. 세계 각국의 다양한 문화를 접하면서 만나고 헤어질 때의 인사나 식사예절 등을 체득하게 될 것이다. 그리고 교통문화에 대해서는 많은 체험을 통하여 느낌이 있을 것으로 생각한다. 어느 나라는 끊이지 않는 경적으로 사방이 요란하면서 무질서한가 하면, 어떤 나라의 거리풍경은 사람과 차들이 신호에 따라서 물 흐르듯 질서정연하게 움직이는 모습을 볼 수도 있을 것이다. 각국의 다양한 모습을 보면서 수준 높은 문화를 정착시키기 위해 법과 질서를 준수해야겠다는 다짐을 하는 계기가 될 수 있을 것이라는 생각을 해본다.

삶의 현장에서 발생하는 사건 사고에는 인과관계가 작용한다고 생각한다. 아니 땐 굴뚝에 연기 날 리 없다고 표면적으로는 우발적인 사고라고 생각할지는 몰라도 좋지 못한 운전습관이 쌓인 결과일 수가 있을 것이다. 법과 질서는 궁극적으로 안전을 지키기 위한 최선의 방책이기에 반드시 준수해야 한다고 생각한다.

진실되고 따뜻한 말

　인간이 만물의 영장이 될 수 있는 이유에 대해서는 관점에 따라 의견을 달리할 수도 있을 것이다. 명확하게 한마디로 정리하기는 쉽지 않지만, 일단은 '사고(思考)하고 그것을 언어로 표현할 수 있는 능력이 있기 때문'이라고 해도 되지 않을까 싶다. 물론 '도구를 이용하여 만물에 군림할 수 있어서'라고 할 수도 있을 것이다.
　그런데 인간의 특수성이라고 할 수 있는 말과 글의 표현문제에서는 그 여파가 고려되지 않을 수가 없다. 흔히들 문장의 영향력을 말할 때, "펜은 칼보다 강하다."라는 말을 빌리는가 하면, 한자(漢子) 성어 중에 '중구삭금(衆口鑠金)'은 "뭇사람들의 말은 쇠도 녹일 수 있을 정도로 강력한 힘을 가진다."라는 뜻으로써 말과 글의 영향이 얼마나 대단한지를 대변하고 있다.
　최근의 역사에서 말의 위력에 대해서 실감할 수 있는 특별한 케이스가 있었다. 전 동독 사회주의통일당 선전 담당 비서인 귄터 샤보브스키(Gunther Schabowski)가 1989년 11월 기자회견 중에 했던 말실수가 독일이 통일되는 기폭제가 될 수 있었다는 사실이 바로 그것이다. 이러한 경우의 말실수는 결과적으로 전화위복의 계기가 된 예외의 사건이라 할 수가 있다.

언제 어디서나 말은 반드시 진실을 바탕으로 해야만 하는 이유를 『양치기 소년』 이야기에서도 알 수가 있다.

어느 날 양치기 소년이 너무나 심심한 나머지 큰소리로 늑대가 나타났다고 외쳤는데, 그 소리를 들은 마을 주민들은 늑대를 쫓으려고 우루루 달려 나왔다. 그런데 양치기 소년이 거짓말을 했다는 사실을 알고는 허탈한 마음으로 돌아갔다. 그렇게 하는 것이 재미가 있었던 그 소년은 또다시 같은 거짓말을 했고 주민들은 한 번 더 속고 돌아갔다. 그러다가 어느 날 정말로 늑대가 나타났다. 그는 늑대가 나타났다면서 목이 터져라 소리쳤지만 어느 누구도 나오지를 않았으며 결국 양들이 피해를 보게 되었다는 이야기이다. 거듭되는 거짓말은 신뢰를 잃게 하는 동시에 정작 필요할 때에는 도움을 받을 수 없음을 일깨워 주는 교훈이 담겨 있음을 알 수가 있다.

말을 할 때는 진실을 바탕으로 해야 한다. "말 잘하고 뺨 맞을 일 없다."라는 말이 있듯이 상대가 누구든 간에 말을 할 때는 거짓 없이 진실되게 표현하면 서로가 좋을 것이다. 그리고 타인으로부터 다른 사람에 대한 부정적인 말을 들으면 담담히 받아들이되 맞장구까지 칠 필요는 없지 않을까 싶다.

언제 어디서나 말은 좋은 말, 고운 말로 표현하는 습관을 들일 필요가 있다. 말 한 마디 한 마디를 자세히 관찰해 보면 그 크기가 워낙 미세해서 아무리 작은 공간이라도 틈만 보이면 밖으로 달아나려는 특성이 있다. 그리고 한 번 나가면 절대로 되돌아올 줄을 모르며 붙잡아 둘 수는 더욱 없다. 가장 중요한 것은 입이 말의 문이기 때문에 그 문을 철저히 단속해야 한다는 것이다.

말로 인한 화를 예방할 방법 중에 이런 것은 어떨까 하고 생각해 볼 때가 있다. 그것은 말을 할 때는 언제 어디서나 의식적으로 녹음이 되고 있다는 생각으로 하면 조심하게 되지 않을까 하는 것이다. 근래에 민원 업무나 각종 문의 사항과 관련한 통화를 할 때면 먼저 녹음이 된다는 사실을 알려주곤 한다. 이렇게 하는 것이 결과적으로 통화예절에 긍정적인 영향을 미칠 것으로 생각한다. 물론 그렇게까지 할 필요가 없다면 더없이 좋겠지만 사람이라고 다 같을 수는 없는 법이어서 차선책으로 방법을 구안한 것으로 이해하고 있다. 오죽했으면 "벽 속에도 귀가 있다."라고 했을까 싶다. 결국은 무엇이 무서워서가 아니라 언제 어디서나 당당하고도 떳떳한 언행이 될 수 있도록 평소에 좋은 습관을 들여야겠다고 생각한다.

가끔 매스컴을 통해서 원고와 피고 사이에 벌어지는 법정 공방 과정(攻防過程)을 지켜보노라면 결국은 진실게임이라는 사실을 떠올리게 된다. 어떤 사건은 법정에서 승소가 거의 확정될 수 있는 시점에서, 갑자기 상대편에서 결정적 증거가 될 수 있는 새로운 인적·물적 증거를 제시함으로써 재판이 극적으로 반전되는 경우를 볼 때가 있다. 결국은 강하게 억지 주장하던 목소리가 진실 앞에서는 유구무언의 상황에 놓이게 되는 장면들이다. 자신에게 불리한 상황에 직면하면 위기를 모면하기 위한 방어적 수단과 방법을 총동원하려는 심리가 작용할 수는 있겠지만, 가장 강력한 힘은 진실성에 있다는 점을 염두에 두었으면 하는 생각을 새삼 하게 된다.

일상생활에서 말을 잘하기 위해서는 여러 가지 조건이 필요하겠지만 무엇보다도 중요한 것은 대상이 누구든 절대로 왜곡과 과장이 없는 사실 그대로의 표현을 바탕으로 해야 한다는 점이다. 그리고 아무리 마음에 들지 않고 의견이 상충되는 내용일지라도 단정적이고 극단적인 말은 피하는 게 좋겠다는 생각이다. 모든 대화에 앞서서 자신의 의견이 상대방과 다를 수 있다는 전제하에 상호 간에 의사를 존중하려는 태도가 필요하다고 본다. 말을 조심해야 할 근본 이유는 사회생활에서 말이 너무나 중요하면서도 한편으로는 그로 인해 화를 초래할 수 있는 원인이 될 수도 있기 때문이다.

우리는 가끔 "비싼 밥 먹고 왜 그런 사람하고 싸우느냐?"라고 한다. 공연히 감정이 개입되면서 정상적인 대화가 아닌 시시비비 논쟁에 휘말린다면 무슨 의미가 있겠느냐는 말이다. 의미 있는 대화가 되기 위해서는 상호 존중과 역지사지의 자세를 견지하는 일이 필요할 것 같다.

언제나 말을 부드럽게 하는 사람은 그런 언행이 장기간에 걸쳐서 습관이 된 결과라고 생각한다. 그리고 걸핏하면 무례하면서 폭언도 서슴지 않는 사람은 후천적으로 좋지 못한 버릇을 쌓아온 결과일 것이다. 일상의 언어 표현에서 하나의 습관처럼 형성된 것에는 환경적 요인도 얼마간 작용했다고 보는 것이 맞을 것 같다.

말은 조심하고 조심할 것이며 꼭 하겠다면 진실을 바탕으로 하고 상대방을 이해하려는 태도로 하는 게 중요한 것 같다. 일상의 대화에서 느끼는 것 중의 하나는 같은 내용인데도 말하는 사람이 어떻게 표현하느냐에 따라서 반응에는 차이가 있다는 사실이다. '화안애어(和顔愛語)'라는 말이 있듯이 언제나 온화한 표정과 사랑이 담겨 있는 부드러운 말씨로 표현한다면 따스한 인간관계가 형성될 수 있는 바탕이 될 것이라는 생각을 해본다.

양심의 소리에 귀 기울이며

　우리는 가끔 어떤 사람을 평가할 때, 긍정적인 의미로 "저 사람은 한결같다."라는 말을 하곤 한다. 그러한 말 속에는 '세월이 지나도 언제나 변함없는 말과 행동을 함으로써 신뢰해도 좋을 사람'이라는 의미가 내포되어 있는 것으로 알고 있다. 한마디로 '참으로 괜찮은 사람'이라는 뜻으로 이해해도 될 것 같다.
　그런데 '저 사람의 태도가 어쩌면 저렇게 한결같을 수가 있지?'라면서 도리어 의구심을 갖게 하는 부정적인 뉘앙스로 다가올 때도 있다. 일상생활 중에 타인으로부터 '언제나 좋은 사람'이라는 소리를 듣고 산다는 건 쉽지 않은 일이다. 어떻게 보면 언제나 변함없는 모습으로 비친다는 게 일부분은 가식적이고 진실하지 않다는 인식을 심어줄 수도 있다는 말이다. 일반적으로 인간이면 당연히 희로애락의 기본 정서가 표출되면서 언행에도 변화가 있어야 정상이라고 할 수 있다. 그런데 신(神)도 아니고 세속을 초탈한 도인도 아닌 평범한 사람으로서 감정에 동요됨이 없이 언제나 한결같은 언행을 한다는 게 쉬운 일인가 하는 의문이 생길 수가 있는 것이다. 그래서 뭔가 가식적인 면이 있지 않겠느냐는 쪽으로 의심을 할 수도 있다는 말이다.
　이처럼 "한결같다."는 말도 상황에 따라 다르게 인식할 수 있다는 전제하에서 과연 사람의 마음을 헤아린다는 게 간단한 문제일까 하는 의문을 갖게 되는 것이다. 그렇다면 사람을 제대로 판단할 수 있는 준거는 없을까를 생각해 보지만 결국은 각자의 주관에 맡길 수밖에 없을 것이라는 결론에 이르게 된다. 그리고 자신이 내린 판단이 옳은지에 대해서는 시간이 해결해 주는 부분도 있을 것이기 때문에 성급하게 단정할 수 없는 상황도 예상해야 할 것으로 생각한다.

사기꾼은 자신의 목적을 달성하기 위해서는 일단 대상자를 정할 테고, 그리고 자신의 본래 모습을 철저하게 위장하여 한결같은 친절과 호의적인 태도를 유지하면서 접근하려 할 것이다. 그렇게 함으로써 상대방에게 일말의 의심을 남기지 않으려는 것은 물론이려니와 더 나아가서는 표면적으로 친밀한 인간관계가 형성되면서 무한한 신뢰 관계를 유지하려 할 것이다. 모든 언행이 철저한 계산을 바탕으로 위장한 가운데 어느 순간 기회다 싶으면 태도가 돌변하면서 감추었던 목적 달성을 위해 수단 방법을 가리지 않고 행동에 돌입할 것이라는 추측도 가능할 것이다.

어떤 사람이 노모를 모시고 사는데 얼마 전부터 모친에게 호의적으로 접근하는 아주머니가 있었다고 한다. 마침내 노모는 그 아주머니를 딸같이 생각하는 관계에 이르렀으며 그 사람에 대해서는 칭찬을 입에 달고 살 정도였다고 한다. 그런데 어느 날 모친이 그 아주머니가 소개하는 카페를 매입했으면 좋겠다고 하였는데, 아들이 여러 경로를 통해서 자세히 알아보니까 조건이 좋지 않다는 것을 알게 되었다고 하였다. 그러나 그의 모친은 반드시 잘될 것이라면서 그 아주머니의 말을 100% 믿고 있었다는 것이다. 어떠한 방법으로도 모친을 설득할 수는 없어서 부득이 매입을 했지만 우려한 대로 손실이 생기면서 1년도 못 되어서 겨우 처분했다고 한다. 알고 보니 그 아주머니는 자신의 숨겨진 목적을 이루기 위해서 의도적으로 접근을 했다는 것이다.

"세상에, 그 사람이 사기를 쳤다네."

"정말로 성실한 분이었는데 통장을 갖고 야반도주를 했다잖아."

"철석같이 믿었던 그 직원이 그동안 수억 원의 공금을 빼돌렸다네. 믿던 도끼에 발등 찍힌 꼴이지 뭐람."

이런 말을 하는 사람들의 마음속에는, 그 사람만은 언제나 한결같고 믿음직해서 신뢰했는데 세상에 정말로 믿을 사람이 없다는 반응이 담긴 것이다.

"그놈의 속을 누가 알아."

"열 길 물속은 알아도 한 길 사람 속은 모른다잖아."

이러한 말은 인간에 대한 불신이 가시지 않음을 나타내고 있다.

극중(劇中)의 한 장면이다.

왕을 보좌하는 최측근 신하는 20년 가까이 변함없이 충성을 바쳐왔다. 그 사실만은 누구도 부인할 수가 없을 정도였는데, 바로 그 사람이 오래전부터 암암리에 역모를 꾸미고 있었던 것이다. 그는 그 일의 성사를 위해서 호시탐탐 기회를 노려왔고 기회를 포착하는 즉시 야심을 드러내었다. 왕은 분신과 같은 그가 역모를 꾀하리라고는 꿈에도 생각지 못했기에 여전히 믿기지 않는다는 반응을 보인다. 그러면 이러한 경우에 어리석은 사람은 바로 왕이라는 결론을 내려야 할 것인가?

변함없는 효성으로 부모를 대하는 자녀가 있는가 하면, 친인척도 아닌 타인을 아무런 대가도 바라지 않고 정성으로 병간호하는 사람도 있으며, 피 한 방울 섞이지 않은 아이를 입양해서 친자식처럼 키우는 사람들도 있다. 그런가 하면 어제도 오늘도 언제나 승객에게 친절을 베풀며 운전하는 버스 기사도 있고, 백성을 위해서 선정을 베풀었던 제왕도 있었다. 마음과 태도가 순수한 양심에서 우러나는 언행이라면 그 한결같음을 부정적으로 생각할 하등의 이유가 없다. 그러나 세상 인심은 순박함과 진실함이 오히려 의구심을 자아내게 하는 경우도 있다는 사실이 안타까울 뿐이다.

일반적으로 이해관계에 직면하게 되면 크든 작든 심적 동요가 일어날 수는 있다. 그러나 평소에 바르게 살아가려는 생활철학이 확립되어 있는 사람이라면 쉽게 휩쓸리지는 않을 것이다. 언제 어디서 무슨 일을 하든, 양심의 자리를 꿋꿋이 지키면서 생활한다면 그 가운데 삶의 향기가 풍길 것이라는 생각을 해본다.

얼렁뚱땅 넘겨서는 안 된다

'얼렁뚱땅'의 사전적 의미는 "말이나 행동 따위를 일부러 어물거려 남을 슬쩍 속여 넘기는 모양을 나타내는 말"이라고 되어 있다.

인간의 가치를 가늠하는 가장 큰 척도는 '정직(正直)'이라고 생각한다. 그리고 정직의 출발점은 자기 자신의 양심에 비추어 떳떳한 언행을 실천하는 일이다. 타인의 눈을 속이기 위한 거짓은 결국 자신의 양심을 해치는 결과가 된다. 정직의 생활화는 그 누구를 위한 것도 아니요, 남에게 보이기 위한 것은 더욱 아니다. 스스로가 떳떳하고 당당한 인간다운 삶을 누리기 위해서이다.

그런데, 습관적으로 정직하지 못한 생활을 하던 사람도 어떤 계기로 심기일전하여 진실한 삶을 위한 방향 전환을 한다면 개선될 가능성은 충분히 있을 것으로 생각한다. 그래서 사자성어에는 '개과천선'이라 하여 '지나간 허물을 고치고 착하게 변하는 상태'를 뜻하는 말이 있다. 이것은 인간만이 가능한 것으로 참으로 다행스러운 일이라고 생각한다. 아무리 탁한 흙탕물도 맑은 물을 계속 주입하면 정화(淨化)가 되는 자연의 이치처럼 말이다. 다만 그러한 정화의 과정에서 너무나 많은 양의 맑은 물이 낭비되는 것을 비롯하여 인적·물적 손실을 초래한다는 점을 유념해야 할 것이다. 그러한 사실에서 언제나 성실한 생활을 한다는 게 얼마나 바람직한지를 깨닫게 된다.

일상의 언행에서 유의했으면 하는 것은 얼렁뚱땅 지나치려는 버릇이 몸에 배게 하지 말았으면 하는 것이다. 그러한 태도가 습관화되면 생활 전반적으로 크나큰 부작용이 초래될 수 있다. 당연히 제1차적 피해자는 당사자가 될 것이고 역할의 범위에 따라서는 미치는 영향의 범위가 달라질 수밖에 없을 것이다.

건물을 신축하려면 먼저 철저한 사전준비가 수반되어야 한다. 거기에는 하나의 완성된 건축물을 위하여 필요한 설계도, 자재와 인적·물적 자원에 관한 사항 등이 포함될 것이다. 그런데 시공과정에서 철근을 비롯하여 각종 자재가 설계도에 준하여 성실 시공이 되어야 함에도 불구하고 부당 이익을 챙기기 위해서 임의로 축소나 변경을 한다면 그로 인해 발생할 수 있는 피해는 상상 이상일 수가 있다. 국내외적으로 크고 작은 재해가 발생할 때마다 여러 경로를 통하여 밝혀지는 사고의 원인 중에는 인재(人災)라는 결론이 내려진 경우가 적지 않다. 심지어는 설계도를 준수하지 아니하고 임의로 변경하면서까지 공사를 한 사실이 밝혀지기도 한다.

며칠 전 텔레비전에서 어느 한식 뷔페음식점이 소개되었는데 주인의 확고부동한 경영철학이 무척 감동적이었다. 일반적으로 뷔페식당에서는 매번 양의 조절이 쉽지 않아서 음식이 남는 경우가 많아 그것의 처리문제로 골머리를 앓는 경우가 많다고 한다. 그런데 그 음식점에서 해결하는 방법은 너무나 인상적이었다. 가령 점심시간에 사용한 음식 중에서 일정 시간이 경과 한 후에도 남아 있는 음식들은 대부분 재사용하지 않는다는 것이다. 고객으로서는 당연한 조치라고 할 수도 있겠지만 경영 면에서는 그렇게 간단한 문제가 아닐 것이다. 어떤 음식은 누가 봐도 멀쩡해 보여서 몇 시간 후인 저녁 식사에 사용한다고 해서 문제 될 일은 없다는 생각을 할 수가 있을 것이다. 그런데도 잔반처리 한다면 그 손실은 적지 않을 것으로 생각한다. 그래서 함께 일하는 자녀도 처음에는 멀쩡한 음식을 버리는 것에 대해 이해할 수가 없었다고 한다. 그러나 반드시 그래야만 하는 이유를 설명하는 어머니의 뜻을 분명히 이해하게 되었다는 사연이었다.

계절에 따라서 차이는 있겠지만 음식을 조리한 후에 일정 시간이 경과하면 신선도가 떨어지면서 즉시 조리한 음식과는 맛과 영양 면에서도 차이가 나면서 위생상의 문제가 수반되는 것이 식품의 특성이라고 할 수가 있다. 이러한 사실을 이해하면서도 경영상 이해관계를 따진다면 어떤 음식은 재활용을 해도 별문제가 없다고 할 수 있을 것이다. 그런데도 고객 중심의 경영이라는 차원에서 원칙에 흔들림 없이 단호하게 대처하는 사장의 정직하면서도 당당한 모습에서 참다운 경영자라는 생각이 들었다. 대충하는 법이 없는 엄격한 관리는 일반화해야 할 것으로 생각한다.

매사를 정당하게 원칙을 지키면서 최선의 대처를 한다는 게 생각보다 쉽지 않을 것이다. 이 세상을 구제하겠다는 정의의 사도가 아니더라도, 개개인의 생활현장에서 원리원칙을 바탕으로 양심껏 임한다는 게 참으로 소중함을 알아야겠다는 생각을 해본다. 그렇게 하는 것이 본인은 물론 만인의 행복을 위한 출발점이 아닐까 싶다. 언제 어디서 무슨 일을 하든 나와 타인의 행복을 위하여 성실하고 올바르게 생활하는 것이 일상의 습관이 되었으면 하는 바람이다.

3부

/

유아

여유로움

　내가 어릴 적에는 온 나라가 가난에 허덕였고 하루 세 끼 챙겨 먹는 일이 너무나 힘들었다. 그때의 삶이 마음속 깊이 각인되어 반세기를 훌쩍 넘긴 지금까지도 일상생활에 영향이 미치고 있음을 느낀다. 고생스러웠던 그 시절의 기억들은 오로지 먹고산다는 문제가 최우선 순위임을 일깨워 주고 있다. 그래서 인생을 즐긴다느니 하는 말이 비집고 들어갈 틈이 없었던 게 아닌가 하는 생각을 해보게 된다.
　1960년대로 접어들면서 우리도 한번 잘살아 보자고 거국적으로 경제개발에 매진하였고 그러면서 차츰 의식주라는 기본생활문제가 해결되기 시작하였다. 그렇게 앞만 보고 달려온 덕분에 한강의 기적이라는 상징적인 말이 생겼고 마침내 세계에서도 상위그룹에 속하는 나라가 될 만큼 경제적 발전을 이룩했다. 반세기 전만 하더라도 상상도 못 할 일들이 현실로 다가왔다고 하는 게 맞을 것 같다.
　형편이 나아지면서 선진국 국민의 생활상이 궁금해지기 시작했다. 그들의 삶은 여유를 갖고 즐기는 것을 중시하면서 소위 레저 활동에 시간과 돈을 많이 투자한다는 사실을 알게 되었다. 심지어 몇 달 동안 번 돈으로 여가생활에 아낌없이 소비하는 사람들도 있다고 하니, 인생에 대한 철학, 관점 등이 너무나 생경하게 다가왔다. 오직 재산을 늘리기 위해 한 푼 두 푼 모으면서 살아왔던 우리네 생활 모습과는 너무나 다른 세상이라는 사실이다.

한국인 남자와 결혼한 어떤 외국인 여성은, 우리나라 사람들이 밤낮없이 일에만 파묻혀서 열심히 생활하는 모습을 보면서 도대체 무엇을 위해서 저토록 치열하게 살고 있는지 그 이유를 모르겠다며 갸우뚱했다고 한다. 그의 눈에 비치는 무조건적 부지런함이 도저히 이해가 안 된다는 말이다.

그러나 이제는 우리의 일상도 점차 변하면서 그들의 여유로운 생활 모습을 닮아가고 있음을 볼 수가 있다. 캠핑카로 주말을 보낸다거나 집시생활을 하면서 자유로운 삶을 향유하는가 하면 공항은 해외 나들이로 북적이는 광경들이 낯익은 풍경으로 다가오고 있다. 소위 일중독이라는 말이 생길 정도로 악착같이 생활하던 일상에서 이제는 삶을 즐기려는 방향으로 전환하는 모습이 곳곳에서 보이기 시작하였다. 이러한 변화를 보면서 과연 나의 삶은 어떠한지를 되짚어 보면 변화의 흐름에 소극적으로 대응하고 있다는 사실을 알 수가 있다.

아무리 세상이 변하면서 삶이란 즐기는 데 의미가 있다 하더라도 쉽게 타협이 안 되는 이유는 경제적 여건이 그들의 조건과는 다르기 때문이다. 그리고 어려서부터 검소하고 절약하는 생활이 몸에 배어서 여타 부분에 관심을 돌릴 여유가 없는 데에서도 그 이유를 찾을 수가 있다. 그래서 변함없는 생활 습관으로 한 푼이라도 생기면 저축부터 떠올리게 되는 것이다. 누가 뭐래도 의식주의 해결 이상으로 중요한 것은 없다는 철석같은 가음이 꿋꿋하게 자리를 잡고 있기 때문이다.

　한평생을 너무 여유 없이 지낸다는 건 서글픈 일이라고 생각한다. 희로애락이 점철되는 인생에서 쉬어도 가고 놀면서 즐길 줄도 알아야 하는데 말이다. 오죽했으면 "넘어진 김에 쉬어간다."라는 말이 생겼을까도 싶다. 눈코 뜰 새 없이 바쁜 나날을 보내는 중에도 가능하면 억지로라도 쉬어갈 시간을 만들면서 살라는 충고마저 외면하지는 말았으면 한다. 어쨌든 여유롭게 산다는 게 생각보다 쉽지 않기 때문에 알면서도 실행에 옮기지 못하고 있다고 보면 될 것 같다.

　얼마 전에는 TV에서 70대 후반의 노부부가 결혼한 지 50년이 지나서야 처음 하는 외식이라면서 자랑스러워하는 모습을 보았다. 그런데 그 일생일대의 외식 장소는 뜻밖에도 그분들이 거주하고 있는 마을의 조그마한 식당이었다. 그 장면을 보면서 서글픈 느낌이 들었다. 그분들의 인생에서 절대적인 관심사가 바로 먹고사는 생존 그 자체였기 때문에 당연히 '외식'이라는 단어는 떠올릴 겨를이 없었을 것이다.

　지난날을 되짚어 보면 1980년대 초까지만 하여도 공무원 월급은 매우 빈약했다. 지금 생각해도 그렇게 얇은 봉급봉투를 이리 쪼개고 저리 쪼개면서 힘들게 가정을 꾸려온 집사람이 새삼 대단하다는 생각이 든다. 지난 일이지만 정말 어떻게 살았을까 싶으면서도 내가 너무 세상 물정을 몰랐었다는 후회가 밀려오기도 한다.

　시간의 흐름 속에 하루하루 힘겹게 지내던 그 세월도 추억 속으로 흘러가고, 은퇴 후에는 여러 면으로 다소 여유가 생겼다고 할 수 있다. 그러면 이제라도 생활을 좀 더 즐기면서 지내도 되지 않을까 하는 생각이 들면서도 행동으로 옮긴다는 게 쉽지 않음을 실감하고 있다. 문제는 지금까지 살아온 뿌리 깊은 삶의 패턴에서 다른 생활 스타일을 시도한다는 건 여간 어려운 일이 아니라는 것이다. 생각고 행동이 유연하면서 생활에도 변화가 따르면 좋을 텐데, 그게 잘 되지 않는 것은 너무 오래도록 여유 없이 살아온 생활 습관의 결과라고 생각한다.

사고방식의 문제도 문제려니와 행동 방면에도 노년에 접어들면서 유연함이 부족하다는 걸 많이 느낀다. 특히 동작이 다소 경직되는 경향이 있음을 체감하고 있다. 각종 기기를 조작할 때가 그러한데 컴퓨터 자판기 사용도 그중 하나이다. 젊은이들은 가볍게 터치하면서 순발력 있게 활용하는 데 비해서, 기기 사용이 주변에 소음으로 들릴 정도인 경우가 그러하다.

일상생활에서의 유사한 상황들이 적지는 않겠지만 그중에는 자동차 운전도 빼놓을 수 없을 것 같다. 자연현상에서 모든 살아 있는 것은 유연하고 생동감이 있다는 전제하에서 볼 때, 노화의 과정에 수반되는 것이 바로 경직된 모습이라는 것을 체감하고 있다. 그래서 부드러움이 유지되는 상태는 건강하고 활기찬 시기라고 보면 될 것 같다. 인체도 젊은이들은 몸놀림이 유연한 데 비해서 노인은 경직되어 부드러운 느낌을 찾기가 어렵다. 계속 운동을 해야 하는 이유도 결국은 유연성 문제와 상관이 있을 것으로 생각한다.

어디 신체뿐이겠는가. 말을 함에도 여유와 유연함이 필요하다. 이상하게 부드럽게 말해도 될 상황인데도 불구하고 굳이 딱딱한 어조로 표현하는 것이 그러하다. 그래서 인간관계에서 가끔 덜거

덕거리며 충돌이 일어나는 경우가 있는데 그것은 여유와 이해심의 부족에서 그 원인을 찾을 수 있을 것 같다. 유연성에 포용성과 유머까지 있다면 더욱 행복한 생활이 될 것 같다는 생각을 해본다.

등산(登山)보다 더 어려운 하산(下山)

하루하루 별 탈 없이 평탄하게 살아간다는 것 자체가 결코 쉬운 일이 아니라는 걸 느낄 때가 많다. 오죽했으면 "늘 살얼음판 걷듯이 살아라(薄氷如臨, 박빙여림)."라는 당부의 말까지 생겼을까 싶다. 만사가 뜻대로 되는 것처럼 순조로울 때는 세상에 무서울 것 없다는 듯이 자신만만하다가도, 살아가면서 뜻하지 않은 일들을 당하다 보면 정말 힘들다는 소리가 절로 나온다. 언젠가 "네가 게 맛을 알아?"라는 광고가 유행했지만 비유해서 생각해 보면 누군가가 "네가 인생의 참맛을 제대로 알기나 해?"라며 되묻는 말로 대신할 수도 있지 않을까 싶다.

인생이란 게 잘나갈 때는 당연한 것으로 생각하면서 지내다가도, 뜻밖의 난관에 부딪히면서 세상일이 결코 만만치 않다는 걸 실감하게 된다. 그러면서 그동안 만사를 너무 안이하게 대처해 왔음을 알아차리면서 정신 바짝 차려야겠다는 다짐을 하기도 한다. 사람도 물건도 무턱대고 믿어서는 안 되겠다는 생각이 들기도 하고, 그간의 실수들에 대해서 후회가 밀려오기도 한다.

갖가지 경험을 통하여 깨닫게 되는 것이 결국은 인생이란 게 쉽게 터득되는 것이 아니라는 사실이다. 이러한 상황들을 접하면서 소위 철이 든다고 하는 게 맞을 것 같다. 어제까지만 해도 법 없이 살 수 있는 사람이라며 칭찬했던 바로 그 사람이 갑자기 범법자로 밝혀지기도 하면서 놀라고 실망하기도 한다. 이런저런 뜻밖의 일들을 대하면서 머리가 복잡해지기도 한다.

사람들 입에 자주 오르내리는 말 중에는 "잘나갈 때 조심 하라."는 경고성 메시지가 있다. 그 말이 왜 생겼는지를 이해할 수 있는 시기는 사람마다 처한 환경에 따라 다를 수밖에 없다. 내가 좋을 때 안 좋은 일이 비집고 들어올 수도 있고, 재물도 늘어나는 만큼 다른 한편에서는 잃을 수도 있다. 그래서 일희일비하는 감정표출보다는 스스로 제어할 수 있는 정신적 성숙함이 뒤따라야 할 것 같다. 인생길에도 오르막만 있는 것이 아니고 언젠가 정점(頂點)을 찍으면 내리막길도 맞이하게 마련이다. 좋아서 죽겠다고도 하고 화가 나서 못 살겠다고도 한다. 천변만화하는 인생길에서 평정심을 유지하며 주춧돌 위의 튼실한 기둥처럼 의연한 모습으로 지낼 수 있으면 얼마나 좋을까 하는 생각도 해본다.

나는 매일같이 산에 오르지만 나지막한 산을 한두 시간 걷기 때문에 스틱 외에 별도의 등산 장비는 필요치 않다. 우리나라는 언제부터인가 산을 찾아서 심신 건강을 다지는 등산객들이 늘어났다. 그러면서 안전사고 발생도 증가하여 사고 예방을 위한 캠페인도 벌이곤 한다. 등산 관련 사고의 발생은 상대적으로 산에 오를 때보다 하산할 때가 많은 편이라고 한다. 아마도 하산할 때에는 긴장이 풀리고 체력도 다소 소모된 상태여서 그런 것이 아닌가 싶다.

많은 분들이 산을 오르는 것은 힘들고, 산을 내려가는 것은 쉽다고 생각을 합니다. 하지만 산행을 많이 해본 분들의 경우 하산이 정말 중요하다는 것을 강조합니다. 그 이유는 산을 내려올 때에 잘못된 자세나 하산의 속도나 방법을 지속할 경우 부상을 입을 확률이 높아지기 때문입니다.

출처: https://jm-story.tistory.com/779 (JM-story:티스토리)

인생도 등산에 비유해 보면 어떨까 싶다. 특히 연예인의 경우, 인기가 최고조에 달한 정점(頂點)에서 하강 국면으로 반전할 시점부터는 어떻게 대처할 것인지가 크나큰 과제가 될 것 같다. 클라이맥스에서 다음 단계를 어떻게 대응하느냐가 중요할 것이라는 말이다. 원래 인기라는 게 물거품과 같아서 어제까지만 해도 열광하던 팬들이 하룻밤 새 싸늘한 반응으로 돌아설 수도 있음에 유의할 필요가 있을 것으로 생각한다.

비행기의 경우도 이륙과 착륙을 두고 볼 때, 착륙이 더 어려울 것 같다는 생각을 한다. 비행기를 이용할 때마다 느끼는 것은 이륙의 과정은 매번 비슷한 상황인 것 같은데, 착륙 때에는 차이가 있는 것 같다. 부드럽게 연착륙을 하는가 하면 어떤 비행기는 착륙과 동시에 쿵! 하는 소리와 함께 기체가 흔들리기도 하여서 승객을 불안하게 하는 경우도 있다. 한마디로 말하기는 어렵겠지만 조종사의 기술력과 날씨, 활주로 상태 등 제반 상황이 복합적으로 작용한 결과가 아닐까 싶다.

인생의 길에서 내리막길을 대비하는 것을 보험이라고 생각하거나, 한평생이라는 여정을 순탄하게 걸어갈 수 있게 도와주는 일종의 안전장치라고 해도 좋을 것이다. 특히 노년의 건강문제와 보험은 불가분의 관계가 있다고 생각한다.

　내리막길이 위험할 수도 있고 착륙이 더 어려울 수도 있듯이, 인생길에서도 황혼기를 잘 보낸다는 게 쉽지가 않을 것 같다. 곱게 늙는다는 소리를 들을 수 있는 노년이 되도록 현명하고 지혜롭게 살았으면 좋겠다. 등산과 비행기 이착륙을 생각하면서 인생도 노년에 유종의 미를 거둘 수 있는 나날이기를 희망해 본다.

인생의 마디

한 번도 가본 적이 없는 담양 '죽녹원(竹綠苑)'을 일흔이 되던 해에는 두 차례나 다녀왔다. 그곳에는 입구부터 크기가 제각각인 대나무들이 싱그러운 녹색을 자랑이나 하듯이 하늘을 향해 치솟아 있는데, 사이사이에 만들어 놓은 산책길을 거닐면서 대나무의 참모습을 감상할 수가 있어서 좋았다. 숲의 규모도 규모이지만 그 장엄하고 의연한 모습에서 상대적으로 인간의 왜소함을 느꼈다.

나한테도 대나무와 관련한 추억이 있다. 초등학교 오륙 학년 때쯤이었던 것 같은데 그때 큰댁에는 할머니 혼자 계셨으며 소를 먹일 아이가 없어서 내가 오후에 소를 몰고 산에 갔다가 저녁에 돌아오면 할머니와 식사를 했다. 그 당시 큰댁의 집 뒤에는 대나무 숲이 있었는데 그때 해주셨던 죽순 요리가 새삼 떠오르는 것이다.

일반적으로 대나무 하면 생각나는 것이 마디이다. 지식자료를 찾아보면 완전히 다 자란 대나무의 길이는 보통 10~15m 정도이며 어떤 것은 최고 40m까지 자란다고도 한다. 이처럼 큰 키에 비해서 잘 부러지지 않는 이유는 대나무의 촘촘한 마디와 비어 있는 속의 특수성 때문이라고 한다. 대나무는 속이 비어 있어서 자라는 데 필요한 물질과 에너지의 소모가 줄어들면서 빠르게 성장할 수 있다고 한다. 그리고 속이 비어 있는 구조 덕분에 유연성과

탄성을 확보할 수 있어서 바람이나 외부 충격에도 잘 견딜 수 있다는 것이다. 그리고 대나무의 마디 또한 바람이 불어도 쓰러지지 않고 곧게 서 있을 수 있는 지지대의 역할을 한다는 것이다.

대나무와 관련한 특이사항은 뿌리가 질기고 강하면서 튼튼한 그물망처럼 서로서로 얽혀 있다는 점이다. 그래서 심지어 지진 발생 시에는 대나무밭으로 피하라는 말이 있다.

이웃 나라 중국에서는 죽순을 식재료로 다양하게 이용하고 있으며, 산간오지에서는 아직도 대나무로 엮어 만든 죽제품들이 실생활에 널리 사용되고 있다. 우리나라도 한 때는 죽세공이 번성하였지만 신소재 화학제품들의 등장으로 거의 자취를 감추다시피 하다가 근래에는 차츰 자연 친화 소재와 관련하여 대나무를 이용한 각종 생활 용품들이 모습을 드러내고 있는 듯하다. 담양의 죽녹원은 관광지로서의 역할은 물론 대나무의 가치를 제대로 드러내는 데 큰 역할을 하고 있는 것 같았다.

인생에도 고비가 있고 마디가 있다. 어려움이 닥칠 때마다 무난하게 잘 극복하는 사람이 있는가 하면 상당히 힘들게 고통으로 짓눌려 사는 사람도 있을 것이다. 인생길에서 고통 없이 순탄하기만을 바란다면 삶 자체가 너무 무미건조하지 않겠느냐고 반문하는 사람들도 있다. 힘들었던 고통의 시간도 세월이 지나고 보면 하나의 추억 속에 녹아 있거나 아예 망각의 세계로 사라지기도 한다. 대나무의 마디들을 보면서 인생살이의 고난에 대해서도 생각해 보았다.

일반적으로 고생이나 고통을 겪을 때는 한시라도 빨리 그것에서 벗어나기를 갈망한다. 그리고 왜 자신이 그러한 고통을 겪어야 하는지 억울해하거나 원망도 한다. 누구나 한평생이 평탄하기를 바라지만 현실은 그렇지 못해서 어려움을 겪기도 한다. 그럴 때마다 너무 가혹하다는 불평보다는 인생에서 겪어야 할 일종의 통과의례라 생각하고 순순히 받아들일 수만 있다면 어떨까 하는 생각을 해본다. 그리고 어려운 고비를 넘기는 과정에서의 경험이 바로 인생을 탄탄하게 지켜주는 하나의 마디가 될 수도 있지 않을까 싶다.

사업실패로 노숙자 생활을 하던 중에 어떤 여인이 나타나서 서로 합심·협력하여 제2의 인생을 개척해 보면 어떠하겠느냐는 제의를 해온다. 남녀 모두 사업실패와 이혼의 아픔을 겪은 중년의 나이였기에 심기일전하여 새로이 재혼의 연을 맺고 동고동락할 것을 약속한다. 서로 뜻이 맞아서 중고 컨테이너에 식당을 개업했고 점차 사업이 번창하면서 몇 년 후에는 TV에서 소위 '서민 갑부'로 알려질 만큼 성공을 거두었다. 혹독한 인생의 고통을 교훈 삼으며 열심히 역경을 헤쳐온 결과이다. 회생 불가능한 상태에서도 절망하지 않고, 그것이 인생의 고비일 뿐이라는 생각으로 현실을 받아들이면서 당당하게 제2의 인생 도전에 성공하는 사람들이다. 한 번뿐인 인생을 포기하고 주저앉기보다는 당당하게 어려움을 극복한 사람들이 진정 인생의 승리자가 아닐까 싶다.

울울창창(鬱鬱蒼蒼) 하늘을 향해서 힘차게 뻗어 있는 대나무가 인생의 마디를 어떻게 넘겨야 할 것인지를 상징적으로 가르쳐 주듯이, 인생에서도 어려움이 닥치더라도 꿋꿋하게 극복할 수 있는 지혜를 배웠으면 한다. 세상의 모든 자연현상을 하나하나 자세히 관찰해 보면 모든 게 인생의 가르침이 될 것도 같다는 생각을 해본다.

운명적 만남

여느 날과 다름없는 나날을 보내는 중에 갑자기 뜻밖의 일을 성사시켰다. 은퇴 후에 평탄한 생활을 해오던 중에 정말 상상도 못 했던 일이 벌어졌는데 그것은 다름 아닌 '이사하는 일'에 관한 것이었다.

지난 25년 동안의 주거지였던 수원은 제2의 고향이라고 할 수가 있다. 그런데 어느 날 갑자기 세종특별자치시(이하 '세종시')로 이사를 하게 되었다. 가족의 동의를 받고 결정한 일이지만 너무나 갑작스럽게 정한 일이라 황당하다는 생각이 들면서 왜 그런 결정을 했는지 나 자신도 이해가 안 될 때가 있다.

이사를 하게 된 시발점을 찾는다면 이러하다. 몇 해 전부터 매년 한 차례 2박 3일의 일정으로 동갑내기 4명이 부부 모임을 하였는데, 이사하기 1년 전에는 그 행사를 대전에 사는 분이 주관하였다. 일정 중에 2일째 저녁에는 한 번도 가본 적이 없는 세종시로 안내해 주었는데 그곳에서 어떤 특별한 건물이 나의 눈길을 끌었다. 그때가 저녁 무렵이었는데 투명 유리로 된 창으로 내부가 대낮처럼 훤히 들여다보이는 건물이 눈에 들어왔다. 나도 모르게 그곳에서 발걸음이 멈추었는데 알고 보니 '국립세종도서관'이었다. 그래서 위치를 파악해 보니 세종호수공원과 인접해 있었고 주변에 정부청사 건물들이 줄지어 있었다. 그때 갑자기 저 도서관을 이용하며 틈틈이 호수공원에 나와 바람도 쐬면서 지내면 좋겠다는 생각이 들었다. 그날 한두 시간에 걸쳐 세종시를 둘러보았으나 좀 더 자세히 볼 기회가 있으면 좋겠다는 생각이 들었다.

이듬해 2월에 날을 잡아서 기차와 버스를 이용하여 세종시에 도착했다. 이른 아침이었는데, 마침 문이 열려 있는 부동산중개소가 있어서 들렀더니 그곳에는 대표 되는 젊은 남자 한 분이 있었다. 그는 내가 집을 구입할 사람처럼 보였는지 하루 짬을 내어서 시내 이곳저곳을 보여주며 시의 중장기 발전계획을 설명하면서 아파트도 여러 곳을 안내해 주었다. 그 당시에는 그저 시내의 길이라도 둘러보겠다는 생각 정도였는데, 그분은 아파트를 적극적으로 추천하였다. 오후 서너 시까지 여러 곳을 들러 본 후에 다시 그 중개소로 돌아왔다.

그날은 근 하루를 나만을 위해서 수고해 주신 중개소 대표님 덕분에 세종시에 대한 전반적인 상황을 이해하는 데 많은 도움이 되었다. 주택 구입은 생각이 없었기 때문에 바로 수원으로 돌아가려고 했다. 그런데 그때 옆에 앉아 있던 또 다른 중개사 한 분이 보여줄 곳이 있다면서 가보기를 권했는데 뜻밖에도 그곳이 바로 지금 거주하는 아파트였다. 그런데 당시에는 준공을 삼사 개월 앞두고 한창 마무리 공사 중이었기 때문에 안전상 이유로 외부인의 자유로운 출입이 허용되지 않았다. 결국은 아파트의 위치를 확인하는 정도에 그쳤으며 세부 구조는 평면도를 통해서 파악하였다. 그런데 그 중개사는 몇 곳에 통화하더니 계약 가능한 물건이 있다며 권유를 했다. 아파트 매매를 언급할 마음의 준비가 전혀 안 된 상황이었는데 갑자기 매입 쪽으로 분위기가 반전되면서 매매계약까지 성사될 단계에 이르렀다. 너무나 뜻밖의 일이라 일단은 처와 상의를 한 후에 결정하려고 통화를 했더니 반대를 하지 않아서 바로 계약이 성사되었다. 이렇듯 은퇴한 지 4년 후에 뜻밖에 이사를 할 상황으로 급변하였던 것이다. 오래도록 정붙이며 살아오던 수원에서 인근 시군도 아닌 타 시도로 이사를 하게 된 것이 어쩌면 내 인생에서 피할 수 없는 운명이라는 생각도 하고 있다.

급격한 상황의 반전임이 분명한데, 굳이 이사를 하게 된 계기라면 지난해에 들렀을 때 도서관이 좋아 보였다는 그 한 장면뿐이라고 할 수가 있다. 어쨌든 결정된 일이라 이사문제는 차질 없이 추진되었고 마침내 세종으로 옮겨왔다. 그 이후, 시간이 지나면서 적응이 되었고 가족도 이사한 것에 대해서 긍정적으로 변하기 시작했다. 이곳이 자연의 혜택을 더 받을 수 있는 친환경적 요소가 많다는 것을 알게 되었다. 계획에 없던 이사였지만 주거환경이 바뀜으로써 변화가 주는 신선함도 덤으로 느낄 수가 있다는 게 삶의 또 다른 혜택이 아닐까 하는 생각도 해보고 있다.

인생의 과정에서 너무나 갑작스러운 상황변화가 반드시 불안만을 가져다주는 것은 아니라는 걸 느끼곤 한다. 그렇다면 인생 황혼을 지나는 지금, 또다시 여건이 허락된다면 이사를 고려할 수 있겠느냐고 묻는다면 명확한 답변은 어려울 것 같다. 내가 살아온 나날들을 되돌아보면 뜻밖의 변화가 인생프로그램에 여러 차례 있었기 때문이다. 인생 자체를 막연하게 운명으로 귀결 지을 수는 없겠지만, 어떤 때는 무슨 보물찾기 같다는 느낌이 들 때가 있다. 언제나 희망을 품고서 가능성을 염두에 둔다면 변화를 두려워하거나 힘들어할 필요까지는 없을 것이라는 생각이다.

10년 전쯤의 일이었던 것 같다. 퇴직예정자 연수회에 참석했을 때인데, 그곳에서 재테크에 관한 전문가의 강의를 들을 기회가 있었다. 그는 국내외 자료를 총망라하여 분석한 내용을 근거로 하여, 향후 부동산 가치는 전국적으로 반드시 추락할 것이며 따라서 아파트를 비롯한 부동산 투자의 전망은 부정적이라고 했다. 그런데 그 이후의 상황은 꼭 그렇지만은 않았으니 예측은 다 맞을 수가 없다는 것을 입증한 셈이다.

한세상 살다 보면 뜻하지 않은 일을 만나는 경우가 어디 한두 번이겠는가? 사람을 비롯하여 책, 주거공간, 직업 등 그 수는 헤아릴 수 없이 많다. 이러한 수많은 만남이 일생에서 정해진 운명이라는 프로그램에 따라 움직인다면 우연적 만남이란 존재하지 않을 것이다. 그런데 한 해 두 해 연륜이 쌓이면서 느끼는 바는 인생에서의 모든 만남이란 게 참으로 신기하다는 사실이다. 내가 지금 이곳으로 이사를 온 것도 어쩌면 보물찾기에서 얻은 하나의 값진 선물일 수도 있겠다는 생각을 할 때도 있으니까 말이다.

인생의 멘토

　　주인이 누군지는 모르겠지만 토지가 신도시에 편입되면서 몇 년째 돌보는 이 없는 꽤 넓은 배밭이 있다. 관리자의 손길이 닿지 않는 밭인데도 봄이 되면 어김없이 하얀 배꽃이 눈부시게 피어난다. 가까이서 만져보면 솜처럼 보송보송한 꽃잎들이 향기를 풍기는데 며칠 후면 곱던 꽃잎들도 떨어지고 새잎이 돋아날 것이다.
　과수원의 배나무는 꽃을 피우기 위해서 존재하는 것이 아니라 먹음직스러운 배를 생산해서 상품으로서의 가치를 지녀야 하는 경제성에 목적이 있다. 주인이 관리를 제대로 한다면 배꽃 수정 작업, 열매 솎음, 봉지 씌우기 등과 같은 작업부터 병충해 예방과 가뭄이나 태풍 등의 자연재해 방지를 위한 조치도 취해야 한다. 그러나 손길이 닿지 않는 배밭은 기다렸다는 듯이 잡초들이 자리 잡으면서 무성한 풀숲을 이룰 것이고 고라니를 비롯한 산짐승들은 그들의 안마당이라도 되듯이 사방으로 헤집고 다닐 테니 결국은 배나무로서의 본래 가치는 상실할 수밖에 없을 것이다.
　단독주택에 살던 때는 베란다 쪽에 화분을 놓을 수 있는 여유 공간이 있어서 정성 들여 화초를 가꾸었다. 그리고 산책을 하면서 버려진 화분의 화초 중에 어떤 것은 가져다가 정성으로 보살피곤 했다. 그것이 서서히 생기가 돌면서 본래의 모습을 되찾을 때는 보람을 느꼈다. 그때를 생각하면서 새 아파트로 이사 온 후에도 단지 내의 수목에 잡초가 보이면 뽑기도 하는데 옮겨 심은 크고 작은 나무 중에는 한 해도 못 넘기고 말라 죽는 것들이 적지 않다. 늦가을에는 고사목을 뽑아내고 그 자리에 보식 작업을 하는데 그 과정을 옆에서 지켜본 적이 있다. 파낸 흙을 보니까 어떤 곳에는 모래와 자갈로 뒤섞여 있어서 그런 상태로는 무엇을 심어도 살기가 쉽지 않겠다는 생각이 들었다. 농촌에서 자란 나로서는 땅이 생명의 원천이라고 믿기 때문에 수목의 생장에 적합한 토양에 대해서는 대충 알고 있다. 어떤 사람들은 이식과정에서의 기술적인 문제가 중요하다고 하지만 여러 가지 복합적인 요인이 갖추어져야 할 것으로 생각한다.

남귤북지(南橘北枳)라는 고사성어처럼 남쪽의 귤이 북쪽에서는 탱자가 된다고 하듯이 결국은 같은 묘목이라도 후천적으로 기온과 일조량 그리고 토양 등, 환경의 조건에 따라 완전히 다른 형태의 열매를 맺는다. 식물도 그러할진대 하물며 인간에게 있어서는 어떠하겠는가? 맹모삼천지교(孟母三遷之敎)는 성장 과정에서의 환경이 중요함을 가르친다. 번거로운 이사마저 감내하면서 자녀교육에 열정을 쏟는 부모의 마음을 읽을 수가 있다. 예로부터 "사람은 나면 서울로 가고, 말은 제주도로 보내야 한다."라는 속담도 있듯이 성장 과정에서의 잠재적 능력을 최대한 신장하고 발휘할 수 있는 환경을 조성해 주는 일이 교육에서는 더욱 중요함을 강조하고 있다.

어릴 적 고향에서는 아이들의 잘못된 행동에 대해서는 그 자리에서 알아듣도록 타이르고, 착한 언행을 하면 칭찬해 주는 어른들이 있었다. 온 동네 아이들을 내 자식인 양 눈에 띄는 대로 바르게 자라도록 가르쳤기 때문에 평소에 언행을 조심스럽게 하면서 부모님께 걱정을 끼쳐드리지 않으려 했던 것 같았다. 그러한 아름다운 정경은 가족 구성과 주거형태의 급속한 변화로 자취를 감추면서 추억으로 남게 되었다.

어떤 죄수가 형기를 마치고 구치소에서 출소하던 날, 정문에서 기다리고 있던 가족들을 향해 달려가더니 갑자기 노모의 등을 두들기면서 울음을 터뜨렸다고 한다. 사연인즉 어릴 적에 이웃집의 감을 훔쳐 왔는데 어머니는 출처도 확인하지 않고 당신이 좋아하는 감이라며 칭찬을 했다고 한다. 그래서 계속 훔치다 보니 습관이 되면서 결국은 절도범으로 구속이 되는 지경에 이르렀다는 것이다. 그때 감이 어디서 나왔느냐며 묻고는 남의 물건이니 마땅히 되돌려 줘야 한다고 분명하게 가르쳤더라면 이런 상황까지는 이르지 않았을 것이라며 원망을 했다는 이야기이다.

하나의 사례에 불과하지만 어려서부터 올바른 인성으로 반듯하게 살도록 안내한다는 일이 얼마나 중요한지를 생각하게 한다. 특히 청소년 시기에 인생의 멘토 역할은 매우 소중하다. 가끔 온 국민을 충격 속에 빠트릴 정도의 대형 범죄사건 관련 뉴스를 봐도 예외 없이 밝혀지는 것이 범행을 저지르기까지 범인의 성장 배경이다. 원인을 규명하면서 대부분은 그럴만한 개연성이 있다는 쪽으로 결론을 내리는 것을 볼 수가 있다. 열악한 가정환경, 가족과 이웃의 무관심으로 인한 애정 결핍 등이 주된 원인으로 드러나곤 한다. 그들에게 칭찬과 격려로 인간의 따스한 손길이 주어졌다면 그렇게까지 반인륜적인 악행은 저지르지 않고 평범한 시민으로서 행복한 삶을 꾸려갈 수도 있었을 텐데 하는 아쉬움을 남기곤 한다.

　살아가면서 제대로 된 인생 안내자를 만나기란 정말 쉽지가 않다. 누구나 자신만의 재능을 갖고 태어나지만, 그것을 묵히지 않고 개발한다는 것은 매우 중요한 일이다. 흙 속에 묻혀 있는 원석이 누구의 손에 들어가느냐에 따라서 결과는 달라지듯이 말이다. 옥석을 명확히 가려서 원재료의 가치를 충분히 발현할 수 있는 능력 있는 명장의 손을 거친다면 존재가치는 확연히 높아질 것이다. 구슬이 서 말이라도 보관만 해두면 무슨 의미가 있겠는가? 유효적절하게 활용할 수 있는 제품으로 만들지 못하면 아무러한 가치가 없을 것이다. 하루에 천 리를 달린다는 명마도 능력을 알아봐 주는 임자를 만남으로써 천리마로서의 기량을 발휘할 수 있다. 그러하듯 인간의 성장 과정에서도 훌륭한 인생 가이드의 도움을 받을 수 있다면 존재가치를 높일 수 있는 계기가 될 수도 있을 것이라는 생각을 해본다.

　어느 성악가는 초등학교 졸업 때까지는 음악에 소질이 있다는 말을 듣지 못했는데, 중학교에 진학한 후에 음악선생님으로부터 성악을 전공하면 좋겠다는 격려의 말을 들었다고 한다. 그 이후로 백방으로 노력한 결과 국제적으로 인정받는 성악가가 되었다는 일화를 들은 적이 있다. 개인의 소질과 특기를 간파할 줄 아는 전문가의 안목이 중요함을 시사해 주는 대목이다.

　소설가로 활동하는 어떤 작가는 그가 초등학교 때 교내글짓기 행사에 제출한 글이 최우수작품으로 선정되었는데 그와 관련하여 영원히 잊지 못할 추억이 있다고 한다. 당시에 전교 운동장 조레 때에 교장선생님이 우수작품이라면서 자신의 글을 직접 읽어주신 일이 바로 그것이라고 했다. 그 이후로 글 쓰는 일에 더욱 자신감을 가지게 되었으며 후일 작가가 되는 데 큰 힘이 되었다는 고백을 한 바가 있다.

이러한 일화에서 보듯이 성공을 이끄는 길잡이 역할은 그 방법 면에서 다종다양하여 누가 어떠한 역할을 하는가에 따라 재능이 빛을 보게 될 수 있음을 알 수가 있다.

지금도 아쉬움으로 남아 있는 고향의 옛 추억 중에는 중학교 때까지 친하게 지내던 남자 친구에 관한 일이다. 그는 어려운 가정형편으로 인해서 고등학교 진학을 못 했다. 중학교 때인데 어느 날 그가 자기 집에 데리고 가서는 직접 지은 소설작품이라면서 원고지 한 뭉치를 꺼내고는 앞부분을 읽어주었다. 그 내용은 기억나지 않지만 아쉬움이 있다면 만약 그가 글 쓰는 재능을 인정받아서 학업과 작문을 병행할 수가 있었다면 뜻을 이룰 수도 있지 않았을까 하는 상상을 해보는 것이다.

나의 과거를 되돌아보면 고등학교 재학시절 진로문제로 고민을 하던 중에 선배 몇 명과 대화를 나누었다. 그 과정에서 내가 할 수 있는 일과 나의 능력을 최대한 효과적으로 발휘할 수 있는 방법에 대한 해답을 찾게 되었고 그 이후 심적 방황은 마침표를 찍을 수 있었다. 개인적으로 자문할 수 있는 멘토를 찾는 일이 인생이라는 여정에서 매우 중요한 일이라는 것을 경험으로 알고 있다.

모든 사람에게는 천부적 소질이란 게 있을 테고 따라서 각자의 취미와 관심 분야 또한 있을 것이다. 이러한 개인적 특성을 고려하지 않고 제도나 규정의 틀 속에서 일률적인 형태의 교육을 받게 하는 시스템은 급변하는 시대의 요구에 부응하는 데에는 한계가 있을 수밖에 없다. 그리고 전반적인 발전을 위해서는 각계각층의 전문가나 원로들의 적극적인 멘토 역할 또한 필요할 것으로 생각한다.

텔레비전 등 각종 매체를 통하여 세인의 존경과 부러움을 한 몸에 받는 사람들에 대한 인생 스토리가 소개될 때마다 묵묵히 뒷바라지하신 부모님이나 스승, 그리고 결정적 조언을 한 분들이 예외 없이 등장한다. 일생이라는 시간적 관점에서 보면 효율적인 인생을 꾸려갈 수 있는 인적·물적 여건이 적절하게 뒷받침되면 노력이 상승효과를 나타낼 가능성이 있다. 개개인의 능력을 최대한 발휘함으로써 행복한 사회를 조성하는 데에 일조할 수가 있을 테고 그러면 개인적으로도 더할 나위 없는 성취감을 느끼게 될 것이다. 인간의 성장 과정에 있어서 멘토는 삶의 방향을 제시해 주고 인생의 가치를 높일 수 있다는 점에서 매우 중요하다는 생각을 하고 있다.

생명과 적응력

　주어진 상황에 대처하는 방법과 태도는 사람마다 다르다. 역경에 처하면 적극적으로 타개책을 강구 하는 사람이 있는가 하면, 지레 겁을 먹고 쉽게 좌절하거나 포기하는 사람도 있다. 이러한 차이는 평소에 매사를 얼마만큼 능동적으로 대처해 왔는가 하는 생활 태도와 연관이 있을 수가 있으며, 또 한편으로는 개개인의 잠재적인 성향과도 관계가 있을 것으로 생각한다.

　모든 인간은 일상생활에서 크든 작든 문제에 직면하면서 살고 있다고 봐야 한다. 그것을 삶의 과정에서 피할 수 없는 하나의 통과의례로 생각하고 순리대로 받아들인다면 심신의 고통을 덜 받으면서 무난히 극복할 수가 있지 않을까 싶다. 원인이 어디에 있든, 이미 닥친 일이고 헤쳐나가야만 할 문제라면 지혜롭게 대처해야 한다. 어떤 문제는 도저히 극복할 수 없는 일인 것처럼 보이는 난제일 수도 있겠으나 그럴 때마다 좌절하지 않고 최선의 노력으로 대처한다면 극복할 수도 있을 것이다.

　정도의 차이는 있겠지만 난관을 어떻게 대처하느냐에 따라서 과정과 결과가 달라질 수가 있을 것이다. 전쟁고아로 자라면서 온갖 서러움과 멸시를 받으면서도 절망하지 않고 목표를 향하여 열심히 노력한 끝에 뜻을 이룬 사람들도 있다. 그런가 하면 조그

마한 역경에도 굴복하고 좌절함으로써 인생의 실패자가 되기도 한다.

거들떠볼 가치조차 없다며 짓밟고 내팽개치다시피 하는 들풀도 생명의 유지와 종족 번식을 위해 사투를 벌이면서 끝까지 살아남는다. 길가에 버려진 화분 중에 생명이 있는 화초를 가져와서 정성 들여 보살피다 보면 뜻밖에도 아름다운 꽃을 피우며 감동을 안겨주기도 한다. 높은 산꼭대기의 큰 바위 틈새에서 자라나는 식물들의 강한 생존력은 경외감마저 들게 한다. 열악한 환경에서도 생명을 지키기 위해 사투를 벌이는 모습을 볼 때면, 어떠한 난관에도 좌절해서는 안 된다는 메시지를 인간들에게 보내는 것만 같다.

제아무리 부강한 국가라도 국민 개개인의 경제적 안정까지 책임질 제도적 장치란 있을 수가 없다. 오롯이 국민 각자가 자력으로 극복해야 할 일이다. 그래서 모든 것을 운명으로 생각하거나 타고난 팔자로 규정지으면서 체념하거나 포기해서는 안 된다. 삶의 현장에서 치열하게 열정적으로 생활하는 이가 있는가 하면, 어떤 이들은 자신에게 맞는 일자리가 없다며 불평으로 나날을 보내기도 한다. 죽도록 고생을 해봤거나 상상도 못 할 곤란에 직면했던 사람은 생존을 위해서는 무슨 일이든 도전하려는 자세가 되어 있을 것이다. 그래서 새벽부터 인력회사까지 찾아 나서며 한 푼이라도 더 벌어야 한다는 일념으로 죽기 살기로 생업에 종사하고 있다. 우리 주변에는 이러한 사람들이 의외로 많다는 사실을 결코 잊어서는 안 될 것이다.

젊고 힘 있는 사람들이 방구석에 앉아서 게임과 음주, 흡연으로 무위도식한다면 분명 그들에겐 살게 해주는 뒷배가 있다고 봐야 한다. 그런 사람들에겐 철저하게 고립무원(孤立無援)의 상태를 만들어서 자립 의지를 북돋울 수 있게 어떠한 전기를 마련해 줄 필요가 있다고 생각한다. 동물의 세계에서도 새끼가 독립할 시기가 되면 보호의 관계를 단절하는데, 하물며 만물의 영장이라는 인간에게 있어서는 말해서 무엇하겠는가 싶다.

사실 여부를 떠나서 노숙자들 사이에서 가장 두려워하는 말이 있다는데 그것은 바로 "말 안 들으면 공사장에 가서 노동하게 한다."라는 것이라고 한다. 사람이 타성에 젖는다는 게 얼마나 무서운지에 대한 경각심을 일깨우는 말이라고 생각한다. 이러한 상황이 슬프고도 한심하게 느껴지면서도 한편으로는 "일하지 않는 자, 먹지도 말라."는 말이 떠오른다. 사지가 멀쩡해서 얼마든지 활동할 수 있는데도 불구하고 힘든 노동만은 하지 않겠다고 한다면 무언가 반성의 여지가 있을 것으로 생각한다.

한평생을 살아가는 그 길이 결코 순탄하거나 만만치만은 않다. 개인마다 능력이 다르고 여건도 같지가 않은 상황에서 자신만의 길을 찾아간다는 일이 쉽지는 않을 것이다. 어려운 일이 닥쳤을 때 어떻게 대처해야 할 것인가 하는 문제는 고민의 대상임이 분명하다. 세상만사가 모두 제 하기 나름이라 하지 않던가? 세상은 자신을 버리지 않는데 자신이 세상을 외면하는 것은 아닌지 살펴봐야 한다. 아무리 삶의 무게가 힘겹더라도 최선의 노력으로 극복하다 보면 적응력도 길러지면서 한평생 뜻하는 바를 이루면서 살아갈 수가 있을 것이라는 생각을 해본다.

한 걸음 한 걸음씩 걷기

나는 등산을 할 때마다 혼잣말로 "걸을 때는 한 걸음 한 걸음씩 걷자."라고 한다. 언젠가 여럿이 등산을 하면서 그 말을 했더니 어떤 이는 피식 웃으면서 "세상에 한 번에 두 걸음씩 걷는 사람도 있냐?"라고 했지만 나는 나름의 의미를 부여하고 있다.

일반적으로 등산하는 모습을 보면 어떻게 하면 빨리 목적지에 도착할 것인지에 신경을 쓰는 사람들이 있는 것 같다. 흡사 무슨 경주라도 하듯이 앞만 보고 바쁘게 걷는다. 우보만리(牛步萬里)라고 뚜벅뚜벅 걸어가는 소걸음도 만 리를 갈 수 있다고 했는데, 모처럼 분주한 일상에서 벗어나 자연을 찾았으면 여유로운 마음으로 걸어도 될 텐데 왜 그토록 바삐 움직이는지 이해가 안 될 때가 있다. 물론 스포츠라는 관점에서는 속도를 내어서 땀을 흘리다 보면 스트레스도 해소되는 등, 여러 면에서 심신에 이로운 면이 있을 테지만 말이다. 어떤 때는 사람들이 하나의 물결처럼 바쁜 듯이 밀려가고 밀려오는 듯하여서 여유 면에서 좀 아쉽다는 생각이 들기도 한다. 그럴 때면 주변 경치도 감상할 겸 적당한 곳에서 쉬면서 가는 것도 좋지 않을까 하는 생각을 해본다. 특별한 목적이 있는 사람이라면 몰라도 그렇지 않은 사람들에겐 템포 조절이 필요할 것 같아서 하는 말이다. 결국은 등산도, 직장 업무도 모두가 인생의 과정이라고 본다면 여유롭게 무리하지 않았으면 좋겠다는 생각이다.

세상 이치가 다 그러하듯이 인간관계 또한 무리하지 말고 순리에 따르는 것이 좋을 것 같다. 아무리 남다른 친화력이 있는 사람이라도 금세 형이니 아우니 하면서 가까워지는 것은 쉽지가 않을 것이다. 불기운이 서서히 온돌방을 덥히듯이 시일을 두고 진심으로 교류를 하다 보면 서로 이해하고 신뢰하면서 점차로 친밀한 관계로 발전하게 되는 것이 일반적인 인간관계일 것으로 생각한다.

그런데 특이한 점은 사기행각을 일삼는 사람들은 단시간 내에 상대방이 현혹되게 하는 그들만의 비법(?)이 있지 않을까 싶다. 사악함을 숨기고 목적 달성을 위하여 수단 방법을 가리지 않고 상대방의 마음을 뺏기 위해 백방으로 궁리를 할 것 같다. 의외의 친절함에 상대방의 판단이 흐려지게 만들면서 급기야는 돌이킬 수 없는 함정에 빠져들게도 할 것이다. 만사의 성취에는 시간과 노력이 뒤따라야 하는 법인데, 복권처럼 뜻밖의 행운이 따르기를 기대한다면 발상 자체에 문제가 있다고 본다.

일상에서 상황이 급변하면 거기에는 양면성이 있게 마련이다. 호전될 수 있는 전기(轉機)가 마련될 수 있는 것과 불확실성으로 위험이 수반될 가능성도 있다는 것이다. 각종 투자나 투기를 하여 한두 차례 크게 이득을 본 사람은 무리하게 정상 궤도를 이탈하면서까지 모험심을 발휘하려는 경향들이 있는 것 같다. 위험한 상황인 복병이 도사리고 있을 수도 있는데, 당사자는 부지불식간에 서서히 함정에 빠져드는 경우이다.

인생이라는 여정에서 평상심을 유지한다는 게 상당히 중요하다고 생각한다. 가능하면 과욕을 삼가고 한 걸음 한 걸음 착실하게 내딛는 생활이 좋을 것 같다. 오르막길을 평지처럼 앞질러 달리던 사람도 정상에 오르면 내려올 수밖에 없고, 자신의 힘에 맞게 무리 없이 차근차근 내딛는 사람도 좀 더디긴 하겠지만 마침내 목적지에 도착할 것이다. 결과적으로 어느 쪽이 잘한 일이라며 단정할 수는 없겠지만 일장일단은 있게 마련이다. 어쨌든 인생길은 여유를 갖고 무리하지 않으면서 쉬엄쉬엄 걸어가도 좋지 않을까 하는 생각이다.

  원인 없는 결과가 없듯이 운전 또한 급출발, 급커브를 습관처럼 하는 사람은 상대적으로 사고 확률이 높을 것이다. 모든 일을 정상 페이스로 대처하면 당연히 무리가 적을 수밖에 없다. 지속하기 위해서는 조급증을 버리는 게 좋을 것 같다. 이슬에 옷 젖는다고 꾸준히 하는 일이 큰 성취를 드러낼 수도 있을 텐데, 급한 마음으로 욕심을 부리면 결과적으로 별 도움이 되지를 않을 수도 있지 않을까 싶다. 가끔은 "돌다리도 두들겨보고 건너라."는 속담을 떠올리면서 대처하는 것도 괜찮을 것 같다는 생각을 해본다.

무서운 게 습관

　살아가면서 '삼세지습지우팔십(三歲之習至于八十)'이란 말이 하나도 틀리지 않다는 걸 느낄 때가 있다.
　고등학교 2학년 유월 어느 토요일 하교 때였다. 당시에는 토요일에 오전 수업을 했는데 그날 집에 가는 도중에 갑자기 내리는 소나기를 피하려고 근처 대로변 어느 집 처마 밑에 들렀다. 그런데 그 집 거실에서 부모와 자녀가 한가하게 대화하는 장면이 눈에 들어왔다. 그곳에 머무는 동안에 문득 이런 생각이 나의 뇌리를 스쳐 지나갔다.
　"토요일 오후인데도 이 집의 가족들은 집 안에서 한가롭게 지내고 있는데, 농사를 짓는 우리 집은 온 식구가 하루도 쉬는 날 없이 농사일에 매달려도 먹고살기가 빠듯하잖아."
　그 순간 나의 머리를 스치는 생각은 부모의 직업이 가족의 생활에 미치는 영향이 크다는 것이었다. 나는 이 가정과는 전혀 다른 환경에서 생활하고 있는데, 그렇다면 앞으로도 계속 이렇게 농촌에서 온 가족이 눈코 뜰 새 없이 먹고사는 일에 매달리면서 여유라고는 전혀 없는 나날을 보내야만 할 것인가 하는 문제에 생각이 멈추었다. 그날 나는 내 삶의 전환점이 될 수 있는 결심이 필요하다는 것을 절실히 느꼈다.

다음 날, 2년 전부터 애지중지 키워오던 털이 풍성한 앙고라토끼 수십 마리를 처분하기 시작했다. 그러면서 여전히 낮에는 학교 공부와 농사일 돕기를 병행하고, 밤에는 심기일전하여 대학진학을 목표로 입시 공부에 매진하기로 했다. 저녁 9시경에 자면 새벽 2시에는 일어났다. 수면시간은 5시간을 넘기지 않았다. 당시에는 내가 살던 고향에 인문고가 없는 대신에 농업고등학교가 있었고, 대학에 진학하는 학생은 손가락을 꼽을 정도였다. 지금 생각해 봐도 그 당시 나의 결심은 철석과도 같이 견고했던 것 같았다. 퇴로는 없다는 심정으로 죽기 살기로 공부에 매달렸으니까 말이다.

여기서 습관의 무서움에 대해서 말하려고 한다. 참으로 무서운 게 습관이라는 사실을 경험으로 절실히 느끼고 있기 때문이다. 그렇게 시작한 새벽 공부가 일상이 되면서 지금까지도 저녁에는 일찍 잠자리에 들고 이른 새벽에 기상하고 있으니 습관이 완전히 뿌리박혔다는 게 맞을 것 같다. 시대의 변천에 따라서 속담도 변한다면 백세시대인 오늘날에는 '삼세지습지우일백(三歲之習至于一百)'이라고 해야 맞지 않을까 하는 생각을 해본다.

나와 비슷한 연령대의 사람 중에 잊히지 않는 이가 있는데 늦잠이 습관이 된 사람이다. 그는 1년 중 단 하루도 아침 일찍 일어나는 법이 없는 것으로 알려져 있는데 대학 재학시절에도 새벽 1시 이전에 잠을 잔 적이 없었다고 한다. 그리고 자연히 늦잠으로 이어졌는데 스스로 일찍 일어난다는 것은 불가능한 일이었다. 어느 날 그의 모친에게서 들은 이야기로는, 매일 아침에 아들 깨우는 일이 너무 힘들어서 이제는 지쳤다고 했다. 그 습관은 이후에도 고쳐지지를 않았고 사회생활을 할 때까지도 이어졌다고 한다. 회사를 입사한 후에도 여전히 고쳐지지를 않아서 결국은 직장까지 그만두었다는데 가정의 경제는 부인의 수입으로 근근이 유지되고 있다고 했다. 그 사람은 나쁜 습관으로 인하여 인생 자체에 부정적 영향을 끼쳤다고 보면 되겠다.

습관이란 결코 선천적이거나 유전일 수가 없으며 후천적으로 형성되는 거듭된 반복행동에 의한 결과라고 생각한다. 아침형, 저녁형 인간이라는 말들도 하지만 이러한 구분이 선천적으로 결정된다고 생각하지는 않는다. 사람은 사회적 동물이며 생활 여건에 따라서 삶에 영향을 받게 되어 있다. 도시의 번화가는 저녁 10시가 초저녁이며 자정을 넘겨서 새벽녘까지 불야성을 이루는 곳도 있는데 그러면 그곳에서 생활하는 사람들은 모두가 저녁형 인간이라고 할 수 있겠는가 말이다.

참으로 무서운 게 습관이다. 오죽했으면 "사람 고쳐 쓰는 게 아니다."라는 말이 있을까 싶다. 바람직하지 못한 습관은 속히 고쳐야 하는데, 그것이 그토록 어려운 일인지 이해가 안 될 때도 있다. 굳은 결심으로 꾸준히 노력한다면 고칠 수 있을 것이라는 생각인데 그게 안 된다니 답답한 노릇이다. 결국은 스스로가 개선의 필요성을 절실하게 인식하고 굳은 의지로 실행을 하면 될 수가 있다는 것이다. 어쨌든 좋지 못한 습관이 정착되지 않으려면 어려서부터 가정과 학교에서 바른 생활 습관 형성을 위한 교육을 꾸준히 해야 할 것 같다. 평소에 익혀진 습관들은 다른 사람의 눈에는 잘 드러난다는 사실을 유념할 필요가 있겠다는 생각이다.

성철스님은 생전에 절에서 운영하는 템플스테이 행사 때 참가자들에게 기상 시간을 엄수하고 새벽예불은 반드시 드려야 한다는 점을 강조하셨다고 한다. 그러고는 약속을 이행하지 못하면 한두 번 경고하고 그래도 고치지 않으면 호통을 쳤다는 것이다. 언젠가는 한방에 배정된 중년의 남자 몇 명이 3일째도 기상 시간을 어기는 걸 보고는 도저히 안 되겠다 싶어 도끼로 문짝을 내리쳤다고 한다. 당시에 혼비백산한 수련생들은 오래도록 그 순간을 잊지 못하는 것은 물론이려니와 그 이후의 생활에 많은 영향을 끼쳤다는 일화를 들은 적이 있다.

크고 작은 습관을 고치는 데에는 무엇보다도 본인의 의지가 중요하다. 일상의 생활에서 고쳐야 할 부분이 있다면 바꾸기 위한 지속적인 노력이 필요하다. 생각을 바꾸면 행동이 바뀌고, 행동을 바꾸면 습관이 바뀌고, 습관을 바꾸면 인격이 바뀌며, 인격을 바꾸면 운명이 바뀐다고 한다. 정말로 공감이 가는 말이다. 무서운 게 습관임을 경험으로 실감하고 있으니까 말이다.

상대방을 이해한다는 말

우리는 일상의 대화에서 '네 말은 충분히 이해가 되는데'라며 자신의 의견을 제시할 때가 있다. 대화에서 상대방의 말을 듣고 이해한다는 게 결코 쉬운 일이 아니다. 많은 경우 선입견이나 지레짐작, 또는 순간적 판단으로 이해한다는 말을 너무 쉽게 하는 것 같다. 특히, 격의 없는 대화를 나눌 수 있는 친밀한 관계일 경우에는 상대방의 마음을 훤히 꿰뚫고 있는 듯한 반응을 보임으로써 오히려 크나큰 오해를 불러일으킬 수 있는 여지가 있다는 사실에 유의했으면 한다. 그래서 대화에서 가장 중요한 것은 경청하고 제대로 이해하는 일이라고 생각한다.

일반적으로 사람의 마음이란 오늘 다르고 내일 달라질 수가 있다. 소위 상황에 따른 가변성이 있다는 것인데, 이 점을 전제로 한다면 타인의 마음을 제대로 이해하는 일이 쉽지 않을 것이라는 예상은 가능해진다. 모든 걸 이해할 것이라는 믿음으로 상대방과 대화를 할 때도 의사전달에 문제가 발생할 수가 있다고 생각한다. 말하는 사람은 상대방이 충분히 이해할 것으로 짐작할 수는 있겠으나 상대방에게는 내용 파악에 어려움이 있을 여지가 있다는 점을 염두에 둘 필요도 있다. 그리고 언어도 살아 움직이는 생명체와 같아서 어떤 때는 희망과 용기를 주지만 어떤 경우에는 마음에 상처를 줄 수도 있다는 점도 염두에 둘 필요가 있을 것 같다. 말로 인해 입은 마음의 상처는 여간해서 치유되지 않는다고 한다. 부모와 자식 사이, 그리고 형제지간이라도 제대로 된 의사소통이 된다는 게 생각보다 쉽지 않음을 알아야 한다. 어떠한 대화이든 자신의 의사를 충분히 전했다는 생각에 앞서서, 의사소통이 제대로 되고 있는지를 확인하는 과정이 필요할 것으로 생각한다.

학교 교육현장에서 볼 수 있는 문제 중의 하나는 교사가 학생들에게 설명하는 중에 "내가 한 말이 무슨 뜻인지 알겠지요?" "내가 설명하는 내용 잘 이해하지요?" "질문이 없는 것으로 보아 이해하는 것으로 알겠어요."라면서 계속 다음 단계로 넘어가거나 마무리하는 경우이다. 수준의 차이가 있는 학생들이라는 전제하에서 모두가 이해할 수 있게 설명하는 것은 생각보다 어렵다는 사실을 잊어서는 안 될 것 같다.

아무리 대화의 달인이고 만인의 심금을 울리게 하는 화술의 귀재라 하더라도 개인이나 단체를 대상으로 자신의 의사를 전달하다 보면 상대방으로부터 오해를 불러일으킬 수 있는 여지는 얼마든지 있다. 그래서 대화로 해결될 수 있는 문제이면서도 다툼이 일어나는 경우도 있다는 사실에 유의할 필요가 있을 것 같다.

오래전에 있었던 일인데, 직장에서 교사와 학부모 사이의 어떤 갈등적 사안에 대하여 해결해야 할 책임을 맡았다. 당사자들이 서로 이해하고 화해하게 할 목적으로 양편을 오가며 중재하는 과정에서 그 일이 보통 어려운 게 아니라는 사실을 실감하였다. 조정과 타협을 기대하는 입장에서 양자 간에 합의가 되는 데 도움이 될만한 방안을 제안해 보았지만, 그것이 이해는커녕 오히려 일이 더 어렵게 되는 상황으로 치닫기도 하였다. 이런저런 시도를 하면서 평행선을 달리는 양자 간에 합의점을 도출해 내는 과정이 무척 어려웠다. 그 사안을 중재하면서 느낀 점은 빨리 마무리를 짓겠다는 자세로 임해서는 안 되겠다는 것이었다. 해결을 위해서는 원인파악에 더 많은 관심과 노력이 필요함을 절실히 느꼈다.

가정에서도 부모님이 구두쇠처럼 지나치게 인색한 경우, 자녀는 도저히 이해가 안 된다며 답답함을 느낄 수가 있을 것이다. 부모가 그렇게 할 수밖에 없는 이유를 알지 못하는 상황에서는 진정한 이해는 어렵다고 본다. 상호 이해를 위해서는 무엇보다도 허심탄회한 대화가 선행되어야 할 것으로 생각한다. 부모는 죽한 그릇도 제대로 먹지 못해 배고팠던 어린 시절을 결코 잊을 수가 없다. 그런데 이제 형편이 좀 나아졌다고 자녀들이 원하는 것이면 다 들어줄 것으로 기대를 할 수가 있을까? 철없는 자녀들은 돈을 쌓아만 두면 무슨 소용이냐며 항의성 소리도 내겠지만 부모의 생각은 확고하다. 이러한 상황에서 부모 자식 사이의 의견 차이를 극복한다는 건 태산준령을 넘는 일보다 더 어려울 수도 있을 것 같다.

내로라할 만큼 자수성가한 노인 중에는 젊은 시절에 남의 집 머슴살이까지 하면서 고생이라는 고생은 다 겪으며 살아온 분들이 있다. 그 당시의 생활은 가히 노예와 다름없었다고 해도 지나치지 않을 정도였다. 오늘날은 세상이 발전해서 인권이니 적정 노동시간이니 하는 말이 통하지만, 당시에는 하루 삼시 세끼 먹는 일이 그 무엇보다도 큰일이었기에 인간다운 생활은 꿈도 꿀 수 없는 일이었다. 비인간적인 대우를 받은 것부터 해서 알게 모르게 겪어온 고생은 차마 말로 표현할 수가 없을 정도였으니까 말이다. 무슨 일이 있더라도 버티며 살아야 한다는 의지 하나로 북풍이 몰아치는 매서운 겨울에도 깊은 산골짜기에서 땔감을 구해와야만 했다. 그리고 짚신을 신고 수십 리 험한 길을 짐을 지고 오갔던 힘겨웠던 삶을, 고생이 뭔지 모르고 자란 젊은이들이 이해한다는 건 불가능한 일이라고 하는 게 맞을 것 같다.

며칠 전에는 중국의 명산에서 잔도(栈道, 험한 벼랑에 선반처럼 달아 낸 길) 작업을 하는 사람들의 생활상을 TV에서 볼 수 있었다. 중국 현지에서 직접 작업 광경을 본 적도 있지만 그들의 생활상을 자세히는 알지 못했다. 천 길 낭떠러지 중간에 좁은 길을 만드는 공사인데 그 작업은 생명을 담보로 하는, 말 그대로 사활이 걸린 극한 직업이다. 그들 중에는 가족과 만나는 것도 1년에 겨우 두세 번 정도라는데, 한 번 다녀오려면 적어도 일주일 치의 품삯이 들기 때문이라고 한다. 그러한 사람들에게 있어서 돈은 바로 생명이라고 하는 것이 맞을 것이다. 그러니 그 사정을 아는 가족들로서는 감히 돈을 쓰라고 있는 것이라는 말이 나올 수가 있을 것인가 말이다.

세대 간 인식 차이는 동서고금을 막론하고 언제 어디서나 있을 수 있는 일이다. 그러나 분명한 사실은 혹독한 일제 강점기의 수난과 육이오전쟁으로 인하여 재기불능의 상태에 처한 상황에서도 생존을 위해 온갖 고난을 극복하면서 살아온 분들의 비참한 생활상은 그다음 세대에게도 알려줄 필요가 있다는 것이다.

귀하게 자란 신세대 손자가 모처럼 80세 할머니를 모시고 양식

집에서 고급음식을 대접했다. 그런데 2인분 식대가 10만 원이라는 말을 들은 할머니는 귀를 의심하지 않을 수가 없었다. 그 돈이면 쌀 40kg을 구입할 수 있는 돈인데 도대체 말이 되는 소리냐는 것이다. 이러한 상황에서 손자가 할머니의 마음을 이해한다는 게 가능할 것인가 하는 말이다.

상상 이상의 고난을 겪었던 지금의 노년 세대 중에는 어려웠던 시절에 고생했던 그 흔적들이 골수에 새겨져 있다. 문자 그대로 각골난망이어서 잊힐 수가 없는 것이다.

부유한 집안에서 자란 딸이 가난한 집의 총각과 결혼을 하겠다며 울고불고 야단이라고 한다. 그 부모는 너만은 절대로 가난의 고통을 겪으며 살아서는 안 된다며 절대 반대이다. 자식은 희망과 가능성을 말하고, 부모는 과거의 쓰디쓴 고난을 회상한다. 그러한 현격한 인식 차이가 좁혀지지 않는 한, 서로를 이해한다는 일은 어렵다고 봐야 한다.

오래전의 이야기인데 텔레비전 프로그램 중에 부부나 친지 중에 한 사람만 출연해서 대화를 나누고는 그 말이 진실인지를 확인하기 위해 진행자가 직접 당사자와 통화하는 코너가 있었다. 그때 출연한 어느 할아버지는, 자신은 할머니의 행복을 위해서라면 어떠한 희생과 봉사도 감수하겠다는 자세로 살아왔다고 했다. 그러면서 만약에 다음 세상에 다시 태어난다면 당연히 지금의 할머니를 택할 것이며, 할머니 또한 100% 나와 같은 생각일 것이라며 장담을 했다. 그래서 진행자가 할머니와 통화를 시도했고 이어서 확인과정에서 할머니는 뜻밖에도 다음 생의 기회가 주어진다면 지금의 할아버지와는 절대로 같이 살지 않을 것이며 완전히 다른 스타일의 사들을 선택하겠다고 했다. 수십 년을 동고동락한 부부 사이에도 저토록 생각이 다르니, 이 세상의 부부 중에는 얼마나 많은 사람이 착각 속에서 살아가고 있을지를 상상하면서 쓴웃음을 지은 적이 있다. 우리는 일상에서 상대방을 이해한다는 말을 너무 쉽게 하는 것은 아닌지 한 번쯤 되짚어봤으면 하는 생각을 해보는 것이다.

경청하기

　대인관계에서 지켜야 할 중요한 행동지침 중 한 가지를 꼽으라고 하면 '경청하기'라고 하겠다. 상대방의 말을 귀담아듣는 행위는 대화에서 가장 기본이 되는 태도이다. 말하는 내용의 흐름을 제대로 파악하기 위해서는 주의를 집중해서 들어야 하고 그렇게 함으로써 화자(話者)가 말하고자 하는 내용을 파악할 수가 있다. 그런데 경청은커녕 전혀 관심을 보이지 않거나, 심지어는 생각이 다르다는 이유로 자기주장만을 내세우려는 경우도 있는데 그러한 태도는 바람직하지 않다고 본다.
　경험을 떠올려 보면 강의할 때 눈에 거슬렸던 것 중 하나가 제대로 듣지 않으면서 딴짓하고 있는 모습들이다. 휴대폰에 빠져 있기도 하고 옆 사람과 소곤거리기도 한다. 어떻게 생각하면 얼마나 재미없는 강의였으면 그런 반응이었겠느냐고 반문할 수도 있겠으나 그건 그렇지가 않다. 어느 강의든 일단 수강하기로 했다면 그 시간만큼은 성실하게 임하는 것이 수강자의 기본 태도라고 생각하기 때문이다.
　어느 청소년전문 초빙 강사는 중고등학생을 대상으로 하는 강의나 강연이 해가 갈수록 힘이 든다면서 어떤 때는 중간에 그만두고 싶을 때도 있다고 한다. 주의집중을 위한 방법을 동원해 보지만 상황의 반전은 어렵다는 것이다.

　텔레비전에서 강연이나 강의 등의 프로그램을 진행할 때는 대부분 많아야 수십 명 정도의 청중이 참여하는데 대부분 분위기가 좋게 느껴진다. 일단은 강연자에게 주의집중을 하면서 적극적으로 호응을 하니까 강사로서는 최선의 여건이 갖추어졌다고 할 수가 있다.

　상호 간의 교류라고도 할 수 있는 우리 가락 공연장에서는 창(唱)을 할 때 흥을 돋우기 위해 관객들과 호흡을 함께하면서 "얼씨구", "좋다.", "잘한다." 등의 추임새로 호응을 한다. 그러면 창을 하는 사람은 덩달아 신명이 나면서 관중과 혼연일체가 된다. 공연에서의 호응은 매우 중요하다.

　역사 속의 이야기 중에 언제나 자신의 연주를 이해하고 호응해 주는 사람이 있었다. 그런데 그 사람이 떠난 이후로는 옆에서 공감하며 감상(鑑賞)하는 사람이 없어서 다시는 연주를 하지 않았다고 한다. 이에서 연유한 성어가 지음지교(知音之交)이다. 마음이 서로 통하면서 이해하려는 자세가 되어 있는 데다가 분위기까지 북돋아 준다면 화기애애한 분위기로 이어갈 수가 있을 것이다. 연주할 때, 공감하는 사람이 있으면 더욱 흥이 나는 것은 당연한 이치이다.

　강의나 공연을 하는 곳에서 경청하거나 적절히 호응하는 것은 바람직한 태도라고 생각한다. 그렇게 하는 것은 이해와 관심의 표시이기도 하다. 부부, 부모 자식 사이에도 그렇고 더 나아가서는 모든 인간관계에서 상대방의 말을 경청한다는 것은 자신의 존재가치를 높일 수 있는 계기가 될 수도 있다는 점을 알았으면 한다. 어떻게 보면 진지한 태도로 경청하는 모습은 한 폭의 그림처럼 아름다울 수도 있지 않을까 싶다.

 이왕 참여하는 강의나 강연, 그리고 수업이라면 성실한 자세로 적극적으로 교류하거나 충분히 이해할 수 있는 방향으로 노력해야 할 것으로 생각한다. 특히 청자는 말하는 사람에게 적절한 반응을 보이는 자세가 필요하다. 즉, 화자가 하는 말의 흐름을 파악하면서 분위기에 어울리는 반응을 보이면 말하는 사람은 더욱 열의를 갖고 임하는 데 도움이 될 것이다. 말 잘하는 사람보다 말을 잘 듣는 사람이 되어야 하는 이유는, 귀가 두 개이고 입은 하나뿐이라는 비유도 하지만, 어쨌든 상대방의 말을 경청하는 것은 여러 면으로 좋은 태도이기 때문이다.

발음을 분명하게 하는 사람

신언서판(身言書判)을 백과사전에는 다음과 같이 설명해 놓았다.

> "풍채와 언변과 문장력과 판단력, 선비가 지녀야 할 네 가지 미덕을 말한다. 이는 원래 당(唐)나라 때 관리를 선발하던 기준이었다."

그리고 출전(出典)에는 다음과 같이 설명하고 있다.

> "무릇 사람을 가리는 방법은 네 가지가 있다. 첫째는 신(身)이니, 풍채가 건장한 것을 말한다. 둘째는 언(言)이니, 언사가 분명하고 바른 것을 말한다. 셋째는 서(書)이니, 필치가 힘이 있고 아름다운 것을 말한다. 넷째는 판(判)이니, 글의 이치가 뛰어난 것을 말한다. 이 네 가지를 다 갖추고 있으면 뽑을 만하다.(凡擇人之法有四. 一曰身, 言體貌豊偉. 二曰言, 言言辭辯正. 三曰書, 言楷法遒美, 四曰判, 言文理優長. 四事皆可取. 범택인지법유사. 일왈신, 언체모풍위. 이왈언, 언언사변정. 삼왈서, 언해법주미, 사왈판, 언문리우장. 사사개가취)"
>
> 『신당서(新唐書)』「선거지(選擧志)」중에서

이것은 1,400년 전, 중국 당나라 시대에 인재선발 원칙으로 정한 것이라고 하는데, 여기서는 '언(言)'에 해당하는 언어의 분명한 표현에 대해서 언급해 보려 한다. 세상을 살아가면서 가장 기본이 되는 것이 사람과 사람 사이의 의사소통이라고 할 수 있다. 각자의 의사를 표현하는 과정에서 얼마나 명확하게 제대로 전달할 수 있는가 하는 문제는 매우 중요하다. 말을 할 때는 상대방이 정확하게 알아들을 수 있도록 해야 원만한 의사소통이 될 수 있는 출발점이 된다. 상대방이 하는 말을 제대로 이해하지 못한다면 소통에 문제가 있는 것이다.

말을 할 때는 청산유수(青山流水)와 같은 말솜씨보다는 자신의 의사를 상대방이 제대로 이해할 수 있도록 분명하고 조리 있게 표현하는 것이 중요하다. 그래서 말을 할 때는 무엇보다도 정확한 발음이 바탕이 되어야 한다. 입안에서 얼버무리듯이 불분명하게 표현하면 전달에 문제가 있는 것이다. 음의 고저장단(高低長短)을 제대로 나타내지 못함으로써 내용 전달이 잘 되지 못하면 듣는 이로 하여금 신경 쓰이게 할 수가 있다. 어쨌든 말은 하고 있는데 무슨 말을 하는지 제대로 알아들을 수가 없다면 이것은 말하는 이와 듣는 이 모두가 효율적인 의사소통이 되지 않고 있다는 증거이다. 그러한 상황이라면 굳이 대화라는 방법을 이용할 것이 아니라 차라리 내용을 문자로 정리하여 각자가 읽게 하는 것이 더 효율적이 아닐까 싶다. 제대로 알아들을 수 없는 말은 효용가치 면에서 문제가 있는 것이다.

말의 중요성에 대해서는 "힘센 아이 낳지 말고 말 잘하는 아이 낳아라."라는 속담이 잘 대변한다고 볼 수도 있다. 마침내는 힘이 센 사람보다 말을 잘하는 사람이 사회생활에서 유리하다는 의미를 내포하고 있음에 유의할 필요가 있을 것 같다.

우리는 흔히들 '말 잘하는 변호사'라는 말을 해왔다. 이 말은 의사 표현을 거침없이 잘한다는 뜻이 아니라, 논리적이면서 분명하게 이해가 될 수 있게 한다는 뜻이다. 그러니까 상대방을 설득하기 위하여 적절한 배경설명을 하면서, 말하려는 요지를 꼭꼭 짚어가며 표현함으로써 자신의 주장이 명확하게 드러나게 한다는 말이다. 일상생활에서 자신의 의사를 분명하게 표현하는 사람들을 보면 확실히 돋보이는 면이 있다. 그리고 주장을 뒷받침할 수 있게 논리적으로 이치에 맞게 말하는 사람들을 볼 때면 뭔가 남다른 면이 있어 보이기도 한다.

일상의 대화에서는 정확한 의사전달에 대해 거의 의식을 하지 않다가도, 가끔 강연이나 강의에 참석하거나 텔레비전에서의 특강 등을 들을 때면 말하기에서 가장 중요한 것은 바로 '발음을 분명하게 하는 것'이라는 사실을 느낄 수가 있다. 말하는 근본 목적이 의사나 감정, 생각 등을 정확하게 전달하는 데 있다고 볼 때, 표현하고자 하는 바를 명확하고 조리 있게 발표하는 일은 참으로 중요하다고 생각한다.

정신을 딴 데 두면 안 된다

'지성이면 감천'이라고 어떤 일을 행함에 있어서 지극정성으로 하면 하늘도 감동하게 될 것이라는 인식들이 있는 것 같다. 일종의 기대 심리라고 할 수가 있는데 결국은 마음 자세가 중요하다는 말이다.

일반적으로 사람들은 자신이 한 일에 대해서 최선을 다했다는 말을 너무 쉽게 하는 경향이 있는 것 같다. 물론, 개인적으로는 주어진 여건에서 온 정성과 노력을 기울였다고 자부할 수가 있어서 하는 말이라고 생각한다.

강원도 어느 고을에 재래식 엿을 만드는 할머니의 말씀이 생각난다.

남들이 보기에는 별것 아닌 것처럼 보일 수도 있는 이 엿 한 가락도, 만드는 과정에서 온 정성을 다해야만 제대로 된 제품이 나온다고 했다. 엿이 상품으로서의 가치를 나타내기 위해서는 처음부터 끝까지 전 제조과정에서 어느 한순간도 방심해서는 안 된다는 것이다. 특히 엿물을 끓이는 과정에서는 불의 세기와 저어주기, 농도 등을 맞추는 일들이 보통 신경 쓰이지를 않는다고 한다. 그래서 엿이 나오기까지 정신 바짝 차리고 해야지 잠깐이라도 졸거나 정신을 딴 곳에 팔게 되면 순식간에 망칠 수가 있는 일이어서 보통의 정성이 아니고서는 제대로 만들 수가 없다는 것이다.

일반적으로 남들이 하는 일에 대해서는 너무 쉽게 생각하는 경향이 있는데 결코 그래서는 안 된다는 점을 새삼 일깨우게 한 말이었다.

나무 한 그루를 옮겨 심을 때에도 나무의 종류에 따라서 위치의 선정이 중요하기 때문에 사전답사를 통해서 현장의 토양분석과 일조량을 비롯하여 상황을 파악해야 할 사항이 적지 않다고 한다. 그런데도 안이하게 현장 점검을 생략한 채, 인터넷 등 여러 경로를 통해서 수집한 자료에 의지해서 소위 탁상공론식의 대처를 한다면 실패할 가능성이 있다고 할 수 있을 것이다.

무슨 일이든지 건성으로 해서는 안 된다. 밥을 먹을 때는 밥 먹는 데 정신을 두고, 산책할 때에는 산책에만 신경을 쓰고, 운전할 때에는 운전에만 정신을 집중하라고 한다. 며칠 전에는 운전 중 라디오를 조작하는 사이에 교통사고가 발생하여 귀중한 인명 피해가 발생했다는 뉴스가 있었다. 순간, 정신을 딴 데 두고 하는 운전이 얼마나 위험한 결과를 초래하는지에 대하여 경각심을 일깨우게 하는 사고였다. 언제 어디서 무슨 일을 하든, 그 당시의 일에 집중해야 하는데 마음이 여러 갈래로 흩어지니 자연히 하는 일들이 제대로 되지를 않으면서 문제가 생긴다고 보면 될 것 같다.

매일같이 드나드는 자기 집이지만 관심의 정도를 확인해 보면 의외의 결과가 나올 수도 있을 것 같다는 생각을 해본다. 입주한 지 10년쯤 된 사람에게 한 장의 백지 위에 자신이 거주하는 집의 평면도를 그리고 어디에 무슨 물건들이 있는지를 적어보라고 했을 때, 너무나 어처구니없는 결과가 나올 수도 있을 것이다. 주부인 아내는 자세하게 아는 것이 당연한 일이고, 남편은 가정사에 대해 무관심해도 괜찮다고 생각한다면 문제가 있다고 본다. 심지어 자녀가 한두 명인데도 몇 학년인지를 모르는 부모들이 있다면 좀 더 가정의 행복을 위한 진지한 관심과 애정이 필요하지 않을까 싶다. 수십 년 전으로 거슬러 올라가면 당시에는 가장인 남편이 집안일에 과도하게 관심을 가지면 소인배 취급을 받기도 했다. 그러나 오늘날은 일상생활의 모습이 급격히 변하면서 가사도 당연히 부부가 서로 협력해야 한다는 인식이 정착되고 있다.

일상의 생활 중에 가끔은 "제발 정신 좀 차려라."라는 경고성 말로써 상대방을 다그치는 경우를 볼 때가 있다. 젊은 사람이 약속을 식은 죽 먹듯 하는가 하면 무슨 물건을 어디에 두었는지 몰라서 허둥대기를 반복하는 경우에는 대체로 정신이 안정되지 못한 데에 그 원인이 있다는 생각을 하는 것이다.

가정과 사회에서 제대로 생활한다는 게 쉬운 일은 아니다. 그러나 기본적으로 매사에 성실하게 생활하기 위한 노력을 게을리해서는 안 된다. 더욱이 가정이라는 삶의 보금자리는 언제나 정성을 들여서 가꾸어야 하는 너무나 소중한 곳이기 때문이다. 그 누구도 아닌, 자신과 가족의 행복을 위한 것이기에 서로 간의 믿음을 바탕으로 정신 차리고 생활해야겠다는 점을 깊이 새겼으면 한다.

빈곤만은 안 된다

나는 유독 '가난'에 대해서만은 무척 싫어하는 편이다. 누구에게나 한평생을 살아가는 데 필요하면서 기본적으로 갖추어져야 할 필수조건은 의식주이다. 그런데 가끔은 "경제적으로 어려워도 마음만 편하면 된다."는 말을 들을 때가 있다. 당연히 그 말이 뜻하는 바가 무엇인지는 이해한다. 그러나 현실적인 문제에 접근하면 선뜻 받아들이지를 못한다. 경제도 정도의 문제이지 너무 어려운 형편에 처하면 그런 말이 귀에 들어올 여유가 없다는 것이 평소의 내 생각이다.

『명심보감』 성심편(省心篇)에 "貧居鬧市無相識이요, 富住深山有遠親이니라(빈거뇨시무상식이요, 부주심산유원친이니라)."라는 글이 있다. "가난하면 번잡한 시장 거리에 살아도 서로 아는 사람이 없고, 부유하면 깊은 산중에 살아도 먼 곳에서 찾아오는 친구가 있다."라는 뜻이다. 이 말 속에는 사람의 마음이 이해관계에 치중하다 보니 자신에게 득이 될 수 있는 곳이면 어느 곳이든 찾아간다는 그러한 의미가 담겨 있다. 속뜻은 인간들의 얄팍한 심리에 대한 부정적인 의미가 내포되어 있지만, 일반적인 인식은 경제적 상황이 그만큼 중요하다는 뜻으로도 이해할 수가 있을 것 같다.

하루 세 끼 식사도 제대로 할 수 없을 정도의 극빈자들에게는 인생으로서 향유할 수 있는 여유로운 활동을 기대한다는 건 거의 불가능에 가까울 것이다. 수렵생활 위주로 생존하던 시대에는 먹고산다는 일, 즉 생존이 삶의 전부였다고 할 수 있다. 그런데 오늘날과 같이 문명이 발달하고 물질적으로도 풍요로운 시대에는 생존에서 점차 여유로운 생활로 바뀌고 있다. 그렇지만 물질적으로 풍요로운 시대에도 경제적 어려움에 고통을 받는 사람들은 있다. 지구상에는 절대빈곤에 허덕이며 생사의 경계를 넘나드는 사람들이 상상외로 많다고 한다. 차라리 죽음만 못한 현실에서 고통받는 그들의 삶을 영상을 통해서 볼 때면 오늘날에도 그러한 상황들이 전개되고 있다는 사실이 도저히 이해가 되지 않을 정도이다.

육이오전쟁을 겪은 후에 먹을 게 없어서 방방곡곡에 굶어 죽는 사람들이 발생하던 그 시절을 생각하면, 지독하게 가난하면 살아도 사는 게 아니라는 말이 떠오른다. 그저 지나치는 말로 "재산이 아무리 많으면 뭣하냐고, 마음이 편하지 않으면 다 소용없는 건데."라는 말을 하는 사람들에겐 하나만 알고 둘은 몰라서 하는 소리라고 일러주고 싶다. 정신적으로 안정을 유지하기 위해서는 적어도 물질적으로 기본 요건은 갖추어져야 한다. 물질적인 여건과 행복은 상관관계가 있음을 그 누구도 외면하거나 부정할 수는 없을 것이다.

처절하게 가난한 삶에는 말할 수 없는 고통이 따른다. 경험하지 않은 사람에게는 아무리 설명해도 심각한 상황을 이해시킬 수 없을 것이다. 일반적으로 미화된 용어인 '노숙자'라는 명칭은 자력으로 살아갈 수가 없는 절망의 상태에서 어쩔 수 없이 정처 없는 삶을 이어가는 사람들을 이르는 말이다. 가진 것이 없지만 생명은 유지해야만 하는 상황이 되었으니 그들에게 있어서 자존심이 무슨 소용이며 과거의 영광이 무슨 의미가 있겠는가? 그러나 한 단계 더 깊이 들여다보면 그분들 중에는 정말로 열심히 살았고 세상에 빛과 소금이 될만한 삶을 꾸려온 사람들이 있다. 사기를 당하고 보증을 잘못 서고, 국가적 부도의 여파로 일시에 파산이 된 경우들이 적지 않다는 사실을 감안한다면 노숙자라는 말이 비하하는 의미로 사용되어서는 안 된다고 생각한다. 그분들 중에는 재기하여 뜻을 이룰 수 있는 잠재능력이 있는 분들이 많다는 사실을 알아야 한다. 가난해서 좋을 건 없는 것인데도 굳이 "가난은 단지 불편할 뿐."이라는 말로 포장할 필요는 없을 것이라는 생각을 하고 있다.

거듭 말하거니와 쓰디쓴 가난의 고통을 경험해 본 적이 없는 사람은 가난이라는 현실이 얼마나 사람을 비참하게 만들고 서럽고 힘들게 하는지를 이해하지 못할 것이다. 너무 가난하면 기본생활이 되지 못하며 인간의 신성한 권리마저 박탈당할 수가 있다는 것이 피할 수 없는 현실이다. 가난에 찌들면 어린아이들의 생활이 너무나 불행하게 된다. 먹이고 입힐 것이 없어 추위에 떨고 있는 모습을 지켜볼 수밖에 없는 부모의 심정은 가히 상상이 될 것이다. TV에서 아프리카의 어린이가 질병과 굶주림에 처하여 생사의 기로에서 허덕이는 장면을 보면서 차마 인간으로서 할 짓이 아니라는 생각이 드는 것은 공통된 연민의 정일 것이다.

엄청난 재력을 가진 대재벌들의 삶이 뭐가 행복하냐고 반문하는 사람들도 있다. 그런데 그 사람들이 어떻게 살아왔으며 지금 어떻게 살고 있는지에 대해 제대로 이해하지 못하는 게 사실이지 않은가? 그만한 재력을 쌓기까지는 직원들과 함께 밤낮없이 겪어 왔을 인고의 과정들이 있었을 것이다. 수많은 난관을 극복하면서 세인의 주목을 받을만한 위치에 도달하기까지 이해관계로 인한 인간관계의 갈등은 언제 어디서나 있을법한 일이다. 그것이 유독 재벌가에만 벌어지는 일인 양 회자되는 것은 분명 잘못되었다고 생각한다.

세간에 널리 알려진 이야기이지만, 어느 추운 겨울날 거지 부자(父子)가 다리 밑에서 추위에 떨고 있을 때, 인근 마을에서 화재가 발생하여 온 동네가 불길에 싸여 있었다. 그 광경을 목격한 거지의 아들이 "아버지, 우리는 집에 불날 염려가 없겠네요." 하니까 "당연하지, 그게 다 네 애비 덕인 줄 알아라."라고 했다는 우스갯소리가 있다. 그런데 이 말은 황당하기 짝이 없는 헛소리에 불과할 뿐이다.

개인과 국가, 나아가서 국제사회에서 경제력은 절대적인 영향력을 발휘하는 게 사실이다. 그리고 국가에서 아무리 좋은 국민 행복 정책을 수립하여도 재정적 뒷받침이 되지 못하면 한낱 그림의 떡에 불과할 뿐이다.

가난해도 얼마든지 행복할 수 있다고 말하지 말자. 가난의 고통을 겪어보지 못해서 하는 배부른 소리이다. 물론 돈은 적당히만 있으면 된다고들 말은 하지만 미래에 닥칠 상황은 그 누구도 예측할 수가 없는 일이 아닌가? 그래서 노년에 대비하는 자금은 그 적정선을 제시할 수가 없는 일이다. 노년의 절대빈곤은 사람을 허무하게 만들고 처량하게 만들고 불쌍하게 만든다. 경제적으로 자립이 안 되면 그 어디에도 기댈 데가 없으며 보는 이로 하여금 맥이 빠지게 한다. 개인이든 국가든 빈곤만은 탈피해야 한다. 특히 노년에 이르러서는 경제적으로 안정이 되어야 여유로운 마음으로 지는 해를 맞이할 수가 있음을 명심해야 할 것이다.

돈보다 소중한 것

　　사람의 가치를 물질적인 재산으로만 환산한다면 최고 갑부와 극빈자와의 차이는 근본적으로 비교 대상이 되지를 못한다. 그런 논리라면 최상류사회에 속하던 사업가가 부도로 완전히 망한다면 인간의 가치도 함께 떨어진다는 논리가 가능해진다.

　세계적인 저명인사의 1회 강연료가 억 단위인가 하면, 종일 죽기 살기로 노동일을 해도 겨우 입에 풀칠할 정도의 수입밖에 올리지 못하는 사람도 있다. 단지 이러한 금전상의 수입만을 기준으로 평가한다면 인간 본연의 가치는 무색해질 것이다. 인간은 그 무엇과도 비교할 수 없는 절대적으로 고귀한 존재라며 목소리 높이는 주장들은 한낱 허구에 불과할 수밖에 없을 것이다.

　원리가 그러하다. 아무리 웅장한 대형빌딩일지라도 그 공사를 완성하기 위해서는 다양한 직종의 사람들이 각자의 역할을 성실히 수행할 때, 비로소 하나의 완성된 건물이 완공될 수가 있다. 건축에 쓰이는 재료와 역할이 다르다는 점을 고려하면 어떤 분야의 일이 더 중요하다는 주장은 할 수가 없다. 그리고 근로자의 일당(日當)은 다를 수밖에 없겠지만 그렇다고 해서 고액을 받는 사람의 일은 귀하고 그러하지 않은 사람의 일은 상대적으로 가치가 떨어진다고 할 수도 없는 일이다. 그것은 흡사 대형 모자이크가 한 조각이라도 잘못되면 전체에 영향을 미치는 것과 마찬가지로 말이다.

이 세상이 별 무리 없이 돌아가는 것도 결국은 만인이 각자의 위치에서 맡은 바를 성실히 수행하기 때문이라고 생각한다. 일반적으로 자동차 한 대를 조립하는 데에도 나사 하나하나까지 합하면 대략 이만 개 정도의 부품이 필요하다고 하는데, 그중에 하나라도 제대로 장착이 되지 않으면 완전한 제품이 될 수가 없는 것과 마찬가지일 것이다. 더욱이 사람은 사회의 일원으로서 각자의 자리에서 역할 수행을 하고 있기에 그 누구도 소중하지 않은 사람이 없다는 전제가 되어야 할 것으로 생각한다.

선진국에 진입하기 위한 전제 요건 중 근간이 되는 것은 바로 국민소득을 높이는 일이다. 그러나 국민소득이 증가하면 국민의 행복지수도 비례해서 높아진다는 법칙은 성립하지 않는다고 한다. 우리나라는 반세기 전만 하여도 경제적 여건이 지금과는 비교 자체가 되지 않을 정도로 낙후된 실정이었다. 그러한 상황에서도 각종 애경사는 온 동네 이웃들이 상부상조의 정신으로 한 자리에 모여서 동고동락하였다. 오늘날은 칠순, 팔순이 되어도 일가친척이 모여서 축하하고 정담(情談)을 나눌 자리를 마련하기가 쉽지 않다. 대부분이 고향을 떠나 국내외로 흩어져서 연락조차 닿지 않는 이들이 있으니 만남 자체가 어려운 실정이다. 가난이 싫어 농촌을 떠난 사람들은 열심히 노력하여 경제력은 나아졌을지 모르겠으나, 그 옛날 고향에서의 정취를 느낄 수 있는 기회가 거의 없다는 것이 아쉬움으로 남아 있지 않을까 싶다.

지난 수십 년간 산업사회의 급속한 발전으로 전통사회의 모습이 점점 자취를 감추면서 개인주의로 변하였다. 그러면서 가치

기준이 편리성과 경제 위주로 바뀌면서 인간미 넘치던 예전의 모습이 사라지는 것 같아 아쉬움을 떨칠 수가 없다.

　개인주의가 팽배하면서 인간관계는 점차 이해관계로 치우치는 경향이 있다. 얼마 전에 영국에서 있었던 일이라며 소개한 글이 생각난다. 어떤 부인이 외출 중이었는데 얼마 후에 소나기가 쏟아지기 시작했다. 그런데 마침 우산 두 개를 가지고 있는 사람이 있어서 혹시 그중 한 개를 빌릴 수 있겠느냐고 했더니 바로 주었다고 한다. 다음 날 우산 주인은 우산을 돌려받는 과정에서 빌려간 사람이 바로 엘리자베스 여왕이라는 사실을 알고는 깜짝 놀랐다는 것이다. 그 순간 우산 주인은 "그럴 줄 알았더라면 둘 중에 더 좋은 우산을 드렸을걸." 하며 후회를 했다는 에피소드이다.

　이기적이고 이해타산(利害打算)이 앞선 친절에는 분명 순수성이 부족하다고 할 수가 있다. 사람을 대할 때에는 언제 어디서나 진심이 바탕이 되어야 하는데도, 상대가 누군지에 따라서 대응이 달라진다면 결코 바람직한 태도라고 할 수는 없다는 생각이다. 유명한 사람, 나에게 이득이 될 사람이면 크게 호응하고, 그렇지 않으면 소홀히 응대하는 모습은 사회생활에서 진정 소중한 것이 무엇인지를 제대로 이해하지 못하는 어리석은 행동이 아닐까 싶다.

눈앞의 이익

"창업하기는 쉬워도 이룬 것을 지키기는 어렵다(創業易 守城難, 창업이 수성난)."라는 말이 있다. 이 말은 당 태종과 신하들이 나라를 세우는 것을 창업에, 창업 이후에 나라를 지키는 것을 수성에 비유하면서 어떤 것이 더 어려울지에 대한 토론에서 유래되었다고 한다. 그 자리에서 개국 공신들은 수많은 전투의 과정을 겪으면서 승리한 결과 어렵게 나라를 세웠기 때문에 창업이 어렵다고 하였다. 그런가 하면 나라를 안정적으로 이끌어 가는 과정의 어려움을 아는 신하들은 나라를 지키는 일이 더 어렵다는 주장을 하였다. 역대 왕들이 나라를 잃게 되는 요인 중에는 안일함과 사치에 빠지면서 처음 개국할 때의 어려움을 망각하는 데에 원인이 많다고도 했다. 결국은 초심을 잃지 않고 최선의 노력을 한다는 일이 얼마나 어려운지를 상징적으로 말한 것으로 볼 수가 있다.

창업과 수성을 개인 사업에 비유하자면 개업은 쉬우나 계속해서 운영을 잘해나가기란 어렵다는 말로도 해석된다. 사업이 잘될 때는 승승장구할 것 같다가도 어느 순간 난관에 봉착함으로써 파국으로 치달을 수도 있기 때문이다.

한국의 조선(造船)산업이 순조롭게 발전할 때에 후발자 중국에서는 경쟁적으로 수주실적을 올리는 데에만 급급한 나머지 무분별하게 사업 규모를 확장함으로써 외형적으로는 순탄하게 성장하는 것처럼 보였다. 그 결과 한때는 중국이 우리나라의 수주량을 추월하면서 청신호를 예고한 적도 있었다. 그러나 하루아침에 이루어질 수 없는 보이지 않는 기술력과 시스템 전반에서 한계에 이르게 되었던 것 같다. 결국은 세계적인 조선산업의 불황과 상대적인 기술력의 부족 등으로 인하여 수주량이 급감하면서 많은 노동자가 일자리를 잃게 되는 상황을 초래하였다. 개인이든 회사든 국가든 일을 도모하기 전에는 철저한 대비가 필요함을 시사하는 바가 크다고 생각한다.

세상일이 그리 쉬운가? 자세히 들여다보면 무엇 하나 만만한 게 없다. 이 일이 쉬울 것 같아서 기웃거려 보니까 거기에도 어려움이 있고, 그래서 저 일은 어떨까 하고 발을 들여놓아 보니까 그곳은 그곳대로 어려움이 있다. 내가 원하는 대로 힘 적게 들이면서 돈은 많이 벌 수 있는 곳을 찾아보려고 우왕좌왕하다 보니 세월만 허송하는 꼴이 된다. 자칫 잘못하면 뭣 하나 제대로 이루지 못할 수도 있겠다는 경각심을 불러일으키기도 한다.

내가 싫어하는 음식도 형편에 맞춰서 먹는 데 적응하다 보면 입맛도 바뀌게 마련인데, 마음에 안 든다며 불평만 하여서 좋을 게 뭐가 있겠는가 말이다. 이 세상에 폐업하는 많은 사업장은 버티고 버티다가 부득이 문을 닫는 상황에까지 이르는 경우들이 많을 것이다. 결과를 놓고 볼 때 실패의 원인을 명쾌하게 밝히는 일이 쉽지는 않겠지만 그래도 전문가의 관점에서는 인과관계가 밝혀질 수가 있을 것으로 생각한다.

헛된 욕심에 눈이 멀다 보면 여기저기서 감언이설로 손길을 내밀기도 할 것이다. 중심을 못 잡고 우왕좌왕하는 사이에 자신도 모르게 현혹되어 앞뒤 분간할 겨를도 없이 덥석 달려들면 진퇴양난의 형국에 처할 수도 있다. 혼자서는 똑똑한데 세상의 험난한 세파에 적응하기에는 너무나 순진한 사람들이 많을 것이다. 반면에 날고뛰는 꾼들은 저만큼에서 공략할 대상을 저울질하고 있을 테니 산다는 게 결코 쉬운 일이 아니라는 생각을 하게 된다.

며칠 동안 제대로 먹지 못해 배가 출출해진 쥐가 어느 날 집 앞을 나서는데 뜻밖에 가장 좋아하는 음식이 한 상 그득히 차려져 있었다. 그래서 너무나 기쁜 나머지 웬 떡이냐며 욕심내어 혼자 배부르게 먹고는 영영 돌아올 수 없는 길로 가버렸다. 잡으려고 놓은 덫이라는 사실은 알아채지 못하고 떡하니 벌여놓은 진수성찬에 현혹되었으니 정말 어리석다는 생각이 든다. 그 대가(代價)가 그토록 치명적일 것이라는 의심을 했더라면 덥석 물지 않았을 텐데 말이다. 낚시하는 사람들의 말을 빌리면 잡기 어려운 대어는 미끼를 던져도 금방 입질을 하지 않고 오히려 영악하리만큼 미끼만 뜯어 먹거나 주변을 빙빙 돌면서 탐색하기 때문에 잡기가 어렵다고 한다. 그런데 작은 고기는 미끼만 보일 테니 판단할 겨를조차 없을 것이다.

이러한 우화를 그저 한낱 웃음거리로 지나치기에는 뭔가 씁쓸한 여운이 남는다. 이와 비슷한 상황들이 삶의 현장에서도 얼마든지 벌어지고 있을 테니까 말이다. 세상을 부정적 시각으로만 봐서도 안 되겠지만 욕심에 눈이 멀어 이성적 판단을 상실함으로써 함정에 빠지는 일은 없었으면 하는 바람이다.

산속에서 혼자 사는 사람이 했던 말 중에 '세상에서 제일 무서운 게 바로 사람'이라던 말이 잊히지 않는다. 나날이 거칠어져 가는 인성에 대하여 여기저기서 우려의 목소리가 들리긴 하지만, 어쨌든 인간 상호 간의 신뢰만은 저버리지 않았으면 한다. 어찌하여 사람이 집에서 키우는 가축이나 산짐승보다도 더 무서운 존재가 되어야 하는지 깊이 반성해 볼 일이다.

　욕심에 눈이 멀어 판단력을 잃게 되고, 더 많은 것을 쟁취하려니 수단 방법을 가리지 않으면서 덥석 달려들게 되면서 마침내는 큰 화를 당하는 것이다. 이 세상에 모르는 것 하나 없다는 듯이 자신만만하고 주장도 뚜렷한 사람들이 있다. 그런데 그들도 눈앞에 이득이 될 상황에 직면하면 순간적으로 판단력을 잃어버리는 우를 범할 수도 있다. 이 세상에는 언제 어디서나 함정이 도사리고 있을 수도 있다는 사실을 인지하고 현명한 판단으로 지혜롭게 대처하는 삶이 필요할 것이라는 생각을 해본다.

적당함과 지나침

인간이 살아가는 데 필요한 3대 요소인 의·식·주를 너무 욕심내지 않고 어느 정도에서 자기만족을 느낄 수 있다면 행복한 삶이 되지 않을까 하는 생각을 해본다. 그러나 현실은 타협을 거부하고 끝없는 욕심으로 치달으며 급기야는 불행의 길로 들어서는 일들이 벌어지고 있다. 그래서 '욕망의 끝은 파멸'이라는 말의 진정한 의미를 되새겨 보게 된다.

인생의 황혼인 노년의 삶이 행복하기 위해서는 생활 자체가 단순하면서도 마음이 편해야 할 것 같다. 행복의 조건을 단순함과 소박함에 둘수록 삶에 여유가 생길 수 있는 반면에, 모든 부분에서 다다익선(多多益善)이라며 한없는 욕망에 사로잡히게 되면 행복과는 멀어질 것 같다. 한 술의 밥이 포만감과 적당량의 분기점이 될 수가 있듯이, 적당함과 지나침이 결국은 행불행을 좌우하는 분수령이 될 수도 있다는 사실을 유념했으면 한다.

일상의 생활 중에서 형제지간이나 지인 중에 누군가가 꼭 필요한 물건인데 얼마든지 가져가도 좋다고 한다면 아마도 반응이 흥미로울 것 같다. 가령, 김장철을 맞이하여 무와 배추 농사를 많이 한 지인이 원하는 만큼 얼마든지 가져가라고 한다면 어떠할까? 아무리 그래도 체면도 있고 해서 최소한 필요량만 가져왔지만 시간이 지나면서 미련이 남거나 후회가 밀려올 수도 있을 것이다. 더 많이 가져온다고 누가 뭐라고 할 상황도 아니었는데 꾹꾹 눌러가면서 한 차 가득 가져올 걸 그랬다는 생각이 지워지지 않을 수도 있다는 것이다. 살다 보면 가끔은 욕심을 채우지 못하여 아쉬움이 남을 때도 있는 것이 사실이다.

아흔아홉 마리의 소를 가진 형이 단 한 마리의 소를 가진 동생에게, "야, 이 치사한 놈아! 그것 한 마리 나한테 주고 말지 뭣 하러 가지고 있는 게야. 내가 가지면 세 자릿수인 백 마리를 채울 수가 있지만, 네가 가진 단 한 마리가 무슨 의미가 있겠느냐?"고 하면서 계속 동생의 소 한 마리를 뺏지 못해 안달이라고 한다. 욕심을 채우는 데 집착하는 동안, 동생의 소를 포기할 수가 없다는 그 형이 과연 백 마리를 채우게 되면 그로써 만족할 거라고 확신할 수 있을지는 모를 일이다.

이러한 코미디 같은 상황을 보면서 나만은 절대로 그 형처럼은 하지 않을 것이라고 다짐하는 사람도, 실제로 그러한 입장이 되었을 때 어떤 행동을 할지는 예측불허라고 하는 것이 맞을 것 같다. 인간의 마음은 늘 일정치 못하여 조변석개(朝變夕改)할 가능성에 무게를 두는 것이 정상적이라고 생각한다. 충분하다고 느낄 정도의 상황에서도 더 가질 수 있는 여건이 된다면 욕심이라는 화살이 어느 방향으로 향할지는 예측이 쉽지 않기 때문이다.

옛날 초등학교 교과서에 실린 「어부와 금붕어」 이야기를 떠올려 본다.

나는 그 글을 읽으면서 지나치게 욕심이 많은 할머니를 은근히 미워했다. 어부인 할아버지가 모처럼 잡았던 금붕어를 살려 보냈고, 뒤늦게 그 사실을 알게 된 할머니는 방생의 대가를 요구한다. 할머니의 성화에 못 이긴 할아버지는 바닷가에 가서 금붕어를 부르며 할머니의 소원을 말했고, 그러면 금붕어는 들어주었다. 그리고 여러 차례 거듭할수록 소원은 점점 커져만 갔으며 마침내 너무 큰 소원을 말했을 때는 항아리 하나만 있던 원래의 상태로 되돌려졌다는 이야기이다.

  그 할머니의 지나친 욕심은 나이 어린 나도 이해가 되지를 않았다. 그런데 반세기가 지난 지금, 만약에 내가 그 할머니 입장이었다면 어떻게 했을지를 상상해 보면 절대 그렇게는 하지 않았을 거라고 명쾌히 대답하긴 쉽지 않을 것 같다는 생각도 해본다.

  일상생활에서 분수를 지키는 행복추구냐, 욕심만을 위한 무리한 행진이냐에 대한 판단이 제대로 될 수 있도록 자신의 삶이 소박하고 검소하게 이어질 수 있게 마음을 가다듬을 필요가 있을 것 같다. 소중한 인생을 욕심 채우는 일에만 소비하기에는 너무 아깝다는 생각이 들기 때문이다.

욕심의 컨트롤

　세상만사 서두른다고 잘된다는 보장은 없다. 과정의 중요성을 인식하고 상황에 따라서는 느긋하게 대처할 줄도 알아야 한다. 당연한 말이지만 사안에 따라서는 완급(緩急)의 조절이 필요하다는 말이다. 당시에는 다급한 문제로 판단했던 일이 지나고 보면 여유를 가지고 처리했어도 되었는데 하는 아쉬움을 남기는 일들이 있다.
　인간은 하나의 독립된 개체이기 때문에 결국은 각자의 인생이라는 길을 걸어갈 수밖에 없다. 그래서 어떤 일을 할 때, 사사건건 다른 사람의 의견을 참고하면서 대처한다는 것은 불가능한 일이다. 그리고, 구태의연하게 변화에 대처하지 못하는 각주구검(刻舟求劍)의 삶이 되어서도 안 될 것으로 생각한다.
　시시각각으로 변화하는 현실을 외면하면서 오직 자신이 원하는 것만을 이루겠다고 한다면 세상의 이치를 모르는 사람이 될 수도 있다. 자신이 원하는 것은 무엇이든지 갖겠다는 욕심만으로 살 수 없는 것이 인생이다. 현실의 모습은 복잡다단하고 변화무쌍하여 의욕만을 내세우다 보면 쓴맛을 볼 수도 있기에 현명한 상황파악으로 제대로 대처하는 일이 중요함을 인식할 필요가 있을 것 같다.

지난날을 되돌아보면 일이십 년의 세월도 그다지 길지 않은 시간이었던 것 같은데, 자신을 둘러싼 주변에서 일어난 일들을 회상해 보면 참으로 다사다난했음을 발견할 때가 있다. 그러한 시간의 흐름 속에서 울고 웃고 화내고 기뻐하는 삶을 엮어가면서도 원하는 바를 성취하려는 노력만은 치열하였던 것 같다.

일반적으로 낚시하는 사람들은 출발 전에는 꿈도 야무져서 담아 올 바구니에 더 신경을 쓰기도 한다. 많은 양의 고기를 잡고, 특히 월척낚시의 희망은 빠뜨리지 않는다. 그리고 다음 날 여기저기 지인들에게 사진도 올리면서 생생한 감동을 전하는 장면도 상상해 본다. 그러나 밤을 새워가며 애를 썼건만 한 마리도 잡지 못하고, 돌아오는 길에는 다른 사람이 잡은 고기가 손에 들려 있을 때도 있다.

우리네 인생도 내가 원한다고 해서 모두 이루어지는 것은 아니지 않은가? 생각해 보면 고기가 잘 잡히든 안 잡히든 낚시라는 행위를 한 것임에는 틀림이 없는 일이다. 실망스러운 결과일지라도 어쩔 수 없는 일이 아닌가? 당시의 기분으로는 다시는 낚시를 떠올리고 싶지 않을 수도 있겠지만 평상심으로의 회복이 필요할 것이다.

여기서 중요하게 생각할 점은 낚시의 목적을 반드시 고기를 많이 잡겠다는 데에만 두어서는 안 되겠다는 것이다. 중국의 강태공은 고기가 아닌 세월을 낚았다고 하지를 않던가? 복잡한 일상에서 벗어나 마음의 여유를 회복하기 위한 레저 활동이라면 고기를 많이 잡으려는 데에만 집착할 필요는 없을 것 같다. 어떤 사람들은 잡은 고기를 다시 놓아주면서 낚시 그 자체를 즐기기도 하는데 이러한 경우는 취미 활동 자체가 바로 삶의 여유와 직결된다고 할 수 있다.

이 세상에는 욕심을 채우기 위해 앞만 보고 쉼 없이 달리다가 되돌릴 수 없는 낭패를 당하는 경우가 수도 없이 많을 것이다. 오죽했으면 "바다는 메꿀 수 있어도 사람의 욕심을 메꾸기는 어렵다."라는 말이 있을까 싶다. 한도 끝도 없는 욕심을 적당한 시점(時點)에서 멈춘다는 게 진정 어려운 일이다. 도박이나 게임에 중독이 되면 자기통제가 불가능한 상황에 이른다고 한다. 심지어 어떤 이는 경마장에 전 재산을 갖다 바치고는 무일푼 신세가 되어 산속에 들어가 소위 자연인으로 지내고 있다는데, 중독성의 무서움은 가히 상상을 초월할 정도인 것 같다.

도박이든 투기든 실패에 따른 대처방법도 제각각이어서 한 번의 실패로 완전히 손을 떼는가 하면, 어떤 이는 끝장을 봐야만 그만둔다고도 한다. 이렇듯 다른 스타일의 사람들에게 바람직한 대처 방안을 제시한다는 건 쉽지가 않을 것이다. 그러나 문제의 근본 원인이 당사자의 과도한 욕심에 있다고 본다면, 정확하고 현명한 판단으로 지혜롭게 대처하려는 노력이 필요하지 않을까 싶다.

인생의 바닥을 치고 나면

살면서 더 이상의 어려움은 없다고 할 정도의 고통을 겪었거나, 겪고 있는 사람들이 있다. 이들 중에는 앞이 캄캄한 절망적인 상황에서 술로 나날을 보내거나 삶 자체를 포기하려는 극단적인 생각도 하는 사람들이 있다. 그런가 하면 어떤 이는 죽을힘을 다해서 재도전하려는 의지를 보이기도 한다. 한 번 주어진 인생에서 과연 어떻게 살아야 할 것인가에 대한 물음에는 "아무리 힘들어도 결코 인생을 포기해서는 안 된다."라는 답이 나와야 한다고 생각한다.

얼마 전에 자연인에 관한 프로그램에서 어떤 사람은 사업에 실패하여 빈털터리가 되어서 오갈 데 없는 처지에 처했을 때, 마지막으로 자신이 의지할 곳을 산으로 정했다고 한다. 별다른 대책 없이 입산은 했지만, 몸 하나 기댈만한 곳이 없어서 며칠 동안은 이리저리 산속을 헤매면서 지냈는데 마침 그때가 겨울이었다고 한다. 그러한 상황에서 밤에는 심지어 낙엽을 이불 삼아 지새우기도 했다는 것이다. 한겨울 기나긴 밤을 산속에서 지낸다는 것 자체가 상상만 하여도 무서운데, 도대체 어떻게 버텨냈을지가 궁금하였다. 가장 염려스러운 점은 산속에는 멧돼지를 비롯한 야생동물들이 사람을 해칠 수도 있을 텐데 그러한 상황의 극복 과정이 어떠했을까 하는 점이었다. 그런데 놀라운 사실은 "더 이상 잃을 게 없는 사람에게는 두려움 같은 것이 자리 잡을 곳이 없었다."라고 말했다는 점이고, 아직도 그 말이 여운으로 뇌리를 맴돌고 있다.

신이 인간을 창조할 때는 수만 가지 기능과 어떠한 상황에서도 적응할 수 있는 능력을 부여한 것 같다. 우리가 가끔 무심코 내뱉는 "세상에 죽으란 법은 없는가 보다."라는 말이 인간에게는 근원적으로 생존능력이 잠재하고 있음을 암시하는 것이 아닐까 하는 생각을 해본다. 죽음의 문턱을 넘나들 정도의 극한적인 상황에 처한 사람들은 생사문제에 대한 집착에서 벗어남으로써 세상에 무서울 게 없다는 식의 태도로 변할 수도 있겠다는 생각을 해보는 것이다.

사업이 날로 번창하면서 온 세상의 돈은 모두 자기 것이라도 될 것처럼 성공가도를 달리던 시절에는 으리으리한 저택에 고가의 외제자동차, 그리고 고급 레스토랑에서 만찬을 즐기며 만인이 부러워할 정도로 화려한 나날을 보내고 있었다. 그렇게 잘나가던 사람이 갑자기 사업이 부도를 맞으면서 상상도 못 한 절망의 나락에 떨어지게 되었다. 엊그제만 하여도 보란 듯이 위세를 떨치던 그 모습이 일순간에 날개 꺾인 새가 된 꼴이다. 그런데 상처 입은 자존심에 비참함을 통감하던 중에 비장한 각오가 번개처럼 머리를 스치고 지나갔다. "어떠한 일이 있더라도 내 가족은 내가 끝까지 책임진다." 이 말 한마디는 절박한 현실에 대한 도전이었다. 그 이후로 자신도 놀랄 만큼 강한 생존본능이 발동하면서 자존심이니 체면이니 하는 것은 흔적도 없이 사라졌다. 이제는 찬밥 더

운밥 가릴 겨를도 없이 무슨 일이든 도전하고 감당하려는 자세가 되어 있는 것이다. 참으로 신기한 것은 잘나가던 날들에 대한 미련은 일시에 지워지면서 잠재되어 있던 또 다른 에너지들이 용솟음쳤다는 사실이다.

"저놈은 아직 고생을 덜 해봐서 그래. 어려움이 뭔지 가난의 고통이 어떠한지를 몰라서 그러는 거라고. 이 기회에 눈물이 쏙 빠지도록 고통을 겪어봐야 해."

삶의 현장에서 가끔 듣는 말이다. 근래에는 여러 가지 이유로 성인이 되어서도 부모에게 얹혀사는 자녀들이 적지 않다고 한다. 그러나 노부모가 계속해서 자녀 뒷바라지를 해줄 수는 없는 노릇이다. 근본문제는 자녀가 자생력을 키우면서 이 험난한 세상 풍파를 헤쳐 나갈 수 있도록 힘을 키워야 한다는 것이다. 대책 없이 부모에게 기대어 지내는 자립 의지가 없는 자녀에게 정신을 바짝 차리게 할 수 있는 획기적인 방법이 있다면 좋겠지만 그렇지 못한 상황이라면 차선책으로 하나의 연극이라도 해보면 어떨까 하는 생각이 든다. 어느 날 갑자기 부모가 자취를 감추면서 의지할 데라곤 전혀 없는 혈혈단신의 상황을 연출한다면 당장 먹고사는 문제부터 직접 해결해야만 하는 현실에 맞닥뜨려질 것이다. 그러면 상황파악이 될 것이고 당연히 스스로가 개척하며 살아야겠다는 각오를 다질 수가 있을 것 같다. 일시적인 방편으로 꾸민 일이 현실적으로 긴장감을 증폭해서 자신의 절박한 처지를 인식할 수 있게만 한다면 심기일전의 전기(轉機)도 마련될 수 있지 않을까 하는 상상을 해보는 것이다.

생명이든 사업이든 최악의 상황에 다다르게 되면 평소의 생각에서 180도 바뀔 수가 있다. 이것저것 따지면서 미온적인 반응을 보이던 태도는 절박한 현실 앞에서 결단을 할 수밖에 없을 것이다. 체면이나 자존심의 문제로 소극적이던 행동들은 간곳없이 당면과제를 해결해야 한다는 데 집중할 것으로 생각한다. 이 세상에 생존보다 더 절실한 문제는 없을 것이기 때문이다.

과속하지 않기

운전을 하다 보면 예기치 못한 위험한 상황에 직면할 때가 있다. 커브 길에서 중앙선을 침범하는 차량을 마주한다거나, 정상 속도로 주행 중인데 앞서가던 차가 급감속이나 급정거를 함으로써 순간적으로 놀란 가슴을 쓸어내리는 경우 등이다.

누구나 운전할 때는 조심하겠지만, 평소의 운전습관이 잘못되어서 직간접적으로 타인에게 피해를 주는 경우가 있다. 그리고 사람의 정신이란 게 항상 긴장 상태를 유지하기가 쉽지 않기 때문에 순간적 해이함이나 판단 착오로 인하여 실수를 초래할 가능성은 얼마든지 있다고 생각한다. 특히 식후에 바로 운전을 하거나 쉬지 않고 장시간 하는 문제, 그리고 수면 부족에 의한 졸림 현상 등 여러 가지 원인으로 인하여 돌발사고에 직면할 수도 있다는 점은 누구나 알고 있는 하나의 상식이다.

여러 해 전의 일인데 고향에 다녀오기 위해 이른 새벽에 출발하여 고속도로를 주행하고 있을 때, 앞서가던 소형 화물차가 좌우 차선을 곡예 하듯 넘나들며 운행하고 있었다. 뒤에서 경적을 울려봐도 소용이 없고 비상등을 번쩍번쩍 해봐도 반응이 없었다. 졸음운전임이 분명하다는 판단이 되었는데, 심지어 차의 옆면이 중앙 분리대를 스쳐 가면서까지 계속 주행하고 있었다. 그래서 어떤 일이 있더라도 사고는 막아야겠다는 생각에 경적과 비상등을 이용하여 계속해서 경고신호를 보냈다. 천만다행으로 얼마 후에는 차선을 지키면서 정상운행으로 회복은 되었지만 잘못하면 큰 사고로 이어질 뻔했던 위기의 상황이었다. 그때가 새벽 4시경이었으며 마침 진행 방향이 거의 직선이면서 도로도 한산했던 것이 그나마 다행이었다.

졸음운전은 생명과 직결될 수 있는 위험성을 내포하고 있으며 그래서 만일의 사고를 예방하기 위하여 고속도로 곳곳에는 다음과 같은 표어들이 부착되어 있다.

"졸음운전 자살운전"
"단 한 번의 졸음! 모든 것을 잃습니다."
"졸음운전! 목숨 건 도박입니다."
"한 번의 졸음운전! 평생 후회! 평생 고통"
"졸음운전, 영원히 깨지 않을 수 있습니다."

상당히 강도 높은 표현들이지만 충분히 이해가 되는 글이다. 심지어 "천하장사도 졸린 눈꺼풀은 못 들어 올린다."라는 말까지 인용하면서 졸음운전의 위험에 대하여 경고성 메시지를 보내고 있다. 그날 새벽에 아찔했던 상황을 목격하면서 졸음운전은 분명히 생명까지도 앗아갈 수 있겠다는 걸 새삼 깨닫게 되었다.

교통사고 관련 뉴스를 접할 때마다 생각나는 것은 사고 예방을 위해서는 무엇보다 '과속하지 않기'를 실천해야겠다는 것이다. 적정 속도와 안전거리 유지만 준수해도 대부분의 위기 상황은 피할 수 있을 것으로 생각한다. 제한속도의 표지판은 도로의 상황을 고려하여 안전속도를 규정한 것이라고 볼 때 당연히 준수해야 한다.

얼마 전에는 고속도로에 진입하는 커브 길에서 과속으로 진행하던 차가 도로 밖으로 이탈하면서 인명사고가 있었다는 뉴스를 보았다. 언제 어디서든지 명심했으면 하는 표어는 "5분 먼저 가려다 50년 먼저 간다"라는 경구이다. 귀에 딱지가 앉을 정도로 운전 관련 준수사항을 강조하는데도 이상하게 운전대만 잡으면 난폭운전을 하는 사람들이 있다는데 절대로 그래서는 안 된다. 고속도로에서 수시로 차선을 넘나들면서 종횡무진 과속질주 하는 차를 볼 때마다 그러한 행태가 습관화되면 무슨 일이 발생할지 예측불허라는 생각이 들곤 한다. 교통법규 준수는 결과적으로 사고를 미연에 방지하기 위한 의무사항이라고 생각한다.

우리의 일상에서도 사업을 할 때나 주식투자 등의 재테크에서도 그러하다. 어느 시점에서 상황이 의외로 잘 풀리면 자신감이 생기면서 과욕을 부리게 된다고 한다. 그러면 자연히 그 추세에 편승하여 가속페달을 밟으면서 속도를 높여나가는 패턴으로 되는 경향이 있다는 것이다. 제한속도의 유지와 안전운행이 필요하듯이 투자도 상황에 맞게 무리하지 않는 범위 내에서 해야 할 텐데, 일시적 상승 국면에 도취되어 과도한 투자를 함으로써 실패를 겪는 일이 발생한다고 한다. 운전 중에도 과속을 삼가야겠지만 인생의 모든 면에서도 적정 속도가 있음에 유의할 필요가 있겠다.

마라톤의 경우, 소위 프로 마라토너들은 전체 주행거리를 고려하여 시종일관 자신의 페이스를 조절하는 반면에, 소위 아마추어들은 적절한 컨트롤을 하지 못한다고 한다. 힘이 좀 있다 싶으면 전력 질주 하고 안 그러면 거의 걸어가다시피 한다. 이렇게 기복이 심하면 힘의 안배가 되지 못하여 드디어는 탈진상태가 되거나 중도 포기에 이르기도 한다는 것이다. 만사가 다 그러하듯, 능력과 상황을 고려하지 않으면 좋을 게 없다는 사실을 분명히 인식하면서 살아야 할 것이라는 생각이다.

분수에 맞는 생활

누군가는 평생 모은 재산을 순식간에 날렸다고 한다. 여기에 투자하건 반드시 큰 이익이 창출될 것이라는 권유를 받으면서 순간적으로 솔깃하여 '묻지마' 식의 투자를 했지만, 알고 보니 부도 직전의 회사를 거짓으로 포장하여 사람을 현혹한 사기였음이 드러난 것이다.

이런 경우, 좀 더 생각해 보면 가해자와 피해자의 경계가 모호해지는 느낌이 든다. 사기를 친 사람이라고 지목하는 소위 가해자에게만 문제가 있는 게 아니라, 피해를 본 사람에게도 문제가 없는 것은 아니기 때문이다. 제안한 내용을 나름 판단하여 투자 가치가 있다는 판단이 되어서 했을 테니 결과적으로 일방적인 피해라고 할 수만은 없을 것이라는 말이다

수십 년 전에 내가 살던 지역에서 있었던 일이다.

돈을 빌려주면 높은 이자를 주겠다는 A 씨의 말에 B 씨가 여윳돈을 빌려줬더니 은행보다 훨씬 높은 이자가 매월 어김없이 통장에 입금되었다. 그래서 B 씨는 있는 돈 없는 돈, 모을 수 있는 자금은 다 모아서 고스란히 A 씨에게 맡겼으며 역시 이자가 틀림없이 통장으로 들어왔다. 그래서 친인척과 주변의 지인들까지도 끌어들이면서 빌려주었는데 큰 액수였다고 한다. 문제는 어느 날부

터 이자가 입금되지 않으면서 연락마저 되지 않아 무슨 일인가 알아봤더니 야반도주(夜半逃走)를 했다는 것이다.

참으로 안타까운 사실은 돈을 맡기기 전에 제대로 알아봤더라면 그처럼 큰 낭패를 당하지 않았을 수도 있지 않았을까 하는 점이다. 상대적으로 많은 이익이 된다는 말에 솔깃하여 다른 생각을 할 마음의 여유조차 없었다고 보면 된다. 그 사람이 제대로 된 사업을 하는 것도 아니고, 그렇다고 신출귀몰하는 무슨 재테크의 귀재(鬼才)도 아니었다는데, 일방적으로 돈을 맡겼으니 그로서는 호박이 넝쿨째 굴러들어 온 격이라고 보면 되겠다. 얼마 동안은 원금에서 이자 빼 주기가 어렵지 않은 일이지만 범위가 커지면서 적당한 시점에서 자기 몫을 챙기고 잠적하기로 작정한 것이다. 거기에서 더 큰 문제는 그런 사람이 사기죄로 구속이 된다고 하더라도 해결책이 있을 것 같지가 않다는 데에 있다고 한다. 결국, 한 푼 두 푼 아껴가며 모아두었던 그 돈을 한 곳에 갖다 바친 꼴이 되었으니 억울하기가 짝이 없는 일이다.

원인은 욕심에 눈이 먼 데에 있다. 의외로 좋은 조건 앞에서는 좌고우면할 겨를도 없이 빠져들 수밖에 없으니 어느 누구도 그들을 막지는 못했을 것이다. 상황파악에는 전혀 신경을 안 쓰는 중에 막무가내로 거금을 끌어모아 주었으니 안 당하는 게 오히려 이상할 노릇이라 할 것이다. 사기꾼들이 노리는 점이 바로 사람들의 과도한 욕심이라고 한다. 문자 그대로 소탐대실이라고 하는 게 맞을 것 같다. 욕망에 사로잡히다 보니 쉽게 유혹에 넘어간 것이다.

인간생활에서 경제는 절대적으로 중요한 요소이지만 일확천금의 환상에 젖은 나머지 무턱대고 투자하는 일은 삼가는 게 맞는 것 같다. 상식을 벗어나는 이해관계에 휘둘리면서 걱정과 불안의 씨앗을 키워가는 생활은 하지 않아야 할 것 같다. 인생에서의 행복은 소박하고 진솔한 데에서 찾을 수 있을 테니까 말이다.

적정시기(適正時期)

　　양력으로 3, 4, 5월은 계절적으로 봄철에 해당한다. 그런데 겨울의 마지막 달인 2월이 지나면 계절은 봄이지만 날씨는 여전히 겨울의 그늘에서 벗어나지를 못한다. 이른바 봄이 와도 봄 같지가 않다는 춘래불사춘(春來不似春)이다. 그러한 상황에서 봄을 제대로 느껴 볼 새도 없이 하루이틀 지나다 보면 3월 한 달이 금세 지나간다. 그러다가 봄의 가운데인 4월을 맞이하지만, 변덕이 심한 날씨로 인하여 봄다운 온화한 날씨를 제대로 느낄 수 없는 날들이 많다. 심한 일교차와 평온하지 못한 날씨가 이어지는 중에 어느새 봄의 마지막 달인 5월을 맞이하게 된다.

　　그런데 봄철인 5월에 들어서면 온도의 기복이 심해지면서 갑자기 초여름으로 착각할 정도의 날씨로 변하기도 한다. 소위 봄과 여름의 경계(境界)가 모호하여 계절적 감각을 제대로 느낄 수 없는 날이 많아진다는 것이다. 이래서 사람들은 봄을 사계절 중에서 잠시 스쳐 지나가는 징검다리 계절로 인식하는 경향이 있다.

　　이렇게 봄 석 달 동안은 계절의 변화를 제대로 느낄 새도 없이 지나치기 때문에 더욱더 아쉽게 느껴지는 것이다. 그것은 흡사 축구경기 중에 여러 차례 결정적 기회의 순간을 살리지 못하고 안타깝게 끝날 때, 못내 안타까움을 남기는 것처럼 말이다. 우리의 인생에서도 계절의 변화를 제대로 느끼지 못하고 놓친 세월이 얼마나 많은지를 되돌아보면 금쪽같은 나날을 너무 무심하게 지나쳤다는 사실에 뒤늦게 후회할 때도 있을 것으로 생각한다.

사계절 중에 봄의 계절을 가장 먼저 알리는 전령사 중에는 봄나물을 빼놓을 수가 없는데 그 종류는 다종다양하다. 야생하는 나물 중에는 전국 방방곡곡에 지천으로 널려 있는 쑥이 그중에 왕이라고 할 수가 있는데 이상하게도 너무 흔해서 그런지 별로 관심을 끌지 못하는 것도 같다. 나는 어릴 적부터 쑥을 넣은 밥이나 야생 나물들을 먹어와서 그런지 쑥을 보면 일종의 향수를 느끼곤 한다. 그래서 봄이면 직접 쑥을 채취하면서 적기를 놓치지 않으려고 한다. 채취 시기도 지역에 따라 차이는 있겠지만 대체로 삼사월이 적당한 것 같다. 날씨 탓하고 바쁘다는 핑계로 차일피일 미루다 보면 어느새 가장 적절한 시기를 놓쳐버릴 수도 있다. 오월부터는 영양가도 좋으면서 식감이 부드러운 쑥을 구하기가 어려워지는데 그 이유는 줄기가 웃자라고 억세지면서 약간의 쓴맛을 내기 때문이다. 결국, 식용으로 할 수 있는 적당한 채취 시기는 따로 있다는 말이다.

여기서 쑥을 예로 들었지만 모든 농작물이 씨 뿌리고 가꾸고 수확하는 적기가 있게 마련이다. 그래서 실기(失期)를 하지 않기 위해서 예로부터 1년을 24절기로 나눠서 농작물의 파종부터 수확에 이르기까지 적정시기를 달력에 상세하게 기록해 둔 농가 달력이 있는데 이것이 농사의 길잡이 역할을 한다고 보면 된다.

그러면 우리 인성은 어떠한가?

1년 사계절을 인생의 과정인 유소년(幼少年), 청년(靑年), 장년(壯

年), 노년(老年)으로 구분한다면 마찬가지로 그 과정마다 할 수 있는 일들이 따로 있을 것으로 생각한다.

　남송(南宋: 1127~1279)의 대유학자(大儒學者)인 주자(朱子: 朱熹)의 『주문공문집(朱文公文集)』에 있는 「권학문(勸學文)」이라는 시(詩) 중에 "소년이로학난성(少年易老學難成) 일촌광음불가경(一寸光陰不可輕)"이라는 글이 있다. "소년은 쉬이 늙고 학문은 이루기가 어려우니 짧은 시간이라도 가벼이 여기지 말라."는 뜻이다. 이 시구(詩句)가 30대 초반까지만 하여도 마음속 깊이 와닿지를 않았다. 넘치고 넘치는 것이 시간이고 학문도 어느 정도 노력하면 어렵지 않게 성취할 수가 있을 텐데 조급해할 필요가 있겠냐며 마냥 여유를 부렸다. 자신만만하던 그 시절도 직장생활 40년과 함께 일순간에 지난 것 같다. 드디어 환갑 나이를 넘기면서 이 글귀가 가슴에 와닿았으니 만시지탄의 느낌이 없지 않다.

　덧없는 세월은 쉼 없이 흘러 엊그제였던 삼월이 어느새 여름옷이 어울리는 날씨로 변하였다. 뭔가 하는 일 없이 시간을 보냈다며 아쉬워도 해보지만 되돌릴 수 없는 시간을 어찌할 것인가? 계절에 대한 인식과 관심이 적으면 호시절이 닥쳐도 무심하게 지나친다. 늦은 나이에 학문을 제대로 해보겠다고 팔을 걷어붙여 보아도 생각만 앞선다는 걸 알아차리면서 욕심을 접는 일들이 생기지 않을까 싶다.

　우리가 살면서 허송한 세월이 어디 봄철 석 달 뿐이겠는가. 정신 제대로 차리지 못하고 생활하는 사이에 한평생이 흔적 없이 사라졌다면서 한탄하는 소리가 여기저기서 들려온다. 좋은 시절 다 보낸 후에 깨닫는 것이 "정신 바짝 차리고 열심히 살아야 한다."라며 신신당부하던 선조(先祖)들의 말씀이다.

　대형 놀이공원에는 지면보다 높은 곳에 레일을 이용하여 설치된 롤러코스터(roller coaster)라는 놀이기구가 있다. 출발과 동시에 가속도가 붙으면서 급경사를 널뛰기하듯 오르내린다. 무서워 눈을 감고 손잡이에만 의지하고 있다 보면 어느새 종착점이다. 인생도 계절의 변화를 제대로 인지하기 위해선 눈 똑바로 뜨고 정신 차려서 시간을 제대로 활용하려는 자세를 잃지 말아야 할 것이라는 생각을 해본다.

자유와 무한

　은퇴 후의 변화라면 무엇보다도 자유시간이 늘어났다는 사실이다. 물론 새로운 일거리를 찾아서 업무에 종사하는 사람들도 있지만, 대부분이 자유롭게 지낼 것으로 생각한다.
　요즈음의 신세대들은 평소에도 업무 이외에 다양한 여가 활동을 하면서 인생을 즐기는 편인데, 소위 구세대라고 할 수 있는 노인들 중에는 레저 활동과는 거리가 먼 생활을 해온 사람들이 많다고 보면 된다. 고기도 먹어본 사람이 잘 먹고, 노는 것도 놀아본 사람이 잘 논다고 젊어서부터 이것저것 취미 활동을 한 사람들은 시간 운용을 다양하게 할 수 있는 기본이 되어 있다고 보면 될 것 같다.
　여가 활동도 습관을 들여야 자연스럽게 행할 수가 있다. 그런데 오로지 일이 전부인 것처럼 생활해 온 사람들에게 있어서는 일이 없으면 바로 무료하게 느끼는 단절감마저 들 수가 있을 것이다. 그들에게 있어서는 직장에서의 업무수행에서 벗어나 퇴직 후의 생활로 접어드는 자유시간이 딱히 고맙거나 감사하지만은 않은 현실적인 문제에 직면할 수가 있다. 분명히 무한히 주어지는 자신만의 시간이기에 즐거운 마음으로 받아들여야 할 텐데도 활용할 방법을 몰라서 막막해하는 경우가 있다고 보면 된다. 시간에 쫓기고 일에 매몰되어 정신없이 지내는 사람들로서는 도저히 이해가 되지 않는다고 할 것이다. 그러나 분명한 사실은 일상에서 일과 여유를 조화롭게 누리지 못한 세대로서는 하나의 풀어야 할 과제라고 할 수 있을 것 같다.

우리나라는 지난 반세기 동안에 절대빈곤의 늪에서 헤어나기 위하여 전 국민이 경제개발에 매진해 왔다. 그 과정에서 잘살아보자며 오로지 일에만 매달리느라 다른 것에 눈 돌릴 겨를조차 없었다. 자나 깨나 먹고사는 일에만 급급하며 살아왔던 그들이기에 은퇴 후에는 낯선 세상을 만난 사람처럼 어찌할 바를 몰라 헤매는 상황들이 벌어지는 것이다.

무한히 주어지는 자유시간이 흡사 미술에 전혀 소질이 없는 사람이 흰 도화지에 그림을 그리는 일보다 더 어렵게 느껴져서 오히려 불안을 가중할 수 있다는 생각을 해본다. 이러한 상황이 전개되는 것을 예방하기 위해서는 가능한 한, 젊어서부터 심신 양면이 조화롭고 건강한 삶이 되기 위한 다양한 활동을 할 필요가 있겠다는 생각이 든다. 그렇게 하면 퇴직 후의 생활을 무난하게 꾸려가는 데 큰 보탬이 될 것으로 생각한다. 그래도 다행스럽게 생각하는 것은 각 공공기관에서 건강과 관련한 프로그램부터 여러 프로그램을 다양하게 운영하고 있어서 참여할 기회가 많다는 것이다. 이러한 여건을 바탕으로 개인의 취향이 따라 프로그램을 적절하게 활용하면 무료하지 않게 의미 있는 나날을 지내는 데 도움이 될 것으로 생각한다.

세상만사 과유불급이라고, 무한정 주어지는 자유시간도 결코 좋아할 수만은 없는 일이다. 마치 무제한 먹을 수 있다는 무한 리

필이 인간의 욕심을 자극해서 건강에 해를 끼칠 수도 있는 것처럼 말이다. 각자의 기호(嗜好)가 다르고 적정량이라는 게 있는 법인데 무턱대고 무제한이라는 말에 현혹되어서는 안 될 것이라는 생각이다. 적당한 시점에 멈추어야 하는데도 그것이 안 되어서 건강상 백해무익한 결과를 초래하기도 한다. 마찬가지로 시간적 여유도, 휴식시간도, 음식도 세상만사가 지나치면 차라리 부족함만 못하다는 말을 새겨둘 필요가 있을 것 같다.

수십 년 전에 들었던 이야기인데 시중(市中)에 라면이 처음 출시될 무렵에 있었던 먹기 내기에 관한 코미디 같은 사건이다. 어느 날 두 사람이 라면 먹기 시합을 했는데 제한된 시간에 누가 더 많이 먹는가 하는 것이었다. 승패를 좌우할 수 있는 관건은 가능하면 면의 부피를 최소화해서 먹는 것이었는데 불행히도 시합 종료 후에 큰 사건이 발생했다고 한다. 내기에서 이긴 사람이 식곤증이 오면서 잠이 들었는데 잠결에 무슨 펑! 하는 소리가 들려서 깜짝 놀라 고개를 들어보니 자신의 배 위에 무엇이 얹혀 있더라는 것이다. 자세히 봤더니 그게 바로 배가 터지면서 나온 퉁퉁 불어 터진 라면이었다고 한다. 지어낸 이야기일 테지만 슬프게도 그 사람은 얼마 후에 죽었다는 이야기로 끝을 맺는데 미련스럽기 짝이 없는 사람이라는 생각이 든다. 결국, 한없는 자유라든지 무한이라는 말이 좋을 수만은 없다는 뜻으로 이해하면 어떨까 싶다.

엄청난 부자가 자녀들에게 돈은 얼마든지 있으니 하고 싶은 것은 뭐든지 해도 좋다고 했을 때 과연 득이 될지 독이 될지는 한마디로 말할 수는 없을 것이다. 그러나 대부분의 반응은 독이 될 수 있다는 데에 동의하지 않을까 싶다. 경제생활도 체험이 필요해서 어려서부터 직접 벌어서 쓰거나 용돈을 받아 쓰더라도 어떻게 쓰는 것이 지혜로운 소비생활이 될지에 대하여 교육이 필요하다고 생각한다. 그것은 인생이라는 여정에서 가장 기본이 되는 훈련이라고 봐야 할 것 같다. 부족함이 없이 원하는 것은 무엇이든지 가질 수 있는 풍족함 때문에 귀한 줄을 모르는 것보다는 적당한 결핍을 체험하면서 경제관념이 올바로 형성될 수 있게 하는 것이 인생이라는 관점에서 도움이 될 수 있지 않을까 싶다. 노인의 삶 또한 무사안일에 젖기보다는 틈틈이 뭔가의 가치 있는 일도 함으로써 자유와 행복의 진정한 의미를 느낄 수 있는 것이 중요하겠다는 생각을 해본다.

배려하는 마음

초등학교 6학년 조회 시간에 담임선생님이 사과 한 상자를 준비해 두셨다. 그리고 학생들에게는 다음과 같이 말씀하셨다.

"여기에 크기와 모양이 비슷한 사과 한 상자가 있는데 여러분들은 한 개씩만 가질 수 있어요. 그런데 부탁이 있다면 나만 좋은 것을 가지려는 욕심을 부리기보다는 다른 사람도 배려하며 양보도 할 줄 아는 마음으로 행동에 옮겼으면 해요. 그러면 차례대로 한 개씩 가져가세요."

이렇게 선생님의 당부 말씀이 끝난 후에 앞자리에 앉은 학생부터 차례대로 사과 하나씩을 갖고 제자리로 돌아갔다. 그런데 마지막에 나간 학생이 "선생님, 이 사과는 너무 작아요." 하면서 들어 보였다.

그러자 선생님이 학생들에게 말씀하셨다.

"내가 일부러 저 사과를 위에 올려놓았는데 결국은 마지막까지 밀려났군요. 여러분들이 사과를 갖기 전에는 이기심을 버리고 양보를 해야겠다는 생각도 했을 텐데, 아무도 행동으로 옮기지를 못했군요. 이건 무엇을 의미할까요? 우리가 머리로는 알면서도 그것을 행동으로 옮긴다는 게 쉽지 않다는 증거이겠지요. 앞으로는 아는 것을 행동으로 실천하는 진정한 용기 있는 사람이 되기를 바랄게요."

그러시면서 따로 준비해 두었던 사과 한 개를 마지막에 나온 학생에게 주셨다. 학생들은 부끄러운 생각이 들었다.

끝이 없는 것이 욕심이기에 스스로 통제한다는 건 생각보다 쉽지 않은 일이다. 그래서 나는 가끔 이런 생각을 하곤 한다.

"만약에 일상생활에 필요한 물건을 양자택일(兩者擇一)해야 할 상황이 될 때는 상대방에게 먼저 선택의 기회를 주자. 어차피 하나는 남을 텐데, 굳이 내가 더 좋아 보이는 걸 가져야겠다고 욕심을 부릴 필요까지는 없지 않을까."

누군가가 크기가 비슷한 배 두 개를 내놓으면서 두 사람에게 한 개씩 가지라고 했을 때, 좋아 보이는 배를 먼저 덥석 갖지 말자는 것이다. 지나칠 정도로 이익에 집착하게 되면 여유 있는 마음으로 바라보는 데 장애가 될 수 있기 때문이다.

지난해 늦가을에 사과를 사려고 시장에 갔다. 상자 단위로 거래되고 있었는데 한 상자까지는 필요치 않아서 반씩 나누었으면 했다. 마침 한 젊은이가 자기도 절반을 원한다고 해서 두 몫으로 나누었더니 한 개가 남았는데 그것을 상대방이 갖게 하고는 두 몫 중에 원하는 것을 먼저 선택하라고 했다. 그랬더니 의외의 호의라고 생각했던지 그 젊은이는 밝은 표정을 지으면서 고맙다는 인사까지 하였다. 정말 하찮은 양보일 뿐이었는데도 상대방이 좋아하는 모습을 보면서 뿌듯한 기분이 들었다.

논어에 "기소불욕물시어인(己所不欲勿施於人)"이란 글귀가 있다. "자기 자신이 원하지 않는 것을 남에게 베풀지 말라."라는 뜻이다. 당연한 이치가 아니겠는가. 내가 좋아하지 않는 것을 타인이

하게 해서야 되겠는가 말이다. 우리가 이 세상을 살아가면서 이해관계에 맞닥뜨려지면 순간적으로 더 좋아 보이거나 큰 것을 취하려는 욕심이 앞선다. 그러나 지나고 보면 정말 별것 아닌 것에 너무 욕심을 부렸다며 후회될 때가 있다. 좀 더 여유를 갖고 양보를 했어도 될 일이었는데 말이다. 내 것을 나누어 주지는 못하더라도 남에게 너무 야박하게 대할 것까지는 없을 것 같다. 아무리 자기 것 없으면 못 사는 세상이라 하더라도 마음 한 자락쯤에는 여유라는 공간을 마련해 두는 건 어떨까 하는 생각을 해본다.

진정 소중한 것

10여 년 전에 텔레비전에서 보았던 한 장면이 떠오른다.
설날 아침에 어느 종갓집에서 조상 대대로 가보(家寶)처럼 전해 오던 항아리 모양의 귀한 도자기를 어쩔 수 없이 깨트릴 수밖에 없었던 안타까운 사연에 관한 것이다. 그날도 여느 해처럼 아침에 차례를 지내고 뒷정리를 할 무렵에 거실에서 놀던 어린 손자가 좋아하던 장난감을 도자기 속에 빠뜨렸다. 그래서 항아리의 좁은 주둥이에 손을 넣어서 그것을 움켜쥐었으나 그 손을 꺼낼 수가 없었다. 손을 펴고 놓아버리라고 달래가며 일러도 막무가내로 울기만 했다. 의논 끝에 하는 수 없이 도자기를 깨뜨리기로 했으며 다행히 다친 데는 없었으나 손에 쥐고 있는 장난감을 바라보던 가족들은 허탈한 표정을 감추지 못했다.

안타까움을 더하는 것은 어른들이 보기에는 정말 하찮은 장난감 하나인데 그것 때문에 귀한 도자기를 깨뜨려야만 했다는 사실이다. 이 장면을 보면서 우리네 인생살이에서도 별것 아닌 것에 대해서도 욕심을 내려놓지 못하고 집착함으로써 상상을 초월하는 비극의 나락(奈落)으로 떨어지는 일들이 삶의 현장에서 일어나고 있을 것이라는 생각이 들었다. 만물의 영장이라고 자처하는 우리네 인간들이 때로는 생각보다 어리석을 때가 많은 것이 사실이다. 진정 가치 있고 소중한 것이 무엇인지를 판단하며 살아간다는 일이 쉽지 않음을 일깨우는 장면이었다.

순간적이면서도 어처구니없는 일 중에는 길가에 떨어진 지폐나 물품을 줍기 위해 도로에 뛰어들다가 발생하는 사고, 작은 경품 하나를 미끼로 하여 필요치도 않은 고가의 물품을 충동구매하게 하는 상황들이 있다. 결과적으로 대수롭지 않은 것에 현혹되어 상상외로 크나큰 심적 고통과 경제적 손실을 보는 일들이 시도 때도 없이 심심찮게 발생하는 것이 삶의 현장이 아닐까 하는 생각을 해보는 것이다.

어린아이에게는 장난감이 세상에서 가장 소중한 물건일 수 있다. 그래서 어떠한 일이 있더라도 손에서 놓칠 수 없다는 집착에서 벗어나지 못하는 것이다. 아이들의 그러한 모습들을 보면서 어른들은 자신의 일상을 되돌아보는 타산지석으로 삼을 수가 있을 것이다. 일상생활 중에 여러 상황에 직면하면서 과연 어느 것이 진정 가치 있는 것인지를 판단한다는 게 결코 간단치 않을 것이다. 어린애에게 다이아몬드와 사탕 중에서 하나를 고르라고 했을 때 주저 없이 사탕을 고른다면 어른들은 분별이 안 되는 모습을 보면서 혀를 찰 것이다. 바꾸어 생각하면 진실로 어린이의 마음을 이해하는 일이 얼마나 어려운지에 대해 반성의 여지가 있지 않을까 싶다.

삶의 현장에서 당사자가 아닌 제삼자가 볼 때는 정말 별것 아닌 일인 것 같은데도, 당사자들은 죽기 살기로 다투는 모습들이 연출된다. 그러면서 끝까지 해보자는 식으로 대치하기도 하는데, 그러한 장면을 보면서 사람만큼 바보스러운 동물이 이 세상에 또 있을까 하는 생각이 들 때도 있다. 인생이라는 과정에서 본다면 정말 별것도 아니고 대수롭지도 않은 것일 수 있는데도 말이다. 한마디로 한심한 모습이면서도 한편으로는 누구든 목전의 이해관계에 부닥치면 어떠할지는 장담하기 어려울 것 같다는 어정쩡한 생각도 드는 것이다.

한평생 살아가면서 진정 소중한 것이 무엇인지를 제대로 판단한다는 게 결코 쉬운 일은 아니다. 주변에도 보면 소형 가게에서부터 슈퍼마켓에 이르기까지 선착순 한정 할인 판매 행사를 한다. 그럴 때면 예외 없이 고객들이 개점시간 전부터 줄지어 기다리는 모습을 볼 수가 있다. 물론 그만큼 알뜰살뜰 살림을 꾸려가려는 우리네 생활의 단면일 수는 있겠지만, 과연 그것이 가정경제에 얼마만큼 보탬이 될지는 가늠하기가 어려울 것으로 생각한다. 일상생활에서 절약해야 할 때 낭비하는 일은 없는지 되돌아보면 더욱 그러하다. 살림에 보탬이 되고 안되고를 떠나서 심하다 싶을 정도의 경쟁을 감수하면서까지 작은 이익에 집착할 만한 가치가 있는지 마음의 여유를 가지고 생각해 볼 필요도 있을 것 같다.

값비싼 보석도 아니고 그렇다고 생활필수품도 아닌 장난감 하나를 놓지 못하고 꼭 움켜잡고 있는 어린아이의 모습이 어른들의 눈에는 어처구니없는 모습일 수는 있다. 그러나 한 번 더 생각해 보면 그것이 바로 우리들의 자화상이고 축소판은 아닐지 되돌아보자는 것이다. 일상생활에서 진정 소중하고 가치 있는 것이 무엇인지 분별할 수 있는 지혜와 마음의 여유가 필요할 것 같다는 생각을 해보는 것이다.

물이 주는 교훈

중국 춘추 시대(BC 770~403) 초나라 철학자인 노자(老子, 출생과 사망 미상, BC 6세기경에 활동한 중국 諸子百家 가운데 하나인 道家의 창시자)의 저서 『도덕경(道德經)』 제8장에는 "상선약수(上善若水)"라는 말이 나온다. "최상의 선은 물과 같다."라는 뜻으로 인간이 추구하는 최고의 덕목은 선(善)인데 자연에서는 물로써 비유할 수가 있다는 말이다. 물은 모든 생명의 근원이기 때문에 그 중요성에 대해서는 새삼 언급할 필요가 없다. 그것은 우주 공간에 존재하는 생명체의 어머니라고 할 수가 있는데도 스스로 드러내지 않음이 참으로 겸손하기가 이를 데 없다. 위치상으로는 언제나 낮은 곳으로만 향하며, 그 과정에 결코 다투는 일이 없는 데에서 본성을 발견하게 된다.

물의 첫 발원지가 원천(源泉)인데 그곳으로부터 출발하는 물은 쉼 없이 흘러가면서 어떠한 장애물에도 그침이 없이 나아가며 아무리 더러운 것들을 만나더라도 스스로를 희생하면서까지 정화를 위한 노력을 멈추지 않는다. 언제 어디서나 불평 없이 묵묵히 자연의 상황에 순응하며 흘러가는 것이 바로 물인 것이다.

사람들은 불이 무섭다고 한다. 당연히 불은 무섭다. 비근한 예로 2019년 9월에 시작된 호주 산불의 경우, 2020년 2월 초까지 계속 이어졌다. 그 화재로 1,100만 헥타르(11만㎢) 이상의 산림이 불에 타서 사라졌다고 하며 코알라를 비롯하여 야생동물마저 멸종 위기에 처했다는 소식이 전해지고 있다. 국내만 하더라도 해마다 곳곳에 발생하는 산불로 인한 피해는 막심하다.

그런데 불을 생각하면 가장 먼저 떠오르는 것이 화산의 폭발인데 그것의 위력은 상상을 초월한다. 이처럼 불의 위력이 대단하다는 것은 주지의 사실이지만, 물 또한 그 위력을 언급하자면 엄청난 것이다. 가까이는 바닷물로 인한 피해인데 2011년 3월 11일 일본의 주요 섬 중의 하나인 혼슈(本州)의 북동쪽 해안에서 발생한 강진의 여파인 쓰나미(tsunami, 해일, 津波)가 있었다. 그리고 강물의 경우는 1998년 여름에 중국 남쪽 양자강(揚子江) 유역과 동북쪽 눈강(嫩江) 및 송화강(松花江) 일대를 덮친 대홍수 등은 역사상 유례를 찾기 힘들 정도로 수많은 인명과 재산상의 피해를 발생시켰다. 여기서 굳이 물과 불의 위력을 비교의 대상으로 논할 필요까지는 없겠으나 어쨌든 물의 위력이 대단한 것만은 사실이다.

그런가 하면 관광명소로도 알려진 브라질과 파라과이 국경에 있는 '이구아수 폭포', 미국과 캐나다 국경에 있는 '나이아가라 폭포', 그리고 아프리카 남부, 잠비아와 짐바브웨의 국경을 흐르는 잠베지강에 있는 '빅토리아 폭포' 등은 물의 위력과 동시에 신비로운 광경을 보여주기도 한다.

물의 위력은 엄청나면서도 고마운 존재이기도 하다. 아름다움의 극치를 보이는가 하면 엄청난 위력 앞에서는 두려움에 떨게도 한다. 그런데 어리석은 인간들은 물의 참모습을 망각한 채, 어떤 사람을 하찮게 보거나 쉽게 생각할 때 "물로 본다."라는 말을 하는데 그런 말은 적합하지 않다는 것을 지적하고 싶다.

일상생활에서 한시도 없어서는 안 되는 것이 바로 물이 아닌가? 생명의 원천이며 언제 어디서나 없어서는 안 되는 소중한 자원이다. 물의 위대성은 성스러움 그 자체라고 할 수가 있다. 대자연의 생명을 지켜주는 그 바탕에는 물의 '희생과 봉사의 정신'이 깃들어 있다. 인간들의 삶에서 1부터 100까지 그 어디에도 없어서는 안 되는 게 물인데도 불구하고 가끔은 물에 대한 경외심을 잃고 있지는 않은지 반성의 여지가 있다고 생각한다.

왜 '상선(上善)은 약수(若水)'라고 했는지를 재음미해 봤으면 한다. 물은 이 세상에 모든 생명을 살리는 바탕이다. 청결과 정화를 위해서는 스스로 희생한다. 언제나 겸손함으로 본분을 지키는 모습은 더 이상의 선(善)은 없다는 사실을 일깨워 주기에 충분하다. 소중한 생명의 원천이 바로 물이다. 우리는 이 물의 위대성을 한시도 망각해서는 안 되며 언제나 감사한 마음으로 적재적소에 활용하며 살았으면 한다.

지혜로운 삶

 '열심히 살면 돼. 아무렴 열심히만 하면 밥은 먹고 살지.'
 그렇다. 요즈음 세상에는 열심히 일하면 밥은 먹고 살 수가 있다. 그러나 아무리 노력해도 밥 한 끼 때우기조차 어려웠던 시절이 있었다. 죽기 살기로 몸부림을 쳐봐도 식구들 입 하나 감당하기가 어려웠던 그 시절을 회상하면 산다는 게 바로 고통의 나날이 아니었던가 하는 생각이 든다.
 1960년 前後로 거슬러 올라가면 그 당시에는 어려서부터 부모님이 시키는 농사일을 거들어야만 했다. 모든 일이 육체노동으로 해결되던 때였다. 소위 힘센 놈이 장사(壯士)였던 시절이다. 보리밭 밀밭의 풀 뽑기와 수확하기, 모내기와 논매기, 벼 베기와 타작, 땔감 구하기 등 모두가 사람의 노동을 필요로 하는 일들이었다. 그 당시에는 남녀노소 불문하고 움직일 힘단 있으면 농사일을 도울 수밖에 없었다. 그렇게 해서 앞만 보고 열심히 살아오던 중에 서서히 먹고사는 문제가 해결되면서 한 푼 두 푼 모아 목돈이 마련되면 재산증식의 유일한 수단이라고 할 수 있는 논밭 사들이기를 하였다. 그 당시에는 동네에서 최고 부자가 되기 위한 유일한 조건이 바로 전답(田畓)이 많아야 한다는 것이었다. 즉, 상대적 비교의 척도였기 때문이었다.

경제개발 붐이 한창 무르익어 가던 1970년대 중반 무렵의 일이다. 동네에서 소위 갑부 자리를 두고 경쟁 관계라 할 수 있는 김 씨와 박 씨에 관한 일화이다. 어느 날 자녀들이 부모님과 상의를 하겠다고 한다. 그것은 고향의 전답을 팔아서 서울의 개발지에 땅을 매입하면 큰 이익이 발생할 것이라는 내용이었다. 그런데 김 씨의 집에서는 부모님에 대한 설득이 되어서 전답 절반 이상을 팔아서 실행했지만, 박 씨 집에서는 부모님의 완강한 반대로 실현되지 못했다.

그 일이 있은 지 근 10년이 지난 후에 두 집의 재산상 격차는 크게 벌어졌다. 서울에 땅을 매입한 김 씨의 재산은 엄청나게 늘어났지만 박 씨의 재산가치는 별로 변화가 없었던 것이다. 박 씨는 시골에서도 열심히 농사짓고 절약하면서 살면 부자 소리 들으면서 살 줄 알았는데, 상황이 급변하면서 억울한 생각마저 들었다.

그런데 더 큰 문제는 재산상의 격차로 급기야는 자녀들의 일상생활에도 변화가 생기기 시작했다는 사실이었다. 김 씨네는 재산이 급격히 불어나면서 당시에 시골에서는 꿈조차 꾸기 어려웠던 자가용차를 몰고 다녔다. 그러한 모습을 보는 박 씨네 자녀들은 상대적 박탈감을 겪어야만 했다. 그렇다고 금방 해결할 묘안도 없었으니 여전히 힘든 농사일에 전념할 수밖에 없었으며 그럴수록 마음 한구석에는 부모님에 대한 원망의 싹이 자라고 있었다.

세상만사가 다 그러하듯, 언제나 좋은 일만 생기고 기쁜 날만 있을 수는 없다. 그 누구도 앞날을 예측할 수 없는 것이 인생이다. 그래서 사회의 급격한 변화 속에서도 중심을 잡고 자신의 삶을 이어가기 위해서는 가치관의 확립이 그 무엇보다도 중요하다고 생각한다. 현재가 있으면 미래가 있는 법이어서 김 씨와 박 씨 두

집을 장기적인 관점에서 볼 때, 어느 집의 결정이 더 현명했다는 단정적 결론을 내리기에는 아직 이르다고 본다. 가정의 행복 여부는 겉으로 드러나는 모습만으로 가늠할 수는 없는 것이기 때문이다. 단지 이 시절에서 문제가 되는 것은 김 씨네의 재산 형성과정이 부동산 가치의 폭등에 의한 것이기에 경제에 관한 가족들의 인식에 혼란을 초래할 수가 있다는 말이다. 그리고 박 씨네 가족들은 상대적 박탈감이라는 심리적 갈등 문제를 여하히 극복할 것인가 하는 당면과제가 대두된다는 사실이었다.

하루는 어떤 지인이 안타까운 일이 있었다면서 푸념을 늘어놓았다.

사연인즉, 오래전에 있었던 일로써 자기가 아는 부동산 업자가 투자할 만한 좋은 곳을 소개하면서 그것을 사놓으면 머지않아 많은 이윤이 창출될 테니 한번 보고 계약을 하면 좋겠다면서 적극 권유를 하더라는 것이다. 그때는 돈도 돈이려니와 건전하지 못한 투기라는 인식이 강하던 터라 관심이 없다며 한마디로 거절했다고 한다. 그런데 최근에 그 땅을 소개했던 업자를 만났는데 자기를 보자마자 그때 그 땅이 개발지로 변해서 지가(地價)가 엄청나게 올랐다면서 아쉬워하더라는 것이다.

지금도 세상 한편에서는 날고뛰는 돈벌이의 귀재(鬼才)들이 일확천금을 노리면서 갖은 수단 방법을 동원하고 있을 텐데, 나와는 상관없는 일이라며 소 닭 쳐다보듯 무심코 지낸다는 게 생각처럼 그리 쉽지는 않을 듯하다. 어느 식당에서는 손님 중에 한 분이 지난달 주식으로 수천만 원을 벌어서 새 차를 구입할 계획이라며 호기(豪氣)를 부리는가 하면, 또 한편에서는 땅에 묻어둔 것이 몇 배 올랐다며 개선장군처럼 으스대기도 한다. 그것도 직접 두 귀로 똑똑히 안 들었으면 몰라도 그 상황에서 어떻게 신경이 쓰이지 않겠는가 말이다. 온 나라가 투기 바람에 빠져들고 있는 중에도 올곧게 나는 내 갈 길을 가겠다며 한눈팔지 않고 살아간다는 게 어쩌면 수도의 길 이상으로 어려운 일일 수도 있겠다는 생각을 해보는 것이다.

　사람들은 누구나 각자의 인생길을 걸어가지만 어떤 길이 가장 지혜롭고 현명한지에 대한 판단은 일차적으로 각자의 몫이다. 앞에서도 언급한 도시에서 땅 투기로 부자가 된 사람이 잘했다는 단정도 할 수 없는 노릇이고, 그렇다고 그렇게 하지 못한 사람이 어리석다고 할 수도 없는 일이다. 다만 여기서 짚어보고 싶은 것은 과연 어떻게 살아가는 것이 지혜로운 삶인지에 대한 해답을 찾아보았으면 하는 것이다. 그러나 아무리 머리를 맞대고 의견들을 쏟아내더라도 인생관이나 가치관이 다르기 때문에 결론을 내리기는 어려울 것 같다는 생각이 든다.

　지난 이야기지만 잊히지 않는 일화가 있다.

　1980년대에 접어들면서 온 나라가 주식투자로 열병을 앓던 시절이 있었다. 그 당시에는 주식을 모르는 사람은 바보라는 소리가 공공연히 떠돌 정도였다. 나는 적은 월급으로 현상 유지에 급급한 형편이었기에 다른 데에 신경을 쓸 여유가 없었다. 그런데 인근 학교에 근무하는 어떤 젊은 직원은 주식투자의 귀재(?)로 소문이 날 정도였다. 어쩌다 만나면 주변 사람들에게 자기는 원금 대비 얼마의 이익을 봤다느니 하면서 개선장군처럼 자랑을 늘어놓곤 하여 주변 동료들의 심적 동요를 일으키기도 했다. 심지어는 상한가 한 번만 치면 단번에 한 달 월급이 들어온다고 할 때면 모두들 부러운 눈으로 처다보기도 하였다 그렇게 으스대며 자랑하던 그는 주식에 몰입하였고 마침내 교직이 우습게 보이면서 직장을 떠났다. 그리고 그가 살던 집마저 팔다서 전세로 옮긴 후, 나머지 돈을 주식에 투자하였다고 한다. 그렇게 잘나가던 그에게서 몇 년 후에는 뜻밖에도 완전히 망했다는 소식이 들려왔다. 결국은 욕망을 향해 거칠없이 항해하던 중에 의외의 암초를 만나서 좌초되었던 것이다. 인생에서 진정 소중한 것이 무엇이며 어떻게 사는 것이 행복한 삶인가에 대해 생각해 보게 하는 하나의 사건이었다고 생각한다.

인생의 길에서 너무 쉽고 빠른 길을 찾으려고만 해서는 안 된다고 생각한다. 급할수록 돌아가라는 말이 생긴 연유가 있을 것이다. 세간에는 갑자기 재산이 늘어나면서 소위 졸부가 된 사람 중에는 돈만 있으면 귀신도 움직일 수가 있다는 황금만능주의에 사로잡혀 있는 것도 같다. 그러한 의식에 매몰되어 있는 동안에는 정상적인 사고방식으로 건실한 삶을 영위한다는 건 기대하기 어려울 것으로 생각한다. 특별한 수익도 보장되지 않는 농산물이지만 심은 대로 거두면서 묵묵히 살아가는 농부가 진실로 행복한 삶을 누릴 수도 있지 않을까 하는 생각도 해보게 된다. 욕심을 부리며 과시하고 허영에 매몰되면서 내실 없는 빈껍데기로 남게 되면 돌이킬 수 없는 불행에 빠져들 가능성이 있다. 중요한 것은 인생에서 진정 가치 있는 것이 무엇인가를 알아차릴 줄 아는 지혜로 분수를 지키며 내실을 다져가는 생활이 무엇보다도 소중하다는 생각을 하고 있다.

지혜의 샘

　독서도 하고 다양한 방면으로 강의도 듣고 인간관계도 무난하게 이어가면서 나름 분주하게 지내다 보면 부지불식간에 어떻게 사는 게 지혜로운 삶인지에 대하여 깨닫게도 될 것이다. 요즘 세상에는 어지간하면 기본적인 경제생활은 될 수 있다는 생각을 하는 것 같다. 그렇다면 천지간의 만물 중에 제일로 고귀하다는 인간으로 태어난 소중한 인생을 어떻게 하면 의미 있고 재미있게 살아갈 수 있을지에 대하여 깊이 생각할 필요가 있을 것으로 생각한다.
　어려서부터 지혜의 원천이 될 수 있는 직간접 경험들을 얼마만큼 해왔던가를 생각하면 뭔가 재생산될 수 있는 에너지의 부족함을 느낄 때가 있다. 같은 대상물에 대해서도 사람마다 보는 각도가 다르고 해석도 달리하며 평가도 다르게 나오는 게 보편적인 현상이라고 봐야 할 것이다. 어떤 사람은 1천 권의 책을 읽고 나니 저절로 말문이 트이고 펜이 움직이면서 원하는 문장표현이 되었다고도 한다. 또 어떤 이는 곤경에 처하여 찬밥 더운밥 가릴 여유가 없는 상황에서 막노동판에 뛰어들었는데 그곳에서 진정 힘들게 살아가는 사람들의 생생한 체취를 느끼면서 열심히 살아야겠다는 다짐을 하게 되었다고 한다. 멀리서 보는 산과 숲속에서의 산이 다르게 느껴지듯이 남의 일처럼 바라보는 것과 실제로 체험하는 것 사이에는 현격한 차이가 있음을 실감하게 된다. 어떤 사람은 인생 후반기에 당장 먹고살기가 어려울 정도의 생활고에 시달리면서 우선 살고 보자며 안 해본 일이 없을 정도로 고생을 했다고 한다. 그런데 그 이전에 빈둥거리며 살아왔던 그의 모습을 지켜본 주변 사람들은 이제 정신 차리면서 점차 사람이 되어가는 것 같다는 말을 한다는 것이다. 그러한 모습들에서 진정한 삶의 의미를 깨치기 위해서는 값비싼 대가를 치를 필요도 있겠다는 생각을 해본다.

우리는 가끔 대화가 안 된다면서 답답해하는 경우들이 있다. 서로가 같은 언어로 대화를 하는데도 왜 그런 상황이 벌어지는지에 대한 이유는 생각보다 많을 것 같다. 서로의 마음이 통한다는 게 뭐가 그렇게 어려운지 정말로 알다가도 모를 일이다. 그런데 한 번 더 생각해 보면 그것은 어느 한쪽이 이해를 못 하기 때문이 아닐까 하는 생각이 든다. 분명히 원인은 그들에게 있는데도 당사자들은 어쨌던 그렇게도 말을 못 알아듣느냐면서 서로를 탓하기만 한다. 소통이 안 되는 이유는 대부분 대화 내용을 명확하게 이해하지 못하거나 양보와 타협의 자세가 부족한 데에 있을 것 같다. 궁극적으로는 대화의 기술에서 문제가 있을 것이라는 생각을 해보게 된다. 또 한편으로는 인터넷을 비롯한 현대문명의 최신 정보통신 기술들이 하루가 다르게 발전하면서 세대 간의 관심 분야가 차별화되는 데에서도 이유를 찾을 수가 있지 않을까 싶다. 어쨌든 현실적으로 닥치는 문제라면 상황을 직시하고 서로가 다가갈 수 있도록 적극적인 노력이 뒤따라야 할 것이라는 생각이다.

살면서 어려움을 겪을 때마다 생각나는 것은 만사 상황에 따라 적절하게 대처한다는 게 쉽지 않다는 사실이다. 매사를 시원시원하게 해결할 수 있는 능력이 있다면 정말 좋을 텐데 말이다. 그것이 현실적으로 어려운 일이니까 각자가 적절한 방법을 찾아서 대처하는 수밖에 없는 것이다. 결국은 지혜로운 사람이 되어야겠다는 생각을 해보게 된다.

『노자 도덕경(老子道德經)』의 경우, 전문(全文) 5,000자 정도의 간결한 문장이지만 2,500여 년이 지난 오늘날까지도 명문으로 평가받고 있으니 정말로 대단하다는 생각이 든다. 全文의 내용이 난해하고 심오해서 한문에 조예가 깊은 사람들마저도 해독이 쉽지 않다고 할 정도이다. 노자가 생존할 당시는 오늘날과 비교하면 문화적으로 거의 미개한 사회라고 할 수 있는 열악한 시대였는데도 어떻게 노자와 같은 현자(賢者)가 존재할 수 있었는지 참으로 불가사의하다는 생각밖에 들지 않는다. 궁금한 점은 과연 그토록 형이상학적이라고 할 수 있는 지혜의 원천이 어디에서 비롯되었는가 하는 점이다. 물론 하늘이 내린 기인이라고 한다면 거의 신(神)과 동일시할 수도 있겠지만 어쨌든 상식적으로 이해하기는 어려운 부분이라는 생각뿐이다.

지혜의 샘은 새로운 사상과 지식, 정보 등의 자료를 부단히 흡수하여 재생산의 과정을 통해서 생성된다고 생각한다. 물론 사고(思考)의 과정을 거쳐야겠지만 외부로부터의 다양한 지식이나 정보라는 원재료가 끊임없이 입력되어야 가능할 것이다. 농작물을 가꿀 때도 지력(地力)을 높이기 위해서 거름을 주거나 땅을 갈아엎는 등의 과정을 통하여 매년 풍성한 수확을 기대하는 것과 같은 이치가 될듯하다. 농작물도 그러할진대 하물며 인간의 지혜가 아무런 노력 없이 생성될 것으로 기대해서는 안 될 것이라는 생각이다.

현명한 대처

살다 보면 하는 일이 술술 풀릴 때가 있는가 하면, 이상하게도 하는 일마다 제대로 안 될 때도 있다. 그런데 순조롭게 잘 된다고 해서 무조건 안도하고 기뻐만 할 것인가에 대해서는 한 번 더 생각해 볼 여지가 있다. 그런데 원하던 바가 이루어졌으면 당연히 심적으로 만족하고 좋아해야 할 텐데도 그저 무덤덤한 반응을 보일 때가 있다. 심지어 바라던 일이 성취되지 않기를 희망하는 경우도 있다. 어떤 이는 힘들게 성취한 일을 미련 없이 버리고 진정 자신이 원하는 일을 찾아가기도 한다. 치열한 경쟁을 뚫고 입사를 하였으나 얼마 후에 사표를 내고 그만두는 경우가 그러하다. 그토록 바라고 바라던 직장에 취업이 되었으면 당연히 감사한 마음으로 성실히 근무해야 하는데도 그 자리를 박차고 나온다는 게, 이해가 안 될 수도 있다.

여기서 홍자성의 『채근담(菜根譚)』을 인용해 본다.

> 뜻대로 안 된다고 근심하지 말며　　(毋憂拂意, 무우불의)
> 마음에 흡족하다 기뻐하지 말라.　　(毋喜快心, 무희쾌심)
> 오랫동안 무사하기를 믿지 말고　　(毋恃久安, 무시구안)
> 처음이 어렵다고 꺼리지 말라.　　(毋憚初難, 무탄초난)

사람들은 매일 다람쥐 쳇바퀴 돌듯하는 생활을 하면서 가끔은 이 길이 진정 내가 원하는 삶이었던가 하고 되돌아보기도 한다. 생각하고 생각하기를 수천 번을 해도 아무래도 아니다 싶어서 궤도 수정을 하는 이들이 있다. 인생의 과정에는 희로애락이 있고 양이 있으면 음이 있는 법인데 어떻게 하면 인생의 주인공으로 살아갈 수 있을까 하는 생각에 젖어 들기도 한다. 바른 판단과 양심을 바탕으로 제대로 살려는 의지만은 견지해야 한다는 생각도 하게 된다.

　그날이 그날인 듯한 일상생활에 하루가 어떻게 지나가는지도 모를 정도로 바쁘고 힘든 나날이 계속되면 며칠 동안이라도 푹 쉬어봤으면 좋겠다는 생각이 들 때가 있다. 그런데 며칠이 아니라 출근할 곳이 없는 상황이 된다면 어떠할 것인지도 생각해 봤으면 한다. 마음대로 쉴 수 있는 소위 백수(白手)가 된다면 마냥 만세를 부르며 기뻐할 수 있을까? 누구나 그런 것은 아니겠지만 상상했던 것만큼 좋지 않은 상황이 전개될 수도 있을 것이라는 점을 염두에 두었으면 한다. 세상을 살다 보면 이상과 현실 사이에는 갭(gap)이 있게 마련이어서 만사가 기대했던 것과는 다른 면이 있을 수 있음을 염두에 두어도 좋을 것 같다.

　일상생활 중에는 어느 정도 예측이 가능했던 어려움을 겪게 되는 경우가 있는가 하면, 전혀 예상치 못했던 어려운 상황이 갑자기 발등에 불이 떨어지듯 닥치는 때도 있다. 그러면 사안의 경중을 가려서 해법을 찾아 현명하게 대처하면 좋을 텐데 그게 말처럼 쉽지가 않다는 데에 문제의 근원이 있다. 초기에 제대로 대처하지 못함으로써 수습할 기회를 놓치는 경우도 많다는 사실을 직간접 경험으로 실감하고 있다.

  자녀가 잘되기를 바라는 건 모든 부모들의 한결같은 소망이기도 하다. 내 자녀만큼은 세상 어디에 내놓아도 손색이 없는 자랑스러운 자녀이기를 원한다. 그래서 부모는 자녀들에게 도움이 될 일이라면 뭐든 하려는 마음의 준비가 되어 있다고 보면 된다.

  세상만사 뜻대로 되지 않는 일이 어디 한둘이겠는가? 그리고 하루가 다르게 변하는 것은 셀 수도 없이 많다. 그중에 결혼풍속만 하여도 사회의 구조 자체가 다변화되면서 예전처럼 일정 연령에 달하면 반드시 해야 한다는 사회적 통념 자체가 희석되고 있는 것이 사실이다. 결혼 적령기의 개념이 변하면서 결혼은 필수가 아닌 선택이라는 인식도 있는가 하면, 심지어 성년이 된 후에도 자립하지 못하고 부모와 함께 생활하는 자녀들이 늘어나고 있다. 그래서 늙어가는 부모가 계속해서 장성한 자식을 품 안에 거두고 살 수는 없다는 문제가 현실로 나타나고 있다. 미성년의 시기가 아닌 성년의 자녀는 부모의 그늘을 벗어나서 사회의 일원으로서 당당하게 독립하는 것이 순리이다. 그러나 여러 가지 이유로 그렇게 되지 못하면 부모와 자식 쌍방 간이 부담으로 작용할 수가 있다. 부모 자식 사이에도 의사소통에는 한계가 있을 수 있고 이해와 협조도 제한적일 수밖에 없을 것이다. 어떠한 이유에서든 성년이 된 자녀에게 주어지는 최우선 과제는 독립된 생활을 하는 것이다.

  인생사 생각보다 복잡다단하기에 어찌 남의 집안 사정을 속속들이 알 수가 있겠으며 더욱이 말 못 할 고민과 숨겨진 내막을 동네방네 알릴 수도 없는 노릇이다. 누구에게도 하소연할 수 없는 당사자만의 고민이 있을 수 있다. 자식이 죄를 지어 구속될 상황이 되었다는 소식을 듣고 달려온 노부모가 모든 게 자신들의 잘못된 자식교육 때문이라며 대신 벌을 받으면 안 되겠냐며 사정하는 일도 있다고 한다. 그렇게 한다고 자식의 문제가 근본적으로 해결될 수는 없는데도 말이다.

 이 세상의 모든 문제가 뜻대로 거침없이 술술 풀리면 걱정할 일이 없을 것이다. 그러나 현실은 그렇지 않아서 뜻대로 되지 않는 일이 더 많을 수도 있다. 어떻게 보면 순리를 따르지 않아서 그런지도 모른다. 인생지사새옹지마(人生之事塞翁之馬)이고 만사가 오십보백보라고 하지를 않는가? 살면서 어려움이 닥치더라도 지혜롭게 대처할 수만 있다면 좋을 텐데 그게 잘 되지를 않아서 힘들어하는 사람들이 있는 것 같다.

4부

/

독존

바른 삶

"그 사람, 사람 보는 눈이 있어."

대화 중에 무심코 하는 말이다. 무슨 근거로 그러는지 구체적으로 설명하기는 간단치 않겠지만 나름대로 판단을 한 결과라고 할 수 있다.

상대가 믿을만한 사람인지 아닌지는 척 보면 알 수 있다고도 한다. 지난날 직원 채용문제로 면접을 하면서 느낀 바는 공정하고 타당하면서 신뢰할 수 있는 대면 평가를 한다는 게 보통 어려운 일이 아니라는 사실이다.

생각해 보면 이목구비부터 갖출 것은 다 갖추어져 있는 사람들을, 제한된 시간 내에 특성까지 파악한다는 게 정말 보통 일이 아니다. 첫 대면에서 판단에 영향을 미칠 수 있는 요소는 첫눈에 들어오는 이미지라고 생각한다. 피면접자 역시 중요성은 인지하겠지만 단시일 내에 외모를 꾸미고 성격과 언행의 단점을 보완한다는 것은 어려운 일이 아닐까 싶다.

일상에서 관상학에 관심이 없는 사람도, "그 사람 착실하게 생겼다.", "그 사람 뭔가 신뢰가 가지를 않던데."라는 말들을 한다. 면접의 경우 단시간 내의 대면으로 상대방을 판단하는 일은 참으로 어려운 일이다. 그런데도 놀라운 사실이 있다면 어떤 경우에는 서너 명의 면접 담당자들이 받은 인상이 비슷하거나 일치할 때가 적지 않다는 사실이다.

생활하는 중에 사람을 만나면서 인간관계도 형성되는데 그러한 과정에서 제일 먼저 눈에 띄는 것이 바로 첫인상이 아닐까 싶다. 그런데 아무리 통찰력이 뛰어나고 안목이 남다른 사람일지라도 한두 번의 만남으로 상대방을 제대로 파악하기란 어려운 일이라는 점을 전제하고 싶다. 직원을 채용할 때에도 당시에는 최선의 판단이었다고 생각했는데 시일이 경과하면서 '내가 사람을 잘못 봤다.'라며 후회를 하는 일이 생기곤 한다. 굳이 "열 길 물속은 알아도 한 길 사람 속은 모른다."라는 속담을 인용하지 않더라도 상대방을 제대로 판단한다는 게 보통 어려운 일이 아님을 알 수 있다. 그리고 분명한 사실은 사람마다 판단 기준이 다르다는 것이다. 부부의 경우라 하더라도 어떤 부인은 지금의 남편이 결혼 전 어느 모임에서 노래하는 모습이나 전반적인 인상이 좋아 보여서 호감이 갔다고 한다. 그것이 계기가 되어서 결혼까지 했지만, 막상 같이 살아보니 실망스러운 점이 한둘이 아니라고 한다. 사람을 대하면서 인간성부터 해서 여러 방면을 정확하게 파악할 수 있는 장치라도 있으면 좋겠지만 개인 내면의 세계까지 파악하는 일은 불가능한 일이다. 철석같이 믿었던 사람이 실망을 안겨줄 때면 '사람을 잘 못 봤다.'라거나 '너무 믿은 게 잘못이었다.'며 자책도 한다. 그럴 때돈 이 모든 게 피할 수 없는 인연이라고 생각하면 마음 편하지 않을까 싶다.

언제나 언행이 진실하여 하늘을 우러러 한 점 부끄러울 게 없다고 당당하게 말할 수 있는 삶이면 얼마나 좋을까 하는 상상을 할 때가 있다. 언제 어디서나 양심에 거리낄 일 없는 삶을 영위할 수만 있다면 진정 행복한 인생이 될 것이라는 생각도 해본다. 그리고 모든 사람이 진실하고 착하다면 낙원이 따로 없을 텐데 하는 꿈도 꾸어보지만 그건 결코 이루어질 수 없는 자연적 구조라고 생각한다.

누군가가 나에게 칠십을 넘기기까지 살아오면서 어려웠다고 생각되는 것 중에는 어떤 것이 있느냐고 묻는다면 "작든 크든 양심에 거리낌 없이 당당하게 살아가는 일"이라고 말하고 싶다. 당연히 올바른 삶이어야 하지만 현실이라는 삶의 현장에서 이해관계가 충돌하면서 판단이 궤도 이탈 하여 양심과 정의라는 올바른 잣대를 외면하게 되는 경우가 생길 수도 있다고 보면 될 것 같다. 곤란한 상황에 직면하더라도 꿋꿋한 의지로 양심에 비추어 바르게 처신한다면 굳이 겉으로 꾸미거나 미사여구를 인용하면서까지 환심을 사려고 할 이유가 없지 않을까도 싶다. 타인을 이용하려거나 해를 끼칠 일이 없다면 복잡하게 신경 쓸 일은 줄어들 것 같다는 생각이다.

일상에서 사람들이 생활하는 모습을 보면 오십보백보인 것도 같은데, 시시각각 뉴스에 오르내리는 상황들은 상당히 복잡다단하다는 것을 실감한다. 아무리 현실이 판단 착오를 일으킬 정도로 혼란스럽다 하더라도 정도(正道)를 걸어야 하고 양심에 떳떳한 생활이 되어야 함은 두말할 필요가 없다. 바르게 살아가는 일이 외롭고 힘이 들 수도 있겠지만, 삶이 행복하기 위해서는 그 어떠한 대가도 치르겠다는 굳은 의지가 필요하다고 생각한다. 어떻게 보면 평범한 인생을 꾸려간다는 게 별로 어렵지 않을 것도 같으나, 막상 현실을 헤쳐 가다 보면 산 넘어 산이라는 말의 의미를 새겨볼 때가 있다. 너나없이 사는 모습들이 비슷한 것 같지만, 사실은 모두가 각자의 삶을 각자의 방식대로 꾸려가고 있다고 보면 될 것 같다.

어떻게 보면 언행이란 것은 이율배반적일 수가 있다는 점을 인정하는 게 맞을 것 같다. 현실을 무시한 채 이상만을 향할 수가 없다는 모순되는 상황이 일상의 현장에 도사리고 있음을 실감할 때가 많기 때문이다. 어떤 문제는 쉽게 해결될 것이라고 호언장담 했지만 진행과정에서 의외의 난관에 봉착될 때도 있다. 그래서 목적 달성에 눈이 멀어 수단 방법 가리지 않고 정도를 이탈하는 일도 생기는 것은 아닌지 되짚어 보기도 한다.

스쳐 가는 바람인 듯 지나간 세월이지만 되돌아보면서 백 번을 생각하고 천 번을 되뇌어 봐도 인생에서 가장 중요한 것은 "정당한 노력에 의한 결실만이 진정한 가치를 드러낸다."라는 하나의 진리가 엄연히 존재한다는 사실이다. 어떻게 보면 너무나도 당연한 말인데도 되뇌어 보게 되는 것은 성실한 생활의 실천이 참으로 어렵다는 것을 체험으로 느껴왔기 때문이다. 능력이 욕심을 따르지 못하면 정도(正道)를 이탈하면서까지 요행이나 불로소득을 바라거나 어떠한 반사이익을 기대하는 일탈의 길에 들어서려고 할 가능성이 있다. 어리석게도 바른길이 아닌 줄 알면서도 어쩔 수 없다는 자기변명으로 합리화하면서 부지불식간에 양심에 어긋난 길에 들어서는 경우도 있을 것이다. 올바름을 외면하면서까지 시류에 편승하거나 양심을 팔아먹는 일을 저지르지는 않는지 냉정한 자기성찰이 필요할 것이라는 생각을 해본다.

내가 땀 흘려 노력한 일에 대한 대가를 기대하는 것은 당연하다. 그런데 쉽게 일확천금을 노린다든지, 최소한의 노력으로 크나큰 성과를 기대하며 이곳저곳 기웃거린다면 정당한 대가를 바라는 일이 못 된다. 그런데 현실은 그러한 비정상적인 요행을 부추기는 과장 광고도 있으니 그중 하나가 보험 광고이다. 가입만 해두면 억 소리가 나는 혜택이 돌아가는 상품이라며 반복해서 강조한다. 도대체 보험회사의 경영이 어느 정도 탄탄한지는 모를 일이나 어떻게 저러한 거액의 보상이 가능한 것인지 내 머리로는 답이 나오지를 않는다. 보험이라는 제도가 십시일반이라는 상부상조의 정신을 바탕으로 출발한 사업임을 전제로 할 때, 어떤 경우에도 복권당첨처럼 부추기는 광고는 지양했으면 한다. 그리고 가입자는 그것을 투자로 생각해서는 안 될 것이며, 오로지 서로 돕는다는 상부상조의 정신으로 돌아가는 것이 마땅할 것으로 생각한다. 작든 크든 사회를 위해서 봉사하는 일이라는 자세로 가입하는 것이 옳겠다는 말이다.

요즈음 발생하는 교통사고 중에는 고의로 사고를 유발하는 비양심적인 사례가 있다고 한다. 이러한 사안들은 국민의 공적(公敵)이라고 할 수 있는 매우 악랄한 범죄행위로써 다각도의 대책 수립으로 발본색원함이 마땅하다고 생각한다. 그리고 바르게 살아가는 사람들에게 실망을 안겨주어서는 안 된다는 점을 잊지 말아야 할 것이다.

나다운 삶이어야지

'나'라는 개인은 완전히 독립된 인격체이다. 부처님은 '천상천하유아독존(天上天下唯我獨尊, 하늘 위, 하늘 아래 오직 나만이 홀로 존귀하다)'이라고 설파했다. 그만큼 개개인의 생명이 소중하다는 뜻으로 이해하고 싶다. 실시간 국제통계사이트 월드오미터(Worldometer: 세계 인구, 정부, 경제, 사회, 환경, 건강 통계, 수치 제공)에 따르면, 2021년 1월 1일 현재 전 세계 인구는 78억 3,605만 8,142명이라고 한다. 이렇게 근 80억이나 되는 사람 중에 나와 똑같은 복제품 같은 존재는 세상 어디에도 존재할 수가 없다. 그러므로 나의 인생은 나다운 꽃을 피우고 나의 열매를 맺기 위해 최선의 노력을 하는 데에서 참다운 존재가치가 드러날 것이라는 생각을 해본다.

개인의 특징을 드러내는 데 있어서 가장 근본이 되는 것은 사유(思惟)가 아닐까 싶다. 모든 언행에서 주견도 없이 무조건 타인을 모방한다면 개인적인 존재가치 면에서 그 빛이 바랠 수밖에 없을 것이다. 그래서 개가인의 특성을 살리면서 개성이 발휘되는 생활이 중요하다고 생각한다. 단지 이름 석 자 남기는 것이 생의 목표라면 그건 인생의 진정한 가치를 몰라서 하는 말이라고 생각한다. 중요한 것은 '나'라는 존재가 이 우주 공간에서 인간이 창조된 이래로 전무후무(前無後無)요, 유일무이(唯一無二)한 존재임을 명확하게 인식해야 한다는 사실이다. 군중 속의 독특한 개체임을 망각하는 생활이 되어서는 안 된다고 생각한다. 그래서 독립된 온전한 개체로서 그 역할에 충실할 수 있는 삶이 되어야 인간으로서의 존재가치가 명확해질 수가 있을 것이라고 믿는다. 남다른 개성이나 특수성을 발현하되 나만을 위한 것이 아닌, 세상 그 무엇인가에 도움이 되게 함으로써 존재 이유와 가치가 드러날 것이라는 생각이다.

새롭고 완전한 개별화를 말함이 아니라 극히 미미한 부분일지라도 개인의 역량이 가미됨으로써 무언가 가치 있는 삶이 될 수만 있다면 그로써 존재의 의미가 있을 것이다. 지구상에 존재하는 동안 뭔가를 베풀 수 있다면 더욱 좋을 것이라고 생각한다.

내 나이 이미 노년에 접어들고 있지만 가능하면 삶의 의미가 퇴색되지 않는 생활이 되도록 해야겠다는 다짐을 하곤 한다. 남은 날을 오직 내 한 몸 편하게만 보내면 그만이라는 생각에 안주(安住)한다면 이 세상에 태어나게 한 신에 대한 도리가 아니라고 생각한다. 그리고 무사안일의 삶은 인생의 일부분을 포기하는 행위와 다를 바 없으며 무엇보다도 양심이 허락하지 않을 것 같다. 어떤 경우에도 그러한 삶이 되어서는 안 될 것이며 그런 모습으로 스러질 테면 굳이 이상의 실현이니 가치 있는 삶이라든지 하는 거창한 말들은 처음부터 하지 말았어야 할 것 같다. 존재 이유와 가치는 뭔가를 성취하려는 노력이 뒷받침함으로써 결실을 기대할 수가 있을 것이다. 일상을 무위도식으로 보낸다면 풀잎에 맺힌 이슬처럼 흔적 없이 사라지는 의미 없는 인생이 될 것이라는 생각을 해본다.

보이는 대로, 생각나는 대로, 주견도 없이 세상만사 온갖 일에 참견하며 시간과 에너지를 소모하면 무슨 의미가 있을까? 그렇게 살아간다면 수많은 관객 중에 옴짝달싹하지 못하는 한낱 개체에 불과할 것이다. 지난날 생활해 온 자취들이 어떠했는지를 회상해 보면 삶의 모습이 그려질 수가 있지 않을까 싶다. 나의 현주소는 지난날 삶의 결과라는 생각을 하고 있다.

나를 드러내어서 이름 석 자 알리는 것보다 더욱 중요한 것은 가치 있는 행위의 실천 그 자체라고 생각한다. 드러나지 않는 사소한 활동이라고 치부할 수도 있는 생활공간 주변의 청결을 위한 봉사활동도 생의 가치를 실현하는 일 중의 하나일 수가 있다. 도로변에 버려진 물건들을 직접 치우는 행동 또한 의미 있는 일이라고 생각한다.

> 노자는 '무위(無爲)'를 말했다.
> 노자가 추구하는 인간상은 '하늘의 뜻대로 사는 사람'으로, 인위적인 것을 하지 않는 '무위'로써, 봄이 오면 씨 뿌리고 겨울이 오면 곰이 겨울잠 자듯 휴식을 취하면서 자연의 흐름에 따라 사는 사람이다. 그저 말없이 곡식이 자라게 비구름 보내주고, 그저 열매 맺으라고 양분을 보내줄 뿐인 하늘과 땅처럼 스스로 드러내지 않는 사람이다.
> 출처: "공자의 인의 사상과 노자의 무위자연 사상", 작성자 철학하는 김과장

태양, 공기, 물, 나무를 비롯한 대자연의 삼라만상이 인간을 비롯한 모든 생물이 생존할 수 있는 조건을 제공해 주고 있다. 그렇

게 소중한 자연의 요소들이 모든 생명체를 생장화육(生長化育) 하면서도 스스로 자랑하거나 내세우는 일은 결코 없다. 제아무리 위대하다고 큰소리치는 인간들도 천재지변에는 무력(無力)할 수밖에 없는 존재임을 알아차릴 때, 위대한 대자연 앞에서 고개 숙이며 성실하고 겸손한 태도로 살아가야겠다는 다짐을 하게 되는 것이다.

 인간은 자연 앞에서 겸손할 수밖에 없다. 겸손이라는 말조차 어울리지 않을 정도로 대자연은 참으로 신비스럽고 그 위력은 어떠한 말로도 표현할 수 없을 정도로 엄청나고 위대하다. 이러한 신비스러운 대상 앞에서 인간들이 자연에 도전할 수 있다는 오만함에 빠져 있다면 그건 너무나 위험한 발상이라고 생각한다. 과연 이 세상의 참모습은 어떠한가를 생각하면서 조용히 명상의 시간을 가져보는 것도 좋을 것 같다. 세상이 혼란의 소용돌이에 휘말리더라도 과연 삶이란 무엇이며 진정한 존재가치는 어디에 있는지를 사색의 길에서 찾아보는 여유도 필요하지 않을까 싶다.

 사람을 외형적으로 잘나고 못나고를 비교하고 평가하는 일이 그토록 중요한 일인지에 대해서 생각을 해본다. 테레사 수녀의 경우, 외모는 결코 잘생겼다고 할 수는 없다. 그런데 그의 위대한 희생과 봉사, 고결한 정신은 세상의 빛과 소금이 되어 진정한 인류의 평화와 행복을 위해 몸소 실천하였다. 그는 노벨평화상을 수상했으며 상금 19만 2천 달러마저도 자신을 위해서는 한 푼도 쓰지 않고 나환자 구호소 건립기금으로 내놓았다. 진정 잘난 사람은 훌륭한 언행의 실천자라는 생각을 하고 있다.

 매일 하는 일 없이 삼시 세끼 챙겨 먹는 생활이 어떠한 의미가 있는지를 되돌아볼 때가 있다. 뭔가 가치 있는 일을 하면서 나답게 살아가고 있는지 냉철하게 살펴볼 필요가 있겠다는 생각을 하면서 말이다. 삶 자체가 가치 있는 일이 될 수 있는 생활이 되었으면 한다. 세상의 잡다한 정보들에 동요됨이 없이 마음속 깊이 내재한 양심의 소리에 귀 기울이며 그걸 구체화, 형상화했으면 하는 마음을 가져본다.

판단의 어려움

　　일상생활 중에 마주하는 갖가지 문제 중에는 어느 정도 예측 가능한 일들이 있다. 그래서 미리 대비만 했더라면 당하지 않았을 수도 있는 일이었다며 후회도 한다. 하지만 원점으로 되돌릴 수 없는 상황에서는 이후의 처리에 신경을 쓰는 것이 우선시 되어야만 한다. 무엇보다도 현 상황을 정확하게 파악해서 현명하게 대처하는 일이 중요하기 때문이다.
　사람들은 말한다.
"그 참, 신기하네. 상당히 복잡한 문제였는데 상상외로 너무 쉽게 해결되었잖아."
　해결의 기미가 전혀 보이지 않던 어려운 문제를 누군가가 간단히 해결함으로써 지켜보는 이들로 하여금 감탄을 자아내게 하는 경우도 있다. 그렇게 간단히 처리할 수 있으리라고 생각한 사람이 거의 없었던 상황이었다면 더욱 그러할 것이다. 개중에는 그런 반전의 상황에서도 애써 대수롭지 않은 듯한 반응을 보이는 사람도 있을 수가 있다. 어쩌다가 운 좋게 해결이 된 것 같은데 그걸 무슨 특별한 기술이라도 있는 듯이 치켜세울 필요가 있겠느냐는 듯이 말이다. 그러나 그 사람에게는 남모르는 부단한 연구와 노력이 있었을 것이라는 점을 도외시해서는 안 된다고 생각한다.

문제를 정확하게 파악하고 해결하는 것은 남다른 능력임에 틀림이 없다. 갖가지 방법으로 원인을 찾으려 해도 되지 않았을 때, 어떤 이가 정확하게 문제의 원인을 찾아서 해결한다면 이러한 경우에도 우연이라고 할 수 있을지 생각해 볼 일이다.

중국드라마 중에는 청나라 때의 제8대 황제인 도광제(道光帝, 1820~1850 재위)가 노령에 접어들면서 후계자 문제를 해결해야겠다는 결심을 하게 된다. 그러한 상황에서 전개되는 사건들을 엮은 사극(史劇)이 후대인들에게 던지는 메시지는 분명한 것 같다. 그것은 진정 백성을 사랑하고 국가의 안전을 수호하기 위해서 지도자는 어떠해야 하는지를 극명하게 밝혀주고 있다.

후계자 대상인 4황자 함풍제(咸豊帝, 제9대 황제, 1850~1861 재위)와 6황자 공친왕 혁흔(恭親王 奕訢, 1833~1898)은 이복형제이면서, 그들에게는 각각의 스승이 있었다. 후계자 결정을 앞두고 최종적으로 몇 가지 관문을 통과해야 하는데, 객관적인 능력 면에서는 동생인 공친왕이 형 함풍제와는 비교가 안 될 정도로 탁월했다. 그래서 조정의 관리 대부분은 그가 황위를 이어받을 것이라는 데에는 의심의 여지가 없다는 분위기였다.

일단은 황제가 주관하는 두 가지 시험을 치러야만 했는데 첫째는 면접이고 둘째는 사냥시험이었다. 국가의 명운이 달린 매우 중요한 과정이다.

드디어 첫째 관문인 면접시험을 치르는 날, 황제는 먼저 6황자를 면접했다. 국내외 정세에 대한 대처능력을 묻는 내용이었는데 6황자는 기대에 어긋나지 않게 핵심을 짚으면서 논리정연하게 답변을 하였고 곁에서 지켜보던 신하들도 연신 고개를 끄덕일

정도였다. 이어서 4황자가 면접을 볼 차례가 되자 그는 황제가 말문을 열기도 전에 무릎을 꿇고 울먹이는 목소리로 자기는 절대로 이러한 시험에 응할 수가 없다고 하였다. 이유인즉 황제께서는 여전히 강건하시고 앞으로도 오래오래 만수무강하실 텐데, 미리 후계자 선발을 한다는 것은 있을 수 없는 일이며 해서도 안 된다며 눈물로써 호소하였다. 그러한 태도에 감동한 황제는 내심으로 4황자야말로 진실로 충효(忠孝)를 겸비한 왕자라고 생각하였다.

그리고 둘째 관문은 사슴사냥이었다. 이 부분 또한 6황자가 절대적으로 유리한 상황이었다. 그는 평소의 기량을 최대한 발휘하면서 사냥을 하였다. 그런데 4황자는 사냥 자체를 포기하였다. 시합이 끝나고 6황자는 사냥한 사슴을 가지고 의기양양하게 서 있었다. 그런데 4황자는 빈손으로 돌아왔으며 황제는 어찌 된 일이냐며 영문을 물었다. 그랬더니 그는 지금이 춘삼월이라 만물이 소생하는 철인데 어떻게 살생을 하겠으며, 만약에 새끼를 배었다면 어미와 새끼를 함께 살생하는 것이니 차마 할 수 없는 일이라면서 눈물로 대답한 것이다. 이번에도 황제는 4황자가 인의(仁義)의 정신을 갖춘 훌륭한 성품이라고 생각하였다.

얼마 후에 황제가 사망하고 바로 후계자를 정해야 하는 시점에서 후계자 책봉과 관련된 유서를 개봉하게 되었다. 그래서 만조백관이 보는 가운데 현판 뒤에 보관되어 있던 것을 확인한 결과 예상과 달리 4황자를 후계자로 지명한다는 내용이었다.

궁궐에서는 황자에게 직접적인 영향을 미치는 사람이 바로 스승이다. 4황자의 스승은 정당한 방법으로는 6황자와 겨룰 수가 없다는 사실을 잘 알고 있었다. 그래서 교묘한 술수로 황제의 심금을 울릴 수 있는 묘책을 짜는 데에 온 힘을 집중하였다. 결국은 충효(忠孝)와 인의(仁義)의 정신을 부각시킴으로써 훌륭한 자질을 갖춘 것처럼 위장했던 전략이 마침내 황제의 마음을 움직였다고 볼 수가 있다.

　사람이 큰일을 하는 데 있어서 혼자만의 능력에 의지해서는 뜻을 이루기가 어려운 것은 사실이다. 그런데 4황자의 스승은 정도(正道)가 아닌 술책을 부림으로써 결과를 뒤집는 데는 성공을 했다. 분명한 사실은 그가 쓴 방법은 비열한 기만술임에 틀림이 없다. 그렇게 정공법이 아닌 모략으로써 목적 달성을 한 것이 결국은 국가 통치라는 거국적인 관점에서 진한 먹구름을 드리운 결과가 되었다는 것이 후세 사가(史家)들의 중론이라고 한다. 물론 이렇게 수단 방법을 가리지 않을 수밖에 없었던 나름의 이유는 있었을 것이다. 황실에서 황위의 승계 문제는 당사자는 물론 그를 둘러싼 주변인들의 생사존망과도 직결될 수 있다는 절체절명의 권력다툼이 버티고 있었기 때문이다. 이러한 상황에서 수단과 방법의 정당성을 논한다는 것은 아무런 의미가 없다는 것이 그들로서는 충분한 이유가 될 수도 있을 것이다. 물론 정당하게 대응했던 6황자로서는 억울한 일이지만, 그 어디에도 항의할 수가 없는 냉혹한 현실을 수긍할 수밖에 없는 것이다. 객관적으로 볼 때, 공명정대한 결과가 아니라는 데에는 동의하면서도 그 누구도 되돌릴 수 없는 일이라는 사실이 안타까울 뿐이다.

　정당하지 못한 방법으로 목적을 달성하여 황위에 오른 당사자는 양심상 떳떳하지 못할 것이다. 그 어떠한 변명의 여지가 없는 치졸한 수법을 사용했기에 입이 백 개라도 할 말이 없을 테니까 말이다. 후일 역사가들은 4황자가 황제의 후계자가 되었다는 사실이 청나라가 쇠망하는 데 상관관계가 있음을 인정하고 있다. 그리고 근본적인 문제는 후계자를 정함에 있어서 본래의 취지에 충실해야 하는데도 불구하고 전혀 상관없는 사사로운 감성에 이끌려 본질을 호도한 황제의 판단에 문제가 있다는 것이다. 대국적 관점에서의 정정당당한 능력에 의한 평가를 하지 못한 황제의 치명적인 오판에 대해서는 그 누구도 부인할 수가 없다. 그래서 객관적 판단을 그르친 황제야말로 역사의 준엄한 심판을 받아 마땅하겠다는 생각을 해보는 것이다.

진정한 가치

겉모습만으로는 구분이 쉽지 않은 손목시계 두 개가 있다. 그런데 가격은 10만 원과 1,500만 원으로 그 차이가 무려 150배에 달한다. 도대체 무슨 이유로 상상을 초월할 정도의 차이가 나는 가격인지 도무지 이해가 되지를 않는다. 더욱 놀라운 사실은 10만 원짜리는 흥정의 여지가 있는 반면에 1,500만 원짜리는 정찰제로 한 푼도 깎을 수가 없다는 사실이다.

어떤 환자가 유명하다는 양의(洋醫)와 한의(韓醫)를 번갈아 가면서 치료를 받았으나 별 효과가 없었다. 그런데 어느 지인의 소개로 찾아간 의사에게 진찰을 받고 처방약을 복용하면서 눈에 띄게 호전되더니 이제는 거의 회복 단계에 접어들었다고 한다. 유명세와 치료 효과는 반드시 비례하지 않을 수도 있다는 걸 알게 되었다.

어느 가게는 매물로 내놓자마자 바로 매매계약이 성사되는데, 또 다른 가게는 분양가보다도 훨씬 밑도는 가격으로 내놓아도 거래가 이루어지지 않는다. 심지어 대도시의 두 평도 안 되는 구멍가게는 엄청나게 높은 가격이고, 그 값이면 한적한 곳에서는 훨씬 넓은 가게를 마련할 수 있는데도 굳이 그 좁고도 비싼 가게를 선호하는 데는 분명 이유가 있을 것이다.

외국의 값비싼 유명브랜드 판매점에는 개점시간 전부터 국내외 고객들로 장사진을 이루는가 하면, 어떤 매장에서는 거듭된 세일 행사에도 효과가 없자 급기야는 폭탄(?)세일까지도 시도해 보지만 소비자들로부터 관심을 끌지 못한다. 무슨 이유로 그러한 현상이 벌어지는지 궁금증이 생긴다.

똑같은 흙으로 빚은 도자기 작품인데도 작가가 누구인가에 따라서 그 가치가 천양지차라고 한다. 그런데 널리 알려진 도공의 작품에는 제조과정에서 작가의 혼과 오랜 세월에 걸쳐서 터득한 비법들이 들어간다고 하는데 언뜻 이해되지 않는 부분이 있다. 그러면서 또 다른 한편으로는 신라 봉덕사 에밀레종의 종소리에 얽힌 일화(逸話)가 떠오르면서 역사적으로도 불가사의한 일들이 발생하고 있다는 것이 현실적으로도 가능할 것 같다는 생각이 들기도 한다.

자신의 농장에서 수확한 과일이 품질 면에서 절대적으로 우수하다고 자부해 왔던 생산자가 막상 과일을 도매시장에 내놓으니까 겨우 중간 등급 정도의 평가를 받고 있다. 타의 추종을 불허할 것으로 믿어왔던 자신감은 상황파악이 되지 못한 결과였음을 깨닫게 되었다. "뛰는 놈 위에 나는 놈 있다."라는 말이 생긴 이유를 곰곰이 새겨보고 있다.

일반적으로 제품의 품질을 등급으로 나누는 분류 기준에 대해서 궁금해진다. 물품을 구입할 때는 가능하면 상대적으로 비싼 것을 골라야 한다는 말이 있다. 값은 품질의 상태에 따라서 적절하게 매겨진다고 볼 때, 소위 "싼 게 비지떡"이라는 속담을 새겨 볼 필요가 있을 것 같다. 시중에 있는 물건 중에는 사이비 제품들이 있다고 한다. 그래서 정품, 비품이라는 구분이 생긴다는데 결국 상대적으로 비싼 상품은 그만한 가치를 지닌다고 보면 될 것 같다.

서예를 배우면서 느낀 바는 연습 초기와 어느 일정 기간이 경과한 후의 글씨를 놓고 보면 현격한 차이를 발견할 수가 있다는 점이다. 그러나 매일 연습을 하다 보면 글씨가 좋아지고 있는 건지 도무지 알 수가 없어서 슬럼프에 빠지기도 한다. 그것은 일반적인 과정이기 때문에 예민한 반응을 보이지 말고 단계적으로 꾸준히 연습하다 보면 분명 발전이 있을 것이라는 믿음을 갖는 게 중요할 것 같다.

여러 문장을 대하다 보면 별로 관심이 가지 않는 글들이 있다. 작품 중에는 절대적으로 좋은 글이라는 정평이 나 있는 수준급이 존재하는 것은 엄연한 사실이다. 작가 중에서도 세상이 다 아는 프로로 인정을 받는 사람들은 수많은 산을 넘고 물을 건너는 노력의 과정을 거쳐왔으리라 생각한다. 결국은 하루아침에 성취될 수는 없을 테니까 나름의 실패와 좌절의 고통을 극복하면서 그것이 성공의 밑거름이 되었을 수도 있겠다는 생각도 해본다. 세상만사가 수준 면에서의 천차만별이 존재하는 것은 사실이다.

한때는 가수 마이클 잭슨의 인기가 가히 폭발적이었다고 할 정도였다. 그가 세계적 스타가 되기까지는 성공할 수밖에 없는 요인들이 있었다고 한다. 그는 무엇보다도 선천적인 소질이 있었고 거기에 가족들의 성원, 독창적인 춤과 노래 등, 성공을 위한 요소들이 절묘하게 결합하여 세기의 명가수로 탄생 되었다는 것이다. 어설픈 모방이나 명확하지 않은 목표로는 명품이나 일류의 자리에 오르기가 어렵다는 사실을 마이클 잭슨을 통해서도 알 수 있을 것 같다.

  누구에게나 잠재된 능력이 있다. 그것을 발견해서 싹을 틔우고 믿음과 희망으로 정성을 다하여 가꾸다 보면 튼튼한 하나의 개체가 형성될 것이다. 이 세상을 너무 쉽게 보지도 말고 너무 단편적으로 판단하지도 않으면서 잠재적 소양을 최대한 계발함으로써 자신의 진정한 가치가 발현되도록 꾸준히 노력해야 하는 것은 어쩌면 인간으로서의 책무가 아닐까 하는 생각을 해본다.

술을 끊은 이유

지난날 술로 인한 추억을 되살리다 보면 떠올리고 싶지 않은 장면들도 있다. 그리고 무엇보다도 가장 후회되는 것은 아버님께서는 내가 술 마시는 걸 걱정하셨는데, 그때 금주를 했으면 좋았겠다는 뒤늦은 후회이다.

음주도 습관이어서 처음에는 조금씩 마시다가 횟수가 늘어남에 따라 양도 늘어났다. 1970년대 초만 하더라도 지방에서는 자가용차로 출퇴근하는 사람이 없었다고 보면 된다. 그래서 퇴근길에 직장동료와 어울려서 막걸리에 안주로 이런저런 얘기를 나누던 자리가 자주 있었고 그것이 습관적인 음주로 진행되었다고 보면 된다. 결혼 후에는 저녁 식사 때도 반주로 맥주 한두 잔을 하곤 했다.

이제는 술을 안 마신다. 10여 년 전 회갑 때부터 끊었는데 여러 가지 원인이 있었지만 주된 이유는 술을 언제까지 계속 마실 것인가에 대한 심사숙고 끝에 내린 결론이었다. 술로 인해서 건강상 부작용이 생긴다면 그 책임은 고스란히 내 몫이 될 것이고, 문제가 생긴 후에는 수만 번을 후회한들 소용이 없을 것이라는 생각이 들었다. 그리고 더 핵심적인 문제는 술이 맛이 있어서 마시는 것도 아니고 그저 습관적으로 마신다는 데에 있었다. 그래서 여러 가지로 생각한 끝에 내린 결론은 일체 미련 두지 말고 금주를 하는 게 좋겠다는 것이었다. 금주를 결단하는 문제는 어느 누구도 대신할 수 없는 나 자신의 결심 여하에 달렸기 때문이었다.

'그렇다. 나이가 육십이고 직장에서도 내가 술을 마셔야만 하는 그 어떠한 강제적 역할이나 임무가 주어진 것이 아니라면 주저하지 말고 끊자. 내 인생의 또 다른 전환점을 만들어 보자.' 이렇게 결심한 이후부터는 포도주 한 방울도 입에 대지 않았다. 지난 이야기지만 술을 끊은 이후에도 회식 장소에서는 "이건 술이 아니라 보약과 같은 것이니까 한잔만 하지 그래." "술을 안 마시니까 분위기가 썰렁하잖아." 등의 말로 회유도 하였으나 일체 흔들림 없이 나 자신과의 약속을 지켜왔다. 결심이 흔들릴 수 있는 상황들이 있었음에도 초지일관 실천해 온 나 자신이 대견스럽다는 생각까지 든다.

주변에도 보면 술 때문에 패가망신하는 사람들이 있다. 그리고 지난날을 회상해 보면 술의 힘(?)을 빌려 만용(蠻勇)을 부리는가 하면, 취중에 상대방에게 불쾌감을 주는 언행을 함으로써 고성이 오가는 문제 등, 떠올리고 싶지 않은 장면들이 있었다. 물론 사람 사는 세상에는 오만가지 일들이 있게 마련이고, 그렇게 술로 인해 빚어지는 크고 작은 일들도 어떻게 보면 인간세상 모습의 한 단면일 수는 있다. 그러나 분명한 사실은 바람직하지 못한 음주문화는 개선되어야 하고, 술도 기호식품이기에 적절히 즐기는 풍토로 이어가는 게 바람직하지 않을까 싶다.

역사 속의 선조들 중에는 주석(酒席)에서도 언행을 삼가는 등 품위를 지키면서 아름다운 풍속을 유지·발전시켜 온 분들이 있었다는 사실을 여러 경로를 통하여 알 수가 있다. 자연풍광을 즐기며 격조 높은 담론과 일상사에 관한 대화를 나누는 모습들이 그러하다. 어떻게 보면 술이 인간관계의 매개체 역할이 될 수 있다는 측면에서 볼 때, 건전한 음주문화는 인간관계 형성에 긍정적 영향을 끼칠 수 있다는 점도 이해할 필요가 있을 것 같다.

지난날 술로 인해서 얽힌 사연들을 회상하면 여러 가지로 명암이 교차된다. 그리고 40년 가까이 마셔왔던 술을 끊은 이후 일관되게 실천했다는 사실 자체가 의미 있는 일이라고 말하고 싶다. 그리고 금주(禁酒) 이후에는 일상이 좀 더 활기차면서 심리적 안정에도 도움이 되는 등, 심신 양면에 이로운 면이 적지 않음을 느끼고 있다. 물론 사람마다 체질이 다르듯이 술이 즐거움을 주는 매개체 역할을 하는가 하면 건강상 유익한 경우도 있어서 누구에게나 금주를 권할 필요는 없을 것이다. 어떤 사람들은 여든, 아흔을 넘어서까지 매일 막걸리를 식사 대용으로 하는가 하면, 어떤 이는 소주 한두 병씩을 마시는데도 아무 이상이 없다고 하니 특수체질이라고 해야 맞을 것 같다. 결국은 개인의 특성에 따라 술을 대하는 태도가 다를 수밖에 없을 것으로 생각한다. 그러나 금주나 금연을 실행하려면, 흔들림 없는 의지와 실천이 뒷받침되어야 가능할 것이라는 점을 말하고 싶다.

집도 건강도 관리가 중요하다

　　사람의 주거공간은 삶의 질에 영향을 미칠 수 있는 중요한 요건 중의 하나이다. 그리고 거주환경은 이러해야 한다는 어떠한 정해진 답은 없을 것이며, 가치 면에서도 금전적으로만 따질 수 없는 다른 요인들이 있을 수 있다. 일반적으로 교통이 편리한 곳이 있는가 하면, 상대적으로 불편한 곳도 있다.

　　주거지의 경우에는 사람이 장기간 거주하지 않고 방치하면 보수를 하여도 원래의 상태로 복구하는 일이 쉽지가 않다. 기둥, 벽, 지붕, 울타리 등, 어디 한 군데도 성한 곳이 없는 퇴락한 모습일 경우에는 더욱 그러할 것이다. 지은 지 오래된 고가라 하여도 그 집에서 사람들이 계속 살아왔다면 결과는 달라진다. 아무리 미련한 사람일지라도 최소한의 보수는 하면서 살아왔을 것이기 때문이다. 비가 새면 지붕을 수리할 테고, 바람이 들이치면 벽이나 문을 손보고, 방이 추우면 난방은 하면서 살아야 할 테니까 말이다. 그래서 사람이 거주하는 집과 장기간 비워둔 집은 보존 상태 면에서 확연히 차이가 날 수밖에 없다.

　　그런데 사람의 인체는 어떠한가. 물론 사람도 일반적으로 기대수명이란 게 있다. 통계청 발표에 의하면 2024년 말 기준 전국의 인구수는 약 5,120만 명이며 이 중에 백 세 이상 인구수는 8,500

명 정도라고 한다. 그리고 2023년 말 기준으로 평균수명은 83.5세이며 그중에 남자가 80.6세, 여자는 86.4세라고 한다.

참으로 "인생칠십고래희(人生七十古來稀)"라는 말이 무색할 지경이다. 어쨌든 생활 여건이 나아지면서 삶의 질이 향상되고, 그러면서 자연스럽게 장수의 형태로 변하고 있다. 그렇다고 누구나 무병장수한다는 보장이 없는 것도 사실이다.

일상생활 중에 사용하는 도구도 사용자가 평소에 얼마나 잘 관리하는가에 따라 내구연한(耐久年限)은 달라질 수밖에 없다. 그러나 사람의 몸은 기본적으로 유전적 요인에 의한 선천적인 특이사항이 변수로 작용하기 때문에 단순 비교는 무리라고 생각한다. 분명한 사실은 사람이나 기계나 모두 평소에 관리를 어떻게 하는가에 따라서 수명에 영향을 줄 수 있다는 사실이다. 새삼 전문가의 말을 인용하지 않더라도 과도한 음주와 흡연 등, 좋지 못한 습관과 과중한 정신적 스트레스 등은 건강에 부정적 영향을 미칠 우려가 있다는 점은 이미 상식이 되어 있다.

그저께는 도로에서 신호대기 중이던 근 30년은 됨직한 구형 승용차가 눈에 띄었는데 외관상으로는 거의 신차와 다름없었다. 문득 그 차주(車主)가 누구인지 만나봤으면 하는 호기심이 생길 정도로 나의 관심을 끌었다. 아마도 그 차는 엔진부터 전반적인 관리가 남달랐을 것이라는 추측을 해보았다.

한 번뿐인 인생이지만 살아가는 방법은 각양각색이다. 생활 습관과 가치관의 문제부터 전반적인 삶의 모습에서 차이가 있을 수밖에 없다. 그러면서도 기본적으로 가장 중요한 것 중의 하나가 바로 규칙적인 생활과 철저한 건강관리라고 생각한다. 특히 어려서부터의 생활 습관은 건강과 밀접한 관계가 있을 것이다.

 세상에는 공짜가 없으며 공든 탑은 무너지지 않는다는 말은 맞는 말이라고 생각한다. 그러나 이러한 말에 별 의미를 부여하지 않고 그저 귓등으로 흘리는 사람들이 있는 것 같다. 어떤 일을 성취하기 위해서는 반드시 상응하는 대가가 치러져야 한다는 말은 인과관계 면에서도 지극히 당연한 이치라고 생각한다.

 "야! 집 관리가 잘되었네. 이런 집에서 살아봤으면 좋겠는데."라는 말이 나올 정도로 마음에 드는 집이 있다. 그런데 막상 그 집의 주인이 되어서 거주를 한다면, 여전히 유지관리가 잘될 것이라는 보장은 할 수가 없다. 결국은 관리자에 따라서 집의 상태가 달라질 수 있다는 것이다.

 건강도 평소의 관리 정도에 따라서 미치는 영향이 매우 클 것으로 생각한다. 모든 것을 팔자와 운명으로만 여기지 말고 행동으로 방향 전환을 할 수 있는 부분은 실행에 옮겨야 한다. 만사가 계획과 실천이 중요하다는 것을 인식하면서 철저히 관리하고 행동으로 옮겨야 할 필요가 있을 것으로 생각한다.

신체 바이오리듬(bio-rhythm)

하루하루 생활하다 보면 심신의 상쾌도 기복(起伏)이 있음을 느낀다. 정신노동 신체노동을 불문하고 1일 24시간을 통해서 볼 때, 정신집중이 잘되면서 하는 일이 효율적인 시간대(時間帶)가 있는가 하면, 이상하게도 일은 하는데도 힘만 들고 기대한 만큼의 효과가 없을 때도 있다. 그리고 아무 일도 하고 싶지가 않으면서 계속 졸음만 밀려오는 때도 있는데 이렇게 신체 반응에 변화가 오는 것은 바이오리듬과 관계가 있을 것으로 생각한다.

나의 경우는 별다른 일이 없으면 저녁 9시 전후하여 잠자리에 드는 편인데 기상 시간은 새벽 서너 시쯤이 된다. 좀 특별한 경우라고 할 수도 있겠지만 새벽에는 온 세상이 고요 속에 묻혀 있는 시간이라 으히려 심적 안정이 되고 집중이 잘되면서 일의 효율성이 높은 것을 실감한다. 그리고 이상하게도 피곤하거나 졸음이 오기는커녕 오히려 삼매경에 빠져들기도 하는데 나는 이 시간을 몰입시간이라고 한다. 결국은 습관에 의한 결과라고 생각하며 나의 신체리듬은 이미 그 시간대에 적응이 되었다고 할 수 있다.

신체의 반응은 사람마다 달라서 하루 중 업무수행에 최적의 시간을 일률적으로 제시할 수는 없다고 본다. 어떤 이는 아침 일찍 기상하는 것이 너무 힘이 드는가 하면 어떤 사람은 새벽부터 일해도 전혀 힘든 줄을 모른다고 한다. 그래서 다수의 인원이 한곳에서 생활하는 곳에서는 부득이 일방적으로 통일된 일과표를 만들 수밖에 없겠다는 결론이 나올 것이다. 다른 한편으로 보면 개인의 시간 운용 경우에는 생체리듬에 따른 일과 휴식의 안배로 효율적인 시간 관리가 될 수 있게 할 필요가 있을 것 같다. 취미활동이나 운동, 무엇을 하든 자신의 바이오리듬을 고려하여 일정을 안배하면 건강과 업무효율 면에서 상당히 유익할 것으로 생각한다.

일상생활에서 하는 업무들이 개인이 원하는 방향으로 되지 않을 수도 있다는 점을 고려할 때, 개개인의 신체 바이오리듬을 여하히 활용할 것인지에 대해서는 현명하게 대처할 필요가 있을 것 같다. 어떤 경우에는 그러한 상태를 너무 당연시하면 다람쥐 쳇바퀴 돌듯이 융통성 없는 일상이 될 수도 있을 것이다. 그러나 장기적으로 인생이라는 여정을 두고 볼 때, 효율적인 시간 관리가 삶의 질에 미칠 영향이 적지 않을 것으로 생각한다. 물론 자신의 의지와는 상관없이 일상과 동떨어진 스케줄에 의한 국내외 여행의 경우와 같이 평상시의 생활 패턴에서 벗어나는 경우에는 생체리듬의 불규칙에 의한 후유증이 생길 수는 있을 것이다. 여행 중일 때에는 충분한 수면을 취했는데도 뭔가 컨디션이 좋지 못한 느낌이라든지, 식사 메뉴가 평소에 비해서 더 좋은데도 식후의 느낌은 무언가 허전한 것 같을 수가 있다. 기억 면에서도 선명한 시간대와 그러하지 못한 시간대가 있을 텐데 이러한 상태를 평소의 생활과 비교해 보면 분명 생체리듬과 관계가 있음을 느낄 것이다.

수십 년을 함께한 부부지간에도 생활 패턴의 차이로 불편을 겪을 수 있을 것이다. 상대방의 이른 기상 시간이나 늦잠 때문에 수면 방해가 되거나 일상생활에 지장을 초래하는 경우 등이다. 이러한 상황에서는 개선의 필요성은 공감하면서도 습관화된 신체 리듬을 바꾸는 일이 쉽지 않을 것이다. 결국은 서로 이질적인 부분의 간극을 좁히기 위한 노력으로 어느 정도 공통분모를 찾을 수 있으리라 생각한다. 개인별 신체 바이오리듬은 주변의 환경에 조화롭게 적응하는 방향으로 접근할 때에 정신건강과 생활 전반에 도움이 되지 않을까 싶다.

화목한 가정

인생에서 중요한 것을 꼽으라고 한다면 기본적으로 건강(健康), 배우자(配偶者), 재산(財産) 등이 될 것이다. 그런데 행복한 삶의 바탕이 되면서도 좌우명으로 삼을만한 것으로는 무엇이 좋을지를 생각해 보곤 한다. 세상에는 좋고 좋은 말들이 차고 넘치지만, 그중에 한 가지만 택하라면 나는 주저 없이 '화목한 가정'으로 하겠다. 그것은 삶의 보금자리인 가정이 안정되지 못하면 다른 그 어떠한 것을 갖춘다 하더라도 사상누각(砂上樓閣)에 불과할 뿐이라는 생각을 하고 있기 때문이다.

밖에서는 수많은 직원을 거느리면서 목에 힘이 들어갈 정도로 엄청난 권한과 재력을 가진 사람들이 있다. 그들 중에 어떤 이들은 고대광실에 고가(高價)의 외제차를 갖고, 세계적인 유명브랜드의 의상에다 값비싼 장신구를 두르고 고급 레스토랑에서 만찬을 즐기기도 할 것이다. 그러한 모습은 만인이 부러워할 이상적인 삶으로 비쳐질 수가 있다. 그렇게 무엇 하나 부족함이 없어 보이는 그들도 정작 삶의 보금자리인 가정이 화목하지 못하다면 행복의 조건 중 가장 근본이 되는 부분을 상실함으로써 '빛 좋은 개살구'에 불과할 것이라고 말하고 싶다. 무엇보다도 가정의 화목이 바로 행복한 인생을 위한 열쇠가 된다고 믿기 때문이다.

우리가 살아가는 것이 무언가를 남에게 보여주기 위해서가 아니라 스스로 내적 행복을 느끼는 삶이 되기 위해서이다. 노령에 접어들면서 부럽게 느껴지는 것 중의 하나가 장성한 자녀들이 각자 원만한 가정을 이루고 건강한 후손들을 둔 가족들 모습이다. 특별히 재산이 많은 것도 아니고 세상이 다 아는 유명인사는 아닐지라도 그저 평범한 일상에서 가족끼리 서로 아껴주며 오순도순 살아가는 그러한 모습 자체가 행복하고 아름다운 모습이라는 생각을 하고 있다.

　중국에서 근무하는 동안 보았던 정경 중에 잊히지 않는 아름다운 장면이 있다. 음력 섣달그믐날 저녁에 음식점에서 온 가족이 함께 원탁에 둘러앉아 회식하는 모습이다. 그들은 지난 한 해를 돌아보고 새해를 설계하는 전통적인 송구영신의 자리를 가족과 함께 보낸다. 대부분이 시종일관 화기애애한 분위기에서 식사도 하면서 정담을 나누며 한 해를 마무리하는데 그러한 장면은 진정 아름다운 한 폭의 풍경화처럼 보였다. 가족 간에 존경과 사랑으로 자리를 함께하는 것은 바로 행복한 삶의 한 부분이 될 수가 있겠다는 생각이 들었다.

　인간생활에서 행복한 가정이 되기 위한 조건에 대해서는 일률적으로 말할 수는 없을 것이다. 그러나 좀 더 포괄적으로 언급한다면 '가정이 평안하고 가족 간에 화목하면서 나날의 생활에 만족하고 감사하면서 생활을 하는 것'이라고 하면 되지 않을까 싶다. 여러모로 생각해 봐도 현재의 생활에 만족하며 나날을 감사심으로 살아간다면 그것이 바로 행복한 삶이 될 것이라고 믿는다.

　일반적으로 세상 사람들은 타인들의 삶에는 대체로 무관심하면서도 단지 겉으로 드러나는 모습만으로 판단하며 산다고 보면 될 것 같다. 그러나 너와 나의 경계가 없을 정도의 가까운 사이일 경우에는 흉금을 털어놓고 대화할 수가 있을 것이다. 그렇게 지내다 보면 살아가는 모습들이 비슷하기도 해서 크든 작든 나름의 사연들이 있다는 사실을 알게 된다. 행복하기만 할 것으로 생각했던 가정도 확대경으로 집안의 구석구석을 들여다보면 예외 없이 한두 가지의 걱정을 안고 살아간다. 평소에 부러움의 대상이었던 가정들도 그들만의 납덩이 같은 고통을 안고 있다는 사실에서 오히려 세상이 공평하다는 생각을 하게 된다. 그래서 누구나 빛과 그림자라는 양면을 동시에 안고 살고 있다는 사실을 위안으로 삼아도 될 것 같다는 생각이다. 살아가는 모습들이 오십보백보라고 할 수가 있겠지만 화목한 가정을 꾸려간다는 건 생각보다 쉽지가 않다는 걸 느끼면서 살고 있다.

　예측할 수 없는 나날의 삶에서 경제적인 문제로 인하여 생활 여건이 갑자기 어렵게 된다면 아마도 상상조차 할 수 없는 엄청난 불편을 겪게 될 것이다. 그러나 어려운 여건에서도 극복해 가는 과정에서 가족 구성원 간의 이해와 관심 그리고 가족애가 그 이전보다 더욱 돈독해진다면, 다른 물질적 어려움이 오히려 행복을 누리기 위한 대가라고 생각하면 어떨까 싶다. 어려움을 극복하면서 이전보다 더 건강하고 행복한 가족의 모습으로 변한다면 전화위복의 계기가 될 수도 있다는 긍정적인 면이 있을 것이라는 말이다. 난관을 극복하는 과정에서 돈으로 살 수 없는 행복의 꽃을 피울 수도 있을 것이라는 생각을 해본다.

　세상에는 유언비어가 난무하며 황금만능주의가 기세를 떨치고 있는 듯한 상황이 전개되고 있다. 이러한 와중에도 결코 중심을 잃거나 시류에 휩쓸리지 않으면서 소박한 행복을 누리며 유유자적할 수만 있다면 그러한 모습 자체가 바로 행복이 아닐까 싶다. 가난해서도 안 되고 명예를 외면할 필요까지는 없겠지만 언제 어디서나 감사심으로 살아갈 수 있다는 것 그것이 바로 행복한 삶이라는 생각을 해보는 것이다.

  가정은 삶의 뿌리이다. 귀가한다는 말은 집으로 돌아간다는 말이다. 돌아갈 곳이 없는 사람은 방랑자이다. 사람들은 출생과 성장의 근거지인 고향에 가는 것을 귀향한다고 한다. 그곳에는 추억이 서려 있고 인생의 소중한 흔적들이 담겨 있다. 도시의 네온사인 밑에서 날밤을 새워가며 사람들과 더불어 살아가면서도, 가끔은 군중 속의 외로움 같은 것을 느낄 때가 있을 것이다. 그러다가 어느 날 고향을 찾으면 영화 속의 한 장면처럼 자신의 성장 과정이 생생하게 되살아나면서 생존경쟁의 현장에서 정신없이 살아왔던 나날들이 일시에 정지됨을 느낄 수도 있을 것이다. 고향은 참다운 나를 되돌아보게 하고 마음 편하게 하는 곳이기도 하다.

  화목한 가정을 떠올리면 옛날 어릴 적에 살았던 고향이 생각난다. 좁은 울타리 안에 온 식구가 고락을 함께하며 분주하게 지내던 그 시절이 추억 속에 서려 있다. 이웃의 어느 집은 싸움 소리가 담장을 넘나들었고 또 어느 집은 뭐가 그리 좋았던지 웃음소리가 넘쳐났는데 그러한 생생한 정경들이 추억 속의 풍경화가 되어 되살아나기도 한다. 그처럼 웃고 울면서 지내던 그들이 지금은 어느 곳에서 무슨 일을 하면서 어떻게 살아가는지 궁금할 때가 있다. 단지 소망이 있다면 모든 가정이 언제나 화목했으면 하는 바람 그것 하나뿐이다.

결국은 가정이다

　인생에서 가장 소중한 것이 무엇일까? 본질적인 물음이면서도 나 자신에게서 찾고 싶은 답이다. 그럴 때면 먼저 떠오르는 것이 '가화만사성(家和萬事成)'이다. 어쩌면 이 말은 동서고금을 막론하고 삶의 진정한 가치가 잘 어우러진 표현이라는 생각이 든다. 개인의 행복을 위해서는 무엇보다도 가정이 화목해야 한다는 당위성에 대해서는 굳이 부연설명이 필요치 않을 것 같다. 양의 동서나 남녀노소를 불문하고 각자의 삶에서 보금자리인 가정이 행복하지 않으면 밖으로부터의 그 어떠한 성취도 온전한 행복으로 자리 잡을 수가 없다고 생각한다. 개인적으로는 온 세상 사람들에게 부러움의 대상이 되어서 위풍당당한 듯이 지내는 사람도, 궁극적으로 삶의 보금자리인 가정이 화목하지 못하면 결국은 불행한 인생으로 기울 수밖에 없다. 이러한 사실을 삶의 현장에서 보고 들으면서 지내고 있다.

　가정은 사회구성의 출발점이다. 행복한 가정은 언제나 평온하면서도 안정된 생활이 될 수 있는 바탕이 되어 있으며 거기에다 어려움이 닥쳐도 거뜬히 극복할 수 있는 잠재적 해결능력이 있다고 생각한다. 그래서 오늘을 마음 편히 지낼 수가 있고 내일에 대한 확고한 믿음도 있다. 부부지간, 부모 자식 사이에 서로 이해하고 협조함으로써 인생에서의 진정한 행복감을 느낄 수가 있을 것이다.

오늘날처럼 생활이 편리해지고 사회가 다변화되면서 그로 인해 발생하는 불행의 요인 중에는 자동차 사고를 언급하지 않을 수가 없다. 그래서 가정의 행복을 위한 수칙 중에는 '안전운전'이 반드시 포함되어야 할 정도이다. '차 조심'과 '운전 조심'은 자나 깨나 명심해야 할 말이다.

몇 년 전에 경험한 일인데, 볼일을 마치고 귀가하는 중에 길을 잘못 들어서 정신이 번쩍 든 일이 있었다. 그날도 여느 때와 마찬가지로 무심코 운전을 하고 있는데 전에 보지 못했던 새로운 아스팔트 포장도로가 눈에 띄었다. 그래서 길도 확인할 겸 얼마간의 호기심도 발동하여 신호등과 표지판을 주시하면서 가는데 갑자기 비포장도로가 나타났다. 좀 더 가면 일반도로가 나타나겠지 하는 안이한 생각으로 계속 가는데 서서히 바퀴의 움직임조차 쉽지 않은 곳으로 진입하고 있었다. 순간 온몸이 오싹해지면서 잘못되면 큰일 나겠다 싶어 얼른 차에서 내려 주변 상황을 살펴보니 한창 공사가 진행 중인 곳이었고 타이어는 일부가 흙 속에 묻힌 것을 발견했다. 후진해서 가까스로 빠져나오기는 했지만 지금도 그때의 상황을 생각하면 소름이 끼칠 정도이다. 다행히 가까운 곳에 하부 세차가 가능한 세차장이 있어서 무난하게 마무리는 되었지만 그러한 경험을 거울삼아 호기심에 편승하여 무작정 새로 난 길에 진입해서는 안 되겠다는 다짐을 하였다. 가족 구성원 중에는 각자의 역할이 있지만, 그 누구도 소중하지 않은 사람은 없다는 점에서 개개인이 안전을 지킴으로써 행복한 가정이 이루어질 수가 있다는 사실을 유념해야 할 것으로 생각한다.

교통사고분석시스템(TAAS)에 의하면 2021년도 교통사고 사망자는 2,916명, 부상자는 29만 1,608명으로 해마다 감소 추세이지만 (2021. 11. 01. 기준 총인구 5,174만 명), 수치로 본다면 가히 재앙에 가깝다고 해야 할 것 같다. 이러한 결과가 가정과 사회에 미치는 파장은 엄청날 것으로 생각한다. 어쨌든 편리한 생활에 수반되는 교통사고의 문제는 모두가 지혜롭게 극복해야 할 당면과제임에 틀림이 없다.

생활하다 보면 가정사도 생각보다 훨씬 복잡다단함을 느낄 때가 있다. 예기치 않은 어려운 상황에 놓이는가 하면, 세상 돌아가는 형편이 직접적인 영향으로 미칠 때도 있다. 언제 어디에서 어떠한 어려움이 닥칠지라도 가족 모두가 한마음이 되어서 엉킨 실타래 풀듯이 차근차근 해결해 나가야만 한다. 그것이 어쩌면 일생일대의 피할 수 없는 운일 수도 있고, 아니면 전화위복의 계기가 될 수도 있다는 긍정적인 자세로 받아들이면서 말이다. 어려움은 극복하기 위해서 닥치는 것이라는 마음으로 잘 대응하면 의외로 수월하게 해결될 수도 있을 것으로 생각한다.

선거와 관련된 뉴스의 단골 메뉴 중의 하나가 바로 후보자 상호 간의 비난과 인신공격이다. 그럴 때, 당사자에게 가장 큰 우군(友軍)은 당연히 가족이어야 한다. 그런데 어떤 후보의 경우는 가정이 원만하지 못하여 여러 경로를 통해서 가족 간의 불협화음이 집 밖으로 퍼뜨려지기도 한다. 이렇게 가족 사이에 합의가 되지 않은 상황에서 중구난방으로 발설하고 다니는 것은 무엇보다도 당사자를 곤경에 빠트리게 한다. 그리고 조상 대대로 쌓아온 명예와 재산을 일시에 허물어 버리는 것은 물론, 가정의 파탄이라는 최악의 상황에 치달을 수도 있음을 염두에 두어야 할 것으로 생각한다.

  가정의 행복을 위해서 갖추어야 할 조건은 많겠지만 가장 기본이라고 생각하는 것은 최대한 가족 간에 의견을 존중하는 분위기가 조성되어야 한다는 점이다. 그러면 무엇보다도 화목한 가정이 될 수 있는 기초가 마련될 수가 있기 때문이다. 가정에 웃음꽃이 피고 가족 간에 화기애애하면 매사가 순조로울 수 있는 바탕이 되었다고 보면 될 것 같다. 돈과 권력에 눈이 멀어 진정 소중한 것이 무엇인지를 알지 못하는 우를 범해서는 안 될 것이다. 가족 간에 서로 이해하고 격려하면서 행복한 보금자리를 엮어가는 것이 삶의 바탕임을 가슴 깊이 새기면서 살아갔으면 한다.

자녀들의 다양성 인정(認定)

　정말로 불가사의한 일로써 어쩌면 이래서 세상이 원만하게 굴러가는 것이 아닐까 하는 생각이 들 때가 있다. 같은 부모 밑에서 태어난 자식인데도 성격과 외모가 제각각인 것을 보면 정말 신기하게 여겨지기도 한다. 이목구비부터 언행에 이르기까지 특색 있는 모습들은 흡사 세상의 축소판인 것도 같다는 생각이 들기도 한다.
　어린 자녀들에게 일정한 금액의 돈을 주고 각자 자유롭게 사용하게 한다면 아마도 책방, 슈퍼마켓, 은행, 제과점 등, 행방이 제각각일 것으로 생각한다. 세상이 굴러가는 원리적 측면에서 봐도 이렇게 개개인의 특색으로 인하여 균형적으로 발전한다고 보면 될 것 같다. 여기에서 짚고 넘어갔으면 하는 것은 부모는 자녀들의 성격과 흥미가 같지 않음을 인정하면서 교육을 해야겠다는 것이다. 그런데 현실은 부모가 자녀들의 특성이나 개성을 이해하려는 노력보다는 보편적인 성공이라는 목표에 몰입해서 소위 일류 대학 진학이 인생의 가장 중요한 관문이라는 인식에서 탈피하지 못하는 경향이 있는 것도 같다. 정말 안타까운 점은 그것이 인생의 유일한 목표인 것처럼 전력 질주를 하는 모습이다. 다른 그 무엇을 잘해도 학업성적이 좋지 않으면 소용이 없다는 식의 집착에 가까운 사고방식은 인생이라는 관점에서 매우 비정상적이라고 할 수가 있다. 우리 아이가 공부는 잘하는데 다른 것은 잘하는 것이 없다고 한다면, 그것이 결코 자랑인 양 떠벌리고 다닐 일이 아니라는 점을 일깨웠으면 한다.

부모와 자식은 혈육지간이기에 자식이 잘되는 것을 바로 부모의 기쁨으로 여기는 것은 당연한 일이다. 그런데 자식의 성취를 부모의 대리만족 심리에 이용한다면 근본적으로 잘못되었다고 볼 수가 있다. 요컨대, 자녀의 인생을 부모가 대신할 수는 없는 일이다. 그래서 부모는 자녀가 자신의 특성을 살려서 자신이 원하는 방향으로 진로를 선택하도록 도와주어야 한다. 자녀가 스스로 원하는 방향으로 진로를 정하게 해도 능히 잘될 수 있을 것이라는 믿음을 가질 필요가 있다는 것이다. 그런데 그 과정에서 부모의 의지가 절대적 영향을 미치려고 한다면 문제가 있을 수 있다는 사실에 유의했으면 한다. 부모의 욕심이 절대적 영향을 미쳐서 자녀가 원치 않는 대학이나 학과에 진학할 경우, 졸업 후에 직업 선택에도 부정적 영향이 미칠 수 있다는 사실을 간과하지 않았으면 한다.

옛날 농경사회에 대가족제도가 정착되었을 때는 일손을 늘리기 위해서라도 자녀를 많이 두는 것이 필요하다는 인식이었다. 그런데 특이한 사실은 여러 자녀 중에서 유독 장남에게는 특혜가 주어졌던 게 사실이다. 그래서 부모는 가문의 명예를 걸고 오직 장남 하나를 출세시키기 위하여 집중적으로 뒷바라지를 했던 반면에, 장남의 그늘에서 빛을 보지 못한 나머지 자녀들에게는 관심을 가질 여유가 없었다고 보면 된다. 그러한 여건 속에서도 주경야독이나 어깨 넘어 글을 깨치기 등으로 소위 개천에서 용이 나듯이 출세하는 자녀들도 간혹 있긴 했었다.

참으로 어처구니가 없는 일로서, 어느 가정의 경우 장자 하나 믿고 소 팔고 땅 팔아가면서 뒷바라지를 했지만 기대와는 정반대의 길로 빠져서 완전히 패가망신(敗家亡身)하는 일도 벌어졌다. 오늘날의 세태와 비교하면 상상도 안 되는 일이지만 분명히 그러한 일들이 있었으니 격세지감마저 느껴진다. 이제는 세상이 변하여 법과 제도 면에서도 공정하게 개개인이 권리를 존중받는 시대가 되었다.

분명한 사실은 자녀는 누구 하나 소중하지 않을 수가 없다는 것이다. 각자의 생각과 행동이 부모의 일방적인 간섭에서 벗어나 독립된 인격체로서 개성을 존중받을 권리가 있다. 그리고 평등과 다양성을 인정하는 분위기가 조성되고 있다고 생각한다.

한 편의 연속극을 보면서도 세상이 이처럼 원만하게 굴러가는 것이 다양성이라는 사회구조가 자리매김하기 때문이라는 생각이 들 때가 있다. 드라마에서는 백이면 백, 반드시 선량한 사람과 그에 대치하는 역할이 있게 마련이다. 그렇게 함으로써 갈등이 증폭되면서 시청자의 관심과 흥미가 높아질 수가 있는 것이다. 극중의 인물 모두가 선량하기만을 원하면서 그와 대립하는 인물은 빨리 사라지기를 바란다면 과연 그 드라마가 장편 연속극으로 성공할 수 있을지에 대해서는 생각해 볼 일이다. 충신과 간신, 흥부와 놀부, 콩쥐와 팥쥐라는 대립 구도가 있음으로써 작품으로서 가치를 드높인다고 보면 된다. 독초도 잘 쓰면 양약이 될 수 있듯이 만사를 어떠한 시각에서 바라보는가 하는 문제가 중요하다고 생각한다. 다름을 인정하면서 각자의 특성을 살리는 인식이 필요하다는 것이다.

  오늘날의 사회는 전통적인 농경사회가 아닌 다양성이 인정되는 다원화사회이다. 그리고 전통적으로 이어져 왔던 형제의 차별 문제들은 역사의 한 장면으로 밀려났다고 보면 된다. 장남에게 모든 걸 기대하는 형태와 종손을 특별히 우대하는 풍속은 사극(史劇)에서나 있을법한 스토리라고 보면 될 것이다. 전통사회의 가족 모습 중에는 계승·발전시킬 부분이 있는가 하면, 불평등에 의한 차별대우는 너무나 많은 모순이 있었음을 부인할 수 없는 청산의 대상이라고 할 수가 있다.

되는 집안

　자녀를 잘 둔다는 건 인생에서 큰 복임에는 틀림이 없다.
　오래전 일인데 부잣집으로 알려진 집이 갑자기 사업이 망하면서 일시에 길바닥에 나앉을 형편이 되었다. 그런 상황에서 남편은 실의에 빠져 폐인처럼 지내는데 이를 지켜보던 부인은 하는 수 없이 외판원 일을 하면서 근근이 살림을 꾸리고 있었다. 끼니마저 제대로 챙기지 못할 정도로 동분서주하며 지내다가 지친 몸으로 귀가한 부인은 숨 돌릴 겨를도 없이 저녁 준비를 해야 한다. 집에는 중고등학교에 다니는 자녀들이 있는데, 그들은 집안일에 전혀 관심을 보이지 않는다고 한다. 이러한 가정이 잘될 것이라는 기대를 하는 건 무리가 아닐까 싶다.
　비슷한 환경의 가정인데도 앞의 자녀와는 대조적으로, 부모의 사업이 어려운 상황임을 아는 외동딸은 어떻게 해서라도 도움이 되려고 한다. 고등학교에 입학할 때도 교복 한 벌 사는 일이 쉽지 않은 형편임을 알고는 교복 물려주기 행사에서 단돈 1만 원에 해결하였다. 참으로 부모의 심중을 헤아리는 제대로 된 딸이다. 하나를 보면 열을 안다고 어떻게든 가정경제에 보탬이 되기 위해 노력하는 모습이 너무나 대견스럽다. 그러한 딸을 둔 부모도 백방으로 타개책을 강구하며 노력하는 덕분에 하던 일도 점차로 호전되고 있다고 한다. 그 가정의 형편이 나날이 나아지는 것은 어쩌면 당연한 결과가 아닐까 싶다. 되는 집은 뭣이 달라도 다르다고 하는 게 맞을 것 같다.

또 어느 집은 조상 대대로 물려받은 전답이 신도시에 편입되면서 수십억의 토지 보상금을 받았다. 하루아침에 돈벼락을 맞은 셈인데, 안타까운 사실은 그때부터 가정의 평화가 흔들리기 시작했다는 것이다. 자녀가 4명이었는데 한 명이 자동차를 사달라면 다른 자녀도 같은 요구를 하고, 그러면서 서로 경쟁이라도 하듯이 요구는 계속되었고 결국은 서로 많이 갖겠다며 싸우는 바람에 소위 콩가루 집안이 되어 버렸다고 한다. 급기야는 돈도 날리고 가정의 화도도 멀어지고 말았다.

그런가 하면 어느 집은 경제 사정은 별로 넉넉한 편이 아니면서도 부모와 자식이 합심하여 틈틈이 독거노인과 지체부자유자, 극빈 가정을 찾아다니며 물심양면으로 성심성의껏 도우며 살고 있다. 봉사생활이 즐겁고 보람 있는 일이라는 생각이 완전히 몸에 밴 사람들이다. 그들은 정말 복 받을 사람들이라는 생각이 든다.

자고이래(自古以來)로 마음대로 되지 않는 것이 자식 농사라고 하지 않던가? 잘되는 집은 확실히 뭐가 달라도 다른 게 있는 것 같다. 부모와 자식의 관계에 대해서도 냉정하게 살펴볼 필요가 있다. 서로 아끼고 이해하면서 화목하게 지내는 가정이 있는가 하면, 어떤 집은 가족관계가 남보다도 못하다고 할 상황인 경우도 있다. 이것은 개개인의 인성과 처한 여건 등이 복합적으로 어우러져서 나타나는 결과일 것으로 생각한다. 부모는 독단적이며 강압적이어서는 안 될 것이며, 자녀는 세대차를 내세우며 대화 자체를 거부하는 태도를 보여서는 안 될 것으로 생각한다.

자녀들이 건전한 사고방식으로 살아갈 수 있도록 도덕성 진작(振作) 등을 포함한 제대로 된 가정교육과 학교와 사회가 전반적으로 바르게 살 수 있도록 올바른 인성교육에 힘써야 한다. 가장 중요한 것은 가정교육이지만 사회도 바람직한 인성을 함양할 수 있는 환경을 만들어 주기 위해 노력해야 할 것으로 생각한다. 자녀교육의 영향은 가정에만 국한된 것이 아니라, 범국가적으로 영향을 미친다는 사실을 염두에 둘 필요가 있다. 그리고 진정 행복한 삶의 원천은 가정이라는 사실을 분명히 인식할 수 있도록 적절한 교육이 수반되었으면 한다. 원인 없는 결과가 없듯이, 되는 집안, 건전한 사회가 되기 위해서는 가정과 사회의 상호 협조 관계가 이루어져야 할 것으로 생각한다.

가족관계와 족보

　　손자, 손녀를 사랑하지 않는 조부모는 없을 것이다. 오죽했으면 노인들 사이에서 손자, 손녀 자랑을 하면 벌금(?)까지 내게 하는 해프닝이 벌어질까 싶으면서도 한편으로는 이해가 된다. 그런 규칙을 정했는데도 굳이 자랑한다면 그 이유는 귀엽기도 하지만 혈육이고 희망이며 가장 사랑스러운 대상이기 때문일 것이다. 그래서 노인들은 용돈을 아껴가면서까지 손주들에게 주려고 한다.

　아직도 손자와 손녀를 차별하는 사람이 있을지 모르지만 얼마 전까지만 해도 손자를 더 귀히 여기는 경향이 있었다. 특히 종갓집의 장손은 그 책임과 역할이 막중했다. 그래서 어려서부터 조부모와 겸상을 하는 특별대우를 받았을 정도였으니까 말이다. 그러다가 세상 풍속도가 변하면서 급격한 인구증가는 경제성장에 부정적 영향을 미친다는 이유로 산아제한 정책이 국가시책으로 추진되면서 "딸 아들 구별 말고 둘만 낳아 잘 기르자.'라는 구호까지 생겨났다. 그때는 자녀 셋 이상을 데리고 다니면 무슨 큰 잘못이라도 한 사람처럼 곱지 않은 시선이 쏠리곤 했다. 심지어 자녀수당의 제한까지 적용되는 곳이 있었으니 요즈음 세상 돌아가는 것을 보면 그때의 산아제한 정책이 다른 나라의 일처럼 느껴지기도 한다. 그리고 전통적으로 이어오던 남아선호사상은 지난날의 역사 속으로 사라지고 있는 것이 분명하다.

그런데 세상은 항상 그곳에 머무르지 않아서 이제는 자녀 수가 많을수록 좋다는 정책으로 전환되었다. 심한 격세지감을 느끼게 하는 것은 다자녀를 둔 가정이 매스컴의 응원까지 받으며 애국자(?)로 인식되고 있다는 사실이다. 급기야는 한발 더 나아가서 출산장려를 위한 인구증가 정책을 펴고 있다. 근래에는 인구의 구조적 변화가 일어나면서 급증하는 국제결혼이 한몫을 담당하고 있다. 미국이 합중국이듯이 우리나라도 외국인의 한국 국적 취득자가 급증하면서 종래의 단일민족이라는 말은 역사의 한 페이지 속에 자리 잡게 되었다(2020년 외국인과의 혼인 1만 5,000건 '2021. 03. 18. 통계청발표').

지난 몇 년간 정부에서는 인구증가를 위한 정책에 천문학적인 예산을 투입하고 있지만 뚜렷한 성과는 없는 실정이다(신생아 수의 변화는 1972년에 95만 3,000명이었는데, 2020년에는 26만 명으로 급격히 줄어들었다). 근세 세계사를 보면 호주(Australia)의 경우도 한때는 백인종 이외는 귀화를 금했으나, 인구가 감소하면서 다시 조건 없는 외국인 유입 정책으로 전환함으로써 총인구의 현상 유지가 된다고 하니 우리나라도 별반 다를 게 없을 것 같다는 생각이다.

이제는 출산율의 절대적 감소로 인구증가 정책에 비상이 걸리면서 다자녀를 권장하게 되었고 갖가지 혜택도 제공하고 있다. 그러나 기대와는 달리 여성들의 사회진출 증가와 남성들의 경제적 자립 여건 미비 등, 복합적인 이유로 혼인율은 급감하고 있으며 기혼 가정에서도 대부분 한두 자녀나 아니면 무자녀가 일반화되고 있는 실정이다.

대가족 시대에는 최소한 삼대(三代)가 함께 살아야 가족의 틀이 갖추어졌으니 그때를 생각하면 오늘날의 가정은 단순하기가 이를 데 없다. 예전에는 대부분이 집성촌을 이루면서 촌수를 따졌으며, 어른들은 어느 집에 자손이 몇 명이라는 정도는 훤히 꿰고 있을 정도였다. 그리고 마을의 각종 애경사에는 모두가 적극 참여하는 등, 한 울타리 속의 공동체로 생활하였다. 그러나 오늘날은 그러한 정경들이 한 폭의 옛날 풍속화가 되어 추억 속의 한 장면으로 밀려나고 있으니 세상이 변해도 너무 변했다는 생각에 일말의 아쉬움이 남아 있다.

  이전에는 상상도 못 했던 일이지만 요즈음은 삼촌도 먼 이웃처럼 인식되는 상황으로 변하고 있으니 그 나머지야 말해서 뭣하겠는가 싶다. 그리고 친척이라는 개념이 흐려지면서 그 어떠한 것에도 구애받을 일이 없는 완전 독립 형태의 핵가족사회로 변모된 것이다. 이제는 누구 집 자손이며 어디에 살고 있는지를 물어볼 시간도 장소도 별로 없다. 결혼식 등 각종 대소사에서도 대체로 가족 두세 명이 왔다가 볼일 보고는 언제 갔는지 흔적도 없이 사라지는 경우가 대부분이다. 한마디로 개인주의의 모습이다. 가까운 친인척일지라도 자주 만날 일이 없으니 길거리에서 옷깃을 스쳐 지나치더라도 낯선 행인과 다를 바 없는 상황으로 변했다고 보면 된다. 그리고 핵가족이 자리 잡으면서 전통사회에서 가보로 여겨왔던 족보는 박물관이나 민속자료실 같은 곳에서나 볼 수 있는 역사적 유물로 변해가는 것 같아 아쉬움이 남는다.

  요즈음 신세대들은 유명 연예인이나 각종 전자기기에 관심을 두는 반면에, 일가친척의 대소사 등에 대해서는 거의 관심이 없는 경향으로 흘러가고 있다. 그리고 돌아가신 조상에 대한 추모 의식도 최대한 간편하게 하거나 아예 하지 않는 쪽으로 변하고 있는 것이 대세이다. 여러모로 둘러봐도 세상이 참으로 많이 변하고 있음을 체감한다. 고유한 전통을 지키기 위해서 팔을 걷어붙이기에는 이미 늦었다고 생각한다. 대세는 굳혀지는데 흐름 자체를 바꾸려는 건 달걀로 바위 치기 격이 아닐까 싶다.

  조부모가 손자 손녀를 사랑하되 예전처럼 무르팍 교육을 하던 때를 그리워할 필요는 없을 것 같다. 오늘날의 신세대들은 급변하는 시대라는 사회구조 속에서 그들 나름의 경쟁사회에 적응하며 살고 있음을 이해하려는 노력이 필요하다. 그리고 혈통을 중시하던 시대의 유물인 족보는 보관 자체에 의미를 부여하면 어떨까 싶다.

부모의 언행은 가정교육의 근원

　이삼십 년 전만 해도 버스나 지하철 등의 대중교통을 이용하다 보면 가끔 부모들이 자녀를 함부로 다루는 모습을 볼 수가 있었다. 그러한 장면들이 예사로 보이지 않았던 것은 장차 사회의 기둥이 될 새싹들을 제대로 가르쳤으면 하는 바람 때문이었다.
　철없는 어린아이에게 큰 소리로 혼을 내어서 울음을 터뜨리게 하는가 하면, 어린 자녀들을 데리고 대중교통을 이용하면서 자녀를 앉히기 위해 막무가내로 빈자리만 찾는 모습들도 볼 수가 있었다. 주변은 전혀 의식하지 않는 듯이 내가 낳은 자식 내가 혼내는 것이고, 자식을 사랑하기 때문에 자리에 앉혀 가려는 것인데 뭐가 잘못이냐고 한다면 딱히 할 말이 없을 것 같다. 문제는 그러한 모습들은 자녀의 인격 형성에 부정적 영향을 끼칠 것이라는 점을 간과해서는 안 되겠다는 것이다.
　부모의 언행은 가정교육의 근본이 된다. 학교에서 배운 보편타당하고 객관적인 사회적 규범이나 질서교육과는 배치되는 이기적인 가치 기준으로 가정교육이 이루어진다면 학교교육의 효과는 기대하기 어렵다. 이 세상은 냉혹하고 살벌한 생존경쟁의 현장이니까 거기에서 살아남기 위해서는 수단과 방법을 가릴 것 없이 개인의 이익 추구가 최우선시되어야 한다는 식의 가정교육이라면 공교육 무용론이 나올 법도 하다. 그러한 환경에서 자란 자녀가 사회생활을 할 때, 생존력과 적응력이 강한 사회인이 될 것이라는 기대를 할 수 있을까? 시민으로서 바람직한 생활이 될 수 있는 바탕이 형성되지 않으면, 원만한 사회생활은 기대하기 어려울 것이다.

이 세상에는 눈 뜨고 코 베어 가는 일들이 심심찮게 벌어진다고 한다. 그러나 극히 일부분의 상황을 확대하여 부정적 시각으로만 본다면 살맛 나는 세상과는 거리가 멀어질 수밖에 없을 것이다. 가정교육에서도 공동체생활을 원만하게 할 수 있는 보편적 시각에서의 관심과 노력이 필요한 것은 두말할 필요가 없다. 자녀가 지체부자유자이거나 심하게 허약하다면 당연히 약자로서 보호를 받도록 해야 한다. 그것은 더불어 살아가는 세상에서 개개인이 취해야 할 가장 기본적인 관심이고 배려이기 때문이다. 그러나 심신이 건강한 자녀에게 바람직하지 못한 무조건적 사랑을 베푼다면 그 어떠한 면에서도 도움이 될 수가 없을 것이다. 이러한 문제는 일부 부모의 어긋난 자식 사랑의 표현일 테지만 어쨌든 올바른 자녀교육이 되기를 희망해 본다.

타인과 어울려 살 수밖에 없는 사회구조에서 원만하게 삶을 꾸려가기 위해서 가장 중점을 두어야 할 교육은 바로 인성교육이다. 이것을 제대로 하면 원만한 사회생활의 바탕이 갖추어질 것이며, 그렇지 못할 때는 더불어 살아가는 사회생활에 어려움을 겪을 수 있다는 점을 염두에 두었으면 한다. 포괄적으로 보면 학사, 석사, 박사학위도 바른 인성이라는 바탕 위에서 그 빛을 발할 수가 있을 것으로 믿는다.

어떻게 생활하는 것이 가치 있는 행복한 삶이라고 할 수가 있을까? 인간세계는 관계의 형성이라는 상호 불가분의 구조 속에서 살아가고 있는 공존사회이기 때문에, 나만 잘 먹고 잘살면 그만이라는 사고방식은 개인적으로도 매우 불행한 일이다. 올바른 인성이 갖추어진 상태에서 자신이 할 수 있는 일에 충실하면 행복한 생활의 출발점이 될 수가 있을 것이다. 인생이라는 여정에서 가장 소중한 것이 바로 인간답게 사는 것이라면, 개개인의 가치를 높일 수 있는 첫 출발점이 바로 바람직한 인성의 형성에 있다는 점을 잊어서는 안 될 것으로 생각한다.

이 세상에 태어난 것이 나 하나만의 행복을 누리기 위함은 아닐 것이다. 공공의 이익과 질서가 존중될 수 있는 사회가 되려면 개개인이 타인을 배려하고 상호 협조하는 생활이 되어야 한다. 일상에서 버스나 기타 공공 교통수단을 이용할 때에도 개인의 편익만을 추구해서는 안 된다. 우리가 상부상조의 관계 속에서 살아갈 수밖에 없는 사회 구조 속에서 지나치게 개인의 이익과 편리함만을 추구해서는 안 된다는 것이다. 누구나 행복과 평화를 누리기 위해서는 상호 존중과 협조하는 생활의 실천이 필요함을 다시 한번 생각하게 된다.

좋은 가정

　부모님 생전에 자식으로서 도리를 못 했던 일들이, 해가 갈수록 여러 가지로 되살아나면서 한숨을 짓게 한다. 한편으로는 뒤늦게 하는 후회가 무슨 소용일까 싶어 생각을 떨쳐보려 하지만 그게 마음대로 되지를 않는다. 일상의 일들은 대부분이 시간이 지나면서 서서히 잊히게 마련인데, 유독 부모님께 잘못했던 일들만은 마음속 한구석에 자리를 잡고 있어서 지우기가 쉽지를 않다. 돌아가신 후에 이렇게 오래도록 후회로 남을 줄 알았더라면 부모님 생전에 정신을 가다듬고 잘해드려야 했었는데 그것이 못내 아쉬움으로 남아 있다. "부모님이 살아 계실 적에 정성을 다하여 섬겨라. 세월이 지나간 후에 마음 아파하여도 무슨 소용이 있겠는가. 평생에 다시 할 수 없는 일은 바로 부모님께 효도하는 일이다."라는 내용의 고시조는 부모님 살아 계실 적에 효도하라는 신신당부였지만 새겨듣지 않고 실천을 못 했으니 어찌 후회스럽지 않겠는가?
　이제는 과거지사(過去之事)로 남겨두고 흘러가는 시간과 함께 잊히는 게 순리일 것 같다는 생각도 해본다. 후회되는 일들을 조용히 잠재울 줄 아는 것도 지혜롭게 살아가는 하나의 방법이 될 수도 있지 않을까 싶다. 물론 의지만으로 지워질 수 있는 일이 아닐 테지만 말이다.

　몇 년 전부터는 다른 사람들과의 대화 중에 부모님에 대한 말이 나오면 대화의 중심에서 빠져나와 묵묵히 듣는 편이다. 나로서는 양심상 그 어떠한 말로도 끼어들 자신이 없기 때문이다. 아무리 생각해도 자식으로서 제대로 해드린 게 없으니 무슨 말을 덧붙이겠는가? 그래도 교단에서는 학생들에게 효가 얼마나 중요한지를 역설도 했고 효행은 결코 어려운 게 아니라고 스스럼없이 말도 했지만, 한세월 지나고 보니 제 앞가림도 못한 주제에 소리는 요란했다는 반성이 밀려온다.

　텔레비전에서 방영되는 효행 관련 프로그램 중에, 자녀가 지극 정성으로 노부모님을 봉양하는 모습을 볼 때가 있다. 그럴 때 느끼는 것은 진정한 효자는 선천적으로 그 자질을 타고나는 것이 아닐까 하는 생각이다. 하루이틀도 아니고 꾸준히 효를 실천하는 그들은 효행이 몸에 배어서 그저 화목하게 살아가는 것으로 보인다. 충효전가(忠孝傳家)라는 말이 있듯이, 충과 효도 조상 대대로 전하여 내려오는 가정이 있을 것 같다는 생각이 들기도 한다. 어떤 이는 그것이 어떻게 전통의 대상이 될 수 있느냐고 반문할 수도 있겠지만 상당히 의미가 있다는 걸 뒤늦게 알아차리고 있다. 세상에 양반과 상반이 따로 있던 시절이 있었지만, 오늘날에는 그 구분이 사람의 됨됨이에서 정해질 것이라는 생각을 해본다. 어쨌든 개인주의가 팽배하는 오늘날에도 여전히 효행을 실천하는 자녀들을 보면 정말 대단한 분들이라는 생각이 들면서 진정 현대판 양반이라고 칭하고 싶은 마음이다. 왕대밭에 왕대 나고 효자 밑에 효자 난다는 말이 있듯이 보고 배우며 자라는 가정교육의 중요성 또한 다시금 새겨보게 된다.

　화목하지 못한 가정은 여러 가지 이해관계로 인하여 자녀들끼리도 우애에 금이 가는가 하면 심지어는 차라리 남보다도 못한 사이가 되는 경우가 있는 것 같다. 어떤 집들은 자녀가 여럿인데도 가난과 병고에 시달리는 노부모를 모실 자녀가 없어서 비참한 삶을 이어가기도 한다. 이렇게 된 데에는 복합적인 원인이 있겠지만 궁극에는 사회적인 문제로까지 파급되는 결과를 초래하고 있다.

　무엇보다도 심각하게 생각되는 문제는 남도 아닌 혈연으로 맺어진 부모 자식 사이가 남보다도 못한 상황으로까지 치닫는 불행한 일들이 생기고 있다는 사실이다. 관계 회복을 위해서는 서로가 일체의 시시비비를 가리기에 앞서 좀 더 인륜이라는 근본에서 출발하는 지혜를 발휘하는 노력이 필요할 것 같다는 생각이다. 적어도 소중한 혈육 관계만은 손상되지 말았으면 하는 바람을 강하게 가져본다.

　원론적으로 인간적인 도리를 생각한다면 노부모는 반드시 자녀가 모시는 게 당연하다. 그러나 현실적으로는 책임지고 모시겠다며 나서는 자녀가 없는 어려운 상황들이 발생하고 있다. 이렇게 되는 데에는 부득이한 사유가 있을 것이라는 생각도 해볼 필요가 있다. 자식으로서 도리를 하지 않는다는 윤리적 시각에서의 일방적인 비판에 앞서, 그들이 처한 현실에 대해서도 눈을 돌려보았으면 한다. 분명한 사실은 오늘날의 세상이 그 옛날 유교를 신봉하던 시대의 효 개념에서 멀어질 수밖에 없는 사회 전반적인 현실을 살펴봐야 한다는 것이다. 세상은 변했고 앞으로도 계속 변할 수밖에 없다는 점을 염두에 둘 필요가 있을 것으로 생각한다.

오늘날에 부모와 자식 간의 바람직한 모습이라면 부모는 자녀의 도움 없이도 살아갈 수 있는 여건이 되고, 자식도 독립된 생활을 할 수 있는 능력이 되는 상태가 아닌가 싶다. 이렇게 되면 세대 간의 부담이 줄어들 수가 있겠지만, 문제는 현실적으로 쉽지 않다는 데에 있다.

시대의 변화에 따라서 가족이라는 개념이 핵가족의 형태로 정착되면서 부모와 형제, 그리고 자녀가 동고동락하는 화목한 분위기는 어쩔 수 없이 소원해질 수밖에 없는 상황이 되고 있다고 생각한다. 심지어 어떤 가정에서는 매스컴을 통하여 가족 간의 불협화음을 여과 없이 만천하에 드러내는가 하면, 생활 실상이 당사자들의 흉허물로 세상 사람들의 입에 오르내리기도 한다. 진실 여부를 떠나서 그러한 상황을 보면서 화목한 가정의 소중함에 대해 다시금 생각하게 된다. 크고 작은 가족 간의 갈등은 어느 가정에나 있을 수는 있겠지만 지나칠 정도로 갈등의 골이 깊어지는 것은 그 누구에게도 도움이 되지 않는다는 사실을 명심할 필요가 있을 것 같다. 해결해야 할 문제가 있다면 가족 간의 이해와 협조로 원만하게 처리하는 것이 최선책일 것이다.

윤리·도덕 면에서 효는 인간의 가장 기본적인 행동 덕목인데도 불구하고 실망스러운 사건들이 발생하면서 사회적인 문제로 대두되기도 한다. 어떻게 보면 한평생을 살아가면서 어렵고 어려운 일 중의 하나가 부모님께 효도하는 일이라고 생각한다. 효행은 건전한 가정을 꾸리는 데 필요한 초석이 된다고 할 수 있다. 가정이 원만하고 행복하기 위해서는 부모와 자식 사이에 도리를 다하기 위한 노력이 필요하다는 데에 동의는 하면서도 현실이 따라주지 못하여 안타까워하는 이들이 많을 것이다. 가정이라는 보금자리에 효라는 아름다운 모습을 수놓으며 서로 도우며 사는 것이 바로 행복한 삶의 바탕이 될 것이라는 생각을 해보는 것이다.

그건 자식의 도리가 아니야

　　20여 년 전에 전국 규모의 연수회에 참석했을 때, 어느 날 휴식시간에 어떤 분이 했던 이야기가 생각나서 적어본다. 그런데 당시에는 요양원과 요양병원이 요즈음처럼 일반화되지 못하였다.
　이야기의 내용은 이러하다.
　그분과 같이 근무하던 직장 후배가, 치매로 고생하던 자기 모친을 요양병원에 모셨다는 말을 듣고는 옛날 고려장이 떠올랐다고 한다. 그래서 그 후배를 불러서 부모를 요양병원에 모신 일은 잘못된 처사인 것 같다며 한 번 더 생각해 보라고 했다는 것이다. 그러나 그 후배는 어쩔 수 없었다는 말만 되풀이하였다는데 그 이후로는 그가 인성에 문제가 있는 것은 아닌가 하는 의구심마저 들었다고 한다.
　후배의 처사에 비판적이었던 그분도 부모님을 모시고 있었는데, 그의 일관된 생각은 어떠한 어려움이 닥치더라도 부모님은 돌아가실 때까지 집에서 직접 모시는 게 당연한 도리라는 것이었다.
　한 치 앞도 알 수 없는 게 인생이라더니 공교롭게도 부모님을 요양병원에 보낸 동료직원을 언짢게 여기던 그분의 모친도 서서히 치매 증상이 나타나기 시작하였다. 그러나 자신이 평소에 해 온 말도 있으려니와 어쨌든 자기 부모님은 끝까지 집에서 직접 모시겠다는 생각에는 추호도 흔들림이 없었다고 한다. 그렇게 지내던 중에 모친의 건강이 급격히 악화되면서 상당히 진행된 치매로 판정되었다. 그 병은 경과가 정말 좋지 않다는 사실을 직접 눈으로 확인할 수가 있었다. 급기야는 집안을 헤집고 다니는데 온 식구가 정신을 못 차릴 정도로 심각한 상황에 이르렀다고 한다. 그래서 집에서 모셔야 하느냐, 아니면 속히 요양병원에 모셔야 하느냐 하는 문제까지 생각할 정도에 이르렀다고 하였다. 마침내 부랴부랴 형제들을 불러서 담당 의사의 의견을 들은 후에 내린 결론은 모친의 증상이 더 나빠지기 전에 한시라도 빨리 요양병원에 모셔서 치료와 보호를 병행해야 한다는 것이었다. 결국은 어쩔 수 없이 그날로 입원하시게 되었다는 내용이었다.

치매의 증상에 대해서 잘 몰랐던 그는 모친의 상태를 보면서 정말 무서운 병이라는 사실을 확인할 수가 있었다. 그리고 직장 후배의 입장을 이해하지 못하고 불효자로 생각했던 게 너무나 미안하고 후회가 되어서 진심으로 사과를 했다고 한다.

그분은 치매가 일반 질병의 증상과 비슷하고 정성으로 보살피기만 하면 되는 것으로 알았다고 한다. 그의 모친은 증상이 매우 심각한 정도여서 밤낮의 구분이 안 되는 것은 물론, 집 안 곳곳을 다니면서 온 가족을 불안하게 하는 등, 상상도 못 할 일들이 벌어졌다고 한다. 그러한 상황에서는 가족들의 정상적인 생활이 어렵다는 판단이 되면서 서둘러 요양병원에 모시긴 했지만, 자식으로서 불효함에 양심의 가책을 느끼게 되더라는 것이다. 그 이후 면회를 하면 어떤 때는 아들인 자기를 보고는 "나도 아저씨 같은 아들 하나 있으면 좋겠다."라는 말씀도 했다는데, 그럴 때는 서러움이 북받쳐 올랐다고 한다. 그 후 오래지 않아 그의 모친은 별세했지만, 자신은 어떤 일이 있어도 끝까지 집에서 모시겠다는 다짐이 모친의 증세가 급격히 악화되면서 선택의 여지가 없었다는 이야기가 여전히 깊은 울림으로 남아 있다.

  남의 말이라고 함부로 해서는 안 된다. 역지사지라고 상대방의 입장을 제대로 이해한다는 건 참으로 어려운 일이다. 세상만사가 겉으로 드러나는 모습과 실제와는 현격한 차이가 있을 수 있음을 염두에 둘 필요가 있다. 같은 하늘 아래 살아가면서도 말 못 할 사연들을 가슴에 안고 지내는 사람들이 어디 한둘이겠는가? 그리고 각자 처한 사연들을 어찌 일일이 표현하면서 살 수가 있겠는가? 사람들은 타인에 대해서 너무 쉽게 왈가왈부하는 경향이 있지는 않은지 곰곰이 생각해 볼 필요가 있을 것 같다.

김매기와 어머니

나이 열서너 살 되던 무렵, 이른 봄이면 밀보리밭의 김매기가 시작되었다. 엄동설한을 견뎌낸 어린 잎줄기가 봄의 따스한 기운을 받아 생기를 찾으면서 자라기 시작한다. 그러면 잡초를 뽑으면서 한편으로는 흙으로 북돋우기도 한다. 대지의 냉기로 인해 햇살의 온기를 제대로 느낄 수 없는 오전에는 땅의 기운과 새싹이 차갑게 느껴진다. 싸늘한 흙을 헤치면서 호미로 김을 매지만 제대로 된 내의조차 입지 않은 데다 겉옷이라고 해도 무명실로 짜서 만든 홑옷이고 보니 보온의 효과는 기대하기 어렵다.

오늘따라 그때 그 시절이 떠오르는 것은 어머니와 함께 김매기 하던 장면들이 되살아나서이다. 열일곱 순진했던 나이에 어머니는 일제 강점기의 처녀공출이라는 반인륜적 역사적 현실 앞에서 유일한 탈출구는 단 하나, 바로 결혼이었다고 한다. 경황없이 시집을 오신 이듬해에 형님을, 그리고 3년 후에 나를 낳으셨다. 내 아래로 남동생 하나에 여동생 둘, 모두 3남 2녀이다. 그때는 먹고 사는 일이 무척 힘들었는데도 만난을 극복하시며 5남매를 키우셨다.

나는 게으름 피우지 않고 집안일을 열심히 도왔다. 그러던 중에 자연스럽게 자식들 먹여 살리느라 억척스럽게 생활하시는 부모님의 모습을 보고 느끼면서 자랐다. 당시에는 땔감도 넉넉지 않고 양식마저 여유 있는 편이 아니었다. 한겨울에는 창호지 한 장으로 가려진 문에 의지하며 잠을 잘 때면 방바닥은 아랫목만 겨우 온기가 유지될 정도여서 다음 날 아침에 일어나 보면 방의 머리맡에 둔 물그릇이 얼어 있기도 했다. 고성이란 고생은 사서 할 정도로 힘겹게 생활하신 어머님은 밤이면 더 심해지는 신경통으로 앓던 소리가 지금도 귓전을 맴돌면서 내 마음을 슬프게 한다. 특히 겨울이면 손의 마디마디가 갈라져서 너무나 따갑고 아파서 어쩔 줄 몰라 하셨는데 거기다가 돌아가시기 전까지는 좌골 신경통으로 고통스러운 나날을 보내셨다. 그런데도 변변한 치료 한 번 못 받으셨으니 지금 생각해도 어머님의 병고를 너무나 무책임하고 무성의하게 대처한 나 자신이 너무나 한심하게 느껴질 뿐이다. 돌아가시기 전까지 어머님과는 3년, 아버님과는 13년 동안 함께 살았지만, 부모님을 모시고 살았던 게 아니라 오히려 도움을 받고 지냈다고 생각한다. 그래서 하기 좋은 말로 부모님 모시고 사는 자식은 효자라고 하지만 나의 경우는 절대 그렇지 않음을 고백한다.

 어릴 적 그 당시에는 오전 내내 보리밭 매시고 집에 들어오시면 호미를 놓자마자 부엌에 들어가시던 어머님의 모습이 엊그제 일처럼 떠오른다. 유복한 가정에 시집을 가셨다면 엄동설한에도 안채 방 한가운데에 덩그러니 질화로 놓고 편히 지내실 수도 있었을 텐데, 운명이었던지 그러하지를 못하셨다. 어떻게 생각하면 한 많은 한세상 살다 가셨고 또 한편으로는 나 같은 냉정한 자식을 두셔서 도움이 못 되었으니 얼마나 서운하셨을까도 싶다. 부모님 살아생전에 불효한 게 이토록 두고두고 후회될 줄을 그때는 왜 몰랐던지 나 자신이 원망스러울 뿐이다.

　오늘 오전에 봄 햇살을 받으면서 호숫가를 걷는 동안 별세하신 부모님에 대한 회상에 젖어보았다. 아버님 어머님께서는 언제 어디서나 기회만 되면 경쟁이라도 하듯이 자식 자랑을 하셨던 것으로 알고 있다. 그런데 제대로 사는 모습 보여드리면서 좋은 음식도 대접해 드리고 아늑하고 아름다운 곳에도 구경시켜 드리며 다정한 대화라도 나누었으면 얼마나 좋았을까 하는 마음이 여전히 아쉬움으로 남아 있을 뿐이다.

어려운 효도의 실행

부모님의 뜻을 헤아릴 줄 아는 자녀는 효행의 바탕이 되어 있다고 봐도 될 것 같다. 지난날 어느 기간에는 효행이 결코 어려운 일이 아니라고 생각했던 적도 있었지만, 부모님 별세 후에 돌이켜 생각해 보니 말과 행동이 너무나 철없었다는 생각이 든다. 결과적으로는 정말로 불효자였음을 고백할 수밖에 없다. 그때는 왜 그렇게도 부모님 심정을 헤아리지 못하고 분별없는 언행들을 했던지 정말로 뼛속 깊이 후회로 남아 있다. 부모님은 그러한 자식을 보면서 내심 '너도 내 나이가 되어 보라'며 한숨을 내쉰 적이 수도 없이 많지 않았을까 싶다. 자식들 키우면서 험난한 인생길을 걸어가시던 모습이 장면 장면 떠오를 때가 있다. 정말로 후회스러운 것은 부모님 생전에 했던 짧고 부족했던 언행들이다. 그것들이 부모님께 얼마나 큰 실망을 안겨드렸을지를 생각하면 안타까운 마음이 한없이 밀려온다.

어느 초임 판사가 첫 월급을 받고는 모친께 감사의 표시로 북어 대가리 한 포대를 부쳐드렸다고 한다. 그것을 받아본 모친은 '우리 아들이 명판사가 되기는 어렵겠구나!' 하면서 한숨을 지었다는 것이다.

"북어는 대가리가 맛이 있다."

"너희들 먼저 먹어라. 아까 뭘 좀 먹었더니 배가 부르구나."

그 말을 진심으로 알아들었다면 철이 없어도 너무 없었다고 하는 게 맞을 것 같다. 그의 모친이 정말로 북어 대가리가 좋아서 그것만 먹었을지에 대해서 짐작을 못 했다면 순진함과는 별개의 문제라고 할 수가 있다. 물론 북어 대가리가 맛이 좋다는 주장을 할 사람이 있을 수는 있다. 그러나 특이한 상황을 제외하고는 상식적으로 이해가 되지 않는다는 말이다. 모친이 자식을 사랑하는 깊은 뜻을 헤아리지 못하는 그 아들이 사리판단을 제대로 할 수 있을지 염려가 된다는 그 마음이 충분히 이해가 간다.

그러면 나는 지금 무엇 때문에 후회가 되는가. 근본적으로 부모님에 대한 이해심과 공경하는 태도가 부족했다는 것이다. 물론 아무리 후회해도 돌이킬 수 없는 일이긴 하지만, 자식으로서 좀 더 성심성의껏 도리를 했더라면 이렇게 뒤늦은 후회를 하지 않아도 되었을 텐데 하는 안타까운 마음, 바로 그것 때문이다.

자식이 부모님의 마음을 이해한다는 일이 쉽지 않은 것은 사실이다. 그러나 각종 매스컴을 통해서 보고 듣는 사례들은 분명 효성이 지극한 자녀들이 있음을 보여주고 있다. 그들의 언행을 보면서 느끼는 바는, 저 사람들은 선천적으로 효자의 유전인자를 갖고 태어났기 때문에 효도의 생활화가 가능할 것이라는 나름의 결론을 내리기도 한다. 그들을 보면서 나의 인성에는 결함이 많다는 것도 스스로 인정을 한다.

이 세상 모든 부모는 자나 깨나 자식 잘되기를 빌고 빌 것이다. 그런데도 부모의 정성을 이해하기는커녕 천방지축으로 행동하는 모습들도 적지 않으니 그 부모 마음이 어떠할지 짐작이 된다.

어떤 칠순의 노모는 마흔이 되도록 결혼을 못 한 아들과 함께 살고 있는데, 그 아들이 사흘이 멀다 하고 만취상태로 퇴근을 한다. 심지어 한겨울에는 길가에서 잠이 들 때도 있어서 모친의 속이 타들어만 가는데, 그 자식의 행동은 조금도 개선의 여지가 없어 보였다. 그래서 답답한 마음에 어느 지인에게 무슨 좋은 방법이 없겠냐며 물었더니, "죽든 말든 신경 쓰지 말고 그대로 내버려 둬."라고 했다는 것이다. 이 말을 들은 그 노모는 과연 자식을 나 몰라라 하고 외면할 수가 있을까?

서양인들은 자녀가 성인이 되면 독립하는 것을 원칙으로 하고, 그 이후의 생활에 대해서는 관여하지 않는 편이라고 한다. 그러나 우리나라의 경우는 지나칠 정도로 끝까지 자식과 관계 유지를 하려는 경향이 있다. 유럽에서 유학 중인 한국 대학생이 고국의 부모님께 학비와 생활비를 부쳐달라는 국제 전화를 하였는데, 당당한 듯이 요구하는 모습을 지켜본 서양의 학생은 그 상황이 도저히 이해가 안 된다는 반응을 보였다고 한다. 이러한 문화적 차이는 쉽사리 변할 수 없는 하나의 전통이라는 생각을 해본다. 아울러 우리의 뿌리 깊은 경로효친 사상도 면면히 이어지기를 희망해 본다.

식탁에 앉을 때면 가끔은 아버님이 앉으셨던 자리를 바라보곤 한다. 그때 좀 더 잘해드렸더라면 하는 아쉬움이 사무쳐 오면서 무거운 후회가 밀려온다. 별세하시기 전까지 직접 모셨던 10여 년, 그동안만이라도 자식으로서 도리를 제대로 했더라면 얼마나 좋았을까 하는 때늦은 후회가 내 마음을 아프게도 한다.

노후의 선물

　　노부모가 자녀에게 줄 수 있는 유무형의 선물 중에 가장 소중한 것은 무엇일까?
　　길거리에서 마주치는 노인들을 보면서 노년에는 건강하게 걸어 다닐 수 있는 것만으로도 큰 행복이 아닐까 하는 생각이 들 때가 있다. 건강이 좋지 않아 병상에 누워서 지내거나, 거동이 불편하여 집 안에서 근근이 나날을 보내는 노인들을 보면, 늙어서 건강하게 지낸다는 것은 더없이 다행스러운 일이라는 생각을 하게 된다. 그리고 자녀들도 노부모님이 건강하게 생활한다면 그것 자체가 더없는 선물로 알고서 진심으로 감사해야 할 것으로 생각한다.
　　복지관이나 주민센터에 다니는 연륜 팔구십의 노인 중에는 운동이나 공부로 시간을 활용하는 분들이 적지 않은데, 정말 대단하다는 생각이 들 때가 있다. 적극적인 활동은 건강한 삶의 원동력이 된다는 사실을 증명하시는 분들이 아닐까 싶다. 건강하게 노년을 지내는 분들에게 공통점이 있다면 대체로 매사에 긍정적이고 적극적이라는 점이다.
　　일반적으로 건강을 유지하는 데에는 유전적 요인을 포함해서 여러 가지 요소들이 영향을 미칠 테지만 가장 중요한 점은 건강한 삶을 위한 꾸준한 노력이 바탕이 되어야 할 것 같다. 그런데 건강이 좋지 못하여 힘겨운 나날을 보내는 노인들은 대체로 활동 의지가 약하다는 느낌을 받는다. 근래에 친척의 팔순 잔치에 다녀온 일이 있는데 그날의 주인공 되시는 분이 보행조차 어려워서 두 자녀의 부축을 받으며 입장하는 모습을 보면서 두 눈을 의심하지 않을 수가 없었다. 한마디로 충격과 함께 서글픈 마음이 밀려왔다. 노령이 되면서 쇠약해지는 현상은 자연스러운 변화로 볼 수는 있지만, 길지도 않은 삼사 년 사이에 심하게 쇠퇴하신 모습은 한마디로 충격 그 자체였다.

　노년에 접어든 사람들의 변하는 모습을 보면서 다른 사람들도 나를 보면 나름 느끼는 바가 있으리라 생각한다. 그래서 가끔은 거울에 비치는 내 모습을 유심히 바라보면서 한 번 더 자세를 가다듬기도 하지만 과연 나 자신은 건강하고 보람된 삶을 위하여 무엇을 어떻게 하고 있는지에 대해 상념에 잠기기도 한다. 삶의 방향이 분명하지 않으면서 삼시 세끼 챙겨 먹는 일 외에는 별 하는 일 없이 무료하지 보내는 일상이 되어서는 안 되겠다는 다짐도 해본다. 그렇다고 생활에 변화를 시도한다는 게 쉽지는 않겠지만 덜 후회할 인생이 되기 위한 노력은 게을리하지 말아야 할 것 같다.

　은퇴하기 전의 40여 년을 되돌아보면 직장생활에 매몰되다시피 하면서 지냈던 터라 주변을 제대로 돌아볼 사이도 없이 보낸 나날이 많았던 것 같다. 그러나 세월이 흘러 은퇴를 한 후에는 거칠게 몰아치던 파도가 거짓말같이 잠잠해지는 일시적 정적의 상태처럼 변한 것 같다는 느낌이 들 때가 있다. 그리고 시간이 지나면서 뭔가 나날의 무게가 더해지는 것 같으면서 1년 365일이 만만하게 보이지 않는다는 생각이 들기도 한다. 그러면서 젊은 시절에는 좀 더 여유를 가지고 재미있게 살았으면 좋겠다는 아쉬움이 후회로 밀려오기도 한다.

몇 년 전이었는데 근 10년 만에 만난 지인이 나를 보자마자 깜짝 놀라는 표정을 지은 적이 있다. 직감적으로 '외모가 너무 변해서 사람을 몰라볼 정도가 되었네요.'라는 반응인 것만 같았다. 예전의 얼굴 모습은 어디 가고, 그 사이에 흰머리부터 전반적으로 너무 많이 달라져서 믿기지 않는다는 표정이었다. 어떻게 보면 세월 따라 변화된 모습일 수가 있겠지만 그래도 내가 젊음의 모습을 그대로 유지할 수가 있었다면 실망을 안겨주지는 않았을 텐데 하는 엉뚱한 마음이 들었다.

흔히 하는 말로 마음대로 되지 않는 게 건강이라고 하는데 대부분 노년에 들어선 사람들이 자주 하는 말인 것 같다. 세월의 흐름에 따라 변하는 것이 건강인데 어찌 인력으로 감당할 수가 있겠는가 말이다.

언제나 건강 하나만큼은 자신 있다고 호언장담하던 사람이 어느 날 등산길에서 발을 헛디뎌 굴러떨어졌다. 한참 후에 정신을 차려보니 떨어진 곳은 골짜기인데 혼자의 힘으로는 어찌할 수가 없는 지경이었다. 간신히 연락이 닿아 위기는 넘겼지만 쉽게 회복될 수 없을 정도로 상황은 좋지 않았다. 결국은 가족이나 다른 사람의 도움을 받을 수밖에 없는 처지로 변하였다. 이런 일이 일어나리라고는 상상도 못 했던 일이 벌어진 것이다.

인생에서 중요한 것이 어디 한두 가지겠는가. 그래도 근본이면서 가장 중요한 것은 자신의 건강을 안전하게 관리하는 일이다.

노후에 건강을 유지하지 못하면 자녀들도 어떻게 손쓸 방법이 없는 처지가 될 수가 있다. 만일 병고에 시달리게 되면 서글픈 나날이 될 수밖에 없다는 점을 잊어서는 안 될 것 같다. 건강하게 노년을 보내는 것 자체가 본인의 행복은 물론, 주변의 사돈 팔촌까지 걱정을 덜어주는 것이라는 점을 깊이 새겨야 할 것 같다.

노후의 주거환경

　　노년에 들어서면서 가장 피부에 와닿는 말은 "세월 참 빠르다."이다. 짧은 한평생, 덧없는 세월이 아쉽다는 의미가 담겨 있다고 생각한다. 그런데 길지도 않은 인생에서 절대적으로 많은 시간을 보내는 곳이 바로 가정이라는 사실을 새삼 되뇌어 본다.

　농경사회 때는 씨족을 중심으로 마을을 이루어서 대대로 살아왔다. 그래서 주거지가 바로 삶의 터전이 됨으로써 집은 계속 손을 봐가면서 지내왔다. 더군다나 예전에는 대가족 농경사회였기 때문에 이사는 아예 꿈도 꿀 수 없는 일이었다. 그리고 오늘날과 같이 주거공간이 재산이라는 인식은 거의 없었다고 보면 될 것 같다.

　세상은 바뀌어서 이제는 주거지가 재산목록 1호가 될 정도의 위치를 차지하면서 자유로운 거래는 물론이고 이사는 언제나 가능하다는 인식이 일반화되었다고 보면 된다. 이처럼 한곳에 정착하는 것을 당연시하던 인식이 사라지면서 경제 논리에 편성하여 수시이동이 이루어지고 있다. 이러한 변천으로 인하여 오늘날에는 노년에도 예외 없이 한곳에 정착하는 것이 보장되지 못하는 상황으로 변하였다. 그러한 여건에 직면한 노인 중에는 그 옛날 시골에서의 정착생활을 그리워하기도 한다. 번잡하고 유동적인 도시생활보다는 전원주택이라든가 시골의 한적한 주거지가 노후 생활에 적합하다는 의식이 있는 것이 사실이다. 반면에 이미 도시생활에 익숙한 노인들은 상대적으로 시골생활에 적응하는 일이 쉽지 않을 것이라는 생각을 하는 것 같다.

은퇴 후에 인생 제2막을 열어가는 과정에서 새로운 주거지에 대한 꿈을 실현하고 싶어 하는 사람 중에는 한적하고 고요한 전원생활을 선호하는 경향도 적지가 않다. 거기에서 산책도 하고 텃밭에 채소도 가꾸면서 자연 친화적인 생활을 소망한다고 보면 되겠다. 그러나 마음은 있어도 현실적으로 경제적인 여건, 가족 간의 합의문제 등, 해결해야 할 과제들로 인하여 실현하지 못하는 경우가 많은 것 같다.

한편으로 시골생활을 원치 않는 사람들은, 주택의 유지관리가 단순하지 않으며 난방문제와 각종 해충이 많은 점, 그리고 보안문제 등을 걸림돌로 생각하는 것도 같다. 특히 주변에 의료시설, 문화공간 등, 건강과 편의생활을 위한 여건이 상대적으로 열악하다는 인식도 있다고 보면 되겠다.

이러한 문제점을 어릴 때 살던 내 고향에 연관 지어본다면 상당히 일리는 있는 것 같다. 전쟁을 거쳐서 보릿고개 시절도 넘기면서 어렵게 살던 그때는 겨울이면 추위에 떨어야 했고 여름에는 찌는듯한 무더위 속에서 나무 그늘을 찾아다니며 견디기 힘든 한 철을 보내야만 했으니까 말이다. 정말 까마득한 옛날이야기와도 같은 소리이다.

그런데, 이제는 시대가 변했다. 삼천리 방방곡곡이 오륙십 년 전의 상황과는 천지가 개벽할 정도로 바뀌었다. 최근에는 도시,

시골 구분 없이 단독주택은 현대식으로 냉난방시설이 거의 완벽할 정도로 갖추어지고 있다고 한다. 어떤 집들은 전망이 좋은 곳에서 외국의 호화주택에서나 볼 수 있는 별장처럼 꾸며서 살고 있다. 굳이 시골이 아니더라도 번잡한 도시에서 좀 떨어진 교외에 텃밭도 가꾸면서 노인정을 비롯하여 만남과 휴식을 위한 공간에서 여가를 즐길 수도 있다. 의료시설도 기본적으로 갖추어져 있어서 이용에 불편이 없을 정도라고 보면 된다. 그리고 주거시설 면에서는 최근에 맞춤식 주택이 일반화되면서 원하는 공간을 마련하는 데는 전혀 어려움이 없다고 할 정도라고 한다.

노후의 주거환경을 좀 더 구체적으로 구분하면 도시의 다가구주택이 좋은가, 한적한 시골의 단독주택이 좋은가의 문제로 양분할 수도 있을 텐데, 당연히 선택은 각자의 몫이다. 그러나 번잡한 도시생활에서 벗어나고 싶다면 발품을 팔아서라도 현지를 찾아다니면서 주변 상황을 파악한 후에 정하는 것이 바람직할 것으로 생각한다.

맑은 공기와 물이 어우러진 청정지역이면 바람직한 삶의 기본 조건이 갖추어졌다고 볼 수가 있다. 결국은 쾌적한 자연환경이 노후생활에는 좋다는 생각을 하고 있다는 것이다. 그런데 주변환경을 주거조건에서 중요시하면서도 막상 그러한 여건이 갖추어지더라도 예상하지 못했던 문제들이 드러날 수는 있을 것이다. 특히 노년에 접어들어 주거환경을 바꾼다는 일은 간단한 문제가 아니어서, 경제성이라든가 편리성, 건강에 필요한 조건 등, 고려의 대상이 의외로 많을 수가 있다고 한다. 어쨌든 노인들로서는 여생을 보람도 있으면서 안락한 생활을 누릴 수 있는 곳이 바로 좋은 주거환경이 될 것이라는 생각을 해본다.

노인의 풍모(風貌)

> 노인(老人)의 사전적 의미는 '나이가 많이 들어 늙은 사람'이다.
>
> 요즘 자신의 나이에 0.8을 곱해야 진짜 나이라는 <현대 나이 계산법>이 등장해 사회적으로 큰 공감대를 얻고 있습니다. 예를 들어 현재 50세인 사람은 40세, 60세인 사람은 48세, 70세인 사람은 56세와 비슷하다는 겁니다. 60년대에 비해 무려 30년의 수명이 늘어난 걸 감안한다면 충분히 타당성 있는 계산법입니다.
>
> 출처: 카페 '아름다운 5060' (2017. 04. 25.)

그런데 이러한 계산법이 의미 있다고 끄덕여질 정도로 세상이 변하고 있는 건 사실이다. 다방면의 상황을 고려하면 최근에 정부가 "건강보험에서 진료비를 할인해 주는 노인의 연령 기준을 65세에서 70세로 상향하는 안을 검토하겠다(2019. 04.)."라고 밝힌 데에도 분명히 그럴만한 이유가 있다고 생각한다. 그동안 여러 경로를 통해서 논의는 되어왔으나 이처럼 정부가 복지 제도의 기준연령을 올리겠다고 공식적으로 밝힌 것은 이번이 처음이라고 한다.

통계청 자료에 따르면 1981년 노인복지법이 제정될 당시 65세 이상 노인 인구 비율은 4% 수준에 그쳤지만, 2017년에 14%를 넘어서면서 우리나라도 고령사회에 진입하게 된 것이다. 그 비율은 계속 높아지면서 2020년 현재 15.7%이며 2025년에는 노인 인구 비중이 20.3%에 이를 것으로 예상을 하고 있다. 그리고 향후 2060년엔 41%에 달할 것이라고 하니 걱정스러운 마음이 앞선다. 이처럼 급속한 노인 인구 비중의 증가로 인하여 서울시를 비롯한 6개 광역자치단체에서는 노인들의 도시철도 법정 무임승차로 인한 수천억 원의 손실을 줄이기 위하여 경로우대 해당 노인의 연령을 상향해야 한다는 주장도 제기되는 실정이다. 정부는 노인 기준연령을 만 70세로 올리면 2040년 생산가능인구가 2,943만 명에서 3,367만 명으로 늘어나고, 고령 인구 비율은 8.4% 감소할 것으로 내다보고 있다는 것이다.

드디어 백세시대가 현실로 다가왔음을 실감할 수 있는 상황은 사회 곳곳에서 드러나고 있다. 근래 TV에서 건강 관련 프로그램의 비중을 상대적으로 높이고 있는 것도 연관이 있을 것이다. 그런데 아쉬움이 있다면 장수를 위한 건강 내용과 함께 어떻게 하면 좀 더 의미 있는 삶이 될 것인지에 대한 방안들을 적극적으로 제시해 주면 좋을 것 같다는 생각이다.

종전의 전통사회에서는 노인에 대한 인식이 인생의 산전수전을 겪은 역사의 산증인으로 절대적 권위와 존경의 대상이 되는 분위기였다고 할 수가 있다. 그런데 1960년대를 기점으로 하여 산업구조의 급격한 변화와 맞물려서 농어촌 인구가 국내외로 분산되면서 전통적으로 이어오던 가족관계는 서서히 사라지면서 마침내는 자취조차 찾기 어려운 상황으로까지 변하고 있다. 그 결과 나타난 핵가족의 형태는 결국 존경과 권위의 상징이었던 노인들의 입지가 흔들리면서 어떤 경우에는 생계마저 어려운 상황에 놓이는 경우들이 발생하고 있다. 거기다가 노인에 대한 부정적 인식과 인격 침해 현상까지 늘어나고 있다고 하니 더욱 마음을 무겁게 하고 있다.

이처럼 일부에서 노인에 대하여 혐오스러워하는 현상이 파급되면서 심지어는 경제발전에 걸림돌로 작용할 수 있다는 우려의 목소리까지 나오고 있는 것이 사실이다. 이러한 사회적 분위기를 여하히 극복하여 긍정적이면서 상호 이해의 분위기로 전환할 수 있을지에 대하여 한 번 더 생각해 봐야 할 시점에 이른 것 같다.

장수 시대의 행불행에는 결국 건강문제와 경제적 능력이 크게 영향을 미칠 수밖에 없다고 생각한다. 요즈음 유행어 중에 "재수 없으면 이백 살까지 산다."라는 말이 있긴 하지만, 가난과 병고에 시달리며 나날을 보내는 장수는 행복할 수가 없을 것이다.

그렇다면 노년을 어떻게 지내는 것이 행복한 삶이라고 할 수 있을지에 대해서는 여러 각도에서 논의해야 할 과제라고 생각한다. 더군다나 악성 치매를 비롯하여 자력으로 생활할 수 없는 노인 환자들에 대해서는 어떻게 대처해야 할 것인지에 대해서도 많은 고민이 필요할 것 같다.

어떻게 하면 인생 황혼을 잘 보낼 것인가 하는 문제는 현실적으로 매우 중요하고 절박한 과제라고 할 수가 있다. 근래에는 각종 매체에서도 행복한 노년을 보내기 위한 조건들을 제시하고 있다. 거기에는 주로 건강을 바탕으로 하여 동반자, 경제력, 적당한 일거리, 친구 등이 있는 것 같다. 이러한 여건을 충족한다는 것은 개인의 능력만으로 한계가 있겠지만 어쨌든 자력으로 해결할 수 있는 부분에 대해서는 적극적으로 대처하려는 노력이 필요할 것으로 생각한다.

이렇게 시대적 관심사로 떠오르는 노인문제를 접하면서 현실적으로 존경받는 노인이 된다는 것은 매우 어려울 것 같다는 생각이 들기도 한다. 한평생을 살아가면서 존재의 가치를 어디에 둘 것인가 하는 문제는 중요한 과제라는 생각이 든다. 물질적 소유에만 집착할 것이 아니라 어떻게 사는 게 떳떳한 삶인가에 대한 근원적인 고민도 병행해야 할 필요가 있을 것 같다.

세월이 흘러 연령상으로 이미 노인세대에 접어든 사람 중에는 자신의 나이를 인정하고 싶지 않을 때가 있을 것 같다. 이유를 찾자면 아마도 노인이 된다는 것 자체가 싫어서가 아니라 자신의 신체적 정신적 상태가 노인으로 호칭하기에는 어울리지 않는다고 느끼기 때문으로 생각한다. 더군다나 장수 시대에 접어들면서 팔구십의 노령에도 건강한 모습으로 생활하는 분들이 많으니까 육칠십은 상대적으로 젊다는 느낌을 받을 수밖에 없다는 데에도 원인을 찾을 수가 있을 것이다. 이러한 분위기는 대가족사회에서 환갑만 지나도 권위와 기품 있는 모습으로 보였던 시대와는 현격한 차이를 보일 수밖에 없다. 이 모든 것이 전통적인 가족의 형태가 해체되면서 자연스럽게 경로효친 사상도 퇴색되고 있기 때문이라고 보면 될 것 같다.

앞에서도 언급한 바와 같이 고령이라는 이유만으로 존경받는 시대는 지났다고 인정하는 것이 심신에도 좋지 않을까 싶다. 오늘날에는 나이가 자랑이라도 되는 것처럼 행세하면 빈축을 살 수 있다. 그러기 때문에 어른으로서 대접받기를 원하기보다는 스스로 처신을 어떻게 할 것인지에 마음을 써야 할 세태라고 생각한다. 늙는 것도 서글픈 일인데, 손가락질과 천대까지 받는다면 불행한 인생이 될 테니까 말이다.

일상생활에서 노인다운 품위도 지키면서 여생을 행복하고 보람 있게 보내기 위해서는 적극적인 노력이 필요한 시대가 되었다. 어떠한 상황에서든 이기심에서 벗어나 상부상조하는 마음으로 어울리며 살겠다는 자세가 자리 잡으면 더욱 좋을 것이다. 너무 거창하게 지역과 나라를 위한다는 식의 생각보다는 주변의 작은 일부터 관심을 가지면서 봉사활동도 병행하면 의미 있는 생활에 보탬이 될 것 같다는 생각이다.

어른으로서 역할을 할 때는 어느 정도 이타(利他)와 공익을 염두에 두었으면 한다. 급속한 고령사회에의 진입으로 주변에 기댈 수 있는 대상이 줄어들면서 불안 심리가 가중되고 그러면서 자연적으로 안정적인 생활에 치중하려는 경향이 있다. 그렇게 되면 모든 면에서 자기 보호 위주가 되면서 타인에 대한 배려심이 줄어들게 될 가능성이 있다. 이러한 생활이 이어지면 인생에서 유종의 미를 거두겠다는 여유로움에서 멀어질 수가 있다는 점에 유의해야 할 것 같다. 의미 있는 노년생활을 위해서는 이 세상에 뭔가 보탬이 될 수 있는 일을 하려는 노력이 필요할 것으로 생각한다.

가끔, 전철이나 시내버스 등의 대중교통을 이용하며 눈에 띄는 광경 중에는 노인에 대한 자리양보 문제가 있다. 그것이 아름다운 모습으로 보일 때가 있는가 하면, 눈살 찌푸려지는 상황으로 연출되기도 한다. 노인들은 나이가 많다는 이유만으로 자리를 양보받는 것을 당연시해서는 안 될 것 같다. 그리고 젊은 사람 중에도 건강상의 이유로 부득이 앉아 가야 할 대상이 있다는 점을 알아야 한다. 어쨌든 곱게 늙어가는 모습을 유지하기 위해서라도 언행에 조심해야 할 부분이 많은 것 같다.

노인 중에는 가끔 공공장소에서 투박한 목소리로 역정을 내면서 주변에 불쾌감을 주는 경우들이 있는데, 그러한 모습은 결코 좋아 보이지를 않는다. 물론 노인도 사람이고 감정도 있다. 그러나 그간 살아오면서 산전수전을 겪은 세월도 많으니 어느 정도의 이해심을 갖고 품위를 지키면서 추한 모습은 연출하지 않았으면 한다. 나이 들어서 하는 잘못된 언행들은 젊은이들이 외면하게 하는 것은 물론이고, 특히 말을 함부로 하는 것은 더욱 눈살 찌푸리게 할 수 있다는 사실에 유념해야 할 것 같다.

인간은 반드시 늙는다. 그리고 죽는다. 이것은 영원불변의 진리인데도 다들 모르는 게 아니라 외면하려는 것은 아닌지 모르겠다. 노년에 들어서도 천년만년 살 것처럼 지나치게 욕심을 부리지는 않았으면 한다. 억지 부리지 말고 아름답게 살다가 곱게 떠나는 것을 하나의 미덕으로 생각하면 좋지 않을까 싶다. 어쨌든 존경받는 노인으로 산다는 건 쉬운 일이 아니다. 가치 있는 삶은 자신이 가꾸어야 한다는 생각으로 나날의 생활이 수양이듯이 감사와 사랑으로 하루하루를 수놓으면서 지내면 좋겠다는 생각을 해본다.

백발과 염색

생활하다 보면 습관이나 생각도 어떠한 계기로 바뀔 때가 있다. 그러나 어떤 문제에 대해서만은 쉽게 바꿀 수 없는 것도 있다.

환갑을 넘기면서부터는 가끔 염색을 권유받았다. 이발소에서, 그리고 주변에서 그랬다. 나는 머리카락이 희게 변하는 것은 자연적인 현상이기 때문에 그대로 두는 것이 연륜에 걸맞고 건강에도 좋을 것이라는 생각이다. 그런데 현실은 남녀노소 누구나 염색 열풍에 휩싸이든서 예외 없이 노인들도 유행 따라 변하는 실정이다. 이제는 노인을 생각하면 백발이 연상되던 옛날과는 다른 풍경들이 펼쳐지고 있다. 이런 세상에서 고집스럽게 자연 두발을 지속한다는 게 잘하는 일인지 확신이 서지 않을 때도 있다.

그런데 염색을 하게 되면 피부나 자연환경에 부정적 영향을 끼칠 수 있다는 우려의 목소리가 있는 것은 사실이다. 그러한 정보의 사실 여부를 떠나서 현실적으로 백세시대라고 부르짖는 요즈음, 육칠십 나이에 흰머리를 날리며 거리를 활보하면 오히려 어울리지 않는 노인행세를 하는 것처럼 보이기도 한다.

염색이 하나도 어색하지 않은 사회적 분위기에서 백발을 일관되게 견지하는 게 쉽지가 않아서 가끔은 염색에 대해 강설여지기도 한다. 특히 길을 걸어가거나 어떤 장소에 출입하면서 대형 원도우나 차창에 유난히 선명하게 비치는 백발의 모습을 보게 될 때는 더욱 그러하다. 그럴 때면 흡사 '나는 노인이오.' 하면서 확인시켜 주는 것 같아서 차라리 염색하는 게 낫겠다는 마음이 생기기도 한다. 내가 벌써 노인의 부류에 진입했다는 사실을 공공연히 자랑이라도 하듯이 행세할 필요가 있을까 하는 생각이 드는 것이다. 염색을 권하는 이유가 대체로 훨씬 젊어 보이고 깔끔해 보일 수 있기 때문이라고 한다.

이런저런 의견들을 외면하면서까지 염색과는 거리를 두고 지내던 중에 얼마 전 집안 어르신의 팔순 행사를 앞두고는 일시적으로 마음이 흔들렸다. 친척 중에는 80세 전후의 노인이 몇 분 계시는데, 70 초반인 내가 유독 흰머리 휘날리며 참석하기에는 어울리지 않을 것 같았다. 그래서 이것저것 고려할 것 없다는 판단으로 바로 이발소로 향했다. 그날의 염색은 나로서는 일생일대의 대사건이었다고 할 수가 있다.

염색한 후에 느낌은 머리카락 색깔 변화가 전반적인 인상에 미치는 영향이 무척 크다는 사실이었다. 평소에도 여성의 경우는 헤어스타일을 달리하면 사람을 못 알아볼 정도로 변하는 걸 보아 왔지만 정말 그 변화가 대단했다. 나의 경우는 부득이한 상황이라는 판단으로 시도한 염색이지만 결과적으로 이미지 면에서 이상할 정도로 바뀌어서 나 자신도 적응이 어려울 정도였다. 무엇보다도 인상 자체가 딱딱하게 느껴져서 평소의 이미지와 너무 큰 차이가 났다. 물론 갑작스러운 변화가 낯설게 느껴지는 것은 당연한 결과라는 점을 고려하면서도 한 달 동안 지켜보면서 내린 결론은, 나는 아무래도 염색을 하지 않는 게 낫겠다는 쪽으로 마음을 굳혔다.

근래의 또 다른 외모의 변화는 가발 착용의 일반화 추세이다. 물론 필요에 따라서 착용을 할 테지만 무언가 하나의 유행처럼 확산하는 것을 느낄 수가 있다. 인상이 좋게 보이고 더 젊어도 보일 수도 있겠지만, 가장 큰 이유는 연륜에 걸맞지 않은 대머리 형태 때문에 이용자가 늘어난다는 것이다.

나에게는 가발과 관련해서 잊지 못할 추억 속의 장면 하나가 있는데, 10여 년 전으로 거슬러 올라간다. 당시에 일행 10여 명과 함께 해외여행을 하면서 호텔에서 내 눈을 의심할 만한 상황을 목격하게 되었다. 같이 근무했던 선배 한 분이 세수를 하는데 얼굴을 확인하는 순간 너무나 다른 모습이어서 일시적으로 충격을 받을 정도였다. 한마디로 내 눈을 의심할 정도로 완전히 다른 모습의 사람이었다. 그분은 언제나 단정한 머리로 깔끔한 인상이었는데, 알고 지낸 10여 년 동안 그가 가발을 착용했으리라고는 상상도 못 했다. 그런데 가발을 벗은 얼굴의 인상은 흡사 삼국지의 장비(?)가 연상될 정도로 우락부락해 보였다. 얼굴 모습 자체가 바뀌면서 인상도 완전히 달라졌다고 하는 게 맞을 것 같다. 그 이후로 가발을 생각할 때면 정말 필요로 하는 사람이 있겠다는 쪽으로 인식이 바뀌었다.

두발 염색의 경우 사실인지는 모르겠으나 중국에서는 지도층의 사람들은 머리 염색이 거의 필수인 것처럼 인식되어 있다고 한다. 물론 중국의 경우만이 아닌 여러 나라에서 보편적으로 하는 것일 수도 있겠으나 결국은 좀 더 희망적이고 생동감 있는 이미지 관리를 위해서라는 판단에서 나온 것 같다. 길거리에서 보이는 백발의 모습이 무언가 부자연스러워 보이는가 하면 오히려 백발이 상당히 좋아 보이는 경우도 있다.

  사람마다 흰 머리카락이 보이기 시작되는 연령대가 다르겠지만 노년에 들어선 사람들에게는 백발이 이미지 면에서 반드시 강하게만 어필된다고 할 수는 없을 것 같다. 그리고 일반적으로 노인이라고 하면 먼저 떠오르는 것이 백발임에는 틀림이 없다. 나 자신도 이렇게 빨리 흰머리로 변할 줄은 몰랐다. 빠른 세월을 아쉬워한들 무슨 소용일까마는 이제는 마음의 여유를 갖고 자연에 순응하는 자세로 살아야겠다는 생각을 해본다. 그러면서도 어느 순간에 외적 변수가 작용하여 염색을 해야 하는 상황이 되면 그때는 그때 가서 대처하면 될 일이 아닐까 싶다.

나이를 인정하는 삶

　　인생 황혼에 접어들면서 건강상 변화가 나타나는 것은 자연적인 현상으로 불가항력이라고 하는 것이 맞을 것 같다. 사십과 오십, 육십과 칠십이 같은 10년간이지만 체감 건강에는 차이가 있음을 느낀다. 해가 갈수록 건강의 변화를 확연히 느낄 수가 있다. 그래서 '언제나 청춘'은 희망 사항일 뿐, 나이가 들면서 건강상 변화는 가속도가 붙는다는 말이 맞을 것 같다는 생각이 든다. 결국은 살아가는 데 있어서 중요한 것은 자연에 순응하는 겸허한 태도가 아닐까- 싶다.

　　"나이가 무슨 상관이야. 아직도 용기백배(勇氣百倍)하고 건강은 여전한데."

　　이렇게 하는 말에는 활력과 희망이 충만한 것처럼 보일 수는 있지만, 지진으로 갑자기 지구가 흔들리고 마른하늘에 날벼락이 치듯이 인생길도 예상할 수 없는 부분이 있어서 언제까지나 장담할 수만은 없는 일이다.

　　흔히들 '나잇값 좀 하라'고 한다. 연령에 비해서 언행이 어울리지 않고 뭔가 철이 덜 든듯한 사람에게 이르는 말인 것으로 알고 있다. 그런데 건강 면에서 고희, 팔순을 지나도 활동에 전혀 지장을 못 느낀다는 노인들로서는 나이가 무슨 소용이냐는 듯이 남들의 이목에 신경을 쓰지 않는 사람들도 있다. 아무리 건강한 사람이라도 연륜이 쌓이면 신체 기관 중 한두 곳에 변화가 생기게 마련이라고 한다. 치아도 그렇고 몸의 이곳저곳에서 생기는 노화 현상들이 그러하다. 이러한 변화를 순리적으로 받아들이면서 어느 정도 상황에 어울리는 언행이 필요하지 않을까 하는 생각이 들 때가 있다.

사람에게는 누구도 예외일 수 없는 성격적 특성이란 게 있기 마련이다. 그런데 성격이 특이하거나 고집이 센 사람들도 인생의 고비를 넘기다 보면 모난 곳이 무디어지기도 하고, 쩌렁쩌렁하던 목소리도 서서히 힘이 빠지게 될 것이다. 그리고 남달리 강하던 승부욕도 세월 속에서 약해지는 것이 일반적인 모습인 것 같다. 그러한 변화가 전반적인 쇠락(衰落)으로 볼 수는 없겠지만, 어쨌든 세월의 흐름에 따라 신체와 심리의 변화가 오는 것은 지극히 당연한 현상이라고 생각한다.

"화무십일홍(花無十日紅)이요 달도 차면 기운다(月盈則食, 월영즉식)"라는 가사도 있지 않은가? 절세미인 양귀비도 나이는 못 비껴갔으며, 무적의 주먹이라며 링 위에서 포효(咆哮)하던 무하마드 알리(Muhammad Ali)도 파킨슨병(Parkinson's disease)으로 급기야는 자기 몸 하나 제대로 가누지 못하다가 합병증으로 사망했다. 영웅호걸이면 뭣하고 왕후장상(王侯將相)이면 무슨 뾰족한 수가 있으랴. 진나라 시황제(始皇帝)는 불로장생하려고 천지사방으로 불로초를 구하게 하는 등 갖은 수단과 방법을 동원했지만 결국 나이 50에 생을 마감했다.

"세월 앞에 장사 없다."라는 말이 공연한 말이 아니다. 진정 나이는 못 속이는 것으로 연륜이 쌓이면서 심신에 변화를 겪는 것은 조금도 이상할 것이 없는 하나의 자연적인 현상일 뿐이다. 그래서 생로병사의 과정은 그 무엇으로도 막을 수 없는 엄숙한 자연의 법칙임을 알아야 한다. 못 본척해도, 무시해도 소용없다. 나이 사십이 싫어서 몇 년째 계속 39세라 불러달라는 사람도 있다지만 쓸데없는 장난질이다.

　나이를 부풀리거나 줄여 말한다는 건 아무 의미가 없는 짓이다. 당연히 자신의 나이를 분명하게 인식해야 한다. 어차피 되돌릴 수 없는 연륜이라면 나잇값을 할 수 있는 사람이 되기 위한 노력이 선행되어야 하지 않을까 하는 생각이다. 어떻게 해야 나이에 걸맞는 언행이 될지에 대해서는 일률적으로 말할 수가 없을 것이다. 그러나 다른 사람의 행동거지를 보면서 그것을 타산지석으로 삼아 제대로 나이에 어울리는 언행이 되기 위한 노력이 필요하지 않을가 하는 생각을 해본다.

장수 시대의 노인 역할

누구든 자신의 처지를 알고 분수에 맞는 생활을 한다면 무난한 일상이 될 수가 있을 것이다. 그러면 내일에 대한 막연한 불안감도 줄어들지 않을까 싶다. 지나치게 욕심을 부리면 평탄한 일상에서 걸림돌이 될 수도 있을 것으로 생각한다. 좀 더 지혜로운 삶을 꾸려가기 위해서는 자신의 처지와 분수를 알아서 적절하게 대처하는 것이 좋을 것 같다는 생각이다.

사람들이 나름대로 생각하고 판단하면서 큰 어려움 없이 살아갈 수 있는 원동력은 건강이 아닐까 싶다. 그렇게 소중한 건강이지만 적절히 관리하고 대처한다는 게 생각만큼 간단치가 않은 일이다. 아무리 철저히 대처하더라도 가끔은 뜻밖의 원인으로 이상이 생길 때가 있다. 어려운 일 중의 하나가 신체의 상태를 아는 일이라고 생각한다. 오늘날에는 무슨 유행어처럼 백세시대라고 하지만 장수가 누구에게나 주어지는 것은 아니다. 다만 의술의 부단한 발전이 장수 시대를 맞이하는 데 크나큰 공헌을 하고 있다는 사실은 그 누구도 부인할 수가 없는 사실이다.

요즈음은 칠팔십은 노인 축에도 들지 않을 정도로 90세 이상의 노인들이 적지 않다(2023년 기준 한국의 90세 이상 노인은 3만 267명이다). 소위 백세시대가 현실로 다가왔다는 분위기를 실감할 수 있다. 이러한 노령인구의 가파른 증가와 장수가 사회적인 이슈(issue)로 떠오르고 있는 것은 사실이다. 수적으로 늘어나다 보니 일부 노인들은 연륜에 어울리지 않는 기이한 행동들을 서슴지 않기도 한다. 물론 지나치게 나이를 의식할 필요까지는 없겠지만 격에 맞지 않는 유별난 언행들은 오히려 불쾌감을 줄 수 있다고 생각한다. 이제는 노인들도 예외 없이 변화에 적응하면서 더불어 살아가는 세상에 보탬이 되기 위해 노력하는 모습을 보여야 하지 않을까 싶다.

이미 노인의 부류에 속한 나로서는 경로효친을 부르짖던 옛날의 정경들이 생각날 때가 있다. 노인이기에 당연히 공경의 대상이 되는 것으로 인식되었던 그 시절에 비하면, 요즈음의 상황은 너무나 많이 바뀌었음을 실감하고 있다. 이렇게 급변하는 시대적 변천에 지혜롭게 대처해야겠다는 생각을 해본다. 인생의 황혼에서 사람들로부터 존경받기를 기대하기보다는 "적어도 저 어른 정도면 곱게 늙는 편이다."라는 말은 들을 수 있으면 좋겠다는 희망을 가져본다.

흔치 않은 일이지만, 간혹 나이가 벼슬이라도 되는 것처럼 젊은 이를 심하게 꾸짖으면서 위세를 부리는 듯한 노인들을 목격할 때도 있지만, 이유가 어디에 있든 바람직한 도습은 아니라고 생각한다. 세상을 바라보는 혜안(慧眼)이 있고, 지식과 경험이 쌓여서 지혜가 있는 어른이라면, 품위를 지키면서 조용히 대처해도 될 일이 아닐까 하는 아쉬움이 있다. 노인들이 자신의 역할 범위를 알아차리고 공존의 바탕에서 생활하는 것이 바람직하겠다는 생각이다.

노인이 지혜를 발휘하여 좁게는 가정사(家庭事)로부터 넓게는 이 세상사에 이르기까지 멘토의 역할이 될 수 있는 상황이 된다면 그것 자체로써 의미가 있을 것 같다. 그리고 노인으로서 할 수 있는 역할은 다종다양하겠지만 가까이는 생활 주변의 사소한 봉사 활동부터 실천한다면 의미 있는 삶의 일부분이 이루어지는 것이 아닐까 하는 생각을 해본다.

황혼과 가치로운 삶

흔치 않은 장면이지만, 나이 지긋해 보이는 노인이 하루 24시간을 오로지 건강만을 위해서 생활하는 모습을 영상을 통해서 본 적이 있다. 무슨 사연이 있어서인지는 모를 일이나 그렇게 해서라도 건강하게 지낼 수만 있다면 그것으로 다행이라고 해도 될 것 같다. 예로부터 인간의 4대 복이 수복강녕(壽福康寧)이고 그중에 제1이 건강하게 장수하는 것이니까 말이다.

개인이 자신의 건강을 위해서 하는 활동들은 순전히 사적인 일이기 때문에 그것에 대해 제삼자가 왈가왈부할 이유는 전혀 없다고 생각한다. 다만 일상의 업무를 수행하는 데 있어서 어려움이 없을 정도의 체력을 지닌 사람이 지나칠 정도로 건강만을 위한 생활에 몰입한다면 인간에게 진정 소중한 것이 무엇인지에 대해 생각해 볼 여지가 있지 않을까 하는 생각이 드는 것이다. 운동이 재활 치료 목적이라면 모르겠으나, 남달리 건강한 노인이 장수만이 인생의 유일한 목적인 것처럼 살아간다면 삶의 가치와 의미가 무엇인지에 대한 의문이 생긴다는 것이다. 건강과 의미 있는 인생이라는 두 가지를 병행하는 생활을 한다면 더욱 좋지 않을까 하는 생각에서 하는 말이다.

각자의 인생은 제각각의 방법으로 엮어가지만, 인생의 황혼 무렵에도 주위에 도움이 되는 일을 하는 분들의 모습은 아름답다는 생각마저 든다. 그렇게 하는 것이 그 어느 누구를 위해서가 아니라 하더라도 이 세상이 살기 좋은 곳이 되는 데에 보탬이 되지 않을까 싶다. 누가 하든 자발적인 봉사활동은 아무리 사소한 일이라도 아름다운 것이다. 더군다나 공익을 위해서 뜻있는 일을 하는 노인들을 보면 대단하다는 생각마저 든다. 작든 크든 이웃과 사회를 위한 봉사를 실천하는 노인들은 많을수록 좋을 것이다. 물론 생활에 어느 정도 여유가 있어야 봉사도 할 수 있다는 주장에도 일리가 있겠지만, 짬을 내어서 묵묵히 봉사활동을 실천하는 사람들을 보면 꼭 그런 것만은 아닌 것 같다는 생각을 하게 된다.

무위도식이라면 어폐(語弊)가 있겠으나, 공원 벤치에서 멍하니 지내는 노인들의 모습을 보면 참으로 서글픈 생각이 들 때가 있다. 심신이 건강한 사람이라면 집에서나 밖에서나 어디서든지 뭔가 의미 있는 일을 하면 좋을 텐데 그렇게 하지 못하는 것이 안타깝게 느껴지기도 한다. 건강이 안 좋아서 몸 하나 가누기조차 어려운 경우라면 두말할 필요가 없겠지만 그렇지 않은 사람들도 있는 것 같아서 그러한 것이다.

요즈음은 산간벽지 그 어느 곳을 막론하고 사람 사는 곳이면 주민들의 건강을 위하여 각종 운동기구를 비치해 놓은 것 같다. 어느 곳에는 전천후 실내 체육 공간도 마련되어 있어서 참으로 편리한 세상이라는 생각이 든다. 그런데 한 가지 아쉬움이 있다면 그러한 공공시설을 이용하는 사람들이 정작 주변의 환경미화에는 무관심한 것 같다는 것이다. 건물 주변에는 잡초가 무성하고 쓰레기가 널려 있는데도 전혀 신경을 쓰지 않고 그저 지나친다면 무언가 잘못되었다는 생각이 드는 것이다. 공공장소의 환경 정비는 행정기관이 알아서 할 일이기 때문에 상관할 바 아니라는 의식이라면 잘못되었다고 지적하고 싶다. 시설을 이용하면서 틈을 내어 자발적으로 주변의 제초작업 등 환경정화 활동을 병행한다면 훨씬 아름다운 도습으로 보일 수 있지 않을까 싶다.

선진국의 노인들은 어떻게 살아가고 있으며 현대의 노인들은 어떻게 생활해야 할 것인지에 대해서 눈여겨볼 필요가 있을 것 같다. 우리 주변에 노인들 중에는 빈곤과 질병에 의해서 힘들게 살아가는 사람들이 있다. 그러한 문제는 정부나 어느 단체가 전적으로 책임질 수 있는 것도 아니겠지만 생활현장에서 소외되는 부분이 있는 것은 사실이다. 그리고 인생의 황혼기를 외로움과 빈곤, 그리고 질병의 고통 속에서 지낸다면 참으로 불행한 일로서 함께 고민해야 할 과제라고 생각한다.

노년의 삶이 가치 있고 유의미하면서 안정적이고 건강한 삶이 된다면 더 바랄 게 없을 것이다. 그러한 사회가 되기 위해서는 각계각층의 유기적인 협조와 해결 방안 모색이 필요하며, 무엇보다도 삶의 현장에서 뜻있는 생활이 되기 위한 적극적인 노인 개개인의 노력이 뒤따라야 할 것이라는 생각을 해본다.

곱게 늙는 얼굴

잘 놀다가도 주름살이 심하게 잡힌 노인 얼굴만 보면 울음보를 터뜨리는 어린아이가 있다고 한다. 얼굴의 주름은 인생의 훈장이라고도 하는 삶의 흔적이기에 무서워할 하등의 이유가 없을 텐데도 왜 그러는지 이해가 안 되는 면이 있다.

아무래도 노년이 되면 신체 각 부분이 변화를 보이기 마련인데 외형상으로 눈에 띄는 변화 중에 가장 뚜렷한 것이 얼굴의 주름이 아닐까 생각한다. 사람마다 제각각이지만 유별나게 주름이 많은 얼굴이 있다. 얼굴이 심하게 쭈글쭈글하면서 머리까지 백발이라면 더욱 강한 인상을 풍길 수는 있을 것이다.

노인 중에도 남달리 곱게 늙는 분들이 있다. 인상이 온화하여 아름답다는 느낌마저 들게 하는 노인들 말이다. 그러한 모습은 보는 이로 하여금 평온함과 자애로운 이미지마저 남기는 것 같다.

사람들의 아름다움에 대한 판단 기준은 연령대별로 특징이 있을 것 같다. 그리고 각자의 관점이라는 색안경이 작용할 수도 있어서 느낌 또한 제각각일 것이다. 특히 혈연관계일 경우에는 손자의 눈에는 조부모가 아름답게 보일 수도 있을 테고, 조부모는 당연히 손자가 가장 귀엽고 이쁘게 보일 것이다. 그러나 객관적으로 본다면 노인은 노인다울 때 아름다울 것이고 청년은 청년다울 때 아름다울 것이기 때문에 일률적으로 어느 시기가 가장 아름다운 시기라는 단정은 할 수 없다고 생각한다.

　가끔 인터넷이나 신문 광고 등에서도 노인의 사진을 게재할 때가 있는데 보는 이로 하여금 거부반응을 일으키지는 않는 것 같다. 물론 전문가의 이미지 처리과정이 더해졌겠지만 대부분 긍정적으로 받아들이지 않을까 싶다. 어쨌든 노인의 주름이 이미지에 마이너스 요소가 된다고 단정할 수는 없을 것이며 오히려 인생의 귀한 역사로 느껴질 수도 있다는 말을 하고 싶은 것이다.

　일반적으로 연로하면서 일정하게 하는 일이 없으면 직장생활을 할 때와 비교하여 생활 자체가 덜 긴장되게 마련이다. 그렇게 일상이 느슨해지는 경향은 상황변화 때문이라고 생각한다. 문제는 그러한 생활이 습관화되면서 의욕 상실과 외모에 대한 무관심 상태가 지속되면 심신의 노화에 가속도가 붙을 수도 있지 않을까 하는 점이다. 어차피 인생 자체가 내일을 향해서 갈 수밖에 없는 것이라면 과정마다 최선의 노력으로 살아가는 것이 바람직할 것으로 생각한다. 정신적으로 위축되거나 건강상 활력이 없으면 주변에도 부정적 영향을 미칠 수 있음을 염두에 두고 할 수 있는 한 열심히 생활하려는 노력이 필요할 것이라는 생각을 해본다.

　노인세대로 접어들면서 가끔은 나의 모습이 타인의 눈에 어떻게 비칠지 궁금해질 때가 있다. 단순하게 신경 쓰이는 문제가 아니라 인생이라는 장거리 경주에서 당당하게 완주하기를 바라는 희망 때문이 아닐까 싶다. 생활하다 보면 자신이 원하는 성과를 올리지 못할 수도 있을 것이고 어느 시점에서는 주저앉고 싶을 때도 있을 것이다. 그럴 때마다 포기하지 않고 유종의 미를 거두기 위해 노력하는 과정 자체가 인생의 가치를 드러낼 것으로 생각한다. 아울러 연륜이 쌓일수록 건강과 위생, 그리고 말끔하고 여유로운 모습으로 이미지 관리를 하는 것이 필요하다고 본다. 결국은 소중한 인생을 슬기롭게 엮어가기 위한 노력이 필요할 것 같다는 말이다.

자신의 얼굴은 스스로가 책임지라고 했다. 어떻게 보면 참으로 엄숙한 말이라는 생각이 들면서도 명심해야겠다는 생각을 하고 있다. 내 인생은 나의 것이기에 그 누구도 나의 삶을 대신할 수는 없는 노릇이다. 황혼의 나이에도 스스로가 만족할 수 있는 삶이 되기 위한 적극적인 노력이 필요하다는 생각이다. 늙어가는 모습이기에 더욱 잘 가꾸어서 아기도 방글방글 웃으면서 좋아할 수 있도록 건강하고 아름다운 모습으로 유지관리 했으면 한다.

매장과 화장

동서고금을 각론하고 유사 이래 인간에게 가장 큰 관심사 중의 하나는 바로 사후세계가 아닐까 싶다. 누군가는 "인간에게 죽음이 없다면 종교의 존재 이유가 없다."라고 했다지만, 그 말에 어느 정도 수긍이 간다. 많은 종교가 천당과 지옥, 극락과 연옥(煉獄) 등의 사후세계를 언급하고 있다. 어떤 이는 자신이 믿는 종교를 믿지 않으면 사후에 지옥으로 떨어진다고도 한다. 거짓이겠지만 어디서는 언젠가 지구의 종말이 온다면서 사후에 좋은 곳에 갈 수 있는 티켓을 거래한다는 소문까지 나돌기도 했다.

우리나라에서도 예로부터 산소와 명당과의 관계에 대해서는 많은 관심을 가져왔다. 그것은 조상을 명당에 모시면 후손이 복을 받는다는 발복과 관련한 일종의 기복신앙에 근거한다. 아직도 이러한 의식이 근절되지 않고 있는 가운데, 조상의 산소를 이장해야 후손이 복을 받는다는 말을 믿고 따르는 사람들도 있다.

그런데 한 번쯤은 생각해 봤으면 하는 문제는 우리가 사후세계를 생각하기 전에 사람이 받는 복이란 게 어떤 인과관계에 의한 것인지를 생각해 볼 필요가 있을 것 같다. 예로부터 인간이 소망하는 것을 압축적으로 드러낸 말이 바로 수복강녕(壽福康寧)인데, 그것은 오래 살고 복을 누리며 몸이 건강하고 마음이 평안하기를 바란다는 뜻이다. 그런데 이러한 소망이 성취되는 것을 조상의 산소와 관련을 짓는다는 것은 분명 논리적으로는 모순이 있다는 것이다.

지구상에는 예측할 수 없는 천재지변이 끊이지를 않으면서 그로 인해 비명횡사(非命橫死)하는 사람들이 부지기수이다. 그러한 상황에서 죽어가는 사람들의 영혼은 일가친척에게 어떠한 영향을 미치게 될지에 대해 생각해 볼 여지가 있다고 생각한다. 근세사에서 세계 제2차 대전으로 인하여 희생된 목숨이 4,720만 명이라고(출처: http://www.world-war-2.info/statistics/) 한다. 이들 중 대부분은 어느 날 갑자기 세상을 떠났지만 어떠한 뒷수습도 취할 수가 없는 상황이었다. 그러면 그 영혼들은 후손들에게 어떠한 영향을 미칠지에 대해서는 어떻게 설명해야 할 것인가?

가끔 교외 한적한 시골길로 지나갈 때면 차창 너머로 눈에 띄는 광경 중의 하나가 도로변 야산과 들판에 산재한 무덤들이다. 그 중에는 유별나게 규모가 큰 묘지도 볼 수가 있는데 요즈음 세태에는 맞지 않는 것 같다는 느낌이 들기도 한다. 물론 후손들로서는 돌아가신 조상의 무덤을 장엄하게 가꾸는 일도 효의 일부라고 생각할 수도 있을 것이다. 그러나 제한된 국토에 장제문화(葬制文化)는 변할 수밖에 없다는 현실을 고려한다면 필연적으로 개선될 수밖에 없음을 이해해야 할 것으로 생각한다.

보건복지부 통계에 따르면 우리나라 화장률은 2014년 79.2%를 시작으로 꾸준히 증가해 2019년에는 88.4%에 달했다. 이는 1994년도 화장률 20.5%에 비해 26년 만에 4배를 훨씬 넘는 증가추세이며 앞으로도 계속될 것이라고 한다. 이러한 추세는 매장의 형식을 취하여 명당자리에 모셔야지만 후손이 복을 받는다는 의식은 급속히 희석되면서 장례 전반에 대한 인식이 변하고 있음을 보여주고 있다.

　개인적으로는 몇 년 전까지만 해도 매장 이외의 장례문화에 대해서는 별로 생각해 본 적이 없었다. 그러나 근래에는 장례문화에 대한 인식이 변하면서 대세에 순응하는 게 맞겠다는 생각을 하고 있다. 일단은 국내외를 통틀어 볼 때도 화장문화가 주류를 이루고 있으며, 우리나라도 국토 이용의 효율화와 지속적인 묘지 관리문제를 고려하더라도 화장문화를 수용하는 것이 순리라는 생각을 하고 있다.

퇴직 후의 또 다른 인생

　　2011년 2월의 정년에 대비해서 공무원연금공단에서 주관하는 생활 설계과정 교육을(2010. 03. 30.~04. 02.) 수료했다. 퇴직을 앞두고 실질적으로 피부에 와닿는 프로그램이기 때문에 1년 후의 구체적인 생활 설계를 위해 교육 신청을 했다. 3박 4일간의 교육 일정을 통해서 전국 각지에서 참가한 사람들과 격의 없는 대화의 시간도 가졌으며 결과적으로 퇴직 후 삶의 방향 설정에 도움이 되었다고 생각한다.

　연수 내용 중에는 경제 운용에 관한 내용도 있었으나 나로서는 일단 못다 이룬 학문을 계속하면서 봉사활동도 병행하는 쪽으로 퇴직 후의 생활을 설계하기로 했다. 그래서 공부할 대학과 학과의 탐색부터 시작해서 봉사할 분야까지 구체적으로 계획을 세웠다. 이러한 퇴직 후의 생활 설계를 수립하기까지 연금교육 프로그램은 많은 참고가 되었다고 생각한다.

　퇴직 후 6년이 지나면 내 나이 일흔이 된다. 인생이란 자신의 의지대로만 되는 것도 아니요, 욕심낸다고 모두를 이룰 수 있는 것도 아니다. 그러나 할 수 있다는 용기가 있을 때, 즐겁고 보람 있는 일을 찾아서 하면 된다는 생각으로 정년 이후에 다음의 네 가지를 실행하려는 계획을 세웠다.

첫째, 방송대에 진학해서 외국어 공부를 한다. (妻도 동참)
둘째, 중국어와 한자 관련 자격 및 능력 시험에 도전한다.
셋째, 나의 지식을 공유하는 지식 나눔 봉사를 실천한다.
넷째, 평생직장이었던 학교에서 운영위원 등의 자문역할을 한다.

첫 번째의 계획은 부부가 함께 방송대에 진학하여 공부하는 것으로 실행에 옮겼다.

나는 오래도록 전공이 아닌 중국어를 독학으로 공부를 해왔지만, 체계 있는 대학전공과정을 학습할 필요가 있겠다는 생각을 하였다. 그리고 妻는 고등학교 졸업 후에 대학진학을 할 수 있는 제반 여건은 되었지만 부모님의 객지생활 반대로 부득이 포기할 수밖에 없었다고 한다. 그때 대학진학 기회를 놓친 아쉬움이 마음 한구석에 남아 있던 터여서 두 번 다시 오지 않을 이 기회를 이용해야겠다는 판단으로 나와 함께 방송대 진학을 하기로 하였다.

퇴직 첫해에는 기초학습 다지기와 각종 자격과 급수시험에 대비하는 기간으로 정하고 관련 교재의 학습과 여성회관과 주민자치센터, 그리고 복지관 등에서 처와 함께 중국어 원어민의 수업을 수강하였다.

퇴직 후 2년째가 되는 3월부터 우리 부부는 방송대 중문과 3학년 편입과 1학년 입학을 하였다. 40년간의 교직생활을 마감하고 아무런 부담 없이 홀가분한 심정으로 학생 입장에서 배움의 길로 들어섰을 때, 그 기분은 신선하기만 했다. 그리고 관심을 가지고 중국어를 대하니 재미가 있었다. 집에는 부부가 각자의 방에서 공부하고, 온라인 수업과 관련한 사이버학습 환경구축 문제는 자녀의 도움을 받았다.

　방송대의 학점취득 과정은 꽤 복잡하고 힘들었다. 그리고 과제도 논술 또는 보고서의 형식이 많았는데 그것을 해결하는 과정에서 현장답사도 하고 도서관에서 관련 서적도 찾는 등 여러 경로를 통하면서 학업성취의 기쁨도 느꼈다.

　그리고 매 학기 지역대학별로 실시하는 과별 오리엔테이션에서는 과 대표의 요청으로 중국어 학습방법에 대하여 신입생들과 대화의 시간을 갖기도 했다. 개별적으로는 전화로 수차례 멘토(mentor) 역할도 하면서 어려움을 해결하는 데 도움을 주기도 하였다. 그 외에도 학교 전체 또는 과별 행사에 적극 참여함으로써 개인별 교류는 물론, 학우들과 더불어 지내면서 때늦은 낭만에 젖기도 하였다.

　퇴직 후 3년 차, 방송대 중문과 4학년 졸업 학년이 되면서 학업에 더욱 정진하였으며 노력한 보람이 있어서 2014년 2월 19일 성적우수상을 받는 영예를 안고 중어중문학과를 졸업했다.

　다음 해에는 다시 방송대 영문과 3학년에 편입하였다. 나는 줄곧 영어 회화를 제대로 해봤으면 하는 바람이 있었는데, 이 기회에 한 번 도전해 보기로 하였다.

　전에도 영어 공부를 안 한 건 아니지만 전공인 영문과의 교재를 펼쳐보면서 내용이 쉽지가 않다는 걸 느꼈다. 그래서 지역대학의 영어 스터디와 서울의 강남 스터디에 버스로 왕래하면서 배움을 위해 매진하였다. 그렇게 다방면으로 노력한 결과 영문과 편입 첫해는 무난하게 넘겼다.

　2015년은 퇴직 후 5년째 되는 해였다. 나는 영문과 4학년, 처는 중문과 4학년 모두 졸업반이다. 문제는 나의 영문과 졸업이 만만치 않을 것 같았다. 영문과는 논문이 패스되어야 졸업자격이 주어진다. 가벼운 마음으로 접근하기에는 버거운 문제이기에 대학원 석사논문 쓸 때의 자세로 되돌아가서 철저히 대비했다. 무엇보다도 기본 체제가 중요하기에 지역대학 해당 고수님의 지도를 받았다. 그러면서 학과에서 요구하는 논문의 밑그림이 그려지고 방향 설정이 명확해졌다. 1차로 계획서가 통과되었고 본 논문을 작성하는 과정에서도 몇 차례의 수정 보완의 과정을 거친 후 제출을 했는데 다행히 '논문 통과'라는 최종심사결과를 확인하게 되었다. 영문과 재학 중에는 학과의 학점 관리와 졸업논문 작성이라는 두 가지 과제를 해결하는 과정이 어려웠다고 생각한다.

드디어 그해 말에 우리 부부는 졸업에 필요한 학점을 취득하여 2016년 2월 24일에 나는 영문과, 처는 중문과의 영광스러운 졸업장을 받게 되었다.

퇴직 후에 5년간, 새롭게 배움의 길을 걸으면서 학문의 어려움과 즐거움을 동시에 느끼면서 학업에 정진했으며 그 기간이 나와 처에게는 또 하나의 인생 황금기였다고 자부하고 싶다. 나의 대학전공이 국어국문학과였는데, 퇴직 후에 중어중문학과, 영어영문학과를 전공했으니 이 세 장의 졸업장은 개인으로서 매우 값진 자아실현의 결정체라고 생각한다. 특히 妻가 20대 초에 이루지 못한 대학 졸업의 꿈을 늦게나마 이루었으니 이것은 퇴직 후의 구체적인 설계 덕분이라 생각하고 있다.

2016년 2월 졸업식 날, 자녀들도 식장에 와서 축하해 주었으며, 특히 妻가 늦게나마 대학 졸업의 소원을 성취했고, 거기다가 성적우수상까지 받은 것이 자랑스럽다며 기뻐하는 모습을 보면서 보람과 행복감이 더해졌다.

은퇴 후에 도전했던 대학생활은 막을 내리고 그 이후에도 중국의 언어와 문화에 대해서 매스컴이나 서적, 또는 여행을 통해서 관심을 이어가고 있다.

둘째로는 중국어와 관련된 각종 능력테스트와 漢字자격시험에 응시하여 틈틈이 독학해 왔던 공부의 수준을 측정하기로 했던 계획이다.

중국어 지식 나눔 봉사활동을 하면서 나의 중국어 능력테스트 필요성을 느낀 바가 있어서 2012년 3월 18일에 HSK(漢語水平考査) 시험 5급에 응시하여 합격했다. 그리고 같은 해 10월 21일에는 HSK 회화(口試)시험 高級에 패스했다. 나의 퇴직 후의 계획 중에서 많은 부분이 성취된 셈이다.

그런데 중국어의 HSK 시험 최고급인 6급을 패스하면 명실공히 중국어 실력이 수준급이라는 인정을 받을 수 있어서 도전하기로 했다. 방학 중인 2013년 8월 11일에 응시하여 드디어 6급을 취득했으며, 아마도 고령 합격자 중의 한 사람이 아닐까 하는 자부심도 느끼고 있다. 그리고 2015년 9월 10일에는 한자자격시험(국가공인급수) 1급 자격증도 취득하였다.

사람은 자신이 가능하다고 생각하는 만큼 성취할 수 있는 것 같다. 그러나 철저한 준비의 과정이 뒷받침되어야 한다는 전제조건이 따른다고 생각한다. 내가 살아오면서 퇴직 후의 5년 기간만큼 편한 마음으로 열심히 공부한 적은 없었던 것 같다. 정년 후의 여유시간에 만든 아름다운 '노력의 결실'이었다고 생각한다.

셋째의 다짐은 지식 나눔 봉사활동이다.

방송대 재학 첫해인 2012년 4월부터는 수원 'SK 청솔 노인복지관'에서 주 1회 2시간씩 중국어 지식 나눔 봉사활동을 하였다. 20명 내외의 노인을 대상으로 가르치는데 대부분이 한자를 많이 이해하고 있어서 중국어와 연계하여 지도하는 데 많은 도움이 되었다. 중국어 회화 중심의 교육과 아울러 틈틈이 일상생활에 관한 대화도 나누면서 노인들의 정서에 부합하는 수업이 되기 위해 노력했다. 그리고 그해 9월에는 수원의 퇴직 교원 모임의 요청에 따라 중국 북경 여행에 통역 봉사활동을 하였다.

그런데 2015년 5월에 세종시로 이사를 오면서 3년 4개월 동안 수원 SK 청솔 노인복지관에서 지도해 오던 중국어 봉사활동은 그만두어야 했다. 그리고 2016년에는 세종시 도담동 주민자치센터에서 중국어 지도를 하였으며 겨울방학에는 양지고에서 중국어 방과 후 무료 강의도 한 바가 있다. 가르치는 것이 배우는 것이라는 말은 맞는 말이다. 돌이켜 보면 교재연구를 하는 과정에서 더 많은 공부가 되었다고 생각한다.

넷째의 과제는 평생직장이었던 학교에 운영위원 등의 역할을 하는 일이다.

퇴직 첫해부터 부천 소사중에서 지역위원 3년을 하였다. 다음은 수원의 능실중에서 2년간 지역위원을 하면서 1년간은 운영위원장의 역할도 수행하였다. 세종시로 이사 온 후에는 부근의 양지고에서도 1년간 운영위원장을 맡았다.

학교운영위원 역할은 상당히 중요하다. 그리고 필요에 따라서는 퇴직 교원도 학교발전을 위해 일정 기간 자문역할을 하는 것이 의미 있는 일이라고 생각한다.

연금교육을 받을 때, 어느 강사가 "강의도 연령 제한을 받는다." 라고 했다. 나의 1차 생활 설계 마무리 해인 70세가 되던 해에는 학교의 운영위원 역할을 정중히 사양하였으며 정기적인 중국어 강의도 그만두었다.